从新素质学校到新素质教育

——国家级和省级基础教育教学成果获奖案例集

周洪宇　主编

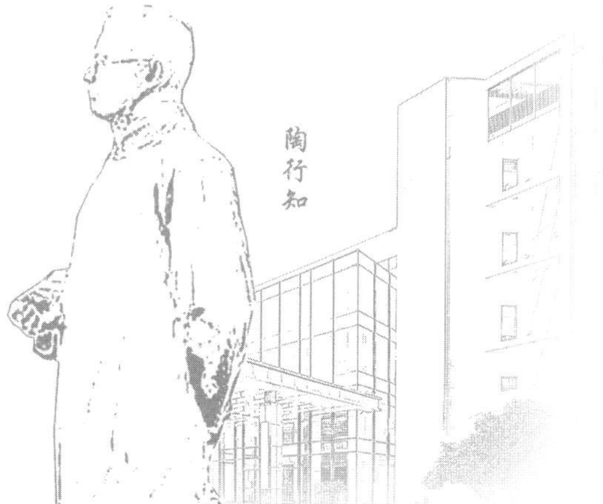

『生活·实践』教育实验文库

周洪宇　总主编

南京出版传媒集团
南京出版社

图书在版编目(CIP)数据

从新素质学校到新素质教育. 国家级和省级基础教育教学成果获奖案例集 / 周洪宇主编. -- 南京 : 南京出版社, 2025. 6. -- (“生活 · 实践” 教育实验文库).
ISBN 978-7-5533-5431-6

Ⅰ. G632.0

中国国家版本馆 CIP 数据核字第 20255L4L49 号

丛 书 名 “生活·实践”教育实验文库
总 主 编 周洪宇
书　　名 从新素质学校到新素质教育
——国家级和省级基础教育教学成果获奖案例集
主　　编 周洪宇
出版发行 南京出版传媒集团
南 京 出 版 社
社　　址 南京市玄武区太平门街 53 号
邮　　编 210016
联系电话 025-83283873、83283864(营销)　025-83112257(编务)

策划统筹 朱天乐　王　雪
责任编辑 吕　睿
装帧设计 赵海玥
责任印制 杨福彬

排　　版 南京新洲印刷有限公司
印　　刷 江苏凤凰通达印刷有限公司
开　　本 787 mm×1 092 mm　1/16
印　　张 26
字　　数 400 千
版　　次 2025 年 6 月第 1 版
印　　次 2025 年 6 月第 1 次印刷
书　　号 ISBN 978-7-5533-5431-6
定　　价 68.00 元

编写说明

改革开放以来，在基础教育改革方面，中国教育学人在中国特色社会主义教育理论与实践探索过程中，形成了一批具有广泛影响的本土教育理论与实验，最有代表性的有新基础教育改革（“生命·实践教育学”）、新教育实验与理论、主体教育实验与理论、情境教育实验与理论以及一批各具特色的学科教学实验与理论，它们都与政府主导、覆盖全国、影响广泛的新课程改革一道，推动了中国基础教育改革，产生了积极作用，为构建中国特色社会主义教育理论体系做出了贡献。以继承与发展20世纪陶行知生活教育为宗旨、致力于21世纪中国式教育现代化的“生活·实践”教育，近年也快速发展，不断深化研究与实验，产生积极成效和影响。自启动以来，“生活·实践”教育实验已覆盖全国24个省市、千余所基础教育学校。本次成果汇编旨在系统梳理“生活·实践”教育实验的阶段性成果，为各地实验学校和改革一线的教育工作者们提供可参考的实验案例，进一步推动基础教育教学改革。

“生活·实践”教育是践行习近平总书记实践育人重要指示精神，针对教育与生活脱节、学校与社会脱节、教学与实践脱节的弊端，以陶行知生活教育为理论渊源，以马克思主义实践哲学和人的全面而自由发展教育学为理论基础，以研究实验者自身长期实践为理论来源，聚焦发展学生核心素养的素质教育新探索。“生活·实践”教育立足我国国情，回应国际基础教育改革浪潮，主张以生活为本源、实践为载体，以生活为内容、实践为路径，以生活为中心、实践为方式，聚焦培育学生核心素养，发展素质教育，构建当代中国基础教育新生态。经过在各地基础教育阶段学校的多年实践探索，“生活·实践”教育实验取得了一定的成绩，形成一批新素质学校，推动发展新素质教育。2018到2022年期间，在国家级基础教育教学成果奖评审中，多地实验学校获得国家级、省级基础教育教学成果奖，包括两个国家级特等奖、两个国家级一等奖和11个国家级二等奖，一批省级特等奖、一等奖和二等奖等等，展现了理论与实践的深度融合价值。这些成果既是实验成效的实证，更是新时期素质教育改革的鲜活注脚。

编写工作自2024年初启动，经过我与全国“生活·实践”教育共同体中心申国昌、刘来兵、陈光春、陈冬新教授等人以及各地中心主任共同研究，确定了“主题聚焦、体例统一、案例鲜活”的标准，由秘书处发文征集并提供体例样板。各省“生活·实践”教育共同体分中心收到通知后高度重视，积极组织实验学校提交成果案例。在秘书处办公室同志高莉、黄泽元的协助下，经过半年的筛选、整理，再由我修改定稿最终形成《从新素质学校到新素质教育——国家级和省级基础教育教学成果获奖案例集》《从新素质学校到新素质教育——基础教育教学成果经验案例集》两本案例集。前者系统收录了国家级、省级基础教育教学成果奖获奖案例的完整实施方案及成效，后者重点呈现“生活·实践”教育实验培育学校在课程建设、教学改革等领域的突破性探索，两书互为补充，完整展现了各实验学校从理论构建到实践推广的全景图。

该丛书在编写过程中得到杨朝晖、杨光、纪德奎、操太圣、刘大伟、张韬、徐莉、肖斌、李忠、谢列卫、刘训华、丁水娟、涂怀京、郭少榕、王飞骅、周志平、周险峰、田景正、吴开俊、任平、鲍成中、李庚靖、王萍、张建东、周娜、宋俊骥、朱青、王黎、程明敏、李祚山、刘小强、陈诗、平嘉琳、郭伟、林永军、孙岩、王媛等各地中心主任、副主任和入选学校领导、实验者的竭诚配合，在此感谢所有参与分享的实验区领导、实验校领导和实验者们，同时感谢全国“生活·实践”教育共同体秘书处全体同人的辛勤付出，感谢南京出版传媒集团领导及编辑对本丛书的高度重视和精心编辑。

周洪宇

2025年3月

目　录

◆国家级基础教育教学成果特等奖◆

（2018、 2022）

◆国家级基础教育教学成果一等奖◆

（2022）

◆国家级基础教育教学成果二等奖◆

（2022）

◆省级基础教育教学成果特等奖◆

（2022）

◆省级基础教育教学成果一等奖◆

（2021、 2022）

◆省级基础教育教学成果二等奖◆

（2020、 2021）

基于学科育人功能的课程综合化实施与评价[①]

成果完成者：重庆市巴蜀小学校

获奖情况： 2018年基础教育国家级教学成果奖特等奖

一、 问题的提出

2001年，教育部印发《基础教育课程改革纲要（试行）》，提出着力“目标、结构、内容、教学、评价、管理”等6个改变，推动了基础教育质量的提升。与此同时，随着实践的不断深入，出现了“学科至上”及“去学科化”等倾向。本校是新课改首批实验学校，分学科落实新课程理念，面对以上问题，本校提出了“基于学科育人功能的课程综合化实施与评价”改革主张，一方面注重发挥各学科独特的育人功能，防止“去学科化”倾向；另一方面，加强跨学科教育教学活动，充分发挥学科间综合育人功能，提高学生综合分析问题、解决问题能力，培养学生综合素质。

经过多年实践，本成果试图破解长期困扰基层学校的分科与综合不平衡、实施与评价不协同难题，从而为国家课程校本化实施提供一个可操作、可借鉴、可推广的发展素质教育的实践体系。

二、 核心理念

本成果是针对课改中“学科至上”及与之相反的“去学科化”倾向，造成不能充分发挥课程育人功能而提出的主张。它是以立德树人为导向、国家课程为主干、学科育人为基础，经十八年探索形成了“学科+”为主要特

---

① 此文本由重庆市巴蜀小学教育集团马宏校长、程明敏执行校长提供

征的课程综合化实施模式。一是课程内容综合化。通过“学科内融合”“学科+学科”“学科+生活”等方式，打破学科壁垒实现知识联通；二是教学实施综合化。开展项目式学习，推行“(教室)小(学校)中(社会)大课堂”一体化教学，以“技术赋能”推动知识、生活与直接经验高度融合。三是学生评价综合化。创生“主题情景表现性评价”，构建活力、学力、潜力评价体系，开发配套工具。

本成果有效提升了学生综合素质，促进了教师专业发展和学校管理变革，连续三届获市政府教学成果最高奖。市教育质量监测中心监测 13 个指标区域第一；市素质测评中心测试 12 项指标远超区域水平。学生 2017 年获奖 957 人次；教师发核心期刊 11 篇，专著 13 本，获“明远教育奖”、教育部“教书育人楷模”等荣誉。新华社、《人民日报》《中国教育报》等持续报道；连续十四年举办全国学术会议，影响 12 个国家及地区近千所学校。黄炎培、叶圣陶、邓小平等曾在此从教或指示办学，顾明远盛赞“素质教育看巴蜀”。

三、 实施过程

重庆市巴蜀小学校是一所具有近 90 年深厚文化底蕴的历史名校，以“创造一个新的学校环境，实验一些新的小学教育(1932 年《重庆私立巴蜀学校建校宣言》)”为办学宗旨，践行“与学生脉搏一起律动”的办学理念，培养“头脑科学，身手劳工，自信、豁达、优雅的现代公民”。巴蜀人坚持“所有的探索都从追问开始，所有的追问都以实践回应，真心做，做到真，做至美”的“做”的教育哲学，强调“带着思想去行动，行动之中出思想”，边实践、边研究、边总结、边深化。十八年的综合化实施探索之路，经历了整体系统规划，选点侧重研究的 4 个阶段。

(一)“技术赋能”教学变革实践探索阶段(2001 年~2004 年)

2001 年，国家启动新一轮基础教育课程改革，要求“大力推进信息技术在教学过程中的普遍应用”。学校参加了全国“小学语文‘四结合’教学改革实验研究”项目试点，应用多媒体技术改进教学方式。

2002 年，设立课程部、校务部、物业部统筹学校管理，建立适应新课程改革的校本教研、教师成长、课程管理等保障机制。

2003 年，成立“梦想网校”，开发 1～6 年级语文、数学、英语网络学习资源，较好地实现了线上与线下学习有机融合。

2004 年，学校开展重庆市教育科学规划课题“现代信息技术与学科课程整合、网络多媒体软件开发研究”，形成了“展示”“交互”两种“技术赋能”课型。这为后期开发网上游戏化学习社区——“优卡乐园”“泛在学习”资源、“巴蜀榜样”评价软件开发奠定了基础。“技术赋能”的实践探索，充分利用了现代信息技术手段，开发教学资源，改进教学方式，提高教学效率，促进了学生个性化学习。后续的实践及其相关成果荣获重庆市第二届优秀教育技术科研成果一等奖，重庆市人民政府教学成果二等奖。

（二）“学科+学科”主题式融合实践探索阶段（2004 年～2009 年）

新课程改革持续推进，在发挥各学科独特育人功能的同时，强调避免学科分隔，愈加关注学科间综合育人功能的发挥。

2004 年，学校申报了重庆市教育学会课题“综合实践活动大单元课程的开发与实施研究”。在定时、定人、定内容基础上，探索“学科+学科”主题教育教学，形成了《综合实践活动大单元课程实施模式纲要》，开发了相应资源包。

2005 年，开启了以问题解决为核心的主题融合学习，以《重庆市饮料消费调查分析与措施》为代表的多个小课题研究获全国青少年科技创新大赛一等奖。学校还与北师大课程中心连续三年举办“与新课程同成长互动论坛”，吸引全国 2000 余人参会。

2006 年，学校组织研发《教师行动手册》《教研行事历》等实践工具，实施基于新课标的跨学科年级备课，解决不同学科内容交叉重复问题，经验论文《校本、团队、教研》获中国教育学会教育管理分会奖。

2007 年，“学科+学科”的实践经验应用到本校新办的两所学校中。其后，又引进“项目式学习”方式，形成围绕“生命·生存·生活·生态”展开的 12 学期序列化课程主题及相应资源包。

2008 年，探索“学科+学科”主题融合的评价方式，优化“学科能力达标”，推出六年级学生“六会”素质测试。这一阶段相关成果入选中国教育创新成果公益博览会，学校成为教育部基础教育 4 所定点联系学校之一，校长入选教育部“更新教育观念报告团”在全国巡讲。

（三）“学科+生活”课程育德实践探索阶段（2009 年~2012 年）

2009 年，学校围绕育人目标展开新一轮调研，遵循“因生而动，因律而美，美美与共”的思想内涵，发布《律动教育思想的哲思与畅想》指导实践。同年，学校以全国教育科学规划办课题“城市小学生活教育创新实践研究”为依托，深化“学科+生活”研究，解决知识与生活分离等问题。

2010 年，以“生活育德”为取向，构建了以品德与生活（社会）、综合实践活动、班级教育活动、少先队活动等为主要内容的生活实践课程，研发《生活实践课程行动指南》。

2011 年，总结“巴蜀儿童礼”课程，深化“巴蜀榜样”评价，总结论文《培养良好行为习惯促进学生健康成长》被教育部评为全国中小学德育工作优秀案例。

2012 年，完成“（教室）小（学校）中（社会）大课堂”一体化教学模式建构（以下简称“小中大课堂”），即以纵贯六年班会、少先队活动课程为主要内容的“教室小课堂”；以科技节、艺术节、开学节等为主要内容的“学校中课堂”；以节日、假日、纪念日为载体的“社会实践大课堂”。为其后扎实推进社会主义核心价值观践行活动和开展研学课程奠定了坚实基础。“学科+生活”的实践探索，引导学生从教室回归到人的完整生活，让世界成为教材，“小中大课堂”一体化实施，强化了教育的实践育人功能。“小学‘生活德育’创新实践研究”获重庆市人民政府教学成果一等奖。重庆市教委在全市举办首届“未来教育家思想研讨会”现场会上，推广了本校办学经验。

（四）“学科+”深化、推广及评价突破阶段（2012年~2018年）

2012年，学校凝练律动课堂研究成果，推出《学科共育标准》《八大课堂管理策略》《课堂评价量表》，形成“尊重、激发、共生”为核心，“主动、互动、灵动”为标志的律动课堂文化，校长以《在律动课堂里自由生长》为题在中小学整体改革专业委员会学术年会上做大会交流。

2013年，重庆市教委在全市召开“重庆市小学课程综合化实施现场会”，推广学校“学科+”综合化实施经验。

2014年，依托重庆市教育规划课题“小学学科课程综合化实践研究”，以参与式教学为切入口，探索核心素养校本转化，形成“化—联—跨—展”学科内融合方法，发布《基于学科的课程综合化实施（1+10）行动指南》。

2015年，深化“主题情境表现性评价”、引入公众教育研究院ACTS学业素质能力评价系统、重庆教育评估院质量监测系统，形成有第三方机构参与的学生多元评价体系，其后建构学生“活力、学力、潜力”评价体系（以下简称“三力”评价），系列研究成果在《中小学管理》《人民教育》等刊物上发表，出版《评价引领学校发展》专著，实现了评价协同改革的有效突破。

2016年，开展“核心素养视角下的小学课程体系建构与实践研究”“小学语文学科核心素养体系建构及实践研究”等，指向学科的育人功能，发布《学科素养的校本表达》。开展“‘1+1+N’家校共育有效途径研究”与“基于学校办学理念下的制度建设策略研究”，强化制度建设，保障课程综合化的有效实施。

2017年，“基于学科的课程综合化实施实践研究”和“小学主题情境表现性评价”分获重庆市人民政府教学成果一、二等奖，校长获“明远教育奖”。

自2001年以来，学校在重庆市的每一个区县“牵手”一所学校，以此为支点带动当地其他学校，每年通过联合教研，推广学校经验，推动城乡教育统筹发展。“跨区域集团化办学‘1+1+N’城乡文化互助发展项目”荣获重庆市教育综合改革试点成果一等奖。校长入选“教育部卓越校长领航班”，多次受邀到中国小学校长大会、国际小学校长联盟论坛等学术平台做经验交流。

总之，通过整体规划、分阶段有重点地实施，将目标、评价、课程、教学、教师、管理等要素有机结合起来，不断深化，螺旋上升，推动基于学科育人功能的课程综合化实施。

四、 主要内容

本成果是国家三级课程管理在一所学校落地的系统解决方案；探索的是发展素质教育的可操作、可借鉴、力求把握综合化实质的行动路径。

（一）课程内容综合化

以学科、儿童和社会需求为原点，以建构儿童立体知识网络为主旨，以系统设计、多维联结为关键，通过“学科内融合”“学科+学科”“学科+生活”等方式实现课程内容学科内统整和跨学科关联，以“技术赋能”推进学科知识、社会生活与学生经验之间的高度融合。

学科内融合。强化各学科独特育人功能，通过“化—联—跨—展”进行综合。“化”，即对学科素养进行校本化表达，以此统领学科内综合。“联”，即寻求学科内的共同点，注重本学科学习领域和目标之间的相互渗透和融合。比如：美术学科按照造型、设计、欣赏、综合四大领域重组教材，从“线描表现”“生活设计”“本土文化”“探索美术与社区、社会生活、文化、家校共育”等不同方面进行综合。“跨”，即根据学生不同的学习主题，学习水平，开展跨班级、跨年级学习。比如：数学学科选择小学生喜闻乐见的益智游戏，系统开发贯穿各年段的，以趣味图形、七巧板、扑克牌巧算 24、数独、魔方、九连环为主要内容的《玩数学》自主选修课程，并配套开发了相应的资源包。“展”，即选用适合于表现性评价的教学素材，通过展示的形式贯通不同学习领域。比如：音乐学科形成了“我与形体”“我与表演唱”“我与民歌”“我与乐器”“我与音乐家”“我与音乐剧”等系列展示性课程，贯穿“表现美、欣赏美、创造美、音乐与相关文化”四大领域知识学习要求。

“学科+学科”。发挥跨学科综合育人功能，以主题方式将相关学科的教育内容有机融合，提高学生综合分析问题、解决问题能力。比如，在“桥”主题项目课程学习时，一年级把数学教材内容《简单的几何图形》与美术教材内容《有趣的半圆形》融合，英语的英文儿歌《伦敦桥》则与语文课文《兰兰过桥》融合，体育游戏“过大桥”与音乐歌曲《数大桥》融合，生成“发现之桥”项目主题。

“学科+生活”。强化实践育人功能，围绕生活中的主题，通过项目课程学习方式来达成各学科知识之间的综合，按照问题的逻辑线索组织课程内容。学校通过多年的实践，形成了基于项目的学习课程，如一年级的“我的动物朋友”，二年级的“安全岛”，三年级的“垃圾的旅行”，四年级的“火”，五年级的“旅行攻略”，六年级的“理想帆之毕业季”等。

（二）教学实施综合化

以提高儿童综合分析问题、解决问题能力为目标，探索课堂教学与社区服务、研究性学习与社会实践相结合的途径和方法，构建师生共创的“主动、互动、灵动”的律动课堂。

主题项目学习。“主题项目学习”的实施已经形成“项目确立—项目设计—项目探究—项目发布”的操作基本范式。项目确立是学生学习的开端，项目设计是为学生学习搭建脚手架，项目探究是学生以小组形式自主展开学习的过程，项目发布是学以致用。

小中大课堂一体化。课程与教学一体化是课程综合化实施的重要手段，学校采用了“（教室）小（学校）中（社会）大课堂”一体化教学方式，不但拓展了学习的时空，同时改变了课堂教学的形态，将教育教学的行为统一到育人目标上来。

以德育课程为例：依托“教室小课堂”——从学科出发。依托道德与法治、班会、少先队活动课，进行少年儿童理想信念教育、礼仪养成教育等。开发的“巴蜀儿童礼”校本课程，包括问好礼、行走礼、用餐礼、集会礼、课堂礼、放学礼、乘车礼、电话礼等；开发的少先队活动课，包括入队常识、队章课程、队的活动、队的历史、红岩精神、团队衔接等；开发的班会课程，包括立志于心、优雅于行、实践创新、适性发展等。拓展“学校中课堂”——从“我”到“我们”。通过“学科育德”建立学月主题单元，学科牵头各科协同、走出教室走进校园，形成序列化育人“课堂”，让道德养成与能力培养不分“你我”成为“我们”。学校中课堂有开学节、体育节、科技节、创造节、艺术节、成长丰收节等。融入“社会大课堂”——从“知”到“行”。打开校门，将道德养成从校内延伸到校外，一到六年级每年一个主题螺旋上升：礼仪修养、自我服务、感恩回报、民主生活、公民责任、国际视野。同时，依托节日、假日、纪念日开展“节假日序列课程”，寒暑假开展“生活体验周”课程。

技术赋能：借助信息技术手段，强调学生的线上线下主动参与，重视探究技能的培养，鼓励小组学习与同伴交往，倡导师生合作，注重学生实际经验的获得，培养学生自我规划、自主学习、自律生活、自在家庭、自信成长等“五自”能力。

优卡乐园（http：//web.51youka.com）是学校打造的网上游戏化学习社区，它通过寓教于乐的互动式社区，虚拟儿童真实的学习生活，为孩子个性特长发展和泛在学习提供资源。

律动课堂数字观测平台：是由行为参与、思维参与、情意参与三个纵向维度，加上具体指标、量化标准、突出行动、等级评定四个横向指标构成律动课堂观测量表，采用课堂观测方式，即时生成教学过程的全息数据，为有效教学提供参考。

巴蜀榜样电子徽章：这是一种游戏化的评价方式。12 年来，学校的每一位教师、后勤人员、来宾，在教育教学现场，都可以给有良好表现的同学颁发巴蜀榜样电子徽章，实现向家长、孩子、老师同步传送，记录成长点滴。

（三）学生评价综合化

评价综合化是从知识评价向综合素养评价转变，从课程学习评价向人发展的综合评价转变，从评学生“是什么样的人”向引领学生“成为什么样的人”的转变。学校创生的主题情境表现性评价，是探索在主题情境任务驱动下，学生进行即时组队、创意表现。表现形式有讲述、演示、表演、绘制、实验等。评价的即时性，让评价变得有趣并充满挑战性。

学力评价关注学生在国家课程中基础知识和能力的培养；活力评价指向生活实践，重点关注学生各个生活场景中的精气神，激发学生灵动生命状态，促进学生自主发展；潜力评价促进学生兴趣拓展及特长发挥，注重通过参与、选择和激发，让学生意识到自己未来发展的可能、可塑、可为的空间。在学生“三力”评价过程中，学校坚持“过程性”+“终结性学业”，“过程性”表现+期末“主题情景表现性评价”相结合。同时，为了协同推进此项改革，学校建立了“大部制统整，学科组和年级组落根”的管理架构。设立课程部，以专业牵头、集体实施的方式，统筹规划课程改革的目标、教学计划、人员、教研方式，设立物业部、校务部为课程改革提供保障；建立学科负责人机制，实现教师选拔、培训、考核一体化，学生学科核心素养的发展、研究、诊断一体化。学校建立了具有跨学科背景与综合能力的新教师选拔机制；建构了“四段三维”（“职初、合格、成熟、稳定”阶段与“专业品质、专业知识、专业能力”维度）教师成长模型；完善了在职教师、管理人员适应新技术和未来教育发展的培养机制。

五、基本经验

本成果经过十八年的系统规划、选点突破、侧重研究、螺旋上升，应用反馈，形成了丰硕的实践成果。探索出课程综合化实施的“学科+”模式，其包括“学科内融合”“学科+学科”“学科+生活”“技术赋能”等及相应内容、教学、评价等要素。开发《律动教育思想读本》《课程改革规划》《基于学科的课程综合化实施(1+10)行动指南》导引改革；开发《主题项目学习学生手册》《小书虫》读本、“优卡乐园”等76个资源包支撑改革；开发《学生“三力”评价手册》、“巴蜀榜样评价软件”等评价工具驱动改革，出版《教育故事》65期记录改革。

六、 重要成效及实验推广

本成果边实践边总结边研究边推广，由本校到2所分校再到渝中、合川、璧山区的集团校，再到重庆各区县38所牵手学校，十四年来持续召开全国性的学术会议，辐射12个国家及地区近千所学校，创生了立德树人鲜活经验。

学生灵动　学生积极参加学科竞赛、科技创新、基地学习、艺术展演、社会实践等活动，获10057次重大奖励。在语、数、科、英四门课程的质量监测中，13个指标均列区域第一。言语流畅性等12项素质指标远高于重庆市学生发展水平。委托第三方机构调查的学生、家长对学校课程服务满意度每年高于99.1%。

教师智慧　每年超过20位教师在全国教育学会及各学科专委会重要会议上交流经验，在《人民教育》《中小学管理》等公开发表相关文章上百篇，出版专著13本，教师获教育部“教书育人楷模”，校长获“明远教育奖”，入选教育部中小学校长领航班。获全国优秀教师、班主任、辅导员、学科赛课一等奖43人次，113人成长为特级、名师、正高级、高级等学术骨干。

学校鲜活　学校连续三届获重庆市人民政府教学成果最高奖。公开发行《教育故事》期刊第48期。接待国内129批次16813名教师来校访学。“小学教育巴蜀峰会”成为业内学术品牌。

专家评价　一大批教育名家走进巴蜀，裴娣娜评价该成果“找到了一条符合自身特点的草根式内涵发展之路”“是一场务实的变革性实践”；顾明远盛赞“素质教育看巴蜀”。

社会口碑　近年来，学校获重庆市教委“最可敬可亲教师团队”“书香校园”第一名，全市教育系统官微影响力排名长期位居小学第一，位列2017年《校长会》最具影响力的全国中小学百名榜重庆第一、全国第五。

国际影响　学校成为中美“千校携手项目”示范校、美国“孔子课堂”全国20所优秀学校之一，与美、英、加、柬埔寨等12个国家或地区的友好学校开展学术交流。

“学科+”强调的是，学科始终是基础，“+”不是简单相加，而是为了表述、理解和团队推动的方便，强调的是综合视野下的学科，是学科与不同关键要素不断地链接和融合。在巴蜀“学科+”只是众多育人路径当中的一种教育的主张、选择和方式，所以巴蜀更愿意把“学科+”定位为一种思维方式、行为方式，也是工作方式、课程方式，借助每一个“+”，找到适合学校自身发展的关键要素来选点突破，是一个很开放的系统。“+”，加出了学生的育人本质，加出了教育的立德情怀，凝聚起更多立德树人的共识和热情，回归了巴蜀人的初心和梦想，努力培养社会主义事业的建设者和接班人——“头脑科学、身手劳工、自信、豁达、优雅的现代公民”。

面向中国教育现代化2035的责任与使命，巴蜀将继续携手教育路上的同行者，坚持教育是“做”的哲学，真心做，做到真，做至美！以学术的方式守候生命的静好，共同走向教育高质量育人学校发展的探索之路！

大情怀育人：扎根乡村40年的行知教育实验①

成果完成者：杨瑞清

其他成果持有者：刘明祥　王祖明　葛德霞　严开宏　刘　霞

所在单位：南京市浦口区行知小学

获奖情况：2022年基础教育国家级教学成果奖特等奖

2021年江苏省教学成果奖（基础教育类）特等奖

行知教育实验是用陶行知教育思想解决乡村学校育人实际问题的探索性实践。从1981年起，江苏省南京市浦口区行知小学（以下简称“行知小学”）“学陶师陶”40年，用陶行知教育思想改造乡村学校，先后进行了22项行知教育实验，围绕乡村学校不同发展阶段的育人难题，创造性运用陶行知教育思想，传承优秀乡村文化，推动育人方式变革，先后解决了乡村学校的生存问题、乡村教育的公平问题和乡村儿童享受高质量教育的问题。行知教育实验弥漫“爱满天下”大情怀，涵育“知行合一”实践品格，致力于构建凝聚教育合力的“大协同”育人格局，用陶行知教育思想的当代实践探寻乡村教育发展路径，努力回答好乡村教育高质量发展的时代命题。

一、问题的提出

走在行知路上，培育乡村新人。行知小学几代教师扎根乡村40年，坚守初心，致力于让乡村儿童享受公平且有质量的教育，潜心开展行知教育实验，走出了一条乡村教育现代化之路。围绕乡村学校不同发展阶段的育人难

① 此文本由江苏省行知教育实验研究所所长朱德成提供

题，如何创造性运用陶行知教育思想，传承优秀乡村文化，推动育人方式变革，重点解决以下三个问题：一是办学条件差，师生流失严重，解决乡村学校的生存问题；二是封闭办学，城乡教育差距大，解决乡村教育的公平问题；三是城乡一体化背景下，解决乡村儿童享受高质量教育的问题。

二、 核心理念

行知教育实验的理论根基是陶行知教育思想，贯穿“爱满天下”精神和“知行合一”哲学，运用生活教育三大原理开展六个方面的实践(图1)。

图1 大情怀育人的理念框架

注：中心图案为学校标识“陶花”：一朵小花，一枚“衎”（gàn)字印章。

基于“生活即教育”思想，行知小学整合乡村生活与社会资源开发生长课程，形成两个课程群。生命涵育课程群包括体育与健康、体育与修养、语言与文化、艺术与审美、科学与探究、实践与创新六大类课程；社会实践课程群包括三农体验课程、研学实践课程、中华文化开放课程、身心实训课程、革命传统教育课程、STEM 课程。基于“社会即学校”思想，行知小学建立了“村校一体、城乡联合、国际交流、品牌共享”的开放办学格局，“以社会为源，引社会入园”，社会实践课程基于社会，服务社会。基于

“教学做合一”思想，行知小学在课程与教学中开展以“小先生制”为引领的“小朋友、小先生、小主人”生机课堂教学模式研究。“大情怀育人”是行知教育核心概念，以“关怀生命、关注生长、关切生机、关心生态”为理念开展行知教育实验。

（一）“爱满天下”的大情怀育人体系

热爱乡村、奉献乡村、振兴乡村，以爱为核心，构建爱生命、有担当、重实践、可共享的育人体系，培养大志、大气、大爱的乡村新人，让学校文化旗帜在绿色乡间高高飘扬。

（二）“生活即教育”的行知教育实验道路

累计开办 104 个行知班，进行 22 项实验探索，改造学校生活，优化机制，转变师生价值观念和行动方式。

（三）“教学做合一”的课程与教学范式

突出实践育人，有效利用乡村社会自然与文化资源，高水平实施国家课程，探索手脑并用、促进生长、充满生机的课程与教学，推动育人方式变革。

（四）“社会即学校”的协同育人平台

推进村校一体、城乡联合、国际交流、文化共享，实施村级大教育，建设研学实践基地、文化交流中心，形成人人办教育、人人受教育的育人格局。

三、实施过程

本成果以陶行知教育思想为引领，以培育乡村新人、创办一流乡村学校为目标，以大情怀育人为主线，以行知教育实验为抓手，经历了四个发展阶段：

（一）村校一体，生活育人（1981年~1993年）

1981年开办行知班，1985年创办行知小学。开展小幼衔接、劳动教育、家长学习班、不留级、良师成长、村级大教育6项实验。推动村校协同，整合乡土课程资源，将乡村生活融入教育教学过程，普及了初等教育，成为孩子喜爱、农民满意的家门口好学校，解决了学校生存问题。1984年，本校作为联合国教科文组织“普及初等教育与扫盲规划研讨会”考察点，受到社会各界的好评。获得中国陶行知研究会首届“陶行知教育理论研究与实验成果”一等奖。

（二）城乡联合，实践育人（1994年~2006年）

1994年创立行知基地。开展三农体验、赏识教育、三小课堂、教师发展学校、小学小班化、中华文化浸濡6项新实验。推动城乡协同，率先开展综合实践活动，形成城市带动乡村、乡村反哺城市的良性互动局面，促进了教育公平。2000年，杨瑞清老师参加全国师德报告团宣讲育人经验，反响热烈。学校先后获得江苏省实验小学、江苏省文明单位、全国青少年校外活动示范基地等荣誉。

（三）国际交流，文化育人（2007年~2014年）

2007年设立行知苑对外交流中心。开展世界学校共建、马来西亚行知教育携手行动、五好陶娃评价、中学小班化、青奥学校创建、孔子课堂6项新实验。推动国际协同，利用友好交流活动，开发文化融合课程，提高了育人质量，产生广泛影响。学校成为市现代化示范学校、国家汉语国际推广基地，被国际奥委会指定为南京青奥会文化教育活动场所。

（四）品牌共享，生态育人（2015 年~2021 年）

2015 年组建教育集团。开展教学做合一、以美育人、研学课程、云播中心课程 4 项新实验。深入学习习近平总书记关于教育的重要论述，梳理和总结大情怀育人体系，优化育人生态，推动品牌共享，深化了学校与家庭、中小学与幼儿园、校内与校外、乡村与城市、国内与国外教育文化的融合，带动国内外 200 多所学校开展行知教育实验。2017 年，学校成为全国青少年校园足球特色学校，2018 年成为全国中小学生研学实践教育营地，并获全国教育改革创新杰出校长奖、江苏省教学成果特等荣誉。

四、主要内容

（一）构建了“爱满天下”的大情怀育人体系

以陶行知教育思想的当代实践解决乡村学校育人实际问题，学校始终聚焦于“大情怀”。陶行知先生给后人留下了丰厚的精神遗产，最动人、最有力量的就是“爱满天下”的大情怀。他说:“要想完成乡村教育的使命，属于什么计划方法都是次要的，那超过一切的条件是同志们肯不肯把整个的心献给乡村人民和儿童。真教育是心心相印的活动。唯独从心里发出来的，才能打到心的深处。”在 40 年的育人探索中，我们鲜明地提出了大情怀育人教育主张，构建了大情怀育人体系，形成了体现独特儿童观、教育观、学校观、课程教学观的本土教育话语方式。

1. 爱生命的育人理念

（1）四大要义。关怀生命——达成被爱，让每个生命成为爱的聚焦；引导施爱，让每个生命成为爱的源泉；启发自爱，让每个生命成为爱的堡垒。关注生长——尊重生命生长的客观规律，既欣赏盛开的鲜花，又善待迟开的花苞，拒绝拔苗助长、急功近利，让每个学生享受成长的快乐。关切生机——尊重生命主体，相信生命潜能，理解生命差异，通过成长性评价，滋养生命、激发生机。关心生态——建设优美的校园环境，建立良好的教学关系，为生命提供丰富、健康、自然的文化生态。

（2）四个特征。以大爱为育人的核心——大情怀是以德育人。以理想信念为育人的灵魂——大情怀育人是价值育人。以知行合一为育人的支柱——大情怀育人是实践育人。以审美品格为育人的境界——大情怀育人是以美育人。

（3）三个机制。深情的引领机制——解决“方向”问题，坚守教育信念，勇于担当促进乡村进步的教育使命，高质量贯彻五育并举、全面发展的教育方针，始终以立德树人评价学校各项工作。真情的驱动机制——解决“动力”问题，倡导“学会赏识”“花苞心态”，不放弃、不伤害、不小看，以生命唤醒生命，在爱的实践中实现爱的传递。融情的凝聚机制——解决“性能”问题，倡导“人人都是学习者、人人都是教育者，人人都是创造者”大教育观，凝聚智慧，协力为儿童成长创造良好育人生态。

2. 有担当的育人目标

（1）培养持续的学习者、自觉的教育者、积极的创造者。培育学习力，人人担当终身学习、不断成长、学以致用的责任；培育教育力，人人担当“自觉觉人”、终身自我教育、促进他人健康成长的责任；培育创造力，人人担当开拓创新，促进生活美好、社会进步的责任。

（2）“一训三风”凸显担当品质。大情怀育人培养的是有担当的“精彩陶子”。校训“还能更精彩”：肯定过去，担当未来。校风“大志、大气、大爱”：大志激发理想信念，大气强调自立自强，大爱突出责任担当。教风“坚持、感激、成长”：坚持初心，感激所得，全心成长。学风“扎根、舒展、绽放”：植仁爱之根，身心舒展，在勇于担当中绽放。

（3）“五好陶娃”评价指向全面发展。分学段拟定成长目标，发挥吉祥物“陶娃”的评价功能，制订《陶娃规》，实施“五好陶娃”评价方法，运用“优点卡”评价技术，培养“手脑并用、快乐舒展、淘气可爱、灵气十足、友爱互动”全面发展的乡村儿童。

3. 重实践的育人路径

以爱的实践为核心的生活德育：德育融入乡村生活，融入村校、城乡、中外文化交流活动，让学生在生活中感受被爱、自觉施爱、学会自爱。“教学做合一”的生长课程：整合教育资源，为学生全面发展提供场景丰富的综合实践课程。手脑并用的生机课堂：凸显“小朋友、小先生、小主人”主体意识，开展“小问题、小探究、小展示”，在做事中成长。

4. 可共享的育人生态

（1）环境生态。提升学校硬件，营造优美环境。既有现代化的教学楼，也完整保留村小原貌。有茶艺馆、陶艺馆、军事模型馆、生命安全实训馆等众多特色场馆，有花圃、池塘、大草坪、小树林，还有8亩茶园、10亩菜园、15亩果园、200亩荷园，散发着浓浓的乡土气息。周边设有50多个农户接待站，22个劳动实践协作基地，将校园延伸到社会。

（2）文化生态。建造行知文化广场，敬立陶行知雕像，设计学校标识“陶花”、吉祥物“陶娃”；营造“用心用情，共建共享”课程文化、“含苞待放，生机盎然”教学文化、“有滋有味，有情有义”教师文化、“合情合理，通情达理”管理文化。制订《行知文化建设纲要》，文化主题是“并肩走在行知路上，携手创造精彩人生”；文化使命是“让乡村儿童享受精彩教育，让行知精神得到精彩弘扬”；办学愿景是“小学校，大教育；小学校，大文化；小学校，大事业”；学校精神是“立大志，做小事；立大志，做实事；立大志，做新事”。教育策略是“走进生命，发现潜能，唤起自信，善待差异，引导自选”。

（3）教师生态。取“千教万教教人求真”之“真”。“捧着一颗心来”之“心”。做“真心良师”，努力读好“行知”这本大书，读好“实践”这本活书，读好“生命”这本天书，坚信生命价值在“做人”上建立。

（二）开辟了“生活即教育”的行知教育实验道路

以陶行知教育思想的当代实践解决乡村学校育人实际问题，我们始终潜心于行知教育实验。大情怀育人体系就是在系列行知教育实验中逐步构建起来的。贯彻党的教育方针政策，以生活教育理论为引领，用一个个扎实的实验，推进班级建设、课程开发、教学实施、队伍锻炼，创新管理制度，优化教育机制，改造学校生活，转变师生价值观念和行动方式。

1. 满怀敬仰、全面传承陶行知教育思想

（1）弘扬“捧着一颗心来，不带半根草去”的精神。扎根乡村，热爱儿童，主动放弃进城的机会、提拔的机会，甘做“傻瓜”，勇于“开辟”，乐于“创造”，潜心开展行知教育实验，不断提高育人质量，不断提升师德境界，做老百姓心目中的“四有”好老师。

（2）奉行“知行合一”的哲学。陶行知将“知”“行”合起来，创造了一个“衟”字，寓意知行合一。行知教育实验以此为实践哲学，强调一个“我”字：师生都从我做起，高扬主体精神，做学习、工作、生活的主人，自立立人，成为有担当的人；聚焦一个“爱”字：达成被爱，引导施爱，启发自爱，成为有情怀的人；还抓住“真、事、用、新、大、恒、乐”等字，修炼知行合一这门“大课”，将理念转换成教育行为。

（3）践行生活教育理论。系统运用“生活即教育、社会即学校、教学做合一”原理指导教育教学实践，坚持劳动教育，突出体育、美育和中华传统文化教育，实现五育融合，促进学生德智体美劳全面发展，促进全民终身大教育体系的形成。

2. 用扎根性、长程性、掘井式的持续实验破解各种育人难题

四十年一以贯之，以陶行知教育思想引领教育实践，遇到新问题便开展新实验，在怀疑中起步，在挫折中坚持，在规律上坚守，在收获时共享，不断深化实验项目。从 1981 年到 2021 年累计开办了 104 个行知班，开展了 22 项行知教育实验，贯穿村校一体、城乡联合、国际交流、品牌共享各阶段，涉及德育、课程、教学、管理各领域，指向德智体美劳各方面，构成了落地生根、扎实丰满的实验体系，有效破解了一系列乡村教育难题，提升了育人质量（表 1）。

表1 行知教育实验一览

实验阶段	村校一体 生活育人 （1981~1993）	城乡联合 实践育人 （1994~2006）	国际交流 文化育人 （2007~2014）	品牌共享 生态育人 （2015~2021）
实验背景	普及义务教育 扫除文盲 教育体制改革	素质教育 课程改革 布局调整	立德树人 教育现代化	核心素养 时代新人 高质量教育体系
班级层面 104个班	8个行知班	28个行知班	22个行知班	46个行知班
学校层面 22项实验	小幼衔接实验 劳动教育实验 家长学习班探索 不留级实验 良师成长实验 村级大教育实验	三农体验课程开发 赏识教育实验 三小课堂实验 教师发展学校探索 行知小学小班化实验 中华文化浸濡活动课程开发	世界学校共建行动 马来西亚行知教育携手行动 五好陶娃评价实验 行知中学小班化教学实验 青奥学校创建行动 美国孔子课堂实验	教学做合一新探索 以美育人涵养行动 研学实践课程开发 云播中心课程开发

2011年，在全国纪念陶行知先生诞辰120周年系列活动中，学校正式明确“行知教育”为核心概念，标志着行知教育实验进入了一个自觉实践、自觉构建的新阶段，它有三个基本特征：第一“扎根性”，扎根教育现场，直面问题，自觉开展；第二“长程性”，与时俱进，持续探索，及时将实验成果转化为学校的价值导向和工作制度，转化为师生的思维方式和行动方式；第三“掘井式”，反复推进，持续深入，系统构建，不断深化育人方式变革。

3. 开展行知教育实验遵循三个原则

(1) 积极与国家教育改革步伐相呼应。学习贯彻教育体制改革、普九、素质教育、课程改革、教育现代化、核心素养等一系列方针政策，为党育人，为国育才，始终把握好行知教育实验的正确方向。

（2）自觉与教育前沿思想理论相结合。融合“童心母爱”“情感教育”“关怀伦理”等教育思想，密切关注愉快教育、成功教育、新教育实验的经验，不断推进行知教育实验向纵深发展。

（3）在经验分享中丰富实验内涵。2000 年参加全国优秀教师师德报告团，2004 年以来多次到马来西亚巡回演讲，众多国内外教育同行也走进行知校园，这既是传播陶行知教育思想的机会，也是更好地学习他人鲜活教育经验的好机会，持续给行知教育实验带来新启发。

4. 探索新时代行知教育实验的路径和方法

2018 年分别与湖南弘慧、北京桂馨基金会合作，实施支持西部地区乡村学校开展行知教育实验公益项目，邀请“行知教育实验主持人”，开展自我成长、家庭建设、班级经营、学校发展四个层面的实验。编印《行知教育实验手册》，阐述七项实验原则：不忘初心，自觉担当使命；理念认同，终生并肩携手；从我做起，实验与人同行；放出样子，扩大实验影响；四个层面，同步推进实验；系统思考，整体设计实验；搭建平台，充分共享智慧。已带动 6 个国家 60 多位教育同行设立“行知教育工作室”，与国内外 200 多所学校携手合作，初步形成“行知教育实验共同体”。

（三）形成了“教学做合一”的课程与教学范式

以陶行知教育思想的当代实践解决乡村学校育人实际问题，学校始终立足于课程教学改革。强调以“做”为中心，突出实践品格，先后开展了 12 项课程与教学方面的实验探索，将大情怀育人落在实处。

1. 促进学生全面发展的“生长课程”

按照“国家课程校本化，生活资源课程化，学校课程系统化”的思路，在高质量落实国家课程标准的前提下，运用联合策略，让课程生长在乡村的土地上，生长在联合的生活中，形成了“基于生长、滋养生长、促进生长”的培植乡村儿童生活力的生长课程体系，为“村校一体、城乡联合、国际交流、品牌共享”的大情怀育人实施路径提供了有力保障(图2)。

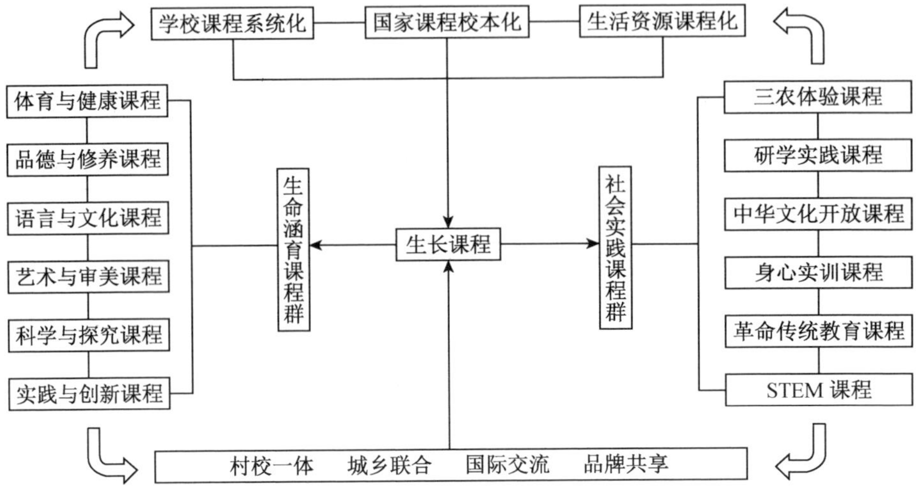

图2　生长课程的结构

生命涵育课程群涵盖6个学校课程领域，其中校本课程有50多个。社会实践课程群有6个门类24个模块100多个课程(表2)。

表2　社会实践课程群的六大门类24个模块

三农体验课程	研学实践课程	中华文化开放课程	身心实训课程	革命传统教育课程	STEM 课程
农耕体验 智慧农业 农村认知	知识科普型 自然观赏型 体验考察型 励志拓展型 文化康乐型	传统技艺类 传统游戏类 人文景观类 民俗文化类	安全实训 素质拓展 国防教育	革命史实与关键事件 革命英雄与人物事迹 革命历程与纪念场馆	工程类 科学类 方法技能类 3D 打印类 智能造物类 互动编程类

实践使学校体会到，整合乡土资源，完全可以开发出满足乡村儿童全面发展、快乐成长的课程体系；乡村丰富的课程资源也可以反哺城市，满足城市学生体验乡村生活、开展劳动教育实践的需要；整合乡村和城市文化资源，还可以开发吸引境外学生学习中华文化的课程；城乡学生携手，中外学生相遇，又成为开发“交往课程”的契机。

2. 充满信任、富有美感的“生机课堂”

提取学校生活场景、家庭生活场景、社会生活场景、虚拟生活场景的教学意义，用“花苞精神”使课堂生机盎然，让学校成为学生每天都想来的地方。

（1）创造性运用“小先生制”。凸显学生“小朋友、小先生、小主人”的学习主体意识，做互敬互爱的小朋友、即知即传的小先生、自动自立的小主人。操作层面以“小问题、小探究、小展示”为学习形态，实行“板块式”学习流程，让课堂焕发生机活力(图3)。

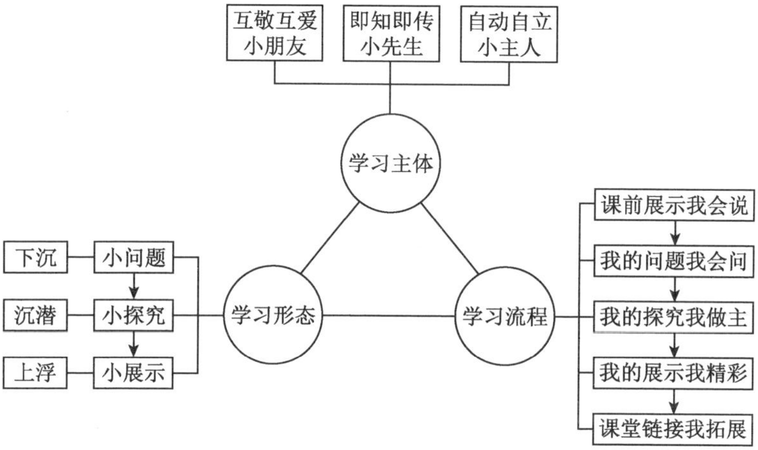

图3　生机课堂的实践形态

（2）6条原则12个学会。落实尊重、信任、理解、运用激励、包容、提醒原则，不放弃，不歧视，不抱怨，不逼迫，让“花苞心态”成为师生的共识(表3)。

表3　生机课堂的教学原则

6条原则	12个学会	内涵
尊重	学会倾听，学会请教	充分尊重人格。老师和学生的人格是平等的，学习也需要平等和民主。
信任	学会敬畏，学会自豪	高度相信潜能。每个学生都有很大的发展潜力，每个学生都值得我们自豪。

（续表）

6条原则	12个学会	内涵
理解	学生陪伴，学会感激	深度理解个性。决不以单一尺度衡量每一个学生，要用真心来陪伴，用耐心去等待。
激励	学会发掘，学会分享	热情激励优点。抓住闪光点热情地激励学生，让“认可”成为成长的动力。
包容	学会反思，学会等待	耐心包容特点。让学生处在一个自由自在的状态中，不抱怨不指责，允许重复犯错。
提醒	学会批评，学会分担	友情提醒缺点。在鼓励的前提下批评，用建议的方法进行提醒。

（3）3个维度评价课堂学习。一看有没有聚焦事件：事是场景、任务、引擎，事源于教学计划，也源于生活，课堂里学生要有事可做。二看有没有改进工具：教学工具为学习提供支持，用“学问手册”“学习单”“课堂观察量表”促进学生自主合作探究，用“优点卡”“五好陶娃”等工具进行形成性评价和激励性评价。三看有没有收集证据：证据让学习“可见”，在学习流程中收集、记录事实与数据，评价学习的完成度。

（四）搭建了“社会即学校”的协同育人平台

用陶行知教育思想的当代实践解决乡村学校育人实际问题，学校始终致力于凝聚教育合力。运用联合策略，坚持开放办学，构建人人受教育、人人办教育的协同育人格局，用“大协同”落实“大情怀”。

1. 村校协同，共建家校社互动，中小幼衔接的村级大教育平台

20世纪90年代开展村级大教育实验，破解了学校资源不足难题，学校融入乡村，乡村帮助学校，学校教育、家庭教育、农民教育、教师教育齐抓共管，共同发展。2011年设立中学部，中小幼和基地共同推行生活教育，办学理念一致，文化标识通用，管理协同，资源共享，教育质量显著提升。

2. 城乡协同，校内外互动，共建全国一流的中小学生研学实践平台

1994年创立行知基地，陆续建成了生活体验区、室内体验区、户外种植区、文体活动区、素质拓展区，还开辟了校外半径 5 公里核心资源区、10 公里拓展资源区、100 公里内研学资源区，内外联通，拓宽乡村儿童培育空间，也为众多学校提供乡村实践体验课程，带动了乡村发展，成为全国研学实践教育领域的排头兵。

3. 国际协同，共建令人向往的中外师生文化交流平台

“融进行知文化、亲近乡土文化、触摸南京文化、领略长江文化”，文化融合课程吸引来了众多国外师生。2007 年创建国家汉语国际推广基地，实施了新加坡学生中华文化浸濡项目、马来西亚爱心教育项目、美国孔子课堂项目、青奥会生态环保农业项目、海外华裔青少年中国寻根之旅项目、“一带一路”华文学校行知教育论坛项目等，每年吸引上千名境外师生学习中华文化。2009 年成为国家汉办（现教育部中外语言交流合作中心）外国本土汉语教师培训基地。为新加坡、马来西亚等国家的华文教师累计开办了 40 多个研修班，培训华文教师超过 1000 人，分享行知思想和育人经验。

实践证明，乡村教育并不是落后教育的代名词，乡村教育有着自身的美好品质和独特价值。通过联合的方式，乡村学校就能以平等的姿态融入城乡一体化、全球化的浪潮，并从中获得滋养，全面提升育人质量。这里说的育人，还包括所有成年人。协同育人格局下的学校，是老百姓心目中文明、公正、美丽、有知识、讲道德的地方，要让老百姓通过学校看到国家的希望、民族的未来，让学校成为一面文化旗帜，在绿色乡间高高飘扬，在老百姓心中高高飘扬！

五、基本经验

（一）大情怀育人的本土教育主张

源于“爱满天下”的行知精神，融合“童心母爱”“情感教育”“关怀伦理”等教育思想，扎根乡土，构建了以“关怀生命、关注生长、关切生机、关心生态”为基本主张的儿童观、教育观、学校观、课程教学观，形成了

“真心良师”“精彩陶子”“花苞心态”“学会赏识”“还能更精彩” 等具有行知味和乡土味的话语方式。

（二）全面传承陶行知教育思想的当代实践形态

作为全国最早开办的行知班和江苏省内第一所行知小学，是我国开展行知教育实验行动最自觉、持续时间最长、辐射影响最广泛的乡村学校，编写《行知教育实验手册》《行知教育实验丛书》等，带动国内外众多学校学陶师陶。

（三）开放、协同、实践、综合的育人方式

扎实推进学校与村社一体、乡村与城市联合、传统文化与现代文明共享；长期坚持劳动教育，强化实践育人，突出体育、美育和革命传统教育，以国内一流实践营地为载体，促进“五育融合”。

（四）立足乡村学校，面向世界讲好中国故事、传播好中国声音

小学校建设大文化，作为第一批国家汉语国际推广基地，持续实施高质量对外文化交流项目，出版中华文化学习指南，推动行知文化海外传播，为展现可信、可爱、可敬的中国形象贡献力量。

六、重要成效及实验推广

（一）培养了大批“做真人、爱生活、善学习、有担当”的“精彩陶子”

对行知小学 1986~2021 届 81 个毕业班 2735 名毕业生和 1000 多名在校生的抽样调查显示，校友记忆中的学校生活体验达 92.6 分，在校习得最为突出的品质是“家国情怀” 和“劳动意识”。在校生参加区域内音乐、美术、劳动、综合实践绿色质量调研中表现均为优秀，江苏省学业水平测试各项指标超省均 3%~5%。

（二）造就了一批“扎根乡村、乐于奉献、勇于创新”的真心良师

调查显示，校友在各项评价中对母校老师的师德评分最高，达93.9分。以陶为师，树立了中国乡村教师良好的群体形象：有全国优秀教师、“中国好人”，有全国社会教育突出贡献奖获得者，有全国教书育人楷模、师德标兵、“两基”工作先进个人、中国当代教育名家。教师代表入选教育部师德报告团，应邀到7个国家分享行知教育经验。

（三）建成了一所“爱满天下、知行合一、面向未来”的一流乡村学校

从落后的村小发展成现代化的教育集团，成为老百姓家门口好学校，成为江苏省模范小学、江苏省实验小学、江苏省文明单位、全国校园足球特色学校、全国青少年校外活动示范基地、全国中小学生研学实践教育营地、中国华侨国际文化交流基地。

（四）发挥了行知教育思想在国内外的示范影响力

《人民日报》《中国教育报》、中央电视台、新加坡《联合早报》等媒体长期跟踪报道；专著《走在行知路上》列入“中国当代教育家丛书”，并在马来西亚出版发行；出版《行知教育实验丛书》7册，带动内蒙古、新疆、云南等地50多所学校开展行知教育实验。马来西亚教育部副部长办公室推动的“爱心学校计划”，自2010年开始将本校作为“母亲校”，系统学习实践陶行知教育思想，目前有130余所华文小学参与这项计划，惠及近4000教师和6万学生。教师多次应邀到菲律宾、马来西亚等国做巡回演讲，听众累计超过1万人。与200多所海外华文学校联合举办了17次“一带一路”华文学校行知教育论坛。推动了新加坡行知文教中心、马来西亚行知教育学苑等6家海外行知教育文化机构的成立。2020和2021年，云播中心面向国外的

云上培训、云上课程、云上交流活动累计达200多次，参与者超过5万人次。

朱小蔓先生评价行知小学“为中国的教育现代化在农村如何突破，做了一个有意义的、实验性的探索”。顾明远先生评价本校“扎根农村40年，创造性地继承和发扬了陶行知先生的教育思想，把一所简陋的农村小学办成具有先进教育理念、优秀教师队伍、优异教育质量的全国知名现代化学校，经验值得总结，成果值得推广”。

在全球化、信息化时代，在城乡一体化背景下，乡土情怀、乡村资源依然是乡村学校育人的根基，以陶行知教育思想为代表的中国优秀教育文化，需要在办学实践中充分彰显其生命力。行知教育实验要进一步推动行知教育实验共同体建设，完善大情怀育人的理论和实践，使之成为更多教育工作者、更多学校的自觉行动，真正实现“知行合一”办教育的理想。

新时代普通高中拔尖创新人才一体化培养模式探索与实践

成果完成者：周鹏程

其他成果持有者：徐　惠　蒋大桥　张　丹　鲁若曦　叶海龙

所在单位：华中师范大学第一附属中学

获奖情况：2022 年基础教育国家级教学成果奖一等奖

2022 年湖北省优秀基础教育教学成果特等奖

一、问题的提出

党的十八大、党的十九大和党的二十大分别提出“着力提高教育质量，培养学生社会责任感、创新精神、实践能力”“加快建设创新型国家”和“着力造就拔尖创新人才”。拔尖创新人才对国家和社会发展的重要性空前凸显。但从普通高中办学实际看，拔尖创新人才培养面临诸多制约。培养拔尖创新人才，迫切需要打破传统育人格局，建立一个开放的、能容纳多教育主体的联合育人体系。基于上述思考与研究，本成果团队自 2014 年开始，就展开了普通高中拔尖创新人才一体化培养模式（以下简称“一体化培养模式”）的探索，高站位、广视角、多层次、宽领域地进行系统化实践。

二、核心理念

华中师大一附中一直坚持“培养未来世界的引领者”的办学理念，以“创世界一流中学”为办学目标，秉持“塑造强健身心，涵养卓越品格，培养关键能力”的人才培养观。针对“‘大中小’育人脱节，育人过程存在学段割裂”“‘家校社’资源分散，育人主体缺乏协同共育”等问题，学校结合普通高中新定位，打破传统的封闭式育人格局，首创“三位一体”素养结构，推行体艺“2+1+1”方案，要求每位学生熟练掌握两项体育特长和两项艺术（音乐和美术）特长，养成运动习惯，塑造强健身心，着重培养学生“胸怀天下、洞见未来、敢为人先、坚毅执着”的卓越品格，以及批判性思维、团队领导和自我发展能力等关键能力。提出了“瞻前顾后，左顾右盼”的办学主张。“瞻前”指向高等教育，“顾后”指向初中、小学教育。学校携手高校、初中及小学，将大学的创新人才培养理念和方式向中学延伸，将与大学的合作从简单的生源输送提升到联合为国家培养创新人才，探索“‘大中小’贯通式培养”，从传统的知识衔接走向素养衔接。“左顾”家庭教育，“右盼”社会教育。即以“整体教育观”为指导，通过明晰育人分工和整合育人力量，提升家校合作育人质量，并纳入社会先进力量，践行“生活即教育”“社会即学校”等理念，营造学校、家庭和社会协同育人的良好育人生态。

三、实施过程

（一）发现问题与设计方案

在2014年至2015年上半年，针对“高中教育应试色彩浓厚，育人导向忽视创新素养”的问题，学校提出了“培养未来世界引领者”的办学理念，首创“卓越品格、强健身心、关键能力”三位一体素养结构，着力培养新时代拔尖创新人才所需要的素养，重点关注学生创新素质、性格与品德、领导力的发展，并制定拔尖创新人才培养课程方案。

（二）内涵研究与实验探索

在2015年下半年到2017年上半年，学校用近两年的时间进行内涵研究与实验探索。

1. 研究三位一体素养结构。 通过研究联合国教科文组织、世界经济合作与发展组织、欧盟等国际组织关于未来人才核心素养的定义，以及国内外知名高校的育人导向，结合当下我国高中生发展特点，在校内组织开展大讨论，进一步明确了素养的内涵。

华中师范大学第一附属中学希望培养的毕业生拥有远大的志向、广泛的兴趣、强健的体魄，乐于参加社会实践活动，且具备顽强的意志、较好的合作能力和性格。因此，学校在人才培养方面重点做出以下改革：一是确定了培养学生“胸怀天下、洞见未来、敢为人先、坚毅执着”的卓越品格；二是围绕“强健身心”，实施“体艺2+1+1”方案，要求所有学生具备2项体育特长、1项美术特长和1项音乐特长，并规定其为学生获得学校荣誉毕业证的条件之一；三是着重培养学生批判性思维、团队领导和自我发展等关键能力。

2. 推进“家校社”协同式育人实验。 本项目提出“协同育人”理念，推进学校、家庭和社会育人的理念一体化、资源一体化和环境一体化，建立“家校社”协同式育人路径。

理念一体化：优化家长学校，携手政府、主流媒体，引领新时代育人观。

资源一体化：经中央军委批准设立空军青少年航空学校，推动建立由物理学家杨振宁担任名誉院长的“学生科学院”，与高新企业合作开设“长飞班”，打造“光谷课程”、院士课程、人文讲堂、校友讲坛。

环境一体化：明确家校育人分工定位，各就各位；突破传统“教材中心”，推动课堂走出学校、走向社会；持续开展“1周乡村课堂+1周军营体验+法治教育”社会实践课程，引导学生了解社会、磨炼意志、树立志向。

（三）纵向拓展与反思升华

从2017年下半年到2020年上半年，学校用近3年的时间进行拓展与反思。

1. **推进“大中小”贯通式培养实践。** 在前期研究与实验的基础上，本项目提出“长程育人”理念，将一体化培养实验向纵向拓展。立足自身，推进各学段目标、课程、学法一体化，建立“大中小”贯通式培养路径。

目标一体化：研究、借鉴大学育人经验，将大学的创新人才培养理念和方式向中学延伸，并带动初中、小学走向素养衔接。

课程一体化：开发初高中衔接教程、中国大学先修课程，创建“高校文化周”。

学法一体化：启动“博士讲坛”，开展研究性学习，成立“卓越联盟”。

建立跨学段学法教研、师生互访、师徒结对机制，促进素养导向下教与学的衔接。

2. **反思、优化学校课程方案，调整课堂教学。** 根据一体化培养的实践经验与效果，反思和调整学校课程方案，强化国家课程校本化实施的创新素养导向，改革学校课堂教学评价标准；提升与大学的合作育人水平，突出拔尖创新人才培养的校本课程建设。

（四）总结经验与推广辐射

2020年下半年至今，本项目以三位一体素养结构为核心，以纵横六个“一体化”路径为骨架，提炼形成了“瞻前顾后，左顾右盼”普通高中拔尖创新人才一体化培养模式（图1），促进学生“全时空”下全面而有个性的发展。与高校合作开设“航空模型制作与试飞”课程等，成立“一体化建设实验区”。总结经验，并通过主题研讨会宣传报道、主流媒体、教育帮扶等进行推广辐射。

四、主要内容

（一）提出了普通高中拔尖创新人才素养结构与培养理念

基于国家导向、时代要求和学校传统，本项目提出培养以“拔尖创新”

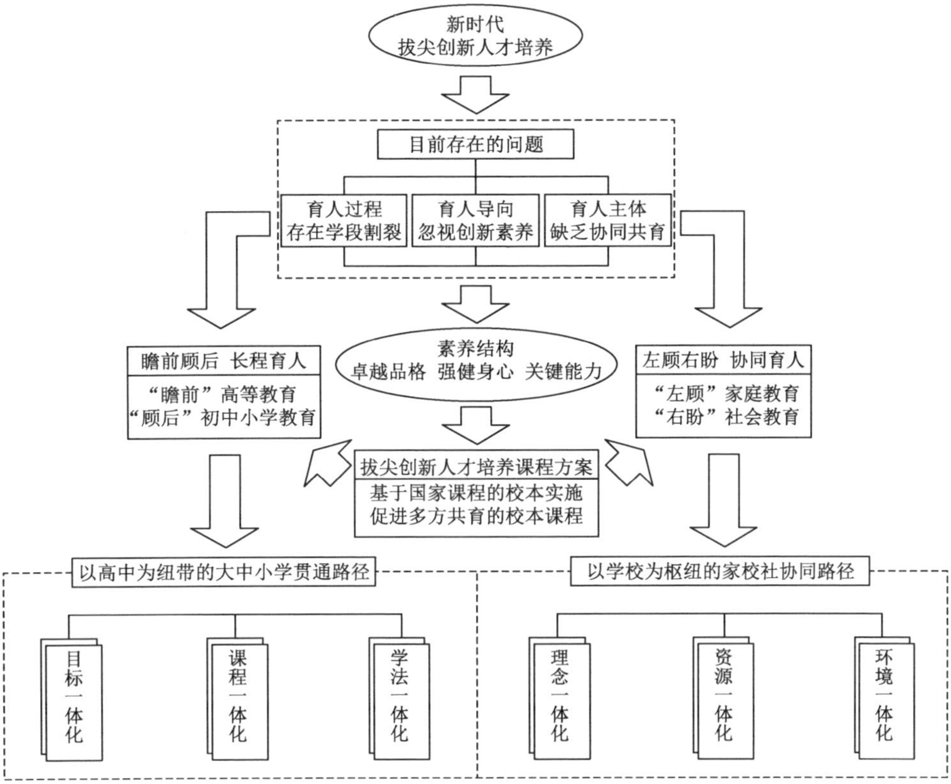

图1 普通高中拔尖创新人才一体化培养模式框架图

为核心特质的“未来世界引领者”，首创“卓越品格、强健身心、关键能力”三位一体素养结构(图2)。

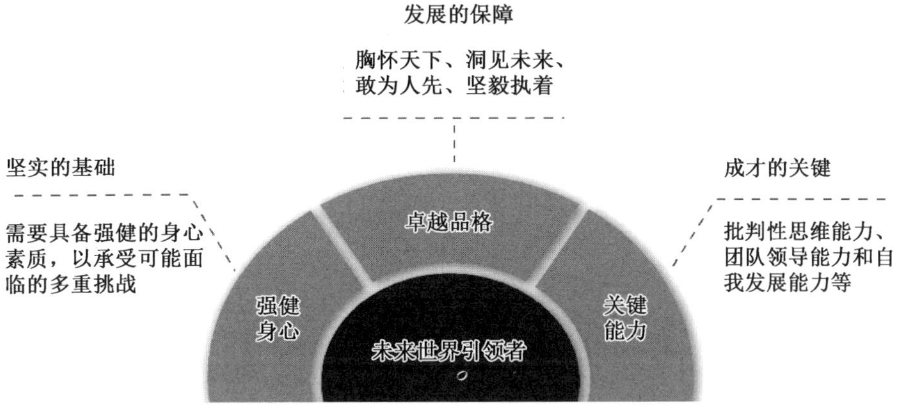

图2 三位一体素养结构

学校以“内化自育”理念确立“德育为先，素养为本”育人特色，围绕素养结构，创生“3+5E”德育课程体系——每日运动、每周班团会、每月主题教育、每学期育人课程、每学年成长课程，着重培养学生卓越品格，帮助学生拥有强健体魄和乐观心态。以“图式教学”、研究性学习和社团等“第二课堂”，强调培养学生关键能力，帮助学生从容应对未来世界。

（二）制定了普通高中拔尖创新人才一体化培养课程方案

本项目遵循“五育融合”理念，以培养“未来世界引领者”为目标，落实国家课程，开发“学科实践”“综合探究”“启航未来”三类校本课程（见图3），促进学生“全时空”下全面而有个性的发展。

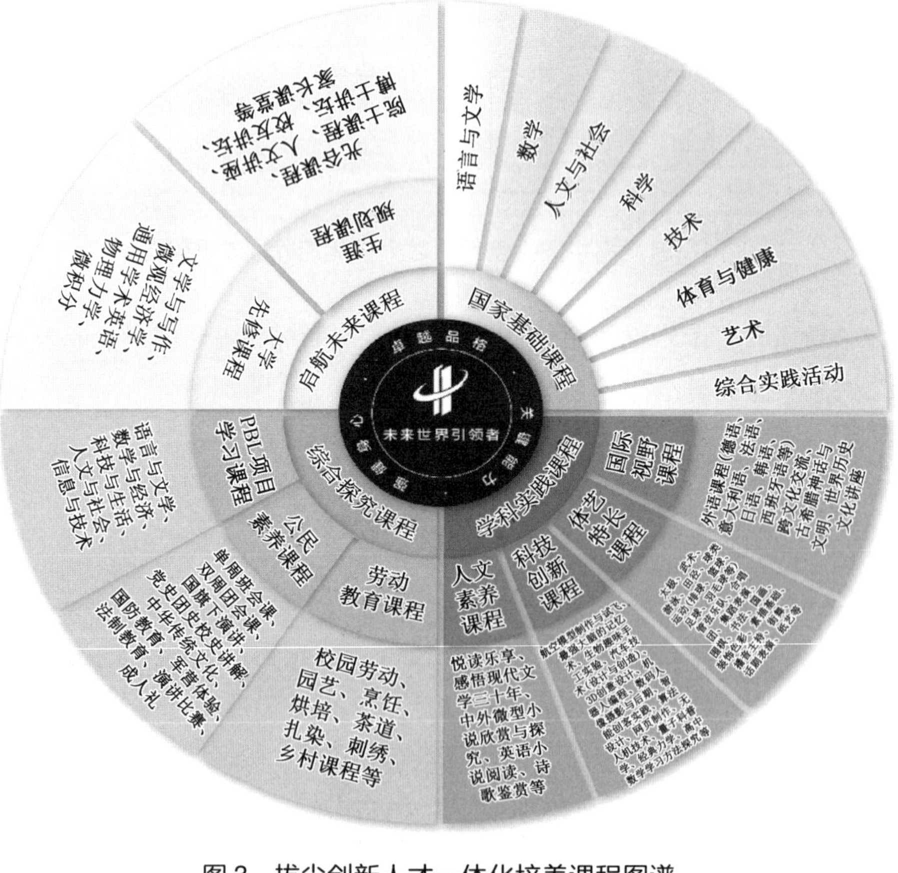

图3 拔尖创新人才一体化培养课程图谱

1. 全面落实八领域国家课程，奠定学生终身发展坚实基础

一是开齐开足国家课程，坚持立德树人、五育并举。二是优化课程实施，将大学的创新人才培养理念和方式向中学延伸，编写各科新课程实施方案，打造研究性学习和跨学科学习特色。以“诗词大会”等形式激发课堂创意，以“创客联盟”“AI 实验室”等驱动技术课程创新。三是完善课程组织保障机制，建立大数据中心，完善周常规教学反馈制度，编写选课走班指南，保障课程体系良好运转。

2. 自主开发三类校本课程，突出拔尖创新人才培养特色

一是学科实践课程。在科技、人文、体艺、国际视野四个方面进行学科拓展，帮助学生塑造以创新精神和创新意识为中心自由发展的个性。二是综合探究课程。通过实施劳动教育、公民素养课程及开展项目式学习等方式，引导学生养成积极的人生态度和崇高的献身精神。三是启航未来课程。让学生体验大学式学习，为学生提供展现以创新能力为特征的高度发达的智力和能力的平台。

（三）创建“大中小”贯通式培养体系，实现一体化育人

1. 目标一体化

本项目以终身学习为导向，研究、借鉴国内外知名大学主要育人经验，如在创新意识、自主学习、批判性思维、自我管理能力等方面的做法，并融入三位一体素养结构中。结合人发展的规律性和阶段性特点，进行小初高素养培育的分段衔接，明确小学、初中和高中在卓越品格、强健身心和关键能力培育方面的异同。

2. 课程一体化

开发“学段衔接教程”，强化初高中合作育人。本项目围绕核心素养，前期以物理、数学学科为试点，从“知识、方法、能力”三个层面，归纳初高中知识，立足本校实际，建立初高中衔接教学对照表，编写衔接教学指导意见，出版了初高中衔接教程。

开设“中国大学先修课”，提升学生学科素养。围绕核心素养，开设中国大学先修课程——《文学与写作》《微积分》《物理力学》《通用学术英语》《微观经济学》，满足学生对更广领域、更深知识的需求，为其未来选择大学专业、学习大学课程奠定基础。

创建“高校文化周”，帮助学生了解大学及专业。2017 年以来，本项目陆续创建了“清华文化周”“同济大学人工智能科技节”和“华中科大科技周”，邀请国内知名高校组织骨干教师团队到学校集中讲课，引入大学课程。帮助学生尽早确立人生理想，规划发展路径，实现高中与大学人才培养的无缝衔接。

3. 学法一体化

启动“博士讲坛”，启蒙科研创新。学校推出“博士讲坛”，邀请 20 余位海内外名校毕业的博士教师给学生分享求学经历、科研历程、学科前沿，改善学生思维方式、知识架构和学科视野，助力生涯规划，引领学生拥抱未来，担当科学兴国使命。

开展研究性学习，引导跨学科发展。传承本校“把时间还给学生，把方法教给学生”的特色教学理念，创立以互动、探究为主要特点的“图式教学”，引导学生进行研究性学习。依托大学先修课和综合实践活动，并实施 PBL 项目式学习，开展跨学科学习。

成立“卓越联盟”，开展“小初高”一体化办学实验。2017 年，结合教育帮扶和发展需要，学校成立了“卓越联盟”，涵盖小初高三个学段。随后，成立“人才一体化培养”研究小组，通过跨学段学法教研、师生互访、初高中教师结对等多项举措，推进小初高教与学一体化。

（四）创建了“家校社”协同式育人体系

1. 理念一体化

通过主流媒体发声，引领新时代育人观。本项目成员先后在《光明日报》《人民日报》、中国教育在线等发表家庭教育新主张，提出家庭教育是终身教育，并呼唤其专业化，强调学校和家庭各司其职。

打造高品质家长学校，开设家长课堂。优化家长学校，定期举办家长课堂。根据家庭教育的现状和需求、高中生身心发展规律，拟定特色鲜明的系列主题，特邀校内外名师、家长代表主讲。每周三晚上家长争相进校，报告厅座无虚席。家长学校获高度认可。

建言献策，呼吁政府成立家长学校。针对“焦虑的一代在培养着焦虑的下一代”现象，学校建议由政府主导成立高水平、体制化、专业化的家长学校，对家长预先进行线上线下培训，以改善焦虑的恶性循环状态，提升人才培养质量和国民素质。目前，全市很多区政府主导的家长学校都已建成。

2. 资源一体化

学校成立“长飞班”“长储班”，探索校企合作式拔尖创新人才培养。2016 年、2019 年，学校先后携手高科技企业长飞光纤光缆股份有限公司、长江存储科技有限责任公司成立“长飞班”“长储班”，定期邀请企业主要负责人到校为学生讲课，把企业创新文化带进校园；定期组织学生到企业参观，感受科技的创新魅力和竞争氛围。

与知名高校合作开发创新型校本课程，构建联合培养机制。2021 年，学校与西北工业大学合作开设《航空模型制作与试飞》校本课程，西北工业大学派专家团队授课。该课程围绕航模概论、航模发展史、飞机设计展开教学，点亮了学生心中的“航空梦”。同年，学校与华中科技大学合作成立“一体化建设实验区”，联合创办“AI+机器人科普教学基地”，并由华中科技大学教师全程授课。

建设“光谷课程”，帮助学生了解科技创新实践前沿。“光谷课程”开设至今，迎来光谷各高校、研究院、500 强企业的 150 多位教授以及科学家、工程师和企业家等，介绍领域发展前沿信息。

打造“院士课程”，引导学生树立远大志向。课程开设至今，邀请院士共计 35 位。让学生有机会与院士面对面，聆听最前沿的科学资讯，触摸那些离生活看似遥远却又息息相关的新技术。院士的到来，开阔了学生视野，为学生求学树立了学术和人格榜样。

3. 环境一体化

明确家校育人分工定位。家庭是孩子心灵的港湾、战胜困难的勇气来源、良好品格形成的环境基础。家庭教育的重心，应是孩子健康身心的锻造、良好品格的培养、家庭情感的熏陶和沟通能力的培养。教学作为一种专业的人才培养活动，则是学校的专长和责任。

推动高中生走入社会"实景课堂"。"到银行上数学课"，体会学以致用；"到博物馆上历史课"，观千器知先人智慧，揽万物得前民力量；"到革命纪念馆学党史"，感悟革命信念和献身精神；"到中国建筑科技馆学语文"，触摸博大精深的中华文化……这些"实景课堂"，是人才培养环境一体化的重要探索。

30 多年持续开展社会实践活动。学校以适应社会生活为导向，30 多年持续开展各类社会实践和劳动教育活动。通过丰富多样的课程和体验，磨炼意志、涵养品格、提升素养。例如：学校通过让学生徒步拉练 20 余公里，感悟"长征精神"，磨炼意志品质；通过"1 周乡村课堂"，让学生进农村干农活，了解社会民情；通过"1 周军营体验"，每日晨训体验军训生活，实弹打靶增强国防意识，军民联欢体会军民"鱼水情"。

（五）建立了多方联动综合育人的管理制度

学校基于分布式管理的现代治理理念，建立了"一院四平台"管理制度，设立基础教育研究院，负责一体化建设，搭建培训督导平台、资讯服务平台、教研交流平台、调研评价平台，服务一体化过程管理。以体制机制创新推动建设扁平化管理结构，形成协同合作、资源共享、优势互补的学校育人联合体。

五、 基本经验

在尊重学生个性全面发展的基础上，始终坚持全员育人、全程育人、全方位育人的先进理念，将学校各个岗位的工作人员纳入生活实践课程教师的行列当中，形成由22位专职教师和33位兼职教师组成的专业师资队伍。专职教师学历均为硕士及以上，专业涉及机械与电气、自动化、机器人、工业设计、信息技术、数学、书法、艺术设计、天文观测、飞行器设计、心理学等多个领域；兼职教师则由非物质文化遗产传承人、图书馆管理员、保洁员、生活老师、实验员、烹饪师、园艺师等承担。其组织架构充分融合了“全员育人”的教育理念，致力于激发各大部门生活实践教育活力。在纵向上，学校建立以校长引领，副校长主管，学工处、科教处、后勤等多部门相互配合的层组管理。在横向上，学校建立以年级组、教研组、社团、发展办主导实施的级组管理。层组管理与级组管理相互交融的组织架构设置，为生活实践教育课程的实施保驾护航。

六、 重要成效

在一体化培养模式下，学校拔尖创新人才培养取得显著成效。

其一，涵养学生卓越品格，学校快步走向德育强校。学校入选首批普通高中新课程新教材实施国家级示范校、中国大学先修课程首批示范校、全国教育改革创新示范学校，获评“全国五四红旗团委”，并举办全省首个中学“青马工程”培训班。学校为空军航空大学输送了82名飞行学员，近年有3人获评全国“最美中学生”，广大学生的文化自信、家国情怀、社会责任感得到了普遍展现和提升。

其二，塑造学生强健身心，学校“体卫艺心”特色突出。大批学生在校熟练掌握两项体育特长、两项艺术特长，并养成每天运动的习惯。学校是全市中小学心理健康教育示范校，艺术团受邀参加央视国际音乐大篷车节目演出。

其三，培养关键能力，学生多元优质发展。“学生科学院”发现“引领者号”主带小行星，得到国际天文学联合会确认。学校的“3D 打印实验室”入选“小平科技创新实验室”。学校近 9 年培养出 15 位国际奥赛金牌得主，近百名学生在中国青少年机器人竞赛、国际奥林匹克竞赛、中国创新创业大赛、全国中小学电脑制作活动等赛事中荣获一等奖或金奖。

其四，助力终身发展，学生后续学力强劲。学校是众多高校优质生源基地，近年来，学校毕业学生中多人在高校开学典礼上代表新生发言，多人获清华大学本科生“特等奖学金”、中国科学技术大学“郭沫若奖”等高校最高荣誉，多人代表高校参加全国和地方赛事并荣获冠军。

培养未来科学家的小学课程创新
二十年研究与实践

成果完成者：李晓艳

其他成果持有者：朱映晖　杨道吉　刘东平　冯　胜　胡　青

所在单位：华中科技大学附属小学

获奖情况：2022 年基础教育国家级教学成果奖一等奖

2022 年湖北省优秀基础教育教学成果特等奖

一、 问题的提出

1977 年，邓小平同志在科学和教育工作座谈会上提出“实现四个现代化，科学技术是关键，基础是教育”的核心思想，为“科教兴国”发展战略的形成奠定了坚实的理论和实践基础。1995 年中共中央、国务院颁布了《关于加速科学技术进步的决定》，首次提出在全国实施科教兴国的战略。在此背景下，学校紧跟国家战略，提出了培养未来科学家的教育理念，并将其融入学校的办学理念，希望培养学生像科学家一样热爱祖国，像科学家一样学习知识，像科学家一样探索世界，像科学家一样勇于创新。

习近平总书记在2020 年科学家座谈会上指出，“对科学兴趣的引导和培养要从娃娃抓起”，“形成一大批具备科学家潜质的青少年群体”；2021 年中央人才工作会议上强调要加强基础教育，培养未来战略科学家；在 2022 年到武汉华工激光工程有限责任公司又深刻指出，随着我国发展壮大，突破“卡脖子”关键核心技术刻不容缓；同时在 2022 年中国共产党第二十次全国代表大会上提出要深入实施科教兴国战略和人才强国战略。这些再次强化了学校教育落实“培养未来科学家”这一教育理念的紧迫性和必要性。

学校在2010年提出了培养未来科学家的教育理念，并构建了未来科学家的素养结构和与之相匹配的“科学+”课程体系，以期解决以下问题：

（一）解决未来科学家素养的结构不清晰的问题

在学校教育现实中，教育工作者往往有着良好的育人愿望，都希望为“科教兴国”“人才强国”的国家战略贡献教育人的力量。但如何结构化地建立起学生的未来科学家素养，需平衡学生价值观念、必备品格和关键能力的发展。

（二）解决培养未来科学家素养的课程建设问题

面对未来科技后备人才培养，一方面，学校教育针对科学家素养的培养缺乏课程体系支撑；另一方面，学校教育围绕着未来科技后备人才培养，很少关注课程改革整体性的思考，缺少通过整体联动探讨培养未来科学家素养的课程目标、课程内容、课程实施等问题。

（三）解决培养未来科学家素养的育人机制问题

在“立德树人”落实机制方面，人们更多关注的是作为育人主体之一的学校，在家校社多元主体协同育人上，人们通常认为社区仅仅是儿童生活的场所，忽视其激发儿童潜质生长的功能。面对未来科学家的培养，不仅缺乏家校社协同育人相应的经验和作法，而且在常态化实施方面缺乏机制保障。

二、核心理念

（一）将未来科学家素养纳入课程目标

在“科教兴国”背景下，尤其是解决“卡脖子”科技难题的现实需求下，本成果聚焦“培养未来科学家”，深化学校办学理念，将“未来科学家素养”纳入育人体系，提出“让学生像科学家一样热爱祖国，像科学家一样学习知识，像科学家一样探索世界，像科学家一样勇于创新”的育人愿景。引导小学生以科学家为榜样，培养和锤炼“爱国勇担、勤学慎思、笃行善创”的未来科学家素养。

（二）全学科落实培养未来科学家的目标

以未来科学家素养为培养目标推动课程建设，开发了科学与人文融合的未来科学家课程。在全学科课程教学中，独创了指向“勤审辨”“会探究”“善创新”等未来科学家素养在内的对话教学方式，重点培养了学生的批判性思维、探究能力和创造性解决问题的能力。通过教学方式的变革，让语文、体育、艺术等人文课程共同参与到未来科学家的培养过程，克服了单学科封闭式培养的局限。

（三）充分利用大学和科技园等科学资源形成协同育人长效机制

课外吸纳优质科学资源，使未来科学家素养发展与全社会的科学发展协同共进，在小学生和科学家之间搭建了未来科学家成长的桥梁，形成了互动协同育人长效机制。

三、实施过程

（一）科学活动课程体系建设阶段（2001 年~2010 年）

2001 年国家启动新一轮基础教育课程改革，学校发挥小学科学教育的传统优势，以科学学科阵地建设为突破口，以培养未来科学家为目标，开启了“十五”湖北省重点课题“小学生科学实践能力培养研究”。2002 年至 2004 年搭建了“少年科学院”学生自组织活动平台，开发了以科学课为“体”，以少科院活动、节日和科技节活动为“翼”的科学活动课程。

2005 年，学校探究性学习评价课题组研制了一整套学生科学精神评价体系。

2006年至2010年，学校聚焦学生科学好奇心和求知欲的培养，独立承担并完成了“十一五”武汉市重点课题“小学科学课程课堂教学行为研究”。科学教师设计了一整套实践活动策略，在常态化的科学课堂内组织学生开展引导式、挑战式和开放式的探究活动。

学校在该阶段探索中充分认识到培养学生“理性思维、批判质疑、勇于探究”科学精神的重要性。

（二）未来科学家课程构建阶段（2010年~2015年）

2010年聚焦科教兴国战略和小学生科学素养发展，学校提出了“培养未来科学家”的教育理念，主张“让小学生像科学家一样爱国、求知、探索和创新”，设计了未来科学家的学生素养结构，并融入课程目标加以细化。

2011年，学校将传统的院士进校园、科学家家长进校园活动课程化，与大学及光谷科技园58个实验室对接，形成了科学家进小学课堂，小学生进大学实验室的互动协同育人长效机制。

2012年学校申报了湖北省“十二五”规划课题“小学个性化课程整体开发研究”，开展了培养学生未来科学家素养的课程建设。

2012年至2015年，通过探究式、项目化、合作学习，精心设计了五类相互支撑的“科学+”课程模块，形成了凸显未来科学家素养培养的课程体系。

该阶段的实践丰富了新时代科学教育的内涵，使课程的育人指向更加明确。

（三）未来科学家课程深化阶段（2015年~2018年）

2015年围绕培养未来科学家的课程目标，开发了慧心融合课程，深化了探究式和项目化的学习，并以此探索为基础申报承担了湖北省重点课题“以实践创新为核心的小学融合课程开发与实施研究”。

2016 年全面推进了批判性思维、批判性整本书阅读、智慧教室等项目，通过变革教学方式，提升了学生的批判性思维、探究能力和创造性解决问题能力。

2016 年项目主持人在第一届全国基础教育批判性思维研讨会上作主题报告，介绍学校经验。

2018 年项目主持人在第一届全国思维型教学大会上作主题发言，推广学校改革经验。

2018 年承担国家级课题“基于对话的课堂文化的实践研究”，研发了五类对话教学模型，将未来科学家培养渗透到全学科教学，促使各学科课堂教学形成育人合力。

2018 年承担国家级课题“基于计算思维三维框架编程教学的实践与创新”，深入探讨项目化教学在人工智能教学中的应用策略。

（四）总结与推广应用阶段（2018 年~2022 年）

2018 年以来，学校通过承办第四届全国基础教育批判性思维研讨会等全国性学术会议，牵头武汉市素质教育特色学校科学人文教育共同体，牵手湖北省孝感市晒书台小学、西藏拉萨实验小学、云南省临沧市临翔区蚂蚁堆学区中心校等学校，推广课程内容体系和教学改革经验。

这一阶段，项目主持人多次受邀到全国思维型教学大会等学术平台作经验分享；项目参与人通过参与编写教科版小学科学教材向全国推广学校培养未来科学家的理念；学校教师在《基础教育课程》等核心期刊发表大量相关主题的教研论文，出版了《响应儿童的学程》《玩科学》《小学批判性思维教程》等专著 17 本，向全社会推广学校的研究与实践成果。

四、主要内容

本项目研究的成果主要体现在提出了培养未来科学家的教育理念，构建了响应该理念的未来科学家素养结构及相关培养课程内容体系。

学校从“内”“外”两个维度开展了研究实践。“内”，围绕理念，对应未来科学家素养，从“爱国勇担、勤学慎思、笃行善创”三个方面设计了12项素养目标；在全学科开展“科学+”融合课程，研制了以指向批判性思维、探究能力和创造性解决问题能力为特征的对话教学方式。“外”，加强大学及校外科学资源利用，建立了校社互动协同育人长效机制。三项举措作为课程落实的动力共同构成了学校未来科学家培养从理念到目标，从内容到实施的课程创新体系(图1)。

图1　未来科学家培养的课程创新体系

（一）提出了培养未来科学家的教育理念

学校提出了“让小学生像科学家一样爱国、求知、探索和创新”的培养未来科学家的教育理念，落实“立德树人”根本任务。

学校倡导融合全学科课程来强化科学素养教育，通过科学探究、科学实践的方式，在真实情境下解决复杂问题，突出实践育人。

学校积极开发利用社区、家庭资源，构建一种校社互动的长效机制，深化协同育人。

（二）构建了“爱国勇担、勤学慎思、笃行善创”的未来科学家素养结构

在培养未来科学家教育理念的推动下，学校设计了未来科学家学生应具备的素养结构，从而能够为与之相匹配的课程开发提供指导。通过文献研究，从科学家精神、问题意识、批判性思维、探究能力、问题解决能力、创新能力等方面，具体设计未来科学家学生应具备的素养表现，并有机融入各门国家课程和特色课程。学校最终通过聚类分析和专家咨询，选出了最能代表未来科学家素养的内容，将之构建为“价值观念”“必备品格”“关键能力”三位一体的结构，其中“价值观念”包括爱家国、追梦想、甘奉献、勇担当；“必备品格”包括广兴趣、求真实、勤审辨、乐合作；“关键能力”包括深实践、善创新、会探究、活运用。（图2）

图2　未来科学家素养结构

（三）开发了科学与人文相融合的未来科学家培养的“科学+”系列课程

为了配套落实培养未来科学家理念的三类12项素养目标，学校在理念目标与学生素养提升之间用课程建设搭建了桥梁，并关注课程建设在科学与人文相融合上的特色显现。

1. 关注学生的素养全面发展，课程建设重视科学与人文的有机融合

在充分落实国家课程目标的基础上，对照培养未来科学家的课程目标设定，遵循全面发展的育人原则，学校在课程内容开发中重视人文对科学的滋养作用，在学校已有活动类课程的基础上进行筛选、重构，围绕实现学生的价值观念、必备品格、关键能力的培养，设计了“科学+”五个模块75门选修课程和36门社团课程（表1），即科学+文化、科学+创新、科学+艺术、科学+健康、科学+实践。希望通过科学与人文的有机融合，为学生的未来科学家素养发展助力。

表1　“科学+”特色课程

科学+文化	红色传承、牵手边疆、专家进校、职业体验、趣品阅读、趣思哲学、奇妙世界、英语外交家 非遗文化与传统工艺、非遗文化与科技生活、非遗文化与现代生活、文化传承—意韵书法 文化传承—博雅国画、文化传承—印章篆刻、文化传承—诗词吟诵、文化传承—巧手刺绣
科学+创新	趣启智慧、博弈国象、蓝鹊在线、趣玩科学、北斗启航、人工智能、创意编程、模拟法庭 审辨思维、趣玩游戏、财商教育、 OM任我行、小小科学家、小小建筑师、我是发明家 长征水火箭、声光大观园、千变机器人、童眼看华科、猫爪牵手创意、环保创意制作
科学+艺术	玩美童画、趣创工艺、超级演说、电影工厂、影视欣赏、环球旅行、萤火虫合唱、少儿中国舞 星光管乐团、儿童哲学剧、小小花艺师、美容护肤坊、百变黏土秀、创意手工场、儿童创梦世界 儿童创书天地、材料遇见大师、指尖邂逅毛线

（续表）

科学+健康	心理沙盘、悦动篮球、悦动足球、悦动羽毛球、悦动棒垒球、悦动乒乓球、悦动橄榄球、灵动田径 灵动轮滑、灵动武术、灵动啦啦操、灵动健美操、灵动体适能、厨艺小达人、舌尖期待美味
科学+实践	生态观鸟、科学探索、自然体验、创新智发明、奥秘我探索、环保时装秀、劳动小能手 棋子巧登高、智拼七巧板、泡泡踩高跷、纸船载重物、轮子大挑战、杯子叠罗汉 鸡蛋撞地球、扑克牌建屋、腾飞热气球、萝卜建高塔、发射水火箭、木桥建造师 湖北气象科普馆实践、中科院植物园自然笔记、地质大学博物馆实践、国家光电实验室实践 华科紫荆园生态实践、华科物理科学院实践、华科生命科学院实践、汤边湖污水处理厂实践

2. 关注学生的创新思维培养，课程建设重视批判与创新的有机融合

以“科学+创新”课程为例，学校发挥学科、学段融合育人功能，用项目化学习的方式解决生活中的问题，直指学生的“追梦想”“求真实”“善创新”素养。如低段“小小建筑师”，中高段的“我是发明家”，全学段参与的“环保创意制作”等。在融合课程项目化学习中，不仅锻炼了学生在生活中解决问题的能力，更突出的是提升了学生工程技术创新的能力。如五年级下学期进行的“再次营救”项目学习中，在持续五周的时间里，学生们自己组织在一起，通过反复修订，不仅完成了可以进行救援行动并能随时组装、驾驶和拆卸的小车，并以科学剧表演的形式向全班全年级甚至全校展示。学生在融合课程项目化学习活动中，既锻炼了问题解决的探究能力，又增强了工程技术的创新能力。

3. 关注学生的实践能力提升，课程建设重视动手与动脑的有机融合

学校“科学+实践”课程强化实践育人功能，用探究实践的方式展开科学小课题研究、创新挑战、大学实验室实践，直指学生的“甘奉献”“勤审辩”“乐探究”的素养。在小课题研究课程中，通过每年发布的大主题，引导学生在大主题下自主选择具体的研究题目开展科学探究。当研究报告完成时，学校鼓励学生动手将研究成果制作成艺术的展板在全校展示，并征集有意愿的学生将研究成果制作成精美的 PPT 进入全校各班进行宣讲。

为了将动手与动脑相融合的课程项目向校外资源延伸，学校还开展了“科学家培养未来科学家”的小课题研究课程。如华科大环境学院教授沈韫芬院士将自己课题研究中《煤炉烟气的污染与治理》项目中的一部分拿到学校指导学生进行研究，这一研究的成果在全国中小学生物百项活动评比中获二等奖。原中科院武汉植物研究所钟杨所长指导学校学生开展《喻家山地区地被植物调查》活动获得市一等奖，为华科大地被植物种植选择提供了有力的科学依据。

（四）形成了重点指向“勤审辨”“会探究”和“善创新”等未来科学家素养的对话教学方式

学校创新课程的开发为培养未来科学家奠定了坚实的基础，为了将学校课程设计的良好愿景转化为学生素养的提升，学校探索了与课程目标配套的课程实施方式变革。自主开发了重点指向“勤审辨”“会探究”“善创新”等未来科学家素养的五类对话教学模型（表 2），促进了不同学科在教学方式上的融合，形成了培养未来科学家素养的教育合力。

表 2　五类对话教学模型的应用对照表

五种对话教学模型	教育目标	主要涉及学习心理	常用教学情境
认知修订	形成认知的能力	认知：判断、记忆、理解、分析	学习概念、认识规律
解决问题	解决问题的能力	认知：理解、分析、综合、应用	解决实际问题、综合实践
作品创作	创造能力	认知和情感：综合、分析、应用；价值观	艺术创作、创造活动
身心操练	熟能生巧的能力	动作：知觉、记忆	体育运动、背诵熟记
议事规则	科学决策的能力	情感和认知：分析、判断、价值系统	形成共同价值观、德育活动、班级事务管理

学校对话教学的突出特点是分阶段的持续修订，在不断反思和修订上一阶段的探索成果的过程中，培养学生“勤审辨”“会探究”“善创新”等未来科学家素养。

1. 指向学生“勤审辨”的全学科对话教学

“勤审辨”指学生能够养成批判性思维的习惯。

以“认知修订”的对话教学为例，语文课上学习“比喻”概念，虽然小学生还不必使用准确的术语来描述比喻，但经历了三次修订后，能运用比较、分析和判断等批判性思维的方法反思对比喻的认知。

“认知修订”类对话教学广泛运用于所有学科，特别是像语文、数学、道德与法治这样需要大量概念认知实践的学科。学生在持续修订的过程中，养成了“勤审辨”的思维习惯。（图 3）

图 3　认知修订的对话教学模型

2. 指向学生“会探究”的全学科对话教学

“会探究”是指学生能够拥有探究能力。

五类对话教学模型都包含“做中学”“用中学”或“创中学”的环节，在动手动脑中提升学生的探究能力。

以“问题解决”的对话教学为例，在体育篮球教学中，教师首先让学生尝试用不同方案解决控球不稳的问题；然后让学生分析控球能力与手指、手掌力量变化的关系，总结出最佳控球手法；最后让学生反思自己的拍球习惯和拍球方式，体会到拍球手法和控球能力之间的对应关系。教师带领学生在问题的解决过程中，有机地融入了“会探究”素养的培养。（图 4）

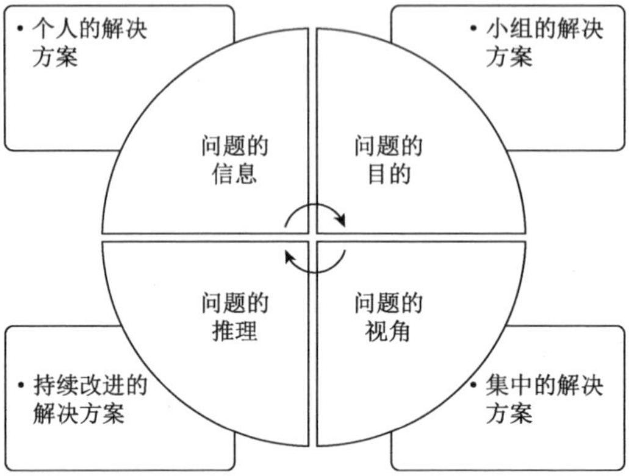

图 4　问题解决的对话教学模型

3. 指向学生“善创新”的全学科对话教学

“善创新”是指学生能够善于创造性解决问题。

在对话教学中，强调学生通过独立思考与合作探究找出答案，并要求教师“悬置答案”“延迟评价”，以此促进学生创造性解决问题能力的提升。

在美术《铁丝造型：快乐的人》一课中，教师采用“作品创作”的对话教学模型，组织学生在作品创作中经历三个阶段，让学生找到了用人物肢体动作和姿态表现人物快乐的方法。多阶段创作，使学生理解“善创新”的真谛，收获了内在的创作喜悦。(图 5)

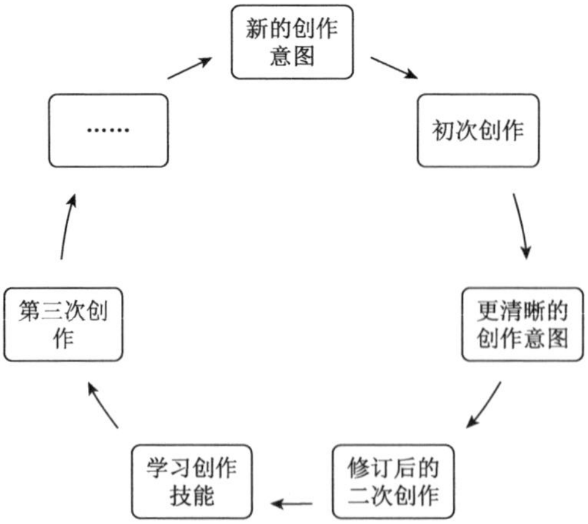

图 5　作品创作的对话教学模型

学校通过聚焦科学素养培养来变革传统教学，建立指向“勤审辨”“会探究”和“善创新”等未来科学家素养的对话教学方式，注重提高学生分析、综合、判断等高阶思维能力，保障了未来科学家素养的培养在课程实施中落地。

（五）建立了科学家进小学课堂、小学生进大学实验室的“大学–小学”协同育人长效机制

为落实未来科学家培养的目标，学校除了在校内从课程开发与实施上动脑筋，还在外部资源利用上想办法。依托大学优越的科学研究资源和丰富的科学家资源，主动与各院系及相关实验室建立联系，签署专项协议，建立起大学与小学互动协同育人的长效机制。

一方面，院士、科学家走进校园，利用开学典礼、国旗下讲话等重要场合，给学生分享他们自己科技报国的故事（见表3）；利用每学年四次的家长进课堂，邀请科学家家长进课堂，分享科学的神奇和魅力；利用科技节邀请科学家参与学生小课题研究的指导和成果发布的点评活动。借助与科学家多场合深度互动，将立志成为科学家的种子播撒在学生心田，从小树立科技报国的志向，激发探索科学奥秘的意愿。

表3　院士进校园统计表（部分）

院士	人物介绍	重要活动	时间
沈**	中国科学院院士	指导学生开展“煤炉烟气”研究	2001年9月
杨**	中国科学院院士	关心少年科学院建设，捐建袖珍科技馆	2002年5月
潘*	中国工程院院士	指导学生开展科技活动	2002年6月
樊**	中国工程院院士	关心附小学生发展，指导学校开展科学教育	2003年11月
段**	中国工程院院士	走进课堂关心学生成长	2004年6月
崔**	中国工程院院士	给学生进行科普讲座	2005年10月

（续表）

院士	人物介绍	重要活动	时间
骆 **	中国科学院院士	参加少科院活动	2006 年 4 月
李 **	中国工程院院士	给学生进行科普讲座	2008 年 10 月
罗 *	中国科学院院士	指导科学特色的学校建设与发展	2012 年 10 月
周 *	中国工程院院士	与附小老师交流，关心学生发展	2013 年 9 月
丁 **	中国工程院院士	参加建校 60 周年庆祝活动并讲话	2014 年 5 月
林 *	中国科学院院士	给学生讲《儿童魔术微积分》	2017 年 6 月
邵 **	中国工程院院士	来校参加全国基础教育批判性思维教育大会	2019 年 7 月
李 **	中国工程院院士	来校参加开学第一课，讲述科技强国	2020 年 9 月
丁 *	中国科学院院士	开学典礼讲科技强国的故事	2021 年 9 月
李 **	中国工程院院士	参加“六一”儿童节活动，讲述红领巾的故事	2022 年 5 月

另一方面，小学生走进大学实验室，走进科学家研究的工作环境，参与大学的实验研究。学生在科学家的指导下进行实践体验，在与科学智力资源的直接交往中开拓视野、增强能力、树立信心。在学生不断走进大学各实验室的过程中，能够让“科学家”“科学研究”“科技创新”的愿景从小植根于学生内心。

学校采用人力与场域资源整合的方式，使小学生科学素养发展与全社会的科学发展协同共进，形成了互动协同育人长效机制。借助常态化的工作机制，在小学和大学之间建立起了稳定且紧密的联系，在小学和大学之间搭建了未来科学家成长的桥梁，让科学家培养未来科学家成为现实。

五、基本经验

（一）采用研究与行动相互推进的方式探索实践

二十年来，先后借助“小学科学实践能力培养研究”“小学科学课程课堂教学行为研究”“小学个性化课程整体开发研究”“小学生活体验德育研究”“基于对话的课堂文化的实践研究”“以实践创新为核心的小学融合课程开发与实施研究”和“基于计算思维三维框架编程教学的实践与创新”7项全国、湖北省、武汉市课题，采用研究与行动相互推进的方式进行了探索实践。

（二）采用局部到整体有序开展的方式实施课程

以科学教育为突破口，从科学课堂到科技活动，从科学学科的单打独斗到全学科协同作战，从科学家课程开发到科学家素养落地的课程实施，二十年的研究与实践渐进且持续性地有序开展。

（三）采用人力与场域资源整合的方式协同育人

依托大学在科学资源优势，除邀请院士进校园、科学家家长进课堂以外，学生在“科学+”课程中多次走进大学实验室，参与相关科学研究实践活动。

六、重要成效及实验推广

（一）学生素养显著提升

日渐完善的未来科学家培养课程，促进了学生“爱国勇担、勤学慎思、笃行善创”的提升。学生个性与主体意识获得多元发展、协同共进，促进了高阶思维能力与创新能力的提升。

以冯明杰、罗锴等为代表的一大批优秀毕业生已成长为科学界青年拔尖人才。少年科学院成员肖索源同学2018年被西安交通大学少年班录取。历届毕业生对母校给予他们在科学方面的培养记忆深刻。他们在对学校的感言中写到，在小学课堂上像科学家一样严谨求实地探究，不仅帮助自己掌握了科学的探究方法和理性的思维方式，更帮助自己走上了实践与创新的道路；母校在自己的心里播撒下了热爱科学的种子，点燃了科学与创新的火种，让自己的科学观拥有了一个健康的雏形。

二十年来，学生积极参加科学活动，每学年参与小课题研究300余人、自由研究400多项，参与各级科技创新类比赛200余人，在各级各类比赛中获奖2500多人次，省级以上科技类荣誉717项。詹权熙同学发明的“智能家用分类垃圾桶”荣获第73届德国纽伦堡国际发明展金奖。OM代表队在第40届世界头脑奥林匹克创新大赛总决赛中获得世界冠军。

（二）育人机制日臻完善

学校建立了与社区(大学)互动协同育人长效机制，大学和科技园58个实验室全部对学校学生开放，二十年间学生近7万人次走进大学各类实验室。16位院士先后走进学校，和学生分享自己科技报国的故事。开发了222项科学家家长专题课程，每年80位科学家家长走进班级，通过“大手牵小手”的方式为同学们分享科学奥秘，指导学生进行小课题研究。每年科技节小课题发布会，大学的科学家还共同参与学生研究成果的发布，学校在借助科学家培养未来科学家方面搭建了一座关爱与成长的桥梁。

（三）课程建设成果突出

学校独立完成“基于对话的课堂文化的实践研究”等国家级课题2项，省级课题4项，市级课题1项；开设“科学+”五类选修课程75门和社团课程36门；出版《响应儿童的学程》《玩科学》《小学批判性思维教程》等专著17本；“面向未来科学家培养的小学个性化课程体系二十年探索与实践”成果参加首届湖北省基础教育成果评比，获得特等奖；承办了第四届全国基础教育批判性思维大会和第五届全国小学科学特级教师及名师论坛，并在全国思维型教学大会等场合作主题发言16场次。学校被评为武汉市科普特色学校、国际生态绿旗荣誉学校、全国青少年科学调查体验活动优秀实施单位。教师发表论文286篇，获得以培养学生探究能力为特色的国家级教学竞赛特等奖、一等奖共14项(表4)；4位教师获省“特级教师”称号；1位教师被聘为国家《科学》教材的编委。

表 4　学校教师部分竞赛成绩

教师	竞赛名称	获奖等级	教师	竞赛名称	获奖等级
朱 **	全国小学科学优质课竞赛	特等奖	熊 *	第十三届“全国中小学信息技术创新与实践活动”教学实践评优赛项	一等奖
易 **	第二届小学科学优质课评比	一等奖	雷 *	第八届全国中小学英语课堂教学观摩	一等奖
杨 **	全国“小学生数学能力评价实验研究”课题年会	一等奖	熊 *	第四届全国中小学实验教学说课活动	一等奖
何 **	全国第九届青年教师阅读教学观摩	一等奖	邓 **	全国心理健康课比赛	一等奖
刘 **	第六届全国中小学音乐课评比	一等奖	熊 *	第十六届“全国中小学信息技术创新与实践活动”教学实践评优赛项	一等奖
万 *	第二届全国中小学体育教师教学技能评比	一等奖	郭 *	全国第八届中小学优秀体育课教学评比	一等奖
叶 **	第三届全国中小学机器人教学展评活动	一等奖	方 **	第十六届全国小学英语课堂教学优秀课展评	一等奖

（四）示范引领成效显著

学生学习热情与未来科学家素养的日益提升，赢得了家长及社会的广泛认可。杨叔子、李培根等知名院士来校和学生进行交流、指导与分享。李培根院士勉励学校学生“未来科学家问学贵疑”，赞誉学校“为党育人、为国育才”。在武汉市教育局和武汉市人民政府督导室组织下，牵头全市科学人文教育共同体，深耕未来科学家培养的教育实践，取得丰富成果。学校的相关建设经验和成果受到《中国教育报》《中国教师报》等媒体的宣传报道，接待了来自国内外教育代表团参观访问 2000 多人次。

指向科技创新人才培养的
普通高中物理学科育人实践

成果完成者：朱　焱

其他成果持有者：夏季云　秦笑春　王　越　周　权　孟拥军　张凤英

所在单位：南京市第一中学(高中)

获奖情况：2022 年基础教育国家级教学成果奖二等奖

一、问题的提出

科技创新人才培养是基础教育肩负的重要使命，也是新时代建设科技强国、实现高水平科技自立自强的要求。本成果以普通高中(以下简称“高中”)物理教学的实践探索为出发点，发掘物理学科的独特育人价值，搭建以物理学科为中心的多学科、跨学科培养体系，聚焦科技创新人才培养，推进新时代高中育人方式改革。

(一) 高中物理教学实践需要更高位的理念引领

物理教学存在着重内容轻方法、重结论轻过程、重训练轻理解、重理论推演轻实际应用的倾向，机械记忆、重复练习、脱离生活等现象不同程度地存在，直接导致学生对物理学习兴趣不浓，理解物理问题浮于表面，缺乏科学大概念的认知，面对新情境办法不多，科学思维水平和科学探究能力欠缺等，要从根本上解决以上教学中出现的问题，需要进行更高位的理念重塑。

(二) 高中学科育人实践需要真实鲜活的现实表达

我国基础教育开始全面进入学科育人时代，新理念的落实尤其需要实践的支撑。对教师的挑战在于：如何在教学中落实发展学生核心素养的要求？对学校的挑战在于：如何在科技创新人才培养的国家人才战略大背景下，构建体系，搭建平台，发挥多学科的整体性育人功能？这些问题亟需基层学校的探索和实践。

（三）高中科技创新人才培养的实践需要进一步体系化

当前，学校层面的科技创新人才培养实践存在着指向不明、行动零碎等现象，亟需在学校内部基于课程、立足教学、要素协同，更需借外力、找资源、搭平台，构建出体系化、结构化的人才培养机制，提高人才培养的有效性。

二、核心理念

指向科技创新人才培养的普通高中物理学科育人实践既面向全体学生，开展科学教育，培育科学精神，又面向有潜质、有特长的学生，提供特殊培养通道和个性化的培养模式；既立足于课堂、课程，又开发项目、打造平台；既在学校内部形成合力，又在学校内外多方协同；既以传统的学科学习为中心，又进一步丰富学习方式、创造新型学习空间、突破传统评价方式，是一个发展的、综合的体系。

学校凝练出从学科教学走向学科育人的“五物五理”的教学主张，具体包括感物—觉理、察物—识理、探物—究理、知物—明理、创物—成理。探寻到培养科技创新人才的课堂教学路径，形成了概念课（概念教学五步骤）、规律课（规律教学四层次）、实验课（实验教学六要素）等课堂教学新样态；建设了包括物理类核心课程、“物理+”跨学科课程、科技类实践课程、科学类思政课程在内的课程体系；搭建起了特色班级、研究项目和工作站三足鼎立的项目平台；构架起包括教师导师双师团队、课程基地、物理实验创新研发中心的支持系统。

三、实施过程

（一）第一阶段：聚焦课堂教学模式研究的物理教学实践（2008年~2014年）

以省级课题《科学教育探究式教学模式的研究》《问题链教学法在高中物理概念课教学中的应用》为契机，开启对物理课堂教学模式的研究。在概念课、实验课教学中实施探究式教学，编著《虚拟实验与物理课程教学》。“科学思维六步法”初见雏形。“崇文班”创新人才培养模式开始试点。

（二）第二阶段：发展科学素养的物理教学实践（2014年~2019年）

以国家社科基金一般课题《普通高中学生科学素养发展的研究》（BHA140112）为契机，进一步研究指向学生科学素养培养的物理课堂，凝练出“五物五理”的物理教学主张，并在物理学科的概念课、规律课、实验课中提出和实施“概念教学五步骤”“规律教学四层次”“实验教学六要素”等课堂教学新样态。

（三）第三阶段：以物理学科为中心的科技创新人才培养实践（2019年至今）

在《以学习为中心的课堂教学设计与实施的研究》《融合聚力强化治理结构，培养青少年科技创新后备人才的策略研究》等省级课题研究的基础上，进一步以物理学科为立足点，构建起包括课程体系、项目平台和支持系统的指向科技创新人才培养的学科育人实践体系。

四、主要内容

物理学科是自然科学领域的一门基础学科，与数学紧密联系，与化学、生物、地理、信息技术有较大的交叉融合空间，共同构成科技创新的前沿领域。同时，又与人类对自然界的认识密切关联，蕴含着丰富的课程思政资源，包括辩证唯物主义、科学精神、社会责任等。

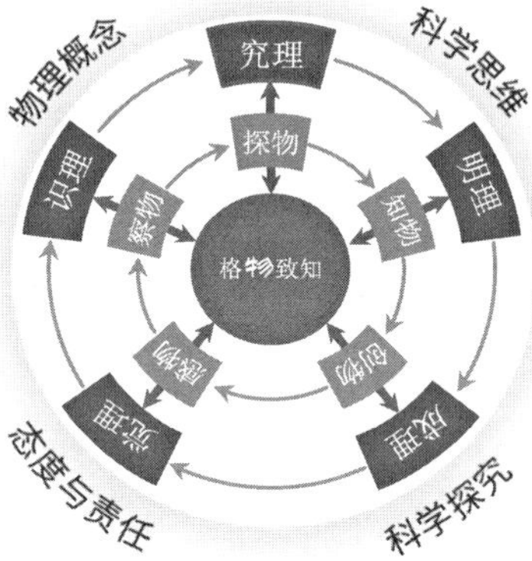

图 1　“五物五理”教学主张

（一）凝练出“五物五理”物理教学主张

物理来自对生活的观察。“五物五理”教学主张受儒家文化“格物致知”思想的启发，根植于物理学科本质，抓住“物”和“理”两条主线，构筑从“物”到“理”的五个层级的内部关系以及五个层级之间的逻辑递进关系，帮助学生形成正确的物理观念，掌握科学的思维方法，提高解决实际问题的能力，养成科学态度，培养科学精神，为科技创新人才培养奠定基础，是从学科教学走向学科育人的理念体系。（图 1）

1. 感物—觉理。 感受到生活中处处存在“物”之“理”，建立起事实与概念、规律之间的初步联系，激发对自然世界的好奇心和学习物理的兴趣。

2. 察物—识理。 带着问题意识，运用以观察为主的科学方法，从物理学的视角观察实际问题，形成一定的物理观念，深化求知欲和好奇心，激发开展科学研究的兴趣。

3. 探物—究理。 提出物理问题，运用以实验为主的科学方法，作出初步的猜想与假设，制定探究的方案，利用分析、比较等思维方法建构模型，解释现象，并尝试解决实际问题，提高科学探究的能力，养成严谨求真的科学态度。

4. 知物—明理。 经由感物、察物、探物的阶段，这一层级的“知物”意味着形成较为清晰、准确、系统的物理观念，建构起一定的物理模型，能够在模型建构和实际问题之间进行转换，顺利解决不同的或者新情境中的问题，对物理世界、科学探究充满浓厚的兴趣，并在认知升级、模型建构、解决问题的过程中，培养探索未知世界的内在动力、促进社会发展的责任感。

5. 创物—成理。 这是五个阶段中的最高层次。尤其对于有基础学科潜质、有科技创新潜力的学生，教学中要特别强调真问题新问题或者真情境新情境，帮助学生更科学和熟练地建模并创造性地解决实际问题，提高学生科学思维水平和科学探究能力，使学生更具科学精神和社会责任感。

（二）形成了高中物理课堂教学新样态

在“五物五理”教学主张的引领下，总结出在教学中培养学生思维的“科学思维六步法”，形成了物理学科的概念课、规律课、实验课的课堂教学新样态，这是在物理课程中培养科技创新人才的课堂教学路径。

1. 科学思维六步法

“科学思维六步法”是培养学生科学思维的方法体系(图 2)。具体包括：第一步的“问题确立”与第二步的“问题解决依据”，重在模型建构；第三步的“问题解决证据”与第四步的“科学推理过程”并行，将科学论证与科学推理交融进行；第五步的“内省评估”是实现高阶思维质变的关键环节，实现了知识学习的结构化和系统化，同时有助于培养学生的批判性思维和创新精神。第六步的“结论”是指学生建构起了自洽的完整关系网络，从而得出结论。

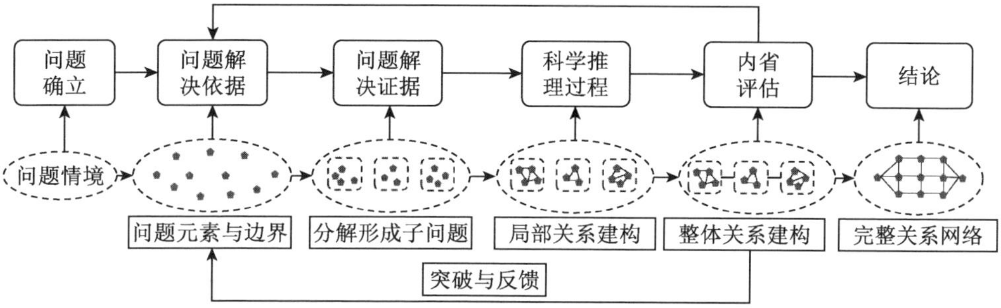

图 2 科学思维六步法

2. 课堂教学新样态

物理学科中的概念课、规律课、实验课具有不同的课堂教学样态。

（1）概念课

概念课教学要注重创设情境，帮助学生对经验性常识、直接观察到的现象重新进行加工，并在此基础上进行抽象概括，深度理解概念，最终再回到实践中进行运用。“概念教学五步骤”的教学设计包括“生活具体—简单抽象—物理具体—深层抽象—实践应用”，阐释了学生从经验判断上升到科学判断、从数学应用上升到应用数学解决问题、从解决理想模型上升到解决实际问题的发展和转换。

（2）规律课

规律课教学要突出学生科学思维的培养，强调创设问题情境和知识的结构化，例如，问题情境从理想单一走向真实复杂，思维逻辑由单一线性走向多元复合，学习方式由知识学习走向问题解决。“规律教学四层次”（借鉴“可观察的学习结果的结构理论”，简称 SOLO 分类理论）具体是指：第一层次（点状）在于知道规律是什么，对应单一结构认知；第二层次（线状）是规律的发现过程，对应多点结构认知；第三层次（拓展）是规律的迁移应用，对应关联结构认知；第四层次（凝练）是提炼规律的学科本质，对应抽象拓展结构认知。

以“竖直平面内圆周运动的临界条件”的教学设计为例（人教版物理必修 2 · 第六章第 4 节《生活中的圆周运动》），通过点状—线状—拓展—凝练

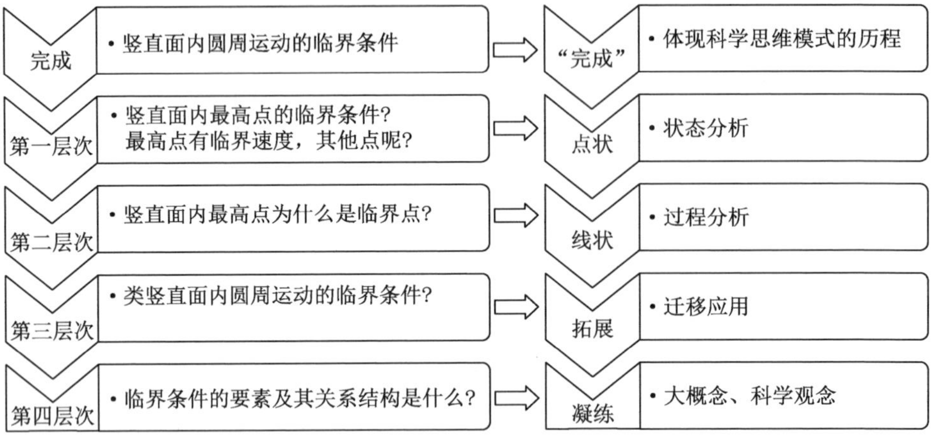

图 3　规律教学四层次

的四个层次的递进，学生对规律的理解更加牢固，实现了模型建构，可迁移度大大提高，有利于解决真实情境中的实际问题。（图 3）

（3）实验课

实验课教学要强调实验过程中的思维训练，提出了“实验教学六要素”（目的、原理、情景、推理、解释、误差分析）。

例如，在“静电的防止与利用”（人教版物理必修 3 · 第九章第 4 节）教学中，设计了静电飞花、静电屏蔽、静电风车、静电除尘、静电吸附等实验，引导学生在实验情景中进行大胆推理，合理解释，强化对原理的认识和理解。

（三）建设了指向科技创新人才培养的课程体系

以物理学科为中心，指向科技创新人才培养的课程体系主要包括：物理类核心课程、“物理+”跨学科课程、科技类实践课程、科学类思政课程。

1. 物理类核心课程

由国家课程和拓展课程组成。拓展课程包括竞赛课程、实验类课程和学科延伸类课程。今年，《物理竞赛实验》和《虚拟物理实验》的课程方案已经编制完成并即将实施，拓展课程进一步丰富。（图 4、图 5）

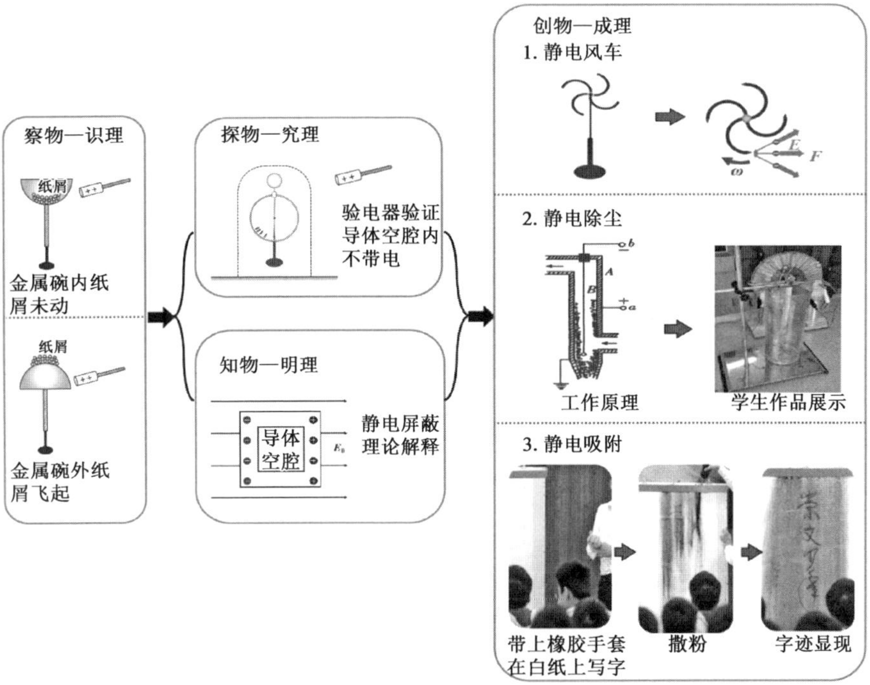

图 4　静电的防止与利用

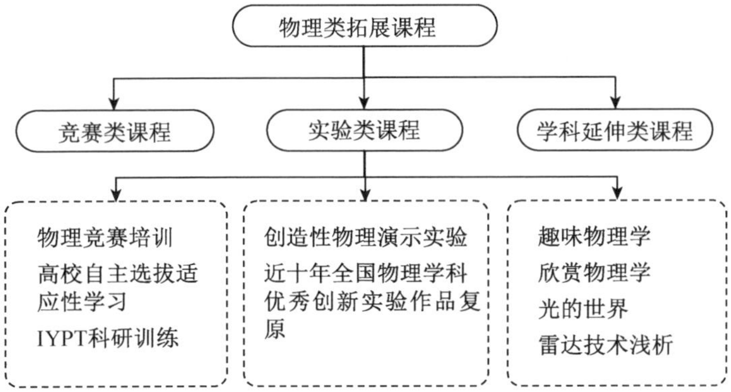

图 5　物理类拓展课程

2. “物理+”跨学科课程

由物理与地理、物理与化学等跨学科课程组成。例如：《望星》课程集天体观测、天体运动的分析、天文现象成因探究、航天科普知识等跨学科内容，与南京大学天文与空间科学学院、紫金山天文台合作共建的天象厅、天文台、天文教室在省内首屈一指；《探索身边物质的化学奥秘》是校本开发的物化融合课程，以化学分析实验为主，帮助学生从物质组成的角度研究不同材料物理特性的差异原因。（图 6）

图 6

3. 科技类实践课程

物理学涉及工程学、材料学、电子技术、建筑学、数字动力学、信息技术等众多领域。科技类实践课程以培养学生创新思维、动手能力和团队协作能力为目的，是培养科技创新人才的重要途径。今年，学校又与南京航空航天大学签署“科学课程群基地”共建协议，旨在双高协同共同开发更多的符合时代发展要求的科技类实践课程。（图 7）

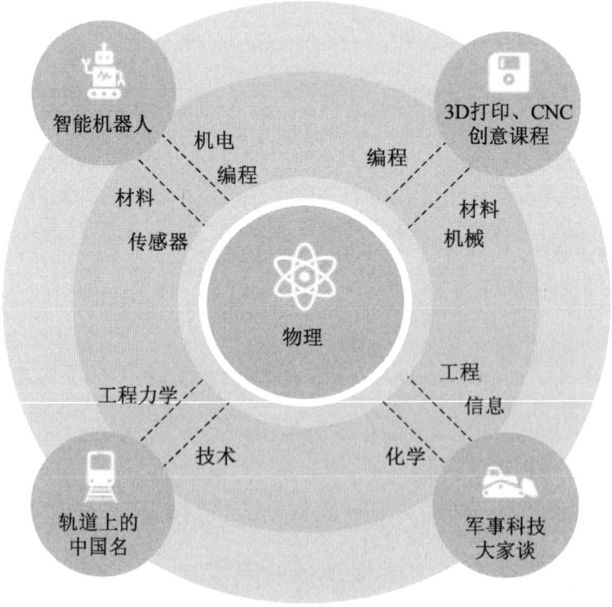

图 7

4. 科学类思政课程

学校在全省率先开展新课改实验项目“院士 1 课堂”，邀请 100 名院士科学家为中学生开设 100 节科技创新讲堂，让学生们在科学家身边成长，学习科学精神和科学家精神，已成为科学类思政课程的品牌。一年多来，“院士 1 课堂”星光闪耀，天体化学与地球化学家欧阳自远院士、天体物理学家武向平院士、雷达专家贲德院士、人工智能研究专家周志华院士、“天问一号”总设计师孙泽洲等 16 位科学家相继开讲，学生们在“院士 1 课堂”中感受科技魅力，接触学术前沿。

“院士 1 课堂”也是学校科技教育课程和生涯规划教育的重要资源，被中央教育工作领导小组点题作为科学教育的创新案例，在物理教学实践中实现科学态度与责任的落实，达成为党育人、为国育才的教育使命。目前已经将 20 期“院士 1 课堂”讲座内容集结成册、出版成书，该书既总结回顾一年多来工作的得失，又展望思考未来的管理和实践。其最大特点是，让读者通过非学术语言了解讲座内容，体验科学精神。在书中可以读到人工智能的奥秘、“天问一号”的火星探测之路、美图秀秀背后的秘密……

（四）搭建了指向科技创新人才培养的项目平台

结构化的课程体系和多元化的项目平台构成了科技创新人才培养的两翼。特色班级、项目制研究、工作站三足鼎立，搭建起丰富的项目平台。

1. 江苏少年工程院。 在省科协、教育厅、团委的指导下，省工程师学会与学校共建“江苏少年工程院”，培育以实践创新为特征的工程师文化，探索青少年科技特长培养和创新潜质培育的新平台。该平台以项目制运行为主：一是面向全省中学生开展“崇文少年科学行”活动，由科学家、工程师、研究生等带领学生们参加科学讲座、科技研学、项目研究，参访国家重大项目、实验室等，在活动和研究中培养兴趣、启迪创新。二是“小院士”成果评价机制，在两年时间里按规定的课程方案获得 18 学时的学分、完成三个科技学习或研究的任务以及通过由 5 名院士专家组成的评审团答辩后，可获得“江苏少年工程院小院士”称号。

2. 数理人才贯通培养实验班。 在清华大学丘成桐先生的认可和指导下开办数理班，为在数学、物理等基础学科学习上有兴趣、有能力的学生提供双高合作(高校+高中)的一体化贯通式培养，在课程实施、学习方式、评价机制、生涯规划等方面进行整体探索。下一步，数理班将向初中、高中、高校三级贯通培养的“丘成桐少年班”发展，协议已经正式签订。

3. 崇文班。 这是全市首个创新人才培养试点项目，是普通高中多样化发展改革的项目试点校之一(南京为 2010 年教育部改革项目的试点城市，全国 20 所高中为试点校)。校友饶子和院士担任崇文班名誉班主任，一批高校的教授专家担任崇文班学生的成长导师，对学生的三年成长进行规划指导，学生有机会根据自己的兴趣、能力以及未来的发展方向在导师的指导下开展研究性学习，为学生在理科类基础学科或者科技创新方面的可持续发展奠定基础。

4. 武向平院士科普工作站。 500 米口径球面射电望远镜(简称 FAST)科学委员会主任、中国科学院武向平院士在学校设立科普工作站，将中国天眼项目向学生开放，不仅学生们有机会获得最新的前沿科研动态，还为学校培养了一批具有跨学科实践能力的物理、地理等学科教师。同时，工作站还与校外科技场馆、科技企业、科研院所联系交流，提供了丰富的科技教育资源。

（五）搭建起指向科技创新人才培养的支持系统

1. 教师导师双师团队

学校有 5 个省市名师工作室，其中物理学科 3 个；数学、物理、地理、化学、信息技术等科技类相关学科的省级以上名师十多人，数量均位居全市首位。学校拥有以“科学顾问”“崇文导师”为骨干力量的校外导师团队，包括科学家、工程师、国家重大科技项目负责人、高校实验室负责人、高新科技企业科研工作者等，教师导师的双师团队是学校开展科技创新人才培养的关键力量。

2. 省级课程基地

学校有物理、生物和地理三个省级课程基地，是开展物理类核心课程、跨学科课程、实践类课程的创新场域，创设了新型学习环境和丰富的课程资源，为学生发展实践认知、创新能力和自主合作等提供了有力的支持。

江苏省高中物理浸润式学习课程基地服务于浸润式学习体验、激发学习兴趣、提供深造平台。其建筑面积 1100 m^2。其中室内部分面积 405 m^2，展示部分面积 693 m^2，502 件实验器材和自制教具。实验设备种类有 127 项，其中大型设备展品 27 项。互动区域包括 16m 高的傅科摆、七个国际基本单位的互动体验、介绍十大经典物理实验的推拉滑轨屏，物理共轴光学实验室、物理前沿科技实验室、物理先进成像实验室、材料实验室。

3. 省级中学物理实验创新研发中心

由省教研室、省基础教育中学物理教学指导委员会在全省遴选，将南京一中确定为江苏省中学物理实验创新研发中心（全省仅两家）。物理实验创新研发中心是落实新课改中物理学科育人的重要载体，也是落实相关学科核心素养的重要平台，它承担教具制作、实验开发，学生的研究性学习探索等功能，为广大师生提供了优越的资源与空间。研发中心聚焦现代技术的高中物理实验创新研究，为全省高中物理实验教学的改革提供新的资源库、新的教学样态和新的评价模式。

学校结合国家级课题的研究，开展了实验教具的制作等工作，将近 10 年的省级创新教具设计比赛、实验比赛中的优秀作品进行复制与优化，与企业合作制作出了 100 件实验教具，并将其陈列在“100 物理教具演示馆”中，供师生学习和研究使用。

五、基本经验

（一）在理论研究上需要进一步完善

科技创新人才培养既是个实践问题，也是个重大的理论问题，要深入研究科技创新人才的成长成才规律，以利于在课程、教学、学习、资源、项目、空间等方面进行更加科学的设计和整合，加大人才培养的精准度、有效性。

（二）在实践探索上需要进一步拓展

目前的研究和探索更多地基于物理课程的实施，部分扩展到相关的科学类课程，尚未拓展到全学科的范畴。2022 年立项的国家社科基金一般课题《新时代普通高中科技创新后备人才培养模式研究》（BHA220271）以及学校正在承担的省市研究项目都在持续指向科技创新人才培养，并把重点和重心更多地放在人才培养上，研究学校场域中培养模式的综合构建，尤其是在教育内外、学校内外、学段上下以及全学科的协同育人上持续不懈地进行研究，争取出更多的理论和实践成果。

（三）在推广运用上需要进一步深化

目前的推广运用主要在教育集团内以及帮扶的学校，中学物理课堂教学模式和教学新样态广受欢迎，科技创新人才培养的课程资源、项目平台在一定范围内可以共享，但由于受到资源、保障、师资等各方面条件的限制，基于一所学校的研究和探索取得的成果如何向更广范围、更多学校辐射推广的问题，仍需要进一步研究。

六、重要成效及实验推广

（一）丰硕的研究成果

从研究物理课堂教学模式的转型，到关注物理学科育人的实践；从发展科学素养的物理课程实施到指向科技创新人才培养的综合实践体系，研究的范围不断拓宽，研究的内容不断深化，获批 23 个市级及以上课题（2 个国家社科基金一般课题《普通高中学生科学素养发展的研究》和《新时代普通高中科技创新后备人才培养模式研究》，10个省级课题）；获批2个内涵性教改项目（省前瞻性教学改革实验项目一类项目《普通高中厚植科学精神的拔尖创新人才培养的实践探索》和市前瞻性教改实验项目《指向全人的科学教育》）。出版2本专著，发表与成果高度相关的论文97篇（核心期刊52篇，人大复印资料全文转载9篇），编写65个案例。

（二）快速成长和发展的师生群体

在成果形成和宣传推广的过程中，教师的课程开发和实施能力以及科研意识得到了明显提升，教师队伍专业发展成效明显。近10年，学校物理教研组连续获评市先进教研组，组内市级及以上的名师占比从42.3%增加至78.5%。相继获批5个省级、市级名师工作室，涵盖物理、地理、政治三个学科，其中包括1个省级物理名师工作室（全省唯一），省市两级物理名师工作室共计3个（全市最多）；培养了1名国家级教学名师、1名全国五一劳动奖章获得者、1名省有突出贡献中青年专家和1名省五四奖章获得者，均为物理学科。3人入选省级教育人才项目（全省教育系统最高层次人才称号；其中，物理2人）。8人当选省特级教师、13人被评为正高级教师（覆盖数学、物理、化学、地理、政治等多个学科）。在全国教学大赛、省教学基本功大赛、省优课评比、省优秀教学论文评比中，学校教师多次获得一等奖。同时，为推动教师队伍的持续提升，在教师发展的制度建设上不断深化，出台“十四五”教师成长五年计划，成立教师发展学习共同体“思益读书社”，建设培养学校管理后备干部的“校长工作站”等。

学生在各类竞赛、研学活动中的表现屡创历史新高。2010年来，1454人次在数学、物理、化学、生物、信息等学科竞赛中获得省级以上奖励（全国一等奖以上29人次，全国金牌1枚、银牌2枚）；天文、地理竞赛获得全国一等奖以上27人次（全国金奖1枚）。在世界中学生机器人挑战赛中，学校代表队获联盟赛全国冠军、总决赛世界亚军。学校毕业生升入著名高校后的发展势头和发展成果同样引人关注。

（三）广泛的办学影响力

成果主持人是中国科协第九次、第十次全国代表大会代表、省科协常委、省青少年科技协会副理事长，曾在中国科协第十次全国代表大会江苏代表团座谈会上作主题发言、在有关座谈会上向省委领导专题汇报学校科技创新人才培养的工作成效、在中国青少年科技辅导员协会年会上作《新时代普通高中拔尖创新人才早期培养的理论审思和实践探索》等主题报告。2022 年 5 月，学校的创新人才培养工作经验被报送到中央教育工作领导小组。

学校的办学特色、育人实践受到科协、工程师协会、高校、科研院所、科技园区的关注，越来越多的科学类课程资源、青少年科技活动、学科竞赛等向学校汇聚。学校多次承办全省物理、生物学科竞赛；数十位院士走进学校（饶子和等 16 名院士为“院士 1 课堂”揭牌，欧阳自远等 16 位院士先后开讲，并担任崇文导师和科学顾问）；研创园、高校与学校纷纷签约，加强学生的研学实践，不断夯实科技类实践课程的资源基础。2022 年，学校成为省基础教育前瞻性教学改革重大项目《江苏基础教育高质量发展体系的内涵、重点及实现路径研究》的全省 17 所实验校之一，被省教科院点题就“新时代拔尖创新人才培养课程矩阵的构建”进行更深入的研究，为全省基础教育高质量发展的内涵建设提供更具时代性、实践性的研究成果和可供复制的经验办法。

学校的育人实践受到各大媒体、专业杂志的关注，相关工作被中央电视台、人民日报、学习强国等央媒平台以及江苏卫视、新华日报、南京日报等省市媒体报道达 170 多次；研究成果被《物理教师》等学科专业期刊宣传。多次应邀到各级科协的会议以及南京大学等著名高校作经验交流，学校还接待了 90 多批来参观交流的团组；开设公开课、讲座 121 节（市级以上 70 节）。

（四）扩大的辐射区域

学校成立了由 11 所学校组成覆盖全市 6 个区的教育集团，学段和类型较为齐全，在集团内学校广泛开展科学教育；同时，还与安徽、陕西、甘肃、新疆等省外学校建立了对口支援和交流的关系，输出管理人才、教师人才进行组团式帮扶，将学校的物理课堂教学实践、育人实践以及科技创新人才培养的工作等有关经验进行推广。同时，学校通过省级物理骨干教师培训班每年为全省培训 50 名优秀教师，通过省名师工作室共计为全省培养 180 名优秀教师(7 人次被评为省特级教师、15 人次被评为正高级教师，获得市级以上荣誉 320 余人次）。

做学生终身成长的引路人

——“一核两翼三级四力五环”生涯教育体系的构建与实践

成果完成者：汪拥军

其他成果持有者：艾建红　罗　荣　雷蓓蕾　许红明　牛　锋

所在单位：湖北省武昌实验中学

获奖情况：2022 年基础教育国家级教学成果奖二等奖

2022 年湖北省优秀基础教育教学成果特等奖

党的十八大以来，党中央明确提出要围绕落实立德树人根本任务，构建“三全育人”立体场域，五育并举，培养担当民族复兴大任的时代新人。

本成果以习近平总书记“立德树人”重要论述为指导思想，以习仲勋同志题词“弘扬‘实验’精神，培养创新人才”为办学方向，践行陶行知终身教育思想，为破解学生发展科学指导的难题，提出“素养为本、终身成长”的生涯教育理念，形成了可推广的“一核两翼三级四力五环”普通高中生涯教育体系，为学生终身成长引路，交出了推进普通高中育人方式改革的时代答卷。

一、 问题的提出

高中是人生发展的重要黄金期，生涯教育的发展是现代文明对于个体自我探索的一种进步，为了深入了解普通高中开展生涯教育的现状，学校于2014 年对全省部分重点高中教师进行了问卷调查。抽取省内 10 所重点高中，发放教师调查问卷 1000 份，回收有效问卷 987 份，调研的高中学校涵盖县(区)级一中、地市州重点高中、省会城市重点高中等不同类别。通过调研我们发现：

（一）高中生涯教育价值认识的“狭窄化”

多年来，高中教育主要围绕升学工作展开，大部分高中学校没有厘清生涯教育的育人目标，对生涯教育的价值和作用认识不全面、重视不到位的情况十分突出，导致学生对自我价值、生命意义和社会要求认识肤浅，追求发展的内驱力严重不足，自主发展能力差，“空心人”问题日渐突出。因此，学校要克服仅仅从选科走班、职业规划、心理辅导等开展生涯教育的局限性，强调以立德树人为导向，确立“素养为本、全面发展”生涯教育理念，培养学生生涯发展力，落实终身成长教育。

（二）高中生涯教育培养过程的“浅表化”

目前，生涯教育大多缺乏正确的理想信念、价值观引领、关键能力培育和先进文化融入，缺乏对学生社会性成长的关注，缺乏社会实践体验活动的参与，生涯教育的育人过程亟需完善和丰富。科学的生涯教育育人体系应该通过先进文化引领、多维实践活动，引导学生遵循时代发展要求，处理好个人志趣与国家、社会需要的关系。

（三）高中生涯教育课程建设的“碎片化”

通过调查发现，大部分高中学校生涯教育尚处于起步探索阶段，未建立完整的生涯教育课程体系，普遍存在课程目标不明确、课程内容不系统、课程资源不丰富、课程师资不健全、课程评价不完善等问题。对社会资源、家长资源的利用程度不高，呈现过于重视应试、远离社会生活的“碎片化”特征，亟需构建利于学生终身成长、自主发展的生涯课程体系。

（四）高中生涯教育路径机制的“单一化”

目前绝大多数高中学校在推进生涯教育过程中存在方法简单、路径单一的问题，突出表现在片面依赖原有的心理健康课或主题班会课，没有开发新的课程实施载体，在方式方法上以课堂讲授为主，对生涯体验、研学实践、家校共育、社会实践等综合实践活动重视不够。学校生涯教育应该是一项系统化的工程，需要将学校教育与社会生活相融通，建立家校社协同育人机制，进而发展学生的生涯素养，为高中生扣好通向社会、服务社会的第一粒扣子。

二、核心理念

生涯教育要唤醒学生生命发展意识，秉持生命的生长性，教育的多维性和融合性，追求生命的“全面、自主和可持续成长”，为每个学生终身成长奠基；生涯教育的最终目标是让学生实现自主发展，让学生去自我探索、自我认同、自我实现，不断激发成长内驱力，让每个学生成为更好的自己；生涯教育让学生明了社会对人才素质的道德要求，建立以德为先的信念，主动完善自己的人格品性；生涯教育要培育乐观、自信、抗挫力等未来职业适应与发展必备的积极心理品质；生涯教育要面向人的一生，职业生涯教育只是其中的一个片段。因此，用生涯教育内涵认知方程式来驱动学生终身成长、自主发展，不仅符合马斯洛需求层次理论中的“自我实现需求”，也符合“发展心理学”，更符合人性。

三、实施过程

本成果经过十二年探索，以行动研究为主要方法，贯穿四个阶段：

价值认识与目标探索期(2010. 8~2014. 8)。系统把握终身教育理论、协同学理论和素养为本理念，通过调查和案例研究，分析高中生涯教育存在的认识误区及实践不足，从升学主义转向关注终身成长，2010 年探索“双导制”（导师制、导生制），2012 年完善为“三导制”（导师制、导生制、导学制），2014 年全面推进生涯教育，开展思想引导、学业辅导、心理疏导、生涯指导。(表 1)

表1

针对问题	解决问题的主要工作过程	解决方法
1. 高中生涯教育的认识偏差，从“升学主义”转向关注“终身成长”	2010年~2014年，学校先后邀请华中师范大学、武汉大学、湖北大学教授专家十余次来校举办学生发展指导讲座，逐步明确高中生涯教育是新时代学生教育的新引擎，强化学生成长引路人理念，引导教师唤醒学生从追求有意义人生的视域探索自主发展	专家指导 德尔菲法 校本培训
2. 简单从上好大学激励教育带来的负面效应问题	2010年~2011年，通过对学生学习内驱力不足、填报大学志愿与志趣不匹配等典型案例的分析研究，举办关于教育方式方法大讨论的教师论坛，反思学校对学生发展指导方面的缺失	问卷调查 案例研究 教学反思
3. 德育与教学两张皮、教师管教不管导及班主任工作负担重的问题	2010年~2012年，通过系列研究初步建构“双导制”（导师制、导生制）育人模式，实行全员导师制，每个教师负责一个导师制小组，对学生开展思想引导学业辅导、心理疏导、生涯指导；探索建立导生制小组，采取“兵教兵”的方法，减轻教师负担，调动学生主动发展的积极性	文献综述 行动研究 典型示范
4. 育人机制不健全，教育效果不佳的问题	2012年，学校在九真山召开干部和骨干教师研讨会，确立推行“三导制”（导师制、导生制、导学制）大课堂育人模式，定期举办推进实施的经验分享交流会，开展“三导制”论文评比，提高育人效果	模式研究 经验分享 行动研究

体系设计与课程开发期（2012.9~2016.12）。针对生涯教育普遍存在流于形式、策略单一等问题，2013年、2016年开展省重点课题《“双导制”引领高中生健康成长实践研究》《中学生职业生涯规划辅导策略研究》研究。2016年调整内设机构，成立生涯教育领导小组，建章建制，探索“5+5”课程体系（“5”环课程指生涯规划导向课、心理健康教育课、学科生涯渗透课、生涯实践体验课、家校社合育课；“5”类活动平台指红石讲堂、百名家长讲师团、“三走进”体验、社团生涯练兵、硕博进校园活动）。（表2）

表 2

针对问题	解决问题的主要工作过程	解决方法
1. 生涯教育路径机制不明的问题	在 2012 年实践探索“双导制”育人模式的基础上，2013 年启动省教育科学重点课题《“双导制”引领高中生健康成长的实践模式研究》，深化学生发展指导的研究	课题研究 实践探索
2. 生涯教育停留于口头、流于形式的问题	2013 年开始，启动生涯教育课程开发，探索开展“红石讲堂”，“三走进”（走进大学、走进职场、走进社会）实践体验活动，社团生涯练兵活动，硕博进校园活动	行动研究 实践探索
3. 职业生涯教育内容、策略单一的问题	2016 年，启动省教育科学重点课题《中学生职业生涯规划辅导策略研究》，探索引导学生寻找个人兴趣与社会要求、国家需要之间的关系	文献研究 课题研究
4. 生涯教育推进落实不够、工作体系保障不足的问题	2016 年秋，调整内设机构，将原有机构更名为学生成长指导中心、课程及教师管理中心，新成立创新人才培养中心，成立生涯教育领导小组，初步设计了高中生涯教育工作体系，建立工作机制，制定生涯教育实施系列制度	行政统筹 建章立制 行动研究

系统实践与体系完善期（2017. 1～2018. 12）。针对生涯教育体系不全、队伍不足、教材缺乏等问题，2017、2018 年开展市重点课题《全面育人视野下示范高中全课程体系的建构与实践研究》《“三导制”模式下高中生涯教育体系的构建实践研究》研究。2017 年，启动 128 门校本选修课程的开发工作，编写并出版《缤纷生涯探索》（2019 年由武汉出版社）和《缤纷专业探索》；成立生涯教研组，形成校内全员、校外多元生涯导师制度，将生涯课全面列入课表。2018 年总结形成文化引领系列活动。（表 3）

表 3

针对问题	解决问题的主要工作过程	解决方法
1. 学校课程体系不足以满足新时代人才培养要求的问题	2017 年，启动武汉市重点教育科学规划课题《全面育人视野下示范高中全课程体系的建构与实践研究》，涉及学校课程图谱设计、课程建设管理、课堂教学改革等方面，其中包括生涯教育课程的开发与实施	文献综述 德尔菲法 课题研究

（续表）

针对问题	解决问题的主要工作过程	解决方法
2. 生涯教育教师队伍实力不足、支持单位较少的问题	2017 年春，成立生涯教育教研组，定期调查和评估，调整优化形成校内全员、校外多元生涯导师制度。探索建立跨学科生涯教师、百名家长讲师团、硕博讲师团等专兼职生涯教师团队，联络高校、科研院所、知名企事业单位等众多社会支持单位	行动研究 实践探索 反思完善
3. 生涯教育体系设计不够科学、无校本教材的问题	2018 年启动市重点课题《“三导制”模式下的高中生涯教育体系构建的实践研究》，2018 年 2 月编写《缤纷生涯探索》校本选修课教材。探索建立如性格测评系统、生涯九宫格、校园之星、优秀家长评选等测评激励体系	课题研究 实践探索 教材建设
4. 生涯教育文化引领不强、不实的问题	2018 年总结形成文化引领系列活动：传承贡院传统文化，开展明远楼下“凤凰学子”最高荣誉表彰仪式、“入泮成贤”毕业典礼净手仪式等活动；传播红色革命文化，在校内红色景观及周边农讲所、毛泽东旧居等地开展“党史学习周周讲”、入团仪式、支部主题党日等活动；弘扬实验创新文化，开展院士进校园、知名校友事迹报告会、校园之星评选表彰等活动	文化建设 行动研究 活动创新
5. 生涯教育的实施体系保障不足的问题	2018 年 8 月，总结形成了校本化高中生涯教育体系：部分内设机构调整为课程管理服务中心、教师发展服务中心、 AI 大数据服务中心和年级教育管理服务中心，成为推进生涯教育实施体系的有力保障；生涯课程全面列入课表	行政统筹 课程实施 机制保障

最终形成覆盖高中三年全过程，“家校社”多元主体全员参与，培养生涯发展力为核心素养的全方位的生涯教育工作实施体系。（表 4）

表 4

年级目标	生涯教育开课时间及教学、活动内容安排
高一年级 生命安全 自我认知 学业规划	采取生涯规划导向课、校本选修课、生涯实践体验课并行推进策略。 1. 每周二第九节开设生涯规划导向课； 2. 每周二第八节开设校本选修课程； 3. 利用单周四第八、九节课，开讲学科选科指导专题讲座； 4. 利用双周四第八、九节课，开展社团生涯练兵活动，或者开讲红石讲堂； 5. 定期开办家长学校； 6. 利用节假日组织“走进大学、走进职场、走进社会”等生涯体验活动。
高二年级 社会责任 学养发展 职业实践	• 上学期，成立“百名家长生涯讲师团”，家长讲师团成员承担一次（或两次）本班或本年级生涯教育课。 • 下学期，开展“硕博进校园”活动，联合中国科学院武汉分院、武汉大学、华中科技大学、武汉理工大、华中师大等单位，邀请各个专业在读硕博研究生及青年指导老师走进课堂。 • 利用周四第八、九节课，开展社团生涯练兵活动，或者开讲红石讲堂。 • 利用节假日组织“走进大学、走进职场、走进社会”等生涯体验活动。定期开办家长学校。
高三年级 理想信念 学业发展 社会实践	• 主要利用“红石讲堂”，邀请知名校友、北大、清华、武大、华科等大学各院系教授来学校主办讲座。 • 利用节假日组织走进大学、走进职场、走进社会等生涯体验活动。 • 利用周末或节假日，组织学生走进武大、华科等大学的各个学院，逐步明确专业选择意向和未来职业发展意愿，激发拼搏追逐梦想的力量。

优化推广与应用辐射期（2019. 1～2021. 12）。2019 年 3 月牵头成立“中学生涯教育名校联盟”，并依托省委“616”工程平台，通过研讨会、送课下乡、联合研修、项目实践等进行成果分享，开展智慧扶贫，带动四省多地联动发展。（表 5）

表 5

针对问题	解决问题的主要工作过程	解决方法
1. 实践成果辐射应用需要搭建共建共享平台的问题	2019 年 3 月 9 日，以“凝心聚力、共建生涯”为宗旨，学校牵头联合省内外高中学校成立“中学生涯教育名校联盟”，通过《中学生涯教育名校联盟章程》，当选为理事长单位。2019 年 3 月 10 日承办首届中学生涯教育名校联盟发展峰会，发布“湖北省武昌实验中学‘一体两翼三级四力五环’生涯教育体系”。2019 年 11 月 8 日在福建泉州五中举办第二届中学生涯教育名校联盟发展峰会。2020 年 5 月 23 日举办第三届中学生涯教育名校联盟发展峰会（线上）。三次峰会共有 587 校次、6451 人次参加会议，参加学校覆盖湖北、福建、湖南、河南四个省份，创办内部交流刊物《生涯》，成立学科生涯教育名师工作室，开展课例研讨、论文评比、家长培训等多样化的活动	搭建平台 经验分享 典型引路 论文评比 培训指导 分类推广
2. 实践成果需要进一步提炼优化的问题	2019 年《“三全育人”体制机制创新研究——“三导制”成长共同体的实践》荣获武汉市首届基础教育成果奖一等奖；2022 年《做学生终身成长的引路人——“一核两翼三级四力五环”生涯教育体系的构建与实践》荣获武汉市基础教育成果奖特等奖、湖北省优秀基础教育教学成果奖特等奖	专家指导 参评获奖 扩大影响
3. 实践成果需要进一步总结推广的问题	2019 年以来，“百名家长进课堂”等活动被多家媒体争相报道，《中国教育报》《湖北教育》《教育名家》《素质教育》《长江日报》等多次介绍学校生涯教育成果。学校多次受邀参加深圳、新疆、西安等地举行的生涯教育交流活动，并多次参加武大、华科大、武汉理工大、江汉大学和湖北省教育厅举办的高中育人方式改革论坛，分享交流生涯教育成果经验	媒体报道 学术交流 活动推介
4. 实践成果需要进一步共建帮扶的问题	2011 年以来，通过省委“616”工程平台，与利川一中、利川二中结对共建帮扶，从“三导制”、测评、资源共享到新课改推进、生涯教育等方面开展结对帮扶，每学期通过互派教师团队交流、接收两校教师驻校学习、共同举办专题研讨等方式开展智慧扶贫、成果分享。2019 年以来，重点与崇阳一中、大悟一中等学校结对共建，通过研讨会、送课、送报告、教师培训等活动，带动崇阳大悟、泉州等地生涯教育联动发展	项目帮扶 联合研修 驻校指导

四、 主要内容

（一） 创新了新时代高中生涯教育新理念

综合国内外研究与实践，确立生涯教育是大教育观念下的综合教育，明确生涯教育的目标是使学生被动成长变为主动发展，厚植学生可持续发展素养，进而提出生涯教育内涵认知公式。（图 1）

图 1

（二） 探索了核心素养导向的高中生涯教育新模式

“一核两翼三级四力五环”生涯教育体系是学校“三全”育人体制机制创新研究的重要成果，体现“五育融合”的要求，具有鲜明特色和育人价值。（图 2）

1. **“一核”：** 以落实立德树人根本任务为核心，弘扬“实验”精神，引导学生树立“让优秀成为习惯，从母校带走一生的财富”的成长信念，培养其终身成长、自主发展的必备品格和关键能力，这是开展生涯教育的总目标。

2. **“两翼”：** 一翼是用先进文化引领生命成长，通过系列活动、环境建设，让中华优秀传统文化浸润学生形成优秀品格，将革命文化融入生涯教育，厚植乐于奉献、艰苦奋斗精神，用社会主义新时代文化激励学生坚定为社会服务的信念。另一翼是通过多维实践活动，增强感悟，深化体验与反思，促进学生创新发展。

3. **“三级”：** 根据学生不同学年段认知规律和学习特点，设计分层级生涯教育目标，即高一年级侧重生命安全、自我认知、学业规划教育；高二

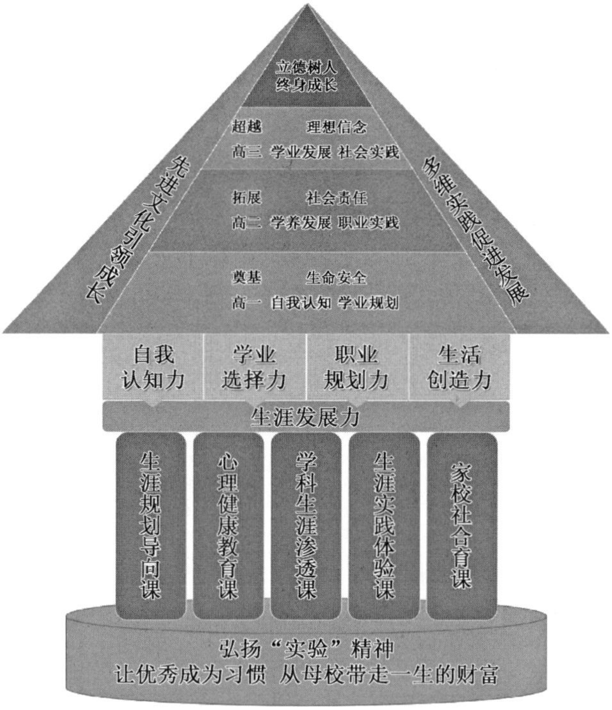

图2 湖北省武昌实验中学生涯教育体系图

年级侧重社会责任、学养发展、职业实践；高三年级侧重理想信念、学业发展、社会实践。

4. “四力”：核心是提升学生生涯发展力。自我认知力，即认知自己的个性心理特征、兴趣、价值观和智能优势等；学业选择力，即正确评估自己的学科兴趣与专长，学会选择适合的学习科目，合理规划学业发展等；职业规划力，指关注、了解、收集、体验社会职业发展相关信息的能力，能够对自身职业道路进行初步规划等；生活创造力，指确立符合实际的个人发展目标，制定中长期发展规划以及在现实生活中自主发展的能力等。

5. “五环”：即生涯规划导向课、心理健康教育课、学科生涯渗透课、生涯实践体验课、家校社合育课等五类课程，将生涯教育的目标与内容融入到学校“163卓越发展”全课程体系建设之中。五环课程融合德智体美劳实施，提高整体效能，实现育人方式变革。（表6）

表 6　“一核两翼三级四力五环”高中生涯教育体系内容简介

<table>
<tr><th>名称</th><th colspan="2">内涵介绍</th></tr>
<tr><td>“一核”</td><td colspan="2">立德树人，终身成长
弘扬“实验”精神，让优秀成为习惯，从母校带走一生的财富</td></tr>
<tr><td>“两翼”</td><td colspan="2">先进文化引领成长，多维实践促进发展</td></tr>
<tr><td>“三级”</td><td colspan="2">高一年级侧重“生命安全、自我认知、学业规划”教育
高二年级侧重“社会责任、学养发展、职业实践”教育
高三年级侧重“理想信念、学业发展、社会实践”教育</td></tr>
<tr><td>“四力”</td><td colspan="2">培养学生以自我认知力、学业选择力、职业规划力和生活创造力为内容的生涯发展力</td></tr>
<tr><td>“五环”</td><td>融合德智体美劳实施的五类课程：
● 生涯规划导向课
● 心理健康教育课
● 学科生涯渗透课
● 生涯实践体验课
● 家校社合育课</td><td>搭建家校社实践体验五大平台：
● “红石讲堂”
● 百名家长讲师团
● “三走进”体验活动｛走进大学、走进职场、走进社会｝
● 社团生涯练兵活动
● 硕博进校园活动</td></tr>
</table>

（三）开发了凸显高中育人方式变革的生涯教育新课程

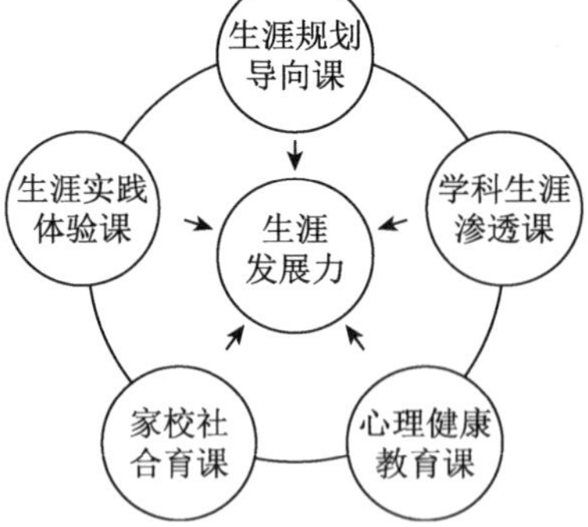

图 3

“五环”课程是生涯教育体系的载体(图 3)，分别是：

1. 生涯规划导向课

是生涯教育课的领航课程。目前已经开发出校本教材《缤纷生涯探索》《缤纷专业探索》和128门学科兴趣类校本选修课程教材，由专兼职生涯教师分班授课和学科兴趣类教师走班上课，辅以“红石讲堂”专题讲座拓展学科发展和人生视野。（图4）

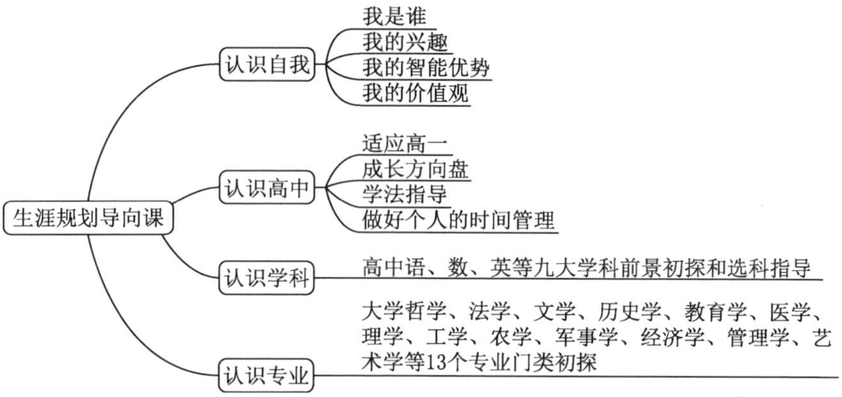

图4

2. 心理健康教育课

是聚焦心理专业课与生涯教育课的交叉重合部分，培养学生良好的心理素质和社会适应能力的课程，由学校心理专业教师开设。形式多样的心理健康教育活动已经成为学生健康成长的重要保障，学校是全国首批心理健康教育特色学校。（图5）

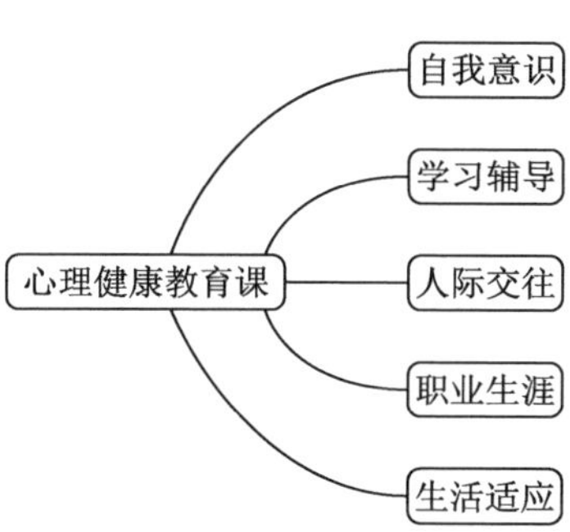

图5

3. 学科生涯渗透课

是指在高中各学科的常规教学中渗透“素养为本，终身成长”理念，充分挖掘学科教学中的生涯教育要素，引导学生在学习中激发学习兴趣、增强社会责任感，促进生涯教育和学科教学的深度融合，帮助学生理解各学科核心素养培养与自身发展的联系。（图 6）

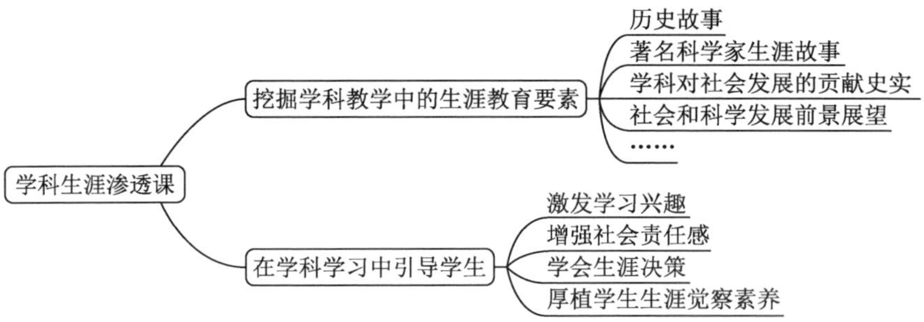

图 6

学科生涯渗透课由课程管理服务中心牵头，依托各教研组落实到日常教学中，不定期开展展示交流活动，创造交流互鉴平台，涌现出一批优质的学科生涯渗透课例，如 2019 年 11 月，在中学生涯教育名校联盟专题研讨会上，熊勇老师主讲的《电能的输送》，让学生了解电力行业的发展及成果的同时，对电气工程师这个职业形成初步认识，了解与远距离输电有关的配套行业。

4. 生涯实践体验课

是指主要以职业生涯探索为目标，让学生了解大学专业、社会职业和行业，认识社会生活的生涯实践活动课程，体验社会对人才的素质要求。（图 7）

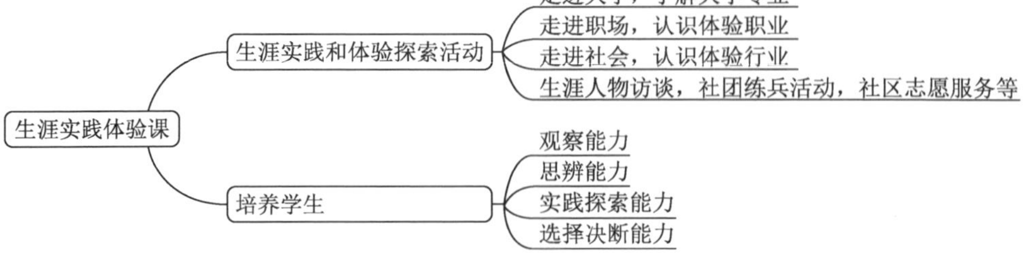

图 7

生涯实践体验课由学生成长指导中心、团委牵头负责规划，整合社会（包括校友资源）、家庭教育资源，依托本地企事业单位、政府机构、高校、社会组织等，设立生涯教育实践基地。利用节假日走进大学、职场、社会，开展生涯研学、职场体验、社区服务等形式多样的生涯实践体验活动。

（1）走进大学，了解大学相关专业。与高校建立特色研学活动，高一暑假前往北京、华东、美国或欧洲名校研学均已形成特色模式。研学之前，组织学生结合职业倾向调查相关专业，了解大学专业设置及实力；研学中走近大学、实验室和大师；研学结束，撰写研学报告，交流研学心得。

（2）走进职场，体验职业差异要求。挖掘家长资源，利用寒暑假、周末走进社会行业，近距离观察体验各行各业特点和从业要求。组织学生采访自己感兴趣行业的从业人士，了解该行业所需的知识储备、大学专业、必备技能及工作环境、工作困难、发展前景等。

（3）走进社会，体验职业领域潜力。组织农业研学活动，让学生了解新时代的新农业、新农村、新农民；走进国防教育基地，了解国防新发展，增强国防意识，培养家国情怀；走进县华林等老街区，聆听城市的历史回响，了解街区规划新理念；乘坐城际铁路和地铁线路，了解现代城市交通网络。

（4）搭建社团，完善生涯练兵系统。由团委联合学生会组织，搭建了语言艺术、艺体、科技、兴趣、综合等五类社团生涯练兵平台。将整个校园开放为职场体验平台，在校园内提供自主管理岗位和社会实践机会，鼓励学生在自己感兴趣的岗位进行体验，从而让学生挖掘潜能，形成创新意识和创新技能。

5. 家校社合育课

是指整合家长、社区、社会资源，进行家校社区间合作，丰富和优化生涯教育资源。主要进行大学专业探索、职业行业探索、职场社会观察、短期岗位实习等。（图 8）

（1）百名家长生涯讲师团。在每届高二年级成立“百名家长生涯讲师团”，由各班选择了解行业情况、表达能力强的家长代表组成。讲师团成员

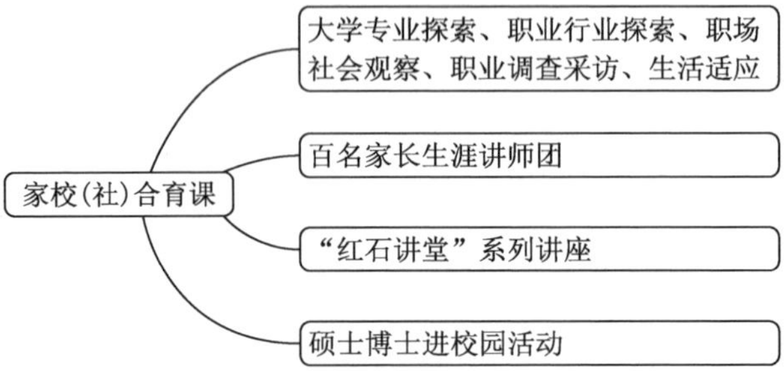

图 8

需承担一次(或两次)本班或本年级生涯教育课，分享个人职业生涯体会，介绍行业特点、入职条件、必备技能、行业优点和不足(社会适应度)、发展前景等。

(2)“红石讲堂”系列讲座。充分挖掘校友资源，众筹家长资源，邀请院士，招募在人文、艺术、科技、商界等领域具有影响力的人物，形成红石讲堂校外生涯导师库，作为主讲人，定期开展面向不同年级、不同学生群体的讲座。

(3)硕博进校园活动。联合中国科学院武汉分院和武汉地区高校，邀请各个专业在读硕博研究生及青年指导老师走进课堂，组织开展“闪闪青春路，缕缕未来光”科普特色活动，帮助学生了解前沿科学进展，各个专业领域所需掌握的技能、发展前景、面临难题。

(四) 构建了生涯教育文化引领、实践育人新机制

学校以“辟门吁俊，惟楚有材”的贡院传统文化，毛泽东等在革命年代传播的红色革命文化，习仲勋“弘扬‘实验’精神，培养创新人才”的实验创新文化等元素，进行校园景观设计，开展校园文化活动，启智润心，培根铸魂，同时开展面向现实生活的多维实践活动，引领学生终身成长和自主发展。(表 7)

表 7

<table>
<tr><th colspan="2">两翼齐飞</th><th>“文化引领、实践育人”内容体系</th><th>育人点</th></tr>
<tr><td rowspan="3">先进文化引领成长</td><td>贡院传统文化</td><td>1. 诞生于学宫旧址的学校，通过建设贡院文化中轴、红石大道、“辟门吁俊，惟楚有材”牌坊、明远楼等景观，用优秀传统文化浸润学生成长
2. 开展明远楼下“凤凰学子”最高荣誉表彰仪式、“入泮成贤”毕业典礼净手仪式、“惟楚有材”非物质文化遗产传承活动</td><td>追求卓越为国育贤</td></tr>
<tr><td>红色革命文化</td><td>1. 建设“毛泽东与实验中学”革命历史纪念墙、“309 名校友抗美援朝参军参干”纪念墙、“共和国勋章获得者”壁画、校史馆等景观，用红色文化引领学生精神
2. 在校内红色景观及周边农讲所、毛泽东旧居、中共五大会址纪念馆、中国共产党纪律建设陈列馆开展“党史学习周周讲”、入团仪式、支部主题党日、优秀校友故事宣讲等活动</td><td>追求真理为党育才</td></tr>
<tr><td>实验创新文化</td><td>1. 将百余年校史中的“忠毅勤朴”校训、“为学在严，为人要正”育人传统、习仲勋“弘扬‘实验’精神，培养创新人才”题词等为内核的实验文化元素，融入到校园景观、班级文化墙、文创产品建设中
2. 形成了“三好两有”（品德好、身心好、学习好，有个性特长、有创新精神）育人目标和“让优秀成为习惯，从母校带走一生财富”的学生成长信念，并开展院士进校园、知名校友事迹报告会、教育改革论坛、校园之星评选表彰等活动</td><td>追求创新自强不息</td></tr>
<tr><td rowspan="3">多维实践促进发展</td><td>劳动实践</td><td>以劳树德，劳动育人，积极开展校园管理班级值周制、班级清洁值日制、高二学农劳动周、食堂帮厨、家政值周等实践活动</td><td rowspan="3">认识社会自主发展服务社会快乐成长</td></tr>
<tr><td>志愿服务</td><td>奉献友爱，互助进步，积极开展红十字教育、敬老院结对共建、“阳光义卖”结对帮扶农村学校，青年志愿者行动等服务活动</td></tr>
<tr><td>生涯体验</td><td>生涯体验，激活成长，积极开展高一新生实践活动周、“三走进”（走进大学、走进职场、走进社会）系列活动、社团生涯练兵、校友职业生涯访谈、绘制生涯彩虹图等体验活动</td></tr>
</table>

（五）形成了生涯教育共同体协同育人新路径

在高中生学业发展、生命安全健康、坚定理想信念与服务社会之间架构成长立交桥。整合育人要素，形成了以“三全育人”（全员、全过程、全方位）为场域，以实施“三导制”（导师制、导生制、导学制）为路径，以建设“四个共同体”（教育者、学习者、课程建设、多维评价共同体）为机制，以五环课程和五大活动平台为载体的多元主体协同育人立交桥，创新普通高中协同育人新生态。（图 9）

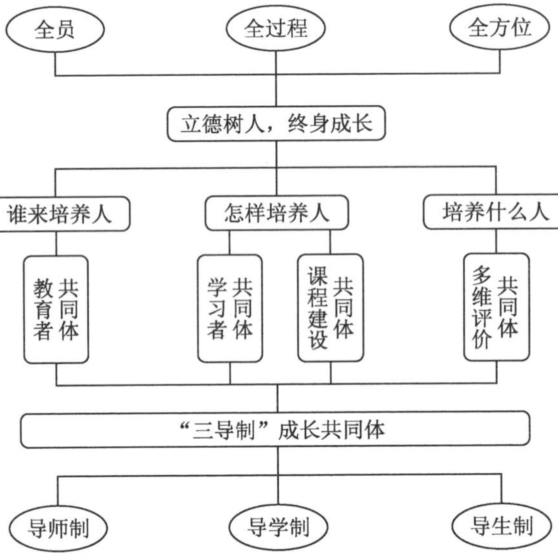

图 9

学校探索形成的“三导制”成长共同体，促进了教师、学生、家长和社会人士职责的重新定位，促进了全员、全程、全方位育人局面的形成。

“导师制”要求每位导师肩负学生思想引导、学业辅导、心理疏导、生涯指导的职责，和谐了师生关系，提升了教师职业成就感和幸福感。主讲“红石讲堂”的知名校友、“百名家长生涯讲师团”成员、高校和科研院所专家，都被聘请为校外导师，为学生成长引路，成为学校育人力量，形成教育者共同体，促进了教育者主体责任意识的觉醒。

“导生制”搭建了“生教生，兵教兵”互助共进的育人平台，使同伴育人伴随学生学习、生活的方方面面，和谐了生生关系。

“导学制”借助导学案，依托小组合作、探究、自主学习，让合育文化贯穿学生学习全过程。

在实践探索的基础上，总结出生涯教育的核心路径，即将“业”（关于高中学业、大学专业、未来职业的基础知识）、“观”（价值观、人生观和职业观）、“验”（直接经验与间接经验和社会实践）相结合，帮助学生树立正确理想信念、正确认识自我，处理好个人兴趣特长与国家和社会需要的关系，培养学生的综合素质，为学生的终身发展奠定基础。（图 10）

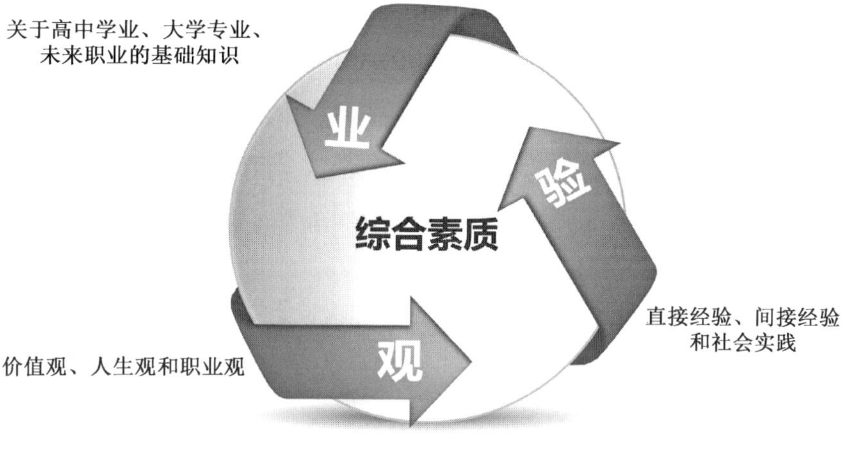

图 10

五、 重要成效及实验推广

学校“一核两翼三级四力五环”生涯教育体系，体现了高中育人方式改革，已经在省内外众多学校落地生根。

（一）“做学生终身成长引路人”的教育理念深入人心

通过生涯教育系列课程，让老师们认识到课程的丰富性、多样性和开放性，让学生学会清晰地制定成长目标，提升自主学习能力和自我管理习惯。通过生涯教育系列活动，激发学生对人生价值与意义的思考和探索，唤醒了学生内心深处的生命原动力，培养生涯发展力。让教师、家长和社会人士更深切感受到了做学生成长引路人的成就感和责任感。

（二）“一核两翼三级四力五环”生涯教育体系成为市教育典范

1. **助推学校提升。** 学校作为市基础教育的龙头学校，始终牢记老一辈革命家习仲勋的嘱托，高举武昌区绿色教育大旗，致力于高中育人方式改革的锐意探索。《“三全”育人体制机制创新研究——“三导制”成长共同体的实践》《做学生终身成长的引路人——“一核两翼三级四力五环”生涯教育体系的构建与实践》先后荣获基础教育教学成果奖武汉市一等奖、湖北省特等奖。学校荣评为武汉市普通高中领航学校、湖北省文明校园。2021 年 3 月 26 日，学校承办武汉市普通高中领航学校首场课程建设现场推进会，展示了生涯教育等成果。

2. **引领教师发展。** 近六年，80 余位老师参与生涯规划导向课教学，助推教师荣获国家、省级教学奖励 90 余人次，3 位教师勇夺市教师五项技能大赛状元。生涯教育课程将教师、家长、社会精英纳入学生成长体系，形成教育者共同体，促进了全员、全程、全方位育人局面的形成。

3. **激活学生成长。** “缤纷生涯”教育活动成为学校实践育人、五育融合的新样态，让学生更有内驱力，学生在生涯唤醒、生涯赋能中获得综合素养提升，学生开始尝试“根据自身的兴趣特长，根据当下社会需要的人才类型规划自己的生涯方向”（学生语）。例如，2021 届的卜家梓，高考 688 分，放弃上清北的机会，选择更符合自己的专业兴趣和未来的职业发展方向的上海交通大学。一大批学生在科技发明、学科竞赛、体育文艺比赛中获奖，涌现了全国优秀共青团员帖宸铉、国际跳棋世界亚军泮忆铭、国家级青少年科技发明奖韩坤昱、数学奥赛国家集训队员胡睿诚等一批拔尖创新人才，各美其美。

根据《普通高中学生生涯教育现状调查问卷(毕业生版)》，学校对2013—2022届毕业生进行问卷调研，每届抽取100名学生，累计发放毕业生调查问卷1000份，回收有效问卷992份。通过调研我们发现：跟踪近十年本校毕业生，学生生涯发展力大部分提高到80%以上。(图11)

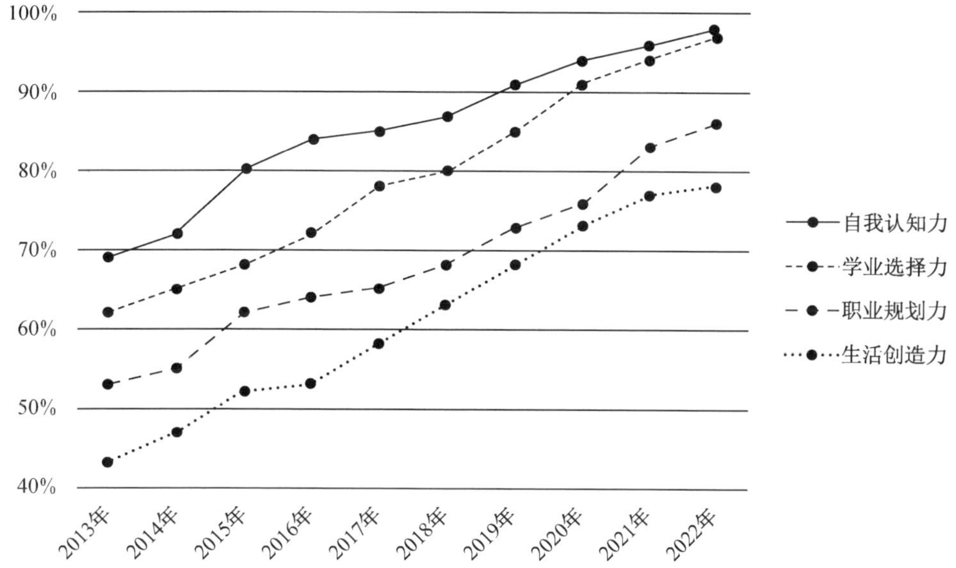

图11　2013~2022届毕业生生涯发展“四力”提升度问卷统计图

（三）“一核两翼三级四力五环”体系在全省重点推广

本成果实现了学生发展指导校本化重大突破，推动形成了以生为本的校园合育文化，已成为全省基础教育育人方式改革的名片，在武汉、恩施、咸宁、孝感等众多地区学校实践推广，省教育厅向武汉地区高校推荐交流。

（四）“一核两翼三级四力五环”体系辐射全国多地反响良好

学校2019年牵头组建覆盖四省186所学校参加的“中学生涯教育名校

联盟”，分别在武汉、泉州和线上组织召开学术会议，共有587校次、6451人次参加。2012年开始，学校干部、教师应邀赴多地开展200余场学术交流、送课下乡和项目实践，帮助泉州、西安、新疆等地众多学校开展生涯教育工作，受益师生50多万人。2019年11月，“百名家长生涯讲师团”被《人民日报》《今日头条》等多家媒体报道。2020年以来，《中国教育报》《素质教育》等多次介绍学校生涯教育成果。

六、反思

学校生涯教育实践取得了阶段性成果，解决了生涯教育的价值认识困惑、内容困惑、途径困惑和机制困惑，今后可以探索并优化的地方如下：

（一）进一步完善高中生涯教育的评价工作

完善高中生涯发展的资源库建设和测评工具。比如，科学制定生涯教育课程标准和课堂评价标准，甄选生涯测评工具；完善学生成长记录袋，包括每名学生学业成绩、目标规划、性格与职业类型测评、兴趣与职业倾向测评、实践活动等过程性记录，形成基于大数据的学生成长特色数据库。

（二）进一步健全家校社协同育人工作机制

积极探索建立长期稳定的生涯实践体验基地，完善体验过程，优化课程效果。挖掘“红石讲堂”、“百名家长讲师团”等社会资源，精选优质资源，建立长期合作关系，建设生涯精品课例库。

学校生涯教育体系的探索和实践，解决了高中生涯教育现实缺位的问题，引导全体教师、家长和社会人士当好学生终身成长的引路人，打通学生自我认知和外部环境的链接，引导学生积极追求生命的更大意义和价值，规划人生，自主学习，自信成长，自我实现，奉献社会，为幸福人生奠基。

本成果是探索普通高中高质量发展背景下育人方式转型的积极尝试，有力地回应了国家对高中教育高质量发展的期盼，是落实“加强学生发展指导”“五育并举”和“协同育人”要求的坚实行动。相信“做学生终身成长的引路人——‘一核两翼三级四力五环’生涯教育体系的构建与实践”成果与辐射会越来越多，越来越好！

“四位一体自主创新”数学拔尖人才高中培养模式探索

成果完成者：武汉市武钢三中

获奖情况：2022 年基础教育国家级教学成果奖二等奖

2022 年湖北省优秀基础教育教学成果一等奖

习近平总书记在党的二十大报告中指出：“全面提高人才自主培养质量，着力造就拔尖创新人才，聚天下英才而用之。”针对当前英才教育缺失的现状，武钢三中依据高中学生全面发展和个性成长的基本规律，实施因材施教，着力探索数学学科人才培养模式，形成学生主体自育、教学自主创新的育人体系，整体提升学生核心素养，数学拔尖创新人才培养取得令人瞩目的成绩。

一、问题的提出

（一）为国育才的需要

“创新是一个民族进步的灵魂，是一个国家兴旺发达的不竭动力。”国家的发展、民族的振兴需要人才，特别是拔尖创新人才。习近平总书记强调，要全方位谋划基础学科人才培养，大力培养造就一大批国家创新发展急需的基础研究人才。

国家为回应“钱学森之问”，2009 年推出“基础学科拔尖学生培养试验计划”（珠峰计划），希望培养中国的杰出人才。计划要求高中学校也应积极呼应，输送有创新拔尖潜质的学生。武钢三中必须担起为国育才的使命，为培养杰出人才做出贡献。

（二）教育改革的要求

2001年，《国务院关于基础教育改革与发展的决定》(国发[2001]21号)提出“有条件的普通高中可与高等学校合作，探索创新人才培养的途径。”《国家中长期教育改革和发展规划纲要(2010—2020年)》指出，“高中阶段教育是学生个性形成、自主发展的关键时期，对提高国民素质和培养创新人才具有特殊意义……推进培养模式多样化，满足不同潜质学生的发展需要。探索发展和培养创新人才的途径。”武钢三中始终走在教育改革的前列，积极探索拔尖创新人才高中培养模式。

国家正在推进的高中课程改革，要求高中学校更新育人观念，改变育人方式，促进学生个性化发展。高中学校传统教学方式忽视学生个性化发展，个性化教学资源不足等问题束缚了高中拔尖创新人才的培养。高中学校为应试、升学等目的，普遍采取分快慢班的分层教学，但是针对早期拔尖创新人才的培养问题，还未形成系统化的解决方案或模式。教育的改革发展，要求武钢三中围绕拔尖创新人才的培养进行探索实践。

（三）特色发展的探索

经省教育厅批准，1994年秋季武钢三中创办了第一个省理科试验班(数学)，其目的是“为国家培养高层次的理科预备人才，探索培养具有创新潜质和具有自然学科特长学生的培养教育规律，为国家中学生奥林匹克竞赛培养和输送选手，推动全省中学的教育教学改革”。

社会发展要求高中教育改变“千校一面，千人一面”的状况，要求高中学校培养具有鲜明个性特色的、素质结构立体多面的人才。武钢三中坚持走特色化发展之路，把办好省理科试验班视为学校特色化发展的契机，作为培养拔尖创新人才的平台。学校依托理科试验班，以基础学科数学为突破口，探索数学拔尖创新人才的高中培养模式。

二、核心理念

学校坚持立德树人、为国育才的基本目标，把握学生成长规律，遵循“因材施教、自主发展；优化个性、发掘特长；强化素质，全面提高”的原则，以数学学科为突破口，努力探索数学拔尖创新人才在高中阶段的成长路径；建立数学拔尖创新人才的培养模式，包括课程的设置与开发，课堂教学实施策略，教学组织策略，学生发展策略等；建设适应数学拔尖创新人才培养需要的教师队伍。构成学校拔尖创新人才培养的“四位一体”（校本课程体系、课堂教学模式、教学基本规范、人才培养策略）“自主创新”模式。

三、实施过程

（一）第一阶段（1988年~1994年）个别教学、初探规律

1. 实施个别化教学

1988年，武钢三中学生获国际数学奥林匹克竞赛银牌。这一成绩的取得，激励了武钢三中教师深入研究数学拔尖学生的培养问题。

当时，高中学校普遍以成绩为依据分快慢班组织教学，不能为拔尖学生提供个性化、差异化的教育。为实现数学教学突破，学校为综合成绩优秀且对数学兴趣浓厚的学生，开设数学兴趣班（30人左右），组织教师进行个别化教学和辅导。学校数学组深入总结了对周彤（第31届国际奥数金牌获得者）、杨克（第34届国际奥数金牌获得者）等学生实施个别化教学的经验。

2. 编写数学拓展教材

在教学资源相对匮乏的情况下，学校数学组自研拓展教材。在此期间，钱展望等研究撰写的数学辅导材料和教研成果，仅《中学数学》就刊发了近40篇。

3. 优化学生思维品质

钱展望、余黔生等教师在改进数学教学方式上进行探索，提出要开拓“学习场”，要优化学生的数学思维品质。90年代初，武钢三中数学组提出，优化学生思维品质必须激发学生兴趣，增强学生信心；必须以落实“双基”为前提；要在引导学生进行解题规律的探索、概括的过程中优化思维品质；要直觉思维与逻辑思维并重，努力发展学生的直觉思维。钱展望撰写的《数学教学中优化学生思维品质的若干方法》，在全国教育学会成立十周年论文评选中获奖，1991年在北京国际数学教育会议上交流。

1993年，《铸造金牌的人》出版。该书总结了这一时期武钢三中数学教师对教学的思考。

（二）第二阶段（1994年~2005年）探索策略、建立机制

1. 组建理科试验班

1994年省教育厅批准设立理科试验班，初期选拔“全面发展、学有余力”，并且对数学有浓厚兴趣的学生。

在理科试验班发展过程中，学校逐步完善选拔方式。在入学新生中选择成绩优异的学生100人左右，参加暑期夏令营，让学生接受零起点（无提前学习）的高中数学课程学习与考察。经过心理测试，尊重学生意愿，选拔组建理科试验班。

2. 优化教学组织形式

基于试验班的十年实践，学校总结了“因材施教、自主发展；优化个性、发掘特长；强化素质，全面提高”原则。学校把理科试验班的学生按兴趣特长分为若干学科学习小组，为学生创造自主发展、个性化发展的空间。常规课实行大班教学，学科拔尖学生的辅导课实行小班化教学。在分层分组基础上的“大班+小班”教学组织形式逐渐固定下来。

3. 优化课程结构

理科试验班在开齐开足国家课程和地方课程的同时，尝试开设有利学生

个性化发展的校本课程。学校组织教师开发数学校本教材，钱展望、刘诗雄、郭希连等老师编著了以培养学生的逻辑推理和直觉、似真推理能力为主调的数学拓展教材，如《数学解题策略》《数学奥林匹克》等。学校陆续开设研究性、拓展型课程，还整合各类资源开发实践活动课程。

4. 优化教学流程

从备（备课）、教（课堂教学）、改（作业批改）、导（辅导）、考（考试）、析（质量分析）、研（教研）七个环节优化理科试验班数学教学的各环节和全流程，进行教学模式探索。1995年《中学数学》第7期刊载学校教师《关于数学教学的若干思考》。以此文章为起点，数学组深入思考对拔尖学生的教学策略。

5. 建立教师成长机制

建立每周备课组集体备课制度，班级教师每日碰头会制度。建立青年教师双导师制，通过师徒结对，形成名师引领下的数学教练的“传帮带”制度。边红平、岑爱国等一批杰出青年教师迅速成长，辅导学生获国际竞赛金牌。

2005年，数学教师刘诗雄获“苏步青数学教育奖”。

（三）第三阶段（2005年~2016年）持续优化、构建模式

以行动研究促优化，学校层面优化课程体系和教学组织形式，教师层面优化课堂教学和优化学生的数学思维品质。

1. 形成课程体系

通过开发校本课程和国家课程校本化，形成内容丰富的学科课程体系。整合各类教育资源，开发活动课程和实践课程。武钢三中“自主创新”课程体系不断丰富和发展。

2. 构建课堂教学模式

通过持续开展“从好课堂到好教学”主题活动，全方位提升教学品质，构建“四环四求一目标”的课堂教学模式。围绕打造高效课堂的目标，要求教师在教学中创设新情景，引导学生自主探究，在生动活泼的师生互动和

生生互动中完成知识的迁移，能力的提升，素养的发展。

3. 探索思维优化方法

通过德育专题活动、实践活动、课堂教学深入优化学生的思维品质。在实践活动、解题过程中培养学生顽强的意志品质和良好的心理素质。采取开放式教学，广泛使用启发式、讨论式、质疑式等教学方法，培养学生的直觉思维、求异思维、发散思维，培养学生思维的敏锐性、灵活性和创造性。在师生互动中，教师鼓励学生独立思考，质疑问难，发表个人的独到见解。在解题训练中，既注重多题一解，又提倡一题多解，培养学生的创新思维。

4. 提出高效课堂规范

提出“三高一及时”高效课堂规范，要求教师“高质量备课、高容量课堂、高效能训练”和“及时评价反馈和反思”。

5. 明晰人才成长路径

试验班学生进校时，在教学上采取“以老师引导为主，个人自学为辅”的方式，有意识地培养学生的自学能力，增加学生自修自学的时间，给学生安排自学和训练的内容，指导学生自学。由此逐步过渡到“学生自主学习、讨论质疑，老师答疑点拨、提升思维”。为学生的自主发展、特长发展提供足够的时间和空间，进一步培养学生自主获取知识和运用知识的能力、信息加工和科学探究能力、动手操作能力、创新能力。在实践中，学校逐步明晰了拔尖创新人才的自主成长路径。

这一时期，数学学科的经验运用到其他学科，推动了各学科拔尖人才的培养。2007 年彭星月和 2011 年肖瑶分获物理和生物国际奥赛金牌。

6. 建构模式

前面所述课程体系、教学模式、教学规范、人才培育策略等，一起构建起武钢三中的“自主创新”人才培养模式。2009 年，《人民教育》（2009. 17）发文《让学生全面而个性地发展——武钢三中“一主两翼”办学特色的实践与思考》，初步总结了武钢三中拔尖创新人才的培养模式。2016 年，学校教学模式获评武汉市十佳教学模式。

（四）第四阶段（2016 年~2022 年）模式运用、提升推广

1. 校内运用

理科试验班的“自主创新”培养模式，立足于自主培育拔尖学生，不依赖“掐尖”和社会培优机构；数学教练员立足于学校自主培养，不靠挖他校墙脚；教学以学生为中心，强调教师引导下的学生自主发展；学生成长中注重培养兴趣、意志，培育创新思维。自主创新培养模式上升为学校育人模式。

各学科教研组运用“四环四求一目标”的教学模式开展教学实践研究。“三高一及时”成为武钢三中的基本教学规范。

2. 校外推广

武钢三中的模式与经验引发广泛关注。全国多地高中到武钢三中学习数学教育的经验，武钢三中人才培养模式被多校运用，教师编著的教材出版发行并被广泛采用。2019 年 10 月《半月谈》专刊“教育楷模系列”发文《特色教育的沃土，世纪英才的摇篮》，推广武钢三中拔尖人才培养经验。

四、主要内容

（一）“全面发展+特长发展”的人才成长路径

对拔尖创新人才的培养，学校把握“因材施教、自主发展，优化个性、发展特长，注重素质、全面提高”的基本原则。

高中教育处于拔尖人才培育的早期，要实现立德树人的根本任务，不能培育“偏才”“怪才”。理科试验班办班之初，就是立足自有生源选拔培育数学拔尖学生，为全面发展、学有余力的学生提供个性化教学。所谓全面发展，要求学校坚持“五育并举”，要求学生在德智体美劳各方面和谐发展，成为素质全面、人格完善的人。其次，在智育方面，要求学生高考学科和非高考学科全面发展。第三，必须着力培育学生的人文精神、家国情怀。所谓

特长发展，就是在全面发展的基础上，学校对学生优势学科方面提供个性化的教学和辅导，引导学生进行更深入的学习和探究，通过创新实践活动、学科竞赛等彰显特长。

为促进学科拔尖学生的个性化发展，学校实行分层、分组教学。通过新生夏令营的零起点教学和考查、心理测试和问卷分析。对全面发展、学有余力的学生，依据其兴趣和学科特长进行分组，设立理科试验班和学习小组。学科成绩不是分层分组的唯一标准，而兴趣特长和扎实的学科基础是选科进班的基本条件。

理科试验班(数学)在分层分组的基础上实行“大班+小班”教学组织形式。通过50人左右大班实施必修和选择性必修课程教学，促进学生全面发展。通过10人左右小班开展小组合作学习和精准化辅导，促进学生个性化发展。从实践效果看，大班教学有利于高效率落实国家基础课程，夯实基础，班集体氛围更浓；小班教学有利于因材施教和个性化辅导，更有助于学生学科特长的发展和自主成长。“分层分组+大小班”的教学组织形式，是对学生“全面发展+特长发展”的落实。

武钢三中理科试验班在实践中形成的“全面发展+特长发展”人才成长路径(图1)，是因材施教的实践，有教学组织保障，有课程和教学资源支撑，符合人才成长的规律，兼顾了教育的公平与效率，也符合当前高中教育的实际。

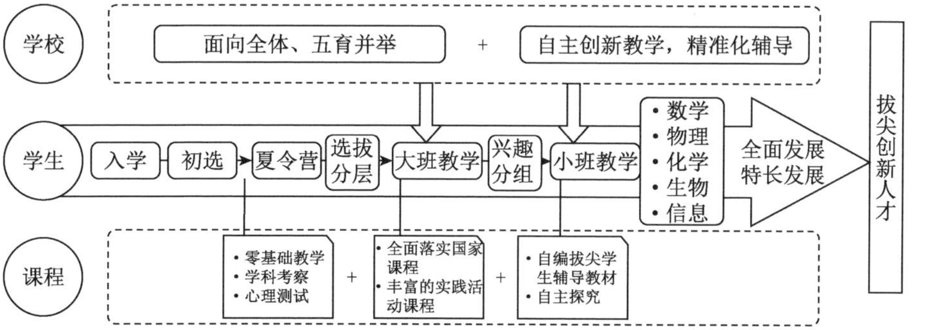

图1　“全面发展+特长发展”人才成长路径示意图

（二）“自主创新”的人才培养模式

校本课程体系、课堂教学模式、教学基本规范、人才培养策略“四位一体”，构成学校拔尖创新人才培养“自主创新”模式(图2)。

图2　四位一体的“自主创新”人才培养模式

1. 构建“综合课程+实践课程”的自主创新课程体系

在高中新课程改革背景下，武钢三中以国家课程方案为指导，对新课程标准下的国家课程、原有的校本课程等进行重新整合，进一步开发设计，形成武钢三中“自主创新”课程体系，实现国家课程的校本化。该新课程体系以立德树人、促进学生获取终身发展能力为总目标，以“博学笃行、立德修身、追求卓越、自主创新”为基本立意，通过全面落实国家课程帮助学生实现全面发展，通过丰富的选修课程满足学生学习和发展的个性化需求，强调让学生在该课程体系中实现“全面发展下的特长(个性)发展”。

理科实验班教师团队自研自编的系列拔尖学生拓展教材，是课程体系的重要组成部分。

学校把“科技人文艺术节”“模拟联合国”、辩论赛等活动发展为卓越人文课程，开设国际交流课程，开发科创课程等实践活动课程，培养了拔尖学生的创新思维，激发了学生的创新意识，提升了学生的创新能力。

每年有来自清华、北大、中科院、中科大等高校院所的院士专家为学生作专题讲座和科普报告，是学校课程的补充。学校还借助武大、华科大国家重点实验室，让学生开展竞赛实验，学习大学先修课程。

2. 提出“四环四求一目标”的自主创新课堂教学模式

在实践中总结出“四环四求一目标”的课堂教学基本模式(图3)。“四环”是指课堂教学的四个环节：第一环，创设情景，揭示目标；第二环，师生互动，探求新知；第三环，自主尝试，交流互动；第四环，把握规律，提炼升华。“四求”是指教学的四种追求:“求实、求新、求活、求美”。“一目标”是培养核心素养，打造高效课堂。

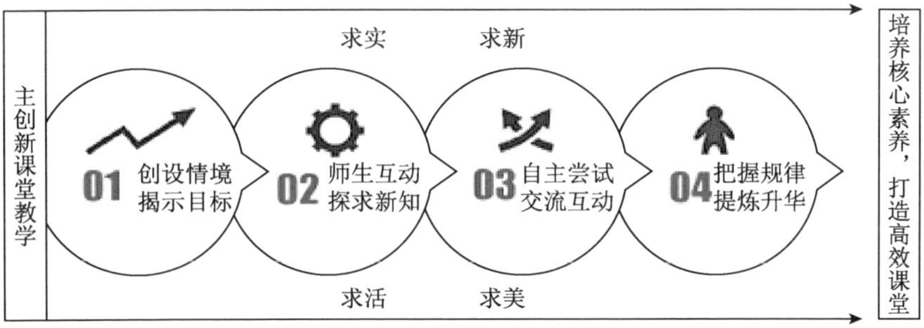

图3 “四环四求一目标”课堂教学模式

这一模式下的课堂是研究型的课堂。教师坚持以问题为起点，把生活情景融入课堂学习；课堂面向学生的生活世界，充分发掘学生自主学习能力，推动学生自主进行探究。学生获得知识，掌握方法，提升数学思维能力。

3. 提出“三高一及时”的自主创新教学规范

对理科试验班的教学，武钢三中提出了“三高一及时”的教学规范。“三高”指“高质量备课、高容量课堂、高效能训练”，“一及时”指“及时评价反馈和反思”。(图4)

4. 探索“志趣+意志”的自主创新人才培育策略

对拔尖人才的培育，学校特别强调学生目标志向要符合国家需要，要形成兴趣激励下的持久动力，学生要具备甘于寂寞、吃苦耐劳、勇于拼搏的意

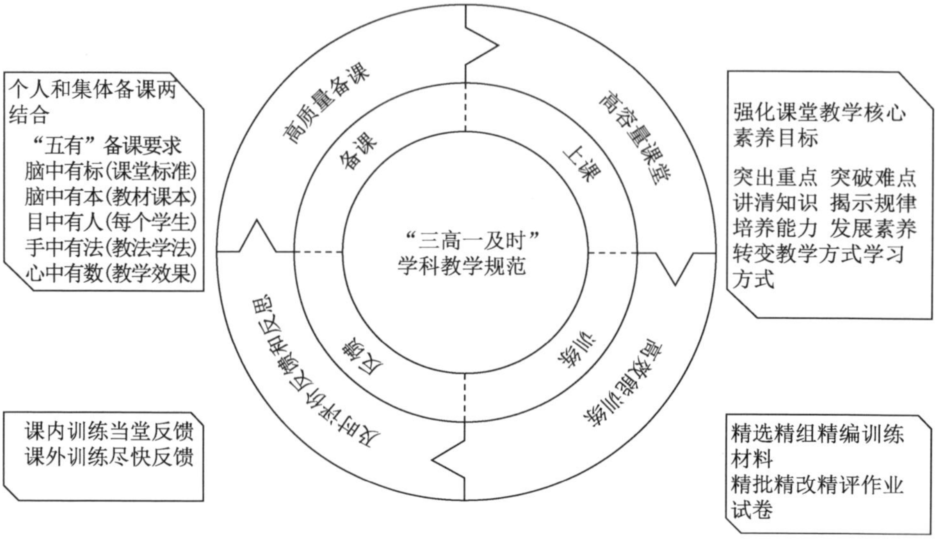

图 4 "三高一及时"学科教学规范

志品质。

拔尖学生在自己感兴趣的领域，往往显现出勇于钻研的精神与痴迷的态度。其创新人格中的坚韧性，在感兴趣领域的学习和探索中得到显现与锻炼。坚韧性表现在释疑、探究过程中的坚持，表现在对失败的忍耐，表现在对完美答案的追求，表现在对新方法的探索中。

学校通过"长江科技论坛""星汉文化沙龙"等系列专家讲座，拓展学生的视野；通过科技人文艺术节等创新实践活动，激发学生兴趣；通过丰富的社会实践和训练，锻炼学生的意志品质。

"志趣+意志"的人才培育策略，还渗透在理科实验班的班级管理文化中，贯穿于日常教育教学活动中，也落实在专门设计的德育和心理课程中。"志趣+意志"的人才培育策略，为学生的终身发展打下了坚实基础。

（三）"自主培养+名师引领"的教师培养策略

武钢三中坚持走数学教练自主培养之路。学校实行每周集体备课制度，让青年教师在集体中成长。理科试验班实行每日班情商讨制度，教师要了解每个学生的个性特点。对青年数学教师实行“双导师制”，学校为每个青年教师聘请学科教学导师和班主任工作导师，为青年教师成长助力。（图 5）

图 5　教师培养策略

高校名师的引领，是武钢三中学科竞赛教练培养的有效补充。数学家王元为学校题写“数学奥林匹克之常青树”，是对武钢三中数学教师队伍和教学的肯定。

资深教师对青年教师传帮带，数学教育的经验在武钢三中薪火相传，使学校成长起一批数学名师和奥赛指导专家，例如钱展望、余黔生、刘诗雄、郭希连、边红平、岑爱国、邓晓等。

五、 重要成效及实验推广

（一） 学校办学水平整体提升

本成果推动学校整体发展，使武钢三中“一主两翼”办学特色更加鲜明，2009 年《人民教育》以《让学生全面而个性地发展——武钢三中“一主两翼”办学特色的实践与思考》为题介绍武钢三中经验。学校被评为武汉市领航高中、湖北省重点(示范)高中、省文明单位、改革开放高中五十强，连续多年进入全国百强高中榜单。

教学改革与探索，使武钢三中能快速适应新课程、新课标、新高考的要求，能充分满足学生发展的需求。成果运用促进了全体学生核心素养的发展和成绩的提高。学校 2002 年被评为省级示范学校，2021 年被评为市领航学校。

学校教师转变教育观念，变革教学方式，加强教学研究，专业化水平不断提升，教学科研取得突出成绩。“十三五”以来，武钢三中完成省市级科研课题 4 个。钱展望、刘诗雄、郭希连、边红平、岑爱国等老师参编数学必修教材，编著系列数学拓展(竞赛)教程。仅数学教师在各类数学教育期刊上发表文章 200 多篇。

学校名师辈出。在武钢三中成长起来的竞赛教练员有正高级教师 2 人、特级教师 7 人、全国和省市级优秀教师、省市劳动模范多人，更有市区学科带头人数十人。数学特级教师中，钱展望获全国五一劳动奖章和国务院政府特殊津贴；刘诗雄获国务院政府特殊津贴和“苏步青数学教育奖”；郭希连、边红平、岑爱国被评为全国优秀教师和省名师等。

(二) 拔尖创新人才不断涌现

学校高考升学连创辉煌，5 人获省高考文理科第一名。向北大、清华等全国重点高校输送了大批优秀学子，高考成绩在省市名列前茅。大量学生通过保送、自主招生、强基计划等升入全国著名重点大学。北京大学、清华大学、中国科学技术大学等众多名校授予武钢三中“优秀生源基地”称号。

本成果的探索和运用过程中，学校成为中国数学奥林匹克协作体核心学校(全国 5 所)、全国科学教育实验基地、省数学奥林匹克明星学校。学科拔尖人才培养成绩卓越，先后有多名学生在国际数学、物理、生物奥赛中荣获金牌和银牌，其中有 15 名学生在国际数学奥林匹克竞赛中荣获金牌和银牌，居全国第一位。满分金牌获得者周彤受到党和国家领导人接见。(表 1)

表 1

姓名	学科	时间	届次	竞赛地点	奖牌
韦国恒	数学	1988	29	澳大利亚	银牌
周彤	数学	1990	31	中国	金牌
杨克	数学	1993	34	土耳其	金牌
朱辰畅（女）	数学	1995	36	加拿大	金牌
邹瑾	数学	1997	38	阿根廷	金牌
程晓龙	数学	1999	40	罗马尼亚	金牌
郑晖	数学	2001	42	美国	金牌
曾宪乙	数学	2002	43	英国	金牌
周游	数学	2003	44	日本	银牌
甘文颖	数学	2006	47	斯洛文尼亚	金牌
忖雷	数学	2007	48	越南	金牌
彭星月	物理	2007	38	伊朗	金牌
肖瑶	生物	2011	22	中国	金牌
王昊宇	数学	2012	53	阿根廷	金牌
黄一山	数学	2014	55	开普敦	银牌
王逸轩	数学	2016	57	中国	银牌
袁祉桢	数学	2019	60	英国	金牌

2018、2019 年，尚鉴桥、李一帆进入清华大学丘成桐数学英才班；2020~2022 年，15 名学生考入中科大少创班；2022 年，王迪、周怀瑾、王玮杰考入北大数学英才班。

武钢三中学生每年在国家、省、市级科技创新大赛中取得优异成绩。2021 年骆锦萌参加第六届中国“互联网+”大学生创新创业大赛萌芽赛道全国总决赛，获该赛道最高荣誉“创新潜力奖”。2021 年 11 月，刘苏歆同学受邀参加世界机器人大会总决赛。

武钢三中培养的拔尖人才进入知名高校后，学科优势凸显。2022 年阿里巴巴全球数学竞赛，全球 77 人获奖，武钢三中毕业生 1 人获金奖，铜奖和优秀奖 3 人。

（三）社会影响不断扩大

三十多年的探究实践中，武钢三中赢得了“金牌学校”“状元学校”“家长满意学校”的社会美誉。学校教师在创新教学方式、改变教育评价方式等方面的努力和尝试，得到中央媒体和省、市媒体的关注与好评，产生了巨大社会影响。从 2018 年以来，中央电视台、团中央网、新华网、凤凰网、新浪网、《人民日报》《中国教师报》《中国青年报》《湖北日报》《长江日报》等国家、省、市新闻媒体报道武钢三中办学成果、教育教学活动和学生活动就有 200 余篇次。

“大美陕西”校本课程：培育中小学生家国情怀的实践探索

成果完成者：高杨杰

其他成果持有者：王 颖 史美霞 武 迎 侯 娟 史晓锋

所在单位：西安高新第二学校

获奖情况：2022 年基础教育国家级教学成果奖二等奖

2022 年陕西省基础教育教学成果一等奖

习近平总书记强调“我们要在全社会大力弘扬家国情怀，培育和践行社会主义核心价值观”。西安高新第二学校是国家级西安高新开发区第一所公办九年一贯制学校，地处十三朝古都，优秀文化资源丰厚。学校秉承“爱注九年 知行一生”教育思想，提出“继承和弘扬陕西优秀传统文化”课程理念，经近十年探索，学校基于国家课程、地方课程开发了培育中小学生家国情怀的大美陕西课程。该课程由厚德陕西、博雅陕西、活力陕西、尚美陕西和勤劳陕西五大课程模块组成，实现三级课程有机融合，建立“畅游、感知、品味、赏悦、人文、魅力”六大主题贯穿九年学段教学体系。探索校家社三位一体课程运行机制。在三级课程有机融合、九年贯通一体化、课程思政协同、五域课程联动实践中，挖掘优秀文化资源培育学生家国情怀。

一、问题的提出

学校作为九年一贯制学校，地处十三朝古都西安，拥有深厚的文化底蕴，但调研发现，占比 80.2%的学生受陕西优秀传统文化熏陶不够，普遍缺乏对家乡的深入了解和归属感，对于爱国的内涵和具体表现理解不清，学生对家乡、对祖国的责任感和使命感亟需提升；学校依托现有校本课程育人，尤其是培育学生家国情怀的途径和策略单一。基于此，学校开发大美陕西校本课程培育中小学生家国情怀，在九年义务教育的“拔节孕穗期”种下真善美的种子。

（一）厚植家国情怀是党教育方针时代要求的重要体现

党的教育方针的时代要求，其核心是解决好培养什么人、为谁培养人、怎样培养人的重大问题。习近平总书记强调“我们要在全社会大力弘扬家国情怀，培育和践行社会主义核心价值观”“要在厚植爱国主义情怀上下功夫，让爱国主义精神在学生心中牢牢扎根”。学校积极探索并确立了大美陕西校本课程，并以此为载体培育中小学生家国情怀，加强爱国主义教育，打牢思想之基，内化于言行。

（二）中华优秀传统文化是培育家国情怀的重要教育资源

教育部《完善中华优秀传统文化教育指导纲要》（以下简称“纲要”）指出，加强中华优秀传统文化教育，是培育和践行社会主义核心价值观，落实立德树人根本任务的重要基础。陕西省作为中华民族发祥地之一，十三个王朝在此建都，历史悠久、文化深厚，同时地跨黄河、长江两大流域，自然资源丰富，也是中国三大教育、科研中心之一等，这些都为学校培育学生家国情怀提供了极为宝贵的育人资源。学校认识到要加深学生对家乡、地域、国家的了解，就需运用好资源优势，以增强身份认同、以培养国家意识，从而厚植家国情怀。

（三）构建特色校本课程是国家地方课程培育学生家国情怀的重要补充

《纲要》中提出“鼓励各地各学校充分挖掘和利用本地中华优秀传统文化教育资源，开设专题的地方课程和校本课程”“构建互为补充、相互协作的中华优秀传统文化教育格局”。

学校针对培育学生家国情怀相关校本课程相对零散，育人特色不鲜明，缺乏与国家、地方课程的紧密联系，中小学段一体化课程运行机制不畅等现状，构建大美陕西特色校本课程，实现与国家、地方课程有机融合，创新培育学生家国情怀策略。

（四）校家社优秀资源整合是落实课程培育家国情怀的重要保障

学校、家庭、社会协同育人，对落实立德树人至关重要，教育部《关于进一步推进社区教育的意见》《关于加强家庭教育的意见》，提出要整合各类教育资源，充分发挥社区教育的各项作用，发挥学校在家庭教育中的重要作用，加快形成家庭教育社会支持网络。

学校调研分析后，确立并将强化校家社协同育人观念、创建校家社优秀资源整合运行机制，作为大美陕西课程培育中小学生家国情怀实施效果的重要保障。

二、核心理念

学校课程团队和专家指导组进行顶层设计，督导课程实施，不断修正发展方向，确保育人品质。依托中小学段教师一体化教研，校际联动教研，学校、高校、教科研单位合作教研、家校社特色教研等，开发大美陕西课程，确保培育学生家国情怀实效。将行动研究贯穿实践全过程，通过“诊断→计划→实施→检验→反思”实施路径，不断优化实践策略。凝结课程案例与校本读本，提炼成果经验，深化大美陕西课程建设，厚植师生家国情怀，助力学校教育高质量发展。

三、实施过程

（一）探明方向（2013年~2014年）

1. **诊明现状聚焦问题。** 学校通过访谈、问卷调查、课堂观察、文献研究、教育考察等方式对学生家国情怀培育、教师课程领导力、学校课程现状和发展问题进行了深入调研，将研究方向聚焦为三个问题：继承和弘扬地方优秀传统文化的课程理念较为缺乏、已有校本课程培育家国情怀策略较为单一、整合校家社优秀资源培育中小学生家国情怀的运行机制不畅。

2. **制定愿景强化理念。** 学校组建由高校和科研院所课程专家、学校管理层、教研骨干、优秀教师、家长智囊团组成的大美陕西课程开发团队，立足课程育人导向，提出了“继承和弘扬陕西优秀传统文化”课程理念，融入“德智体美劳”五育，以厚德陕西、博雅陕西、活力陕西、尚美陕西和勤劳陕西的大美陕西五域课程，培育中小学生家国情怀。在课程实践探索中，广泛借鉴国内外先进课程育人经验，深入讨论研制了课程指导意见、课程定位、课程文化和基本框架，形成了大美陕西课程初期体系（图1）。

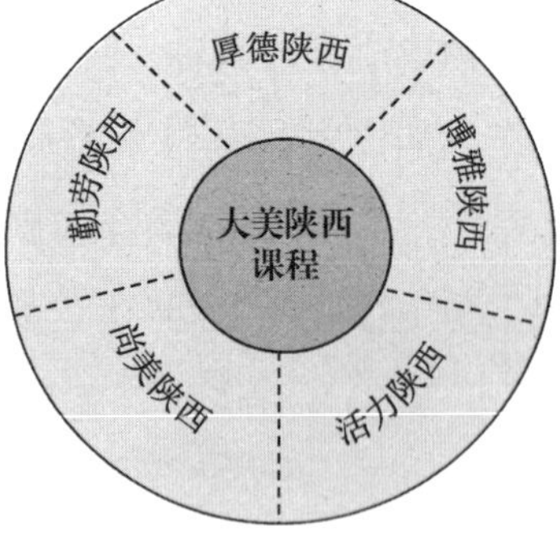

图1 大美陕西课程初期体系（2013年）

（二）开发课程（2014年~2015年）

1. **明确思路推进建设。** 学校通过团队指导、骨干引领、全科参与、面向全体的思路开始逐步探索，围绕大美陕西主题，设置不同侧重和梯次的教学内容，在组内进行打磨、公开教学，再到全校范围教学展示。进而全学科教师全方位建设大美陕西课程，进行教育资源整合和内容开发。在历时几年的实践中不断丰富厚德陕西、博雅陕西、活力陕西、尚美陕西和勤劳陕西五域课程内容，完善大美陕西课程体系。

2. **三级课程有机融合。** 学校聚焦学生家国情怀培育，将“大美陕西”主题元素有机融入国家、地方和校本三级课程教学活动中。在国家课程中加强全学科“大美陕西”元素的适切渗透；将地方课程《中小学素质教育文化读本》作为学本，加强对陕西地域文化的感知和理解；校本课程中自主挖掘优秀文化资源组织内容，围绕五域课程研发“畅游陕西、感知陕西、品味陕西、赏悦陕西、人文陕西、魅力陕西”六大教学主题贯穿九年学段，实现校本课程对国家、地方课程有效补充。形成了完整的“三级五域”大美陕西课程体系（图2）。

图2　大美陕西“三级五域”课程体系（2015年）

3. 深入研发五域课程。“厚德陕西”依托德育平台，通过德育课程和知行学堂、研学旅行及跨学科教学等多元途径，培育学生家国情怀，强化思政课程和课程思政协同育人；“博雅陕西”打破学科界限，探索全学科融合教学，并契合九年学段，梳理组织了涵盖陕西历史、人文、艺术、自然、科技等领域的梯次性课程内容，实现三级课程融合综合育人；“活力陕西”以推行民族传统体育项目为主要内容，坚持“全人格教育　首在体育”理念，以“健康第一”为主导思想，将“趣味体育”贯穿教学全过程，增强运动能力，形成健康行为，培养体育品德；“尚美陕西”充分挖掘中华传统艺术、陕西传统艺术的育人价值，以“秦文化”为主题，培养学生对地方艺术的热爱，使学生争做三秦艺术文化和中华优秀文化的传承人，从而以美育人，以美润心；“勤劳陕西”依托综合实践，挖掘陕西劳动人民精神内涵，将劳动技术课与生涯教育相结合，树立劳动观念，提升劳动能力，养成劳动习惯和品质，培育劳动精神。

（三）构建三位一体（2015年~2018年）

1. 主题联动育人主体。以六大主题教学活动为抓手，开展家长进课堂、家校大讲堂，与名家、名企、公益组织等合作开展“请进来走出去”活动，校、家、社联动形成培育学生家国情怀的多元育人主体。

2. 活动贯通育人空间。以同一主题统领实践活动，抓好学校课堂内外，营造家庭育人场域氛围，发挥陕西历史博物馆等社会场馆、研学基地等优势，贯通校家社物理空间，实现处处皆育人，强化学生家国情怀培育。

3. 聚力挖掘育人资源。以大美陕西课程实施为载体，聚合并深挖学校、家庭、社会蕴含的优秀文化，尤其是陕西地域文化对培育学生家国情怀的独特价值，丰富课程资源，形成三位一体课程运行机制，推动家国情怀育人路径创新。

（四）深化提高推广（2018年~2022年）

1. 由表及里深化实践。 学校聚焦中小学生家国情怀培育，对大美陕西课程育人理念、运行机制、实施策略等进行深化，构建并完善知行少年五育评价体系，提升培育家国情怀的效果。

2. 由点及面本土应用。 在本校深化推进成果实践检验的基础上，从集团校“一长多校”入手，由点及面，通过成果报告、经验分享、课程培训、跟踪指导等方式，帮助集团15所学校、本区11所学校进行本土化应用，相继衍生大美灵沼、大美草堂、朴·源劳动等优秀校本课程。

3. 由内及外辐射引领。 依托教育部名校长高杨杰校长工作室等平台，成果辐射工作室12所成员校、省外结对辐射10所学校，孵化厚植家国情怀的“大美府谷”“大美榆林”“大美秦安”“多彩本溪”等多个校本课程。

四、主要内容

（一）开发了大美陕西“三级五域”课程体系

学校开发了大美陕西的厚德陕西、博雅陕西、活力陕西、尚美陕西和勤劳陕西的五域课程，与国家、地方课程有机融合，设置“畅游陕西(一年级、七年级上)、感知陕西(二年级、七年级下)、品味陕西(三年级、八年级上)、赏悦陕西(四年级、八年级下)、人文陕西(五年级、九年级上)、魅力陕西(六年级、九年级下)”六大教学主题贯穿九年学段十余学科。(图3)

（二）形成了以地方优秀文化浸润实现课程育人的创新理念

家国情怀作为一种高尚、深刻的情感，体现为学生个体对国家和人民的高度认同感和归属感以及其自身的责任感和使命感。学校在实践过程中，深挖家国情怀并将其外化表现为学知识、晓文化、观生活、颂家乡，学生在学习陕西历史、民俗、艺术、科技等优秀文化中涵养知识；在“跟我游陕西”“探寻非遗”等主题实践活动中代言和传颂家乡，树立自信。从日常言行到

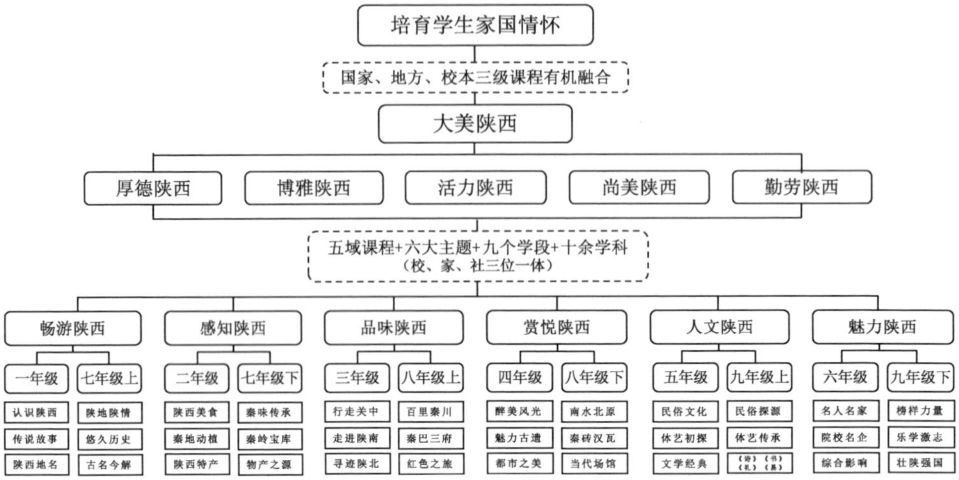

图 3　大美陕西课程内容

自主表达升华情感，实现以陕西优秀文化为统领践行知行合一、培育家国情怀，彰显课程育人理念的新突破。

（三）提炼了三级课程有机融合培育中小学生家国情怀的创新策略

三级课程有机融合是指围绕培育学生家国情怀，在国家课程中加强“大美陕西”元素的适切渗透和主题关联，强化国家课程育人主体地位；在地方课程中挖掘《中小学素质教育文化读本》的特色主题进行延展，在教学活动中加强对陕西地域文化的感知和理解；在校本课程中自主挖掘优秀文化资源组织教学内容，有力补充国家课程和地方课程，实现三级课程的有机融合培育学生家国情怀。九年贯通一体化即贯通学校九年学段，注重因材施教和学段衔接，形成五域课程六大主题进行中小学一体化教学；课程思政协同育人即挖掘陕西优秀文化资源的思政元素，加强中小学道德与法治课程与其他学科的思政内涵，实现协同育人；五域课程联动即对照德智体美劳五育，具体渗透于大美陕西的五域课程，相辅相成，促进学生全面发展。（图 4）

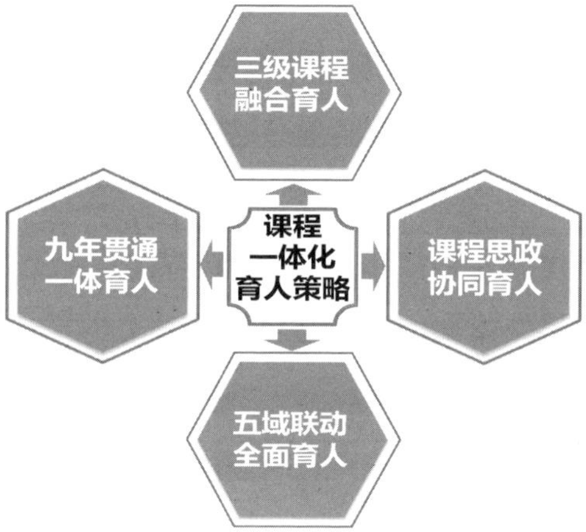

图4　课程一体化育人策略

（四）探索出了整合校家社资源培育家国情怀的创新机制

办好的教育，培养全面发展的社会主义建设者和接班人，家庭、学校、社会，都有育人的重要职责和义务。学校以大美陕西课程为契机，联结三方力量，以家庭育家风，学校育素养，社会育担当为核心，构建校家社“三位一体”培育学生家国情怀的课程实施路径，建立以校家社为主体开展的“明德、启智、健体、尚美、创劳”知行少年五育评价体系(图5、表1)。聚合并整合校家社优秀文化资源，尤其是陕西地域文化对培育学生家国情怀

图5　知行少年五育评价体系

的独特价值，优选主题，整合资源，共建共育共享，建立一体化布局的校家社合育共同体，推动家国情怀育人路径创新。（图 6）

表 1　知行少年五育评价用表

评价维度	明德	启智	健体	尚美	创劳
评价项目	大思政课、知行学堂、研学旅行	课程学习、学科融合、学科活动	阳光体育、比赛活动、日常运动	社团活动、创作实践、艺术展演	劳动教学、家庭劳动、社会实践
评价途径	访谈对话、作业评价、书面测评、展示演讲	课堂观察、课堂作业、书面测评、活动展示	竞技比赛、展示、运动和书面测评	作品展示、技艺表演、书面测评	技能展示与测试、劳动操作、书面测评
评价主体	校（学生、教师）、家（家长）、社（比赛团体、公益组织）				
评价星级	☆☆☆☆☆	☆☆☆☆☆	☆☆☆☆☆	☆☆☆☆☆	☆☆☆☆☆

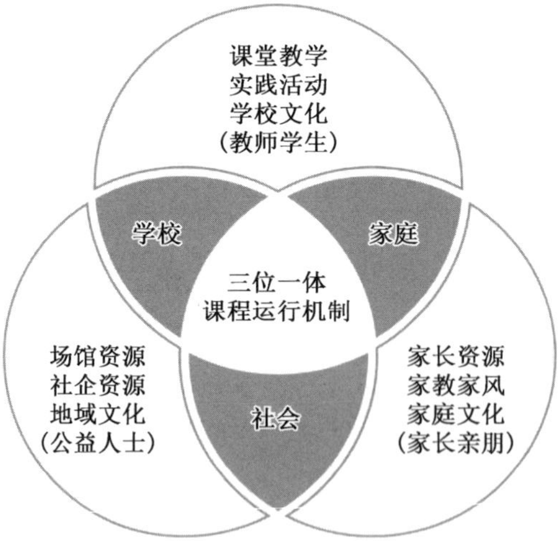

图 6　三位一体课程运行机制

五、 基本经验

近十年来，学校一直努力探索和实践大美陕西校本课程培育中小学生家国情怀秉承“爱注九年 知行一生”的教育追求，以培养学生全面发展为核心，促进教师专业提升，构建学校高质量内涵式发展，虽取得诸多成效，但仍有一些可改进之处。

一方面受环境、资源等因素影响，感知体验优秀文化的重要载体——外出社会实践活动难以持续性地常态化开展，延展课程落实途径受限，为我们深化数字化赋能教学和综合评价带来新的思考和要求。另一方面，学校将围绕培育学生家国情怀，培养有理想、有本领、有担当的育人目标，立足百年新起点，继续深度思考和实践大美陕西课程，实现从“大美陕西”走向“大美中国”，赋予时代育人新内涵。

六、 重要成效及实验推广

（一） 重要成效

1. 涵养了学生家国情怀

通过大美陕西课程培育学生家国情怀，学生个性特点更加鲜明，学生对陕西地域文化和中华传统文化的感知和理解大大提高，爱国主义情感更加强烈，文化主体意识不断增强，家国情怀得到升华（图 7、8）。调查显示，100%的学生表明更加了解陕西当地优秀文化，更加热爱家乡和祖国；95%的学生愿意并且能通过行动宣传和代言家乡；90%的学生德智体美劳得到不同程度提升。学生学习和自我表达的自信心增强，好人好事、知行少年、新时代好少年等不断涌现，学生创作大美陕西主题的文学、体育、艺术、科技等作品，累计获奖 3641 项，其中青少年原创绘本国际艺术节等国际获奖 105 项，“叶圣陶杯”全国中小学生新作文大赛、青少年冬奥主题风采作品征集活动全国获奖1771项，陕西省宋庆龄少年儿童发明奖、青少年科普绘画比赛陕西赛区、陕西省春芽杯中小学生艺术展演活动等省获奖1765项。

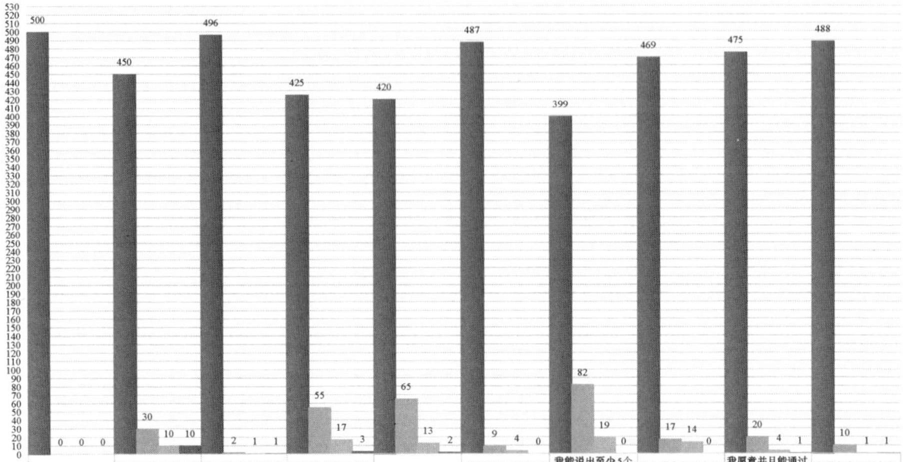

	我更加热爱祖国	我更加热爱中华优秀传统文化	我为陕西发展成就感到自豪	陕西历史文化深厚、文化遗存众多	陕西自然资源丰富	我能说出至少5项陕西优秀文化	我能说出至少5个家乡令我自豪的地方	我经常向他人宣传家乡的美	我愿意并且能通过行动宣传和代言家乡	我愿意为祖国和家乡发展做贡献
非常符合	500	450	496	425	420	487	399	469	475	488
符合	0	30	2	55	65	9	82	17	20	10
一般	0	10	1	17	13	4	19	14	4	1
很不符合	0	10	1	3	2	0	0	0	1	1

■非常符合 ■符合 ■一般 ■很不符合

图7　学生家国情怀培育效果调查

这一次的课程是关于陕西凤翔泥塑的，正好之前的一位叔叔送了我一个，我当时只是觉得好看。但是这节课后，我了解了有关凤翔泥塑的一些历史，还了解到一些有关凤翔泥塑制作工艺的知识，例如在和泥时加入棉花才摔不烂等。我还知道了凤翔泥塑身上的一些图形和图案表示什么，如牡丹象征富贵、平安，铜钱代表财源滚滚等。每个小小的泥塑身后都有着非同寻常的意义。我们要向这些民间艺术家学习巧用智慧和想象力，也要学习他们辛勤工作和吃苦耐劳的精神。（四年级六班苟皓宇）

学校开展了大美陕西课程展示活动以来，班主任杨老师便带领我们进行了《红领巾寻宝——我是陕西非遗代言人》的主题班队会系列活动。为了更好地了解和学习陕西非遗文化，我们和爸爸妈妈们一起分小组去书院门、陕西省非物质文化遗产陈列馆、关中民俗艺术博物院等地了解各种非遗实物，学习秦腔、快板、了解皮影戏等。感谢杨老师通过这样独特的方式让我们了解到陕西的非遗文化，也让我们通过活动增长知识，锻炼各种学习能力。我们热爱自己的祖国，更爱祖国灿烂的传统文化。我们一定会当好小小宝物守护者！当好陕西非遗传承人！（三年级十班林糎辰）

这个月，孩子在学校上的两节大美陕西课，老师分别给他们讲了陕西花馍和陕西面食。回家后，孩子和我讨论课上学到的关于陕西花馍和陕西面食的一些知识，我突然发现自己对陕西花馍和面食的了解如此之少。孩子告诉我，在不同的节日需要做不一样的花样，代表不一样的寓意。孩子上课，我们做家长的也跟着学到了一些关于陕西面食的特色文化，认识了一些生僻字，知道了陕西面食的悠久历史，对家乡的了解更深入。（五年级学生家长陈倩）

图8　大美陕西课程效果学生、家长评价

2. 促进了教师专业发展

在大美陕西课程的建设与实践中，围绕培育学生家国情怀的课题、论文、课例成果丰富，集成和出版了《爱注九年　知行一生——“大美陕西”课程理论与实践研究》一书，编撰校本读本，形成112个大美陕西优秀案例；建有陕西简介(城市介绍、特色美食、陕西故事等)、课程案例(教学案例、课堂实录等)、教学研究(教学论文，教学设计、教育叙事等)、代言家乡(原创作品、实践活动等)四大版块的音、视、图、文大美陕西数字资源群(图9)；教科研获奖2105项，三级三类课改名师81人，建立教育部名校长领航工程高杨杰校长工作室、省级工作室坊站6个，5人入选国家、省级教育教学专家库，30人建有市区工作室。教师开发和优化课程的能力显著增强，课程育人理念得到不断提升(图10)。

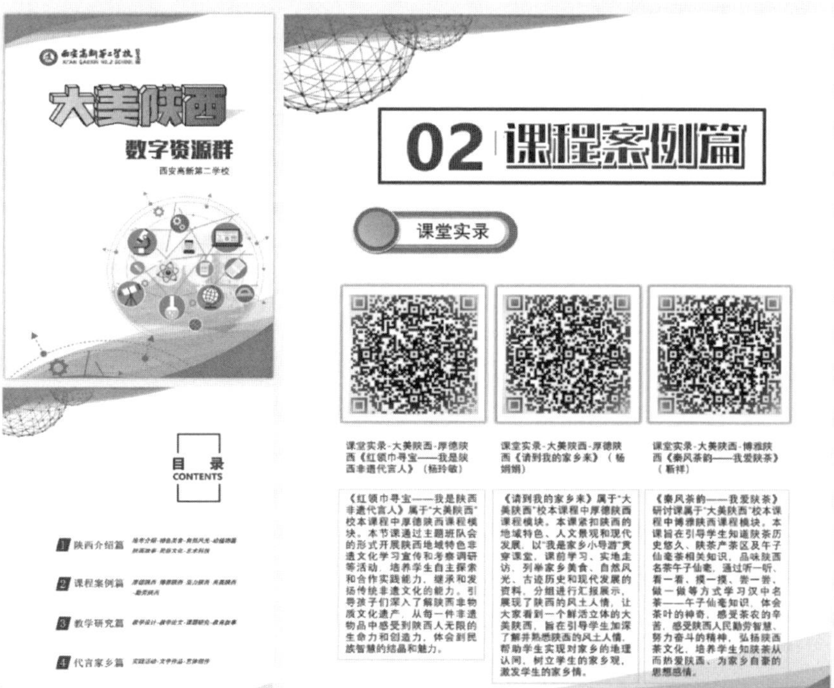

图9　大美陕西数字资源群（部分）

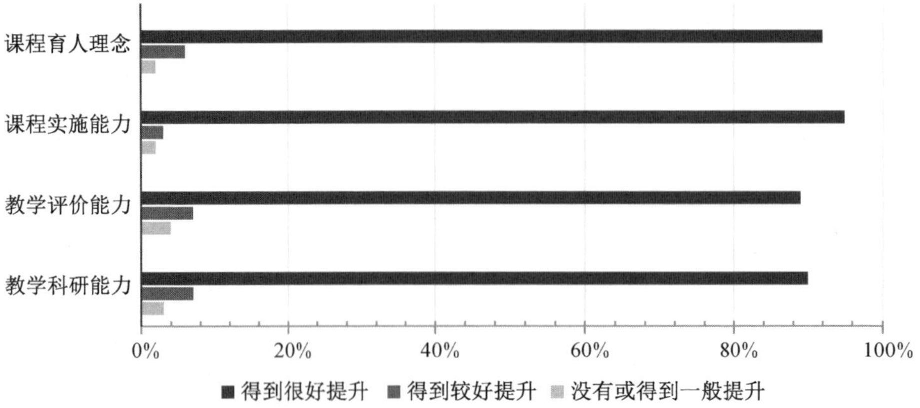

图 10　教师课程领导力提升

3. 提高了学校办学声誉

学校荣获联合国教科文组织世界遗产青少年教育基地、全国德育管理科研先进学校、全国国学经典教育实验学校、全国艺术教育先进单位、全国中小学足球示范校、中国教育学会管理分会常务理事单位、中国教育发展战略学会生涯教育专业委员会常务理事单位、教育部中小学影子校长培训实践基地、英国布里斯托大学学习能量先锋学校、新时代体育美育基地校、陕西省义务教育规范化学校、陕西省素质教育优秀学校、陕西省文明校园、陕西省艺术教育示范学校、陕西省青少年足球基地校等荣誉称号。学校在实践课程引领的同时，对陕西安康岚皋、大凉山甘洛县等省内外薄弱校开展结对帮扶。连年来，学校办学质量和社会声誉逐年提升，得到家长和社会各界广泛好评。

（二）实验推广

1. 成果辐射

本地辐射：学校的大美陕西课程先后在集团校 15 所学校、本区 11 所学校推广应用，衍生大美灵沼、大美草堂、朴·源劳动等优秀课程；省内外辐射：成果辐射工作室 12 所成员校、省外结对辐射 10 所学校，孵化大美府谷、大美秦安、多彩本溪、爱满大凉山等校本课程；成果在国际教育变革与校长领导力分论坛等全国及各省报告 41 次。国际辐射：接待美国、俄罗斯等 13 个国家，北京、广东等 25 省市 8565 人次；其中来自美国、英国、法国、俄罗斯、比利时等国家参加己亥年清明公祭轩辕黄帝典礼的 15 名华裔优秀少年，走进学校学书法、水墨画，吹葫芦丝等，华裔学生纷纷表示这是深入了解陕西优秀传统文化的宝贵机会。此活动被《人民日报》海外版、中国新闻网、光明教育网等报道；学校与英国布里斯托大学、新加坡群立中学等学校建成友好单位，开展同上一节传统文化课等交流活动，赴俄罗斯、新加坡、加拿大等国进行文化交流 512 次，促进中华优秀文化的传播辐射。

2. 成果推广

成果受到教育学者和社会各界长期关注和高度肯定。教育部副部长郑富芝来校指导，当代著名教育学家顾明远先生题写校名、题字“大美陕西 大美中国”等，为成果专著题写序言并评价“培养学生的家国情怀是该校鲜明的特色”；时任国家教育咨询委员会委员陶西平先生指出学校在教学中注重学生的主体参与和实践生成，体现了以生为本的新课程理念；中国教育学会原常务副会长郭永福先生评价“要像爱护眼睛那样爱护学校草根性的、带有泥土气息的教育教学成果”；教育部教师教育指导委员会委员陈向明认为学校整合家校社优秀资源培育学生家国情怀，形成的经验方法值得借鉴；教育部课程专家吴刚平评价大美陕西课程，因材施教进行贯通九年学段的课程设计和实施，体现了一体化综合育人的重要成效。原教育部总督学柳斌先生、北京大学哲学系教授楼宇烈、中国当代书法家苏士澍等题字勉励；成果先后被中央电视台、《人民日报》、央视网、中国教育报、陕西电视台等媒体报道 51 次，引起广泛关注和好评。大美陕西课程成果成为西部地区乃至全国范围内培育学生家国情怀的立德树人样板。

数字化技术赋能薄弱学校育人质量提升的实践探究

成果完成者：尹慧红

其他成果持有者：余　蓓　杜洁燕　胡　峰　张世东　严颖丽

所在单位：武汉市武昌区三道街小学

获奖情况：2022 年基础教育国家级教学成果奖二等奖

2022 年湖北省优秀基础教育教学成果一等奖

一、 问题的提出

《国家中长期教育改革和发展规划纲要(2010—2020)》将推进义务教育均衡发展作为义务教育战略性任务。秉持教育公平理念，全面改造薄弱学校办学条件，提高薄弱学校的办学质量，是我国深化教育事业改革，实现教育现代化的进程中难以回避的现实问题。加快建设高质量教育体系，发展素质教育，促进教育公平，是党的二十大报告做出的庄重承诺。《中国流动人口子女发展报告》显示截至 2020 年末，中国 18 岁以下流动儿童(流动人口子女)近 1 亿，平均每 3 个儿童就有 1 个受到人口迁移流动的影响。解决好规模巨大的流动儿童的教育不仅直接关系到当前社会的公正与和谐，也关系到未来我国经济发展、社会进步的大局。

基于以上研究背景，针对薄弱学校学生成长困境，学校开始进行教育变革。十三年前，这所流动儿童占 90%的薄弱学校校园环境破旧、硬件设施落后、领导管理低效、教学水平堪忧、教学质量低下、生源年年递减……学校急需找到突破口来解决薄弱学校育人质量提升的三个关键问题：

（一）薄弱学校育人目标定位的问题

薄弱学校学生大部分来自于流动人口家庭，其教育问题是中国城市化发展进程中不平衡、不充分导致的，大部分薄弱学校都存在育人目标定位不明晰，与流动儿童匹配度不高的问题，不利于学生的成长和发展。因此，解决薄弱学校育人目标定位问题是促进教育公平和优质教育均衡发展的关键。

（二）薄弱学校学生优质教育资源供给及接受高质量教育的问题

薄弱学校师资匮乏，结构失衡，教学水平良莠不齐，教学方法陈旧，校本课程单一，教学质量提升困难，难以给予学生优质的教育。

（三）薄弱学校学生自我效能感不高的问题

薄弱学校学生由于家庭环境和社会迁移等问题，在城市中处于弱势地位，很大程度影响了学生的身心健康，导致其学习自觉性不高、学习动机不强、学习信心不足、学习习惯不好，自我效能感不高。

由此，如何为薄弱学校学生提供更优质的教育，破解他们发展过程中的常见障碍，促进其生命健康成长，是本成果所要解决的主要问题。

二、核心理念

针对一所流动子女占 90% 的薄弱学校学生成长困境，学校基于未来社会对人才的需求，本着“让每一个孩子平等享受优质教育”的理念，确立小学阶段学生发展的“四维”素养目标，给予薄弱学校学生同样的成长期待。借助数字化技术，开发“TOPS”课程，打造全数字化资源体系，既将全国的优质资源呈现给学生，也通过个性化的资源推送，为每个学生提供适当的助学资源。建设数字化技术支持的“魔方课堂”，激发其学习动机；实现数字化思维导图全覆盖，培养其良好的思维习惯；研制基于数字画像的学生发展评价标准与技术，提升其自我效能。建构数字化技术赋能下的教育新生态，全面提升学校办学质量。

三、实施过程

（一）理念建构阶段（2010 年 9 月~2014 年 7 月）

针对以低期待对待薄弱学校学生的弊端，学校探索了数字化技术赋能育人的新生态。建立了以素养为导向薄弱学校学生发展的“四维”（人文、学习、思维、科学）素养目标体系，涵盖 19 项关键能力。

（二）课堂变革阶段（2014 年 8 月~2016 年 7 月）

以“课堂目标问题化、课堂资源激活化、课堂学习自主化、课堂任务合作化、课堂思维图式化、课堂反馈可视化”为六个面，打造基于技术、高交互的“魔方课堂”。自主研发 5500 个资源和 1200 节微课，改变知识的呈现方式，促进学生学习方式的变革。

（三）课程重组阶段（2016 年 8 月~2018 年 8 月）

结合薄弱学校学生发展与学习现状，以“TOPS”课程推进国家课程校本化实施，将 14 门国家、地方、校本课程整合为五个领域课程：《品德与健康》《语言与阅读》《数学与思维》《科学与技术》《体育与艺术》。对教材内容进行大单元重组设计，构建由主题、组织、实践、分享组成的结构化课程体系，以项目化学习方式推进课程实施。

（四）评价创新阶段（2018 年 9 月~2019 年 7 月）

秉承“知识+能力、过程+数据、表现+素养、成长+成功”的评价理念，形成“品德表现、身体健康、学习能力”的素养评价标准，通过各类数据的汇集与分析，为每一个学生绘制数字成长画像。

（五）成果推广阶段(2019年8月至现在)

整理资料，形成系列成果(专著、数据、视频、课件、资源包等)，同时在各类竞赛、活动中推广学校的经验。

在数字化技术赋能薄弱学校育人质量提升的实践探究中，成果主持人多次在教育部召开的“全国基础教育信息化推进大会”上作典型经验发言，出版了5本专著，主持参与全国、省、市级10个规划、重点课题。作为湖北省名师、正高级教师，每年参与国培、省培、各级农村教师和校长培训班授课不少于60场次。

四、主要内容

面对近90%流动儿童的生源现状，学校在教育部授予的“全国信息技术实验校”的基础上，以教育信息化提升课堂效率为切入点，助推学校全面、跨越式发展，并提出了“让每一个孩子平等享受优质教育”的办学理念。通过数字化技术赋能理念、课程、课堂、评价等全方位、系统性的变革与重构，在十三年的时间内，让一所薄弱学校成为全国信息技术名校，收获了教育公平与效率并举的双效成果。

（一）升华了基于数字化技术赋能的育人新理念

教育信息化是教育理念和教学模式的深刻变革，是促进教育公平、提高教育质量的有效手段。学校提出“让每一个孩子平等享受优质教育”的办学理念，让每一个流动的花朵也能享有最先进、最前沿的教育，以公平的、高期待的眼光对待薄弱学校学生，树立新型教育质量观。

（二）建构了数字技术赋能学校育人质量提升的新生态

建构了数字化技术赋能下的教育新生态，即：新基建(云网端一体化)、新空间(虚实结合)、新内容(人工智能、创客、生活实践)、新体验(数字资

源)、新策略(项目学习)、新思维(思维导图)、新评价(数字画像)、新管理(数据驱动)。(图1)

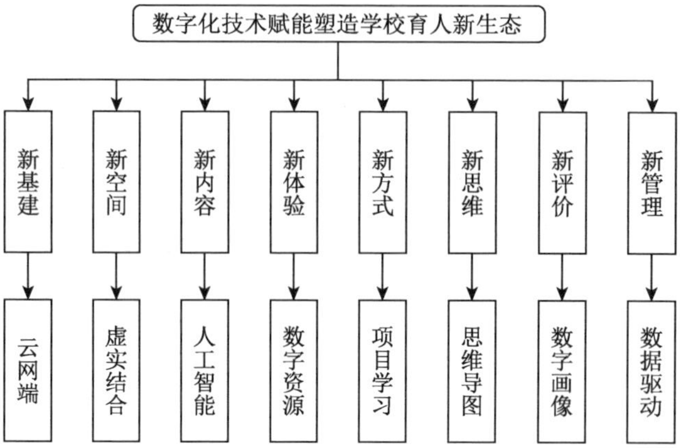

图1　数字化技术赋能塑造学校育人新生态

(三) 确定了学生四维核心素养发展目标

以发展眼光对待薄弱学校学生，基于未来社会对人才的需求和校情，2014年学校提出本校学生发展四维核心素养：人文素养、思维素养、学习素养、科学素养。

四维素养从不同角度刻画21世纪人才必备的核心素养，它们之间既各有侧重，又相互紧密关联，形成一个整体。四大核心素养涵盖19项关键能力。

人文素养是归宿点和出发点。本成果的人文素养就是让流动人口子女能融入武汉这个大家庭，让学生“学会做人”：做一个有责任感的人，做一个有智慧的人，做一个有涵养的人，做一个有自信的人。它包含人文情怀、人文精神和人文知识三个关键能力。

思维素养是指思辨思维，也就是思考辨析能力。本成果的思维素养进一步具体分为认识比较、演绎推理、分析论证、归纳总结、质疑批判、求异创新六个关键能力。

学习素养是学生在学习意识形成、学习方式方法选择、学习进行评估调控等方面的综合表现。本成果的学习素养是指学生面向未来学习与生活所需的自我管理、自主学习、自我调节、自我评价等方面的综合素养，具体包括计划管理、计算能力、阅读习惯、倾听表达、乐学善思、自学能力六个关键能力。

科学素养即了解科学知识、了解科学的研究过程和方法、了解科学技术对社会和个人所产生的影响。本成果的科学素养包含信息素养、科研能力、技术运用和实践创新四个关键能力。

（四）建构了数字化技术赋能的校本课程体系

建构了以四维素养为导向的“TOPS”课程，将小学14门国家、地方及校本课程，整合成为五个领域课程：《品德与健康》《语言与阅读》《数学与思维》《科学与技术》《体育与艺术》。

“TOPS”由主题（Theme）、组织（Organize）、实践（Practice）、分享（Share）四个单词开头字母组成，也是学校校本课程的核心要素。（图2）

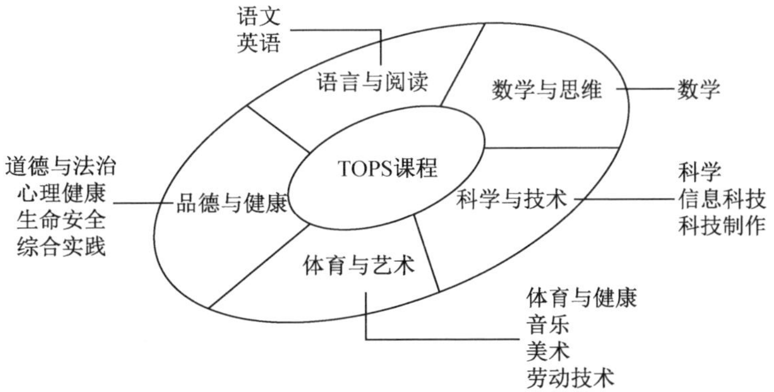

图2　“TOPS”课程五大学习领域

在教材内容上进行大单元重组设计，按照结构化思维方式，将各学科知识重难点进行梳理，避免学科之间相同、重复、交叉的教学内容，结合未来教育，拓展、补充与学生能力有关的学习内容（人工智能、创客、生活实践等），形成每个学习领域的大单元主题板块。

基于学生核心素养发展目标的培养，课程实施按项目学习方式进行，由整体感知、探索建构、应用迁移、学习分享四个环节组成。项目学习突破传统以教材为纲的课程，以问题解决和文化传承为导向构建项目化课程，实现了跨学科、个性化的学习，学生学习意识由被动转向主动，学习方式从单一走向混合，合作与探究使学习真正发生，促进学生高阶思维和创新力，在真实情境中获得解决问题的实践能力和经验。（图 3）

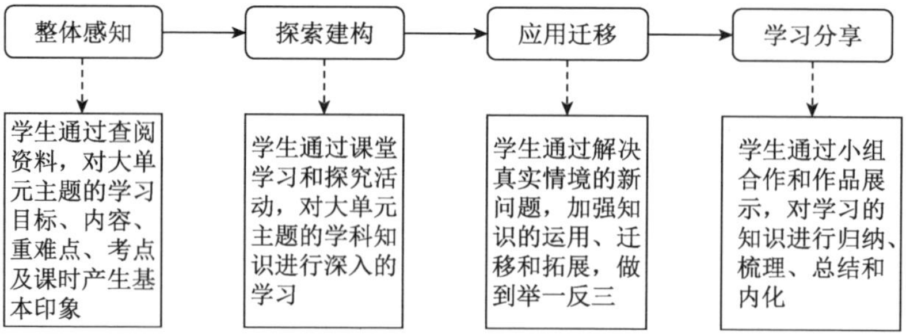

图 3　项目学习流程图

（五）变革了云环境下“魔方课堂”教学模式

在“30+10”“20+20”教学模式变革的基础上，学校第一个在全省课堂教学中引进电子书包，建立基于技术、高交互的“魔方课堂”。“魔方课堂”是在云环境下，利用信息技术为学习者提供丰富的教学资源，通过对大容量知识的搜索、整理、运用，激发学生学习兴趣，激活学生思维，实现课堂的最大化效率和最优化效益。

“魔方课堂”与魔方的对应点（见图 4）是：以发展学生学习能力为中心点，以信息技术为中心轴，以课堂目标问题化、课堂资源激活化、课堂学习自主化、课堂任务合作化、课堂思维图式化、课堂反馈可视化为六个面。六个面环绕中心轴扭动，围绕中心点转动，从而达到六因子的和谐统一。信息

技术为六个因子提供支撑，建构云环境下的“魔方课堂”，从而实现课堂的高效。（图 4）

“魔方课堂”获得武汉市第二届“十佳高效课堂”评比的第一名。

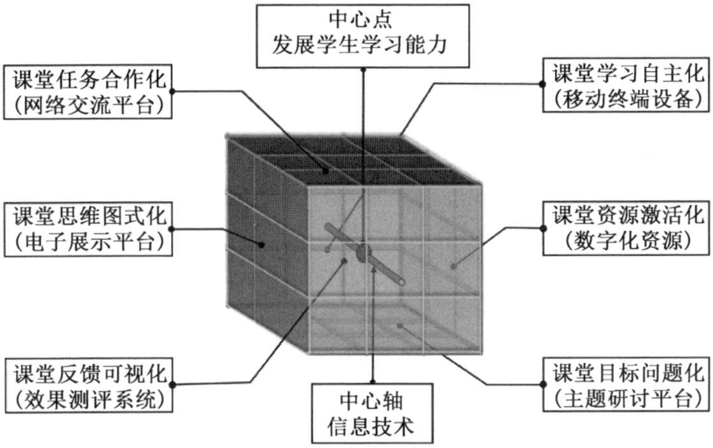

图 4　“魔方课堂”与魔方的对应点

（六）改善了基于思维导图运用的思维品质

全校全学科全学段广泛开展思维导图的运用：课上画总结思维导图，课下画预习、复习思维导图，课外画阅读思维导图和主题思维导图。

知识图谱体系的建构，让感性的内容条理化、系统化、抽象化，让概念的内容离散化、感性化、具象化，从而改善学生思维品质。

2017 年 9 月，学校在全区召开了思维导图成果发布会。2019 年 10 月，学校邀请思维导图的创立者托尼巴赞的中国合伙人郭传威老师开展了思维导图运用分享会。2019 年出版了专著《思维的力量》。

（七）研制了以“知识群”为主导的全数字化资源体系

2013 年至今，教师研制开发了 5500 多个模块化的课程资源和 1200 多节各科系列微课，其中，语文低段生字微课 378 个、数学全册例题微课 498

个、英语全册单词微课207个、体育游戏微课60个、科技制作微课68个。另有体音美系列慕课60节，行为习惯微视频20个，国家和省市获奖精品课20余节，生成了43904份电子教案。

通过直观、有趣的数字资源或主题学习资源，帮助学生理解和掌握难点内容，突破学生认知藩篱，弥补和丰富学生的学习经验，满足不同认知风格学习者的需要，支持学生自主、合作、探究学习。

2020年，武汉市突如其来的新冠肺炎疫情，学校成为全省唯一一所每节课都是直播课堂的学校。2020年11月学校撰写的《疫情下的课程设置与实施》案例参展全国典型案例，获得湖北省案例评比一等奖。

（八）研发了基于数字画像的学生发展评价标准

学校建立了基于学生全面发展的评价体系，秉承“知识+能力、过程+数据、表现+素养、成长+成功”的评价理念，建立以“学生品德表现、身体健康、学习能力”为培养目标的三维综合评价机制，构建探索基于数据评价方式的创新。通过各类数据的汇集与分析，形成每一个学生数字成长画像。

1. 基于教育云平台管理大数据的学生公民素养发展评价。 学校将少先

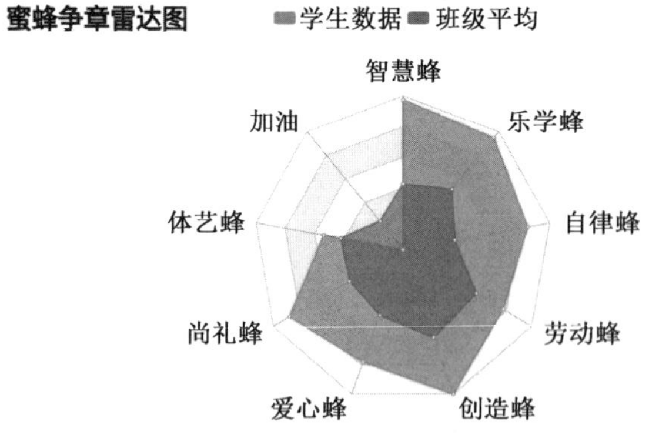

图5　学生“蜜蜂奖章”雷达图

队红领巾争章办法和德育素质评价内容相融合，基于大数据赋能德育评价的理念和四维核心目标，构建了小公民素养发展评价体系，包含 4 个一级评价目标、19 个二级评价目标，通过“智慧校园”平台，以“蜜蜂争章”的形式，让教师实时给予学生学习、生活、习惯、礼仪等方面的评价，动态呈现学生的行为表现，从而提高德育评价的及时性、可视性、客观性和全面性，构建了一个系统而科学的德育评价体系。（图 5、图 6）

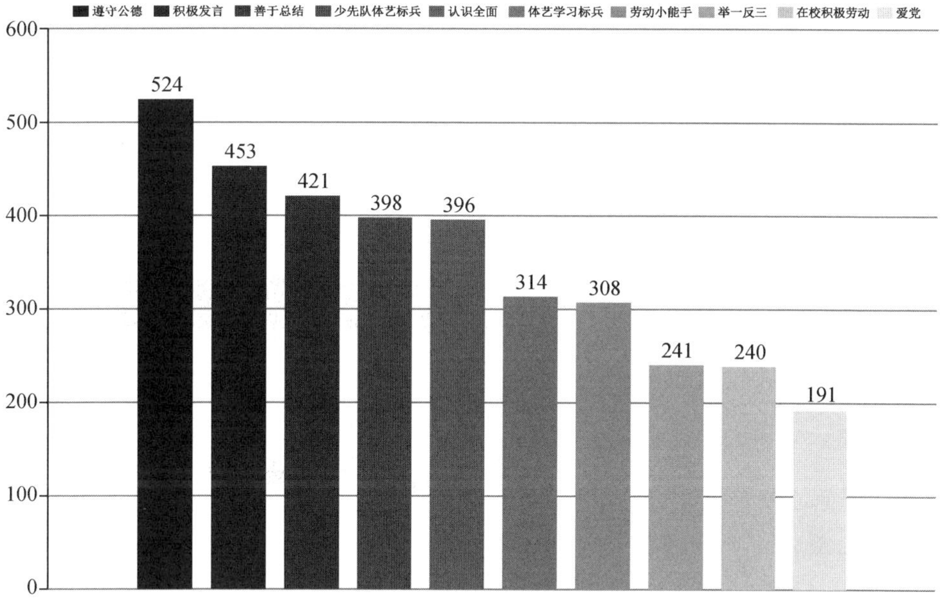

图 6　2017 级 2022. 1 至 2022. 10“蜜蜂奖章”颁发维度排名

2. 基于智能手环监测和诊断的学生身体健康发展评价。 学校研制了《小学生身体健康评价新标准》。身体健康评价分三个维度：一是肌体健康（SLPA）；二是行为健康（LIPA）；三是体能健康（MVPA）。（图 7）

学生借助智能手环，自动采集三个维度、十四项指标的所有数据，并在云平台进行分析整理，形成全面、动态的学生、班级、年级身体健康报告单。教师根据数据分析，对学生进行诊断、干预、指导，从而让学生掌握自我锻炼、自我调节的方法，树立健康第一的意识。（图 8、图 9、表 1）

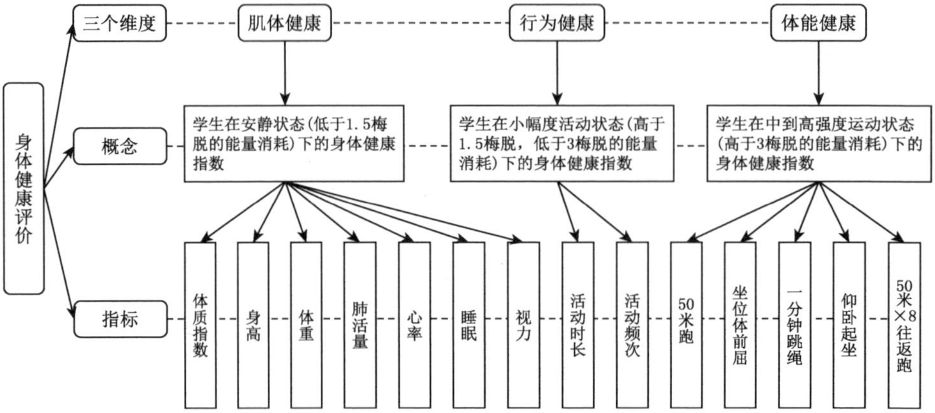

图7　身体健康评价体系

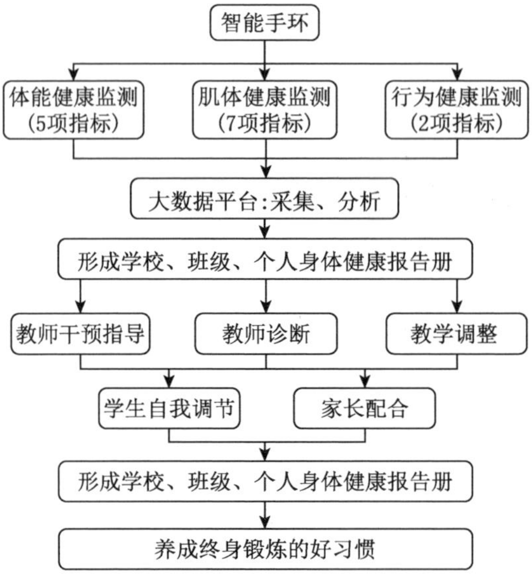

图8　身体健康评价结构图

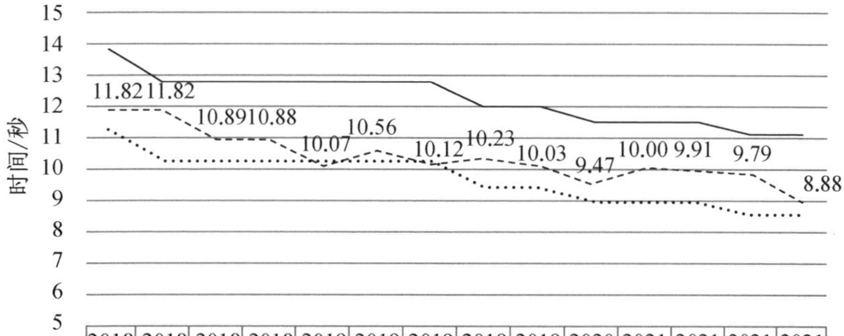

	2018 06	2018 09	2018 11	2018 12	2019 03	2019 04	2019 05	2019 09	2019 10	2020 12	2021 04	2021 05	2021 09	2021 11
—— 50米跑	11.82	11.82	10.89	10.88	10.07	10.56	10.12	10.23	10.03	9.47	10	9.91	9.79	8.88
---- 及格线	13.8	12.8	12.8	12.8	12.8	12.8	12.8	12.0	12.0	11.5	11.5	11.5	11.1	11.1
…… 优秀线	11.2	10.2	10.2	10.2	10.2	10.2	10.2	9.4	9.4	8.9	8.9	8.9	8.5	8.5

—— 50米跑 ---- 及格线 ……优秀线

图 9　学生个人单项成绩变化趋势

表 1　学生身体健康干预指导表

姓名:　L　班级:　五（3）　时间:　2021. 12

身体健康数据:							
肌体健康	体质指数	身高	体重	肺活量	心率	睡眠	视力
数据	19. 1	150. 1	43. 1	2734	69	602	4. 7
评分	正常	标准	标准	优秀	优秀	优秀	及格
行为健康	活动时长			活动频次			
数据	486			6			
评分	优秀			优秀			
体能健康	50 米跑	坐位体前屈	一分钟跳绳	仰卧起坐	50 米× 8 往返跑		
数据	8. 55	12. 6	162	47	1′40		
评分	优秀	良好	优秀	优秀	优秀		
身体健康分析：优秀							
肌体健康中，身体机能状态很好，心率评分优秀，睡眠通过调整有很稳定，但需要保持，视力维持很好，但仍要注意用眼习惯和卫生； 行为健康中，活动时长和活动频次均为优秀，需要保持； 体能健康中，快速跑、跳绳成绩为优秀，坐位体前屈项目评分从及格变为良好，柔韧性有进步，体质总评分优秀。							

（续表）

运动建议：加强基本体能锻炼（每天居家运动 30 分钟）
1. 每周至少进行 4 次加强心肺耐力的运动； 2. 周一、三、五开展柔韧性、小球类等运动； 3. 周二、四、六、日开展居家心肺耐力亲子体能锻炼； 4. 每天坚持认真完成眼保健操，注意用眼卫生； （运动项目：定时跑、定数跳、各种拉伸、球类对抗游戏等）； 5. 多参加有益于眼肌锻炼的乒乓球、羽毛球、网球等球类运动； 6. 加强柔韧性练习和坐位体前屈练习，如劈叉、腰肢力量训练、仰卧起坐等训练。
饮食建议：保持膳食平衡
1. 注意饮食上的多样化，增加膳食的摄入量； 2. 多进食含脂肪、碳水化合物丰富的食物； 3. 多吃新鲜的蔬菜水果及薯类； 4. 多吃豆类、瘦肉、鱼、奶类等食物； 5. 可适当补充维生素 AD。

3. 基于知识运用、解决问题的学生综合能力发展评价。 学生综合能力发展评价=学业评价（学科成绩：卷面考试）+关键能力（项目学习）评价。关键能力评价是五大学习领域的学习能力、思维能力、解决问题能力、分享能力的总和。

学校三维评价方式的创新让评价内容从单一的考试分数评价转向情境化、真实的综合能力评价，引导学生形成正确的价值观，重视提升学生运用知识解决问题的综合能力；让评价方法从定量评价转向定量+定性评价，用数据建模，记录每一个孩子的成长轨迹，促进每一个孩子的全面发展；让评价目的从甄别选拔评价转向到全面个性发展评价，引导每一位教师形成正确的人才评价观；让评价（社会）效益从焦虑担忧转向和谐共赢，从而保障每一个家庭的和谐发展和社会稳定。

五、基本经验

针对薄弱学校学生成长困境，学校通过数字化技术赋能课程、课堂、评价等全方位系统性的变革与重构，全面提升了学校办学质量，成为全国教育信息化名校和武汉市教育均衡优质发展典型校。

学校探索了数字化技术赋能育人的新生态，建立了以素养为导向薄弱学校学生发展的“四维”素养目标，建构了数字化技术赋能的校本课程体系，变革了云环境下“魔方课堂”教学模式，改善了基于思维导图运用的思维品质，研制了以“知识群”为主导的全数字化资源体系，研发了基于数字画像的学生发展评价标准，通过数字化技术赋能课程、课堂、评价等全方位系统性的变革与重构，让一所薄弱学校成为全国教育信息化名校和武汉市教育均衡优质发展典型校。

六、 重要成效和实验推广

（一）重要成效

本成果以国家级课题《小学网上少先队建设的实践研究》、省重点规划课题《基于大数据评价下的小学生身体健康监测与指导》、省规划课题《构建“TOPS 课程”的研究》等为支撑，历时十三年探索，出版了《教育就是讲故事》《思维的力量》《涵育学生关键能力》《基于学生核心素养发展的“TOPS 课程”建构与实践》《体育微课制作的研究》5 本专著，获得国家级 2022 年度教育教学成果二等奖。

1. 学生素养大幅提升

学生的综合素养、关键能力得到全方位提升。2018 年学校获得全国航空竞赛全国总决赛金牌；2018 年全国首届 VR 飞行赛总决赛团体铜牌；2019 年获“飞北”赛湖北省唯一金牌；2022 年获全国 3D 智能作品创作一等奖。十三年来学生共计获得国家级各类奖项 150 多个，孩子们脸上洋溢着自信、幸福、快乐的笑容。

学生成绩大幅提升。2010 年学校参加武昌区调考，语文平均分 68 分，数学平均分 48 分，列全区末位。经过多年教育教学改革实践，学校在 2018

年全区科学、音乐、美术三科综合学科调考中，荣获全区第一名，在 2021 年全区道德与法治和体育综合学科调考中，再次荣获全区第一名，在 2022 年全区语文和数学调考中，综合排名全区第六名。家长满意度从 2010 年的 8%提升到近五年的 99.8%。

2. 教师队伍同步发展

教师近百人次荣获全国奖项，培养出 1 位省特级教师、26 位市区学科带头人（占比 51%）、1 位正高级教师、11 位小中高教师、6 位副校级干部。其中，青年教师胡峰荣获中国教师报 2022 年度十大“未来教师”称号。本成果申报人获得湖北省特级教师、湖北省名师、湖北省骨干教师、武汉市劳动模范、武汉市黄鹤英才、武汉市名师、武昌区拔尖人才、武昌区“时代楷模”、国家教师科研基金百强校长、全国学校文化策划师、湖北省教育改革与创新优秀校长、湖北省继续教育优秀培训者、武汉市少先队星星火炬奖章、武汉市创客教育卓越推广人、武汉市 20+20 亲近母语先进个人等荣誉称号。担任中国教育学会体育学会和信息技术学会理事，是教育部教育信息化厅、局长培训班培训专家。每年应邀参加全国专题报告、主题发言不少于 60 场。两节体育课获全国优质课一等奖，并收录中国继教网，10 篇论文获全国一等奖，20 篇论文获湖北省一等奖，近 20 篇文章在各类杂志发表，主持完成 3 个全国课题、6 个湖北省课题，参与 3 个省市招标课题。

3. 学校办学品质显著提升

学校先后获得“国际生态学校”“全国环境示范学校”“全国首批基础教育信息化应用优秀案例”“教育部网络学习空间应用普及活动优秀学校”“‘中国好老师’公益行动计划基地校”“湖北省首批数字校园示范学校”“武昌区首届基础教育成果特等奖”等荣誉称号。

2014 年入选教育部教育信息化工作经验交流的联合国案例；2020 年入选联合国教科文组织线上教学案例；2016 年入选全国基础教育信息化应用优秀案例；2017 年《让每一个孩子平等享受优质的教育》案例在“中国好老师”公益行动计划优秀育人案例评选中获得一等奖；2022 年《借助学生数字

画像构建　推动综合评价机制创新》荣获教育部基础教育信息技术与教育教学融合示范案例；2022 年《基于大数据下小学生体育监测与干预》荣获教育部智慧教育优秀案例；2016 年学校入选湖北省信息化优秀案例；2020 年《疫情下的课程设置与实施》获得湖北省一等奖；校长两次在教育部召开的“全国基础教育信息化推进大会”上作典型经验发言。

（二）实验推广

十三年来，教育部规划司、科技司、中央电教馆的领导们多次到校调研。作为“中国好教师”、全国校长跟岗培训基地、湖北省影子工程与跟岗生培训基地，影响卓著。学校接待近千场教育同仁的参观，先进的理念辐射到全国各地：上海、江苏、浙江、广东、广西、青海、宁夏等。同时，积极联合区域内兄弟学校合作办学，对新疆博乐市第一小学、恩施龙凤镇初级中学等全国七所薄弱学校给予理念、技术上的服务和支撑。2015 年 9 月学校托管了武昌区另一所薄弱学校民主路小学。

学校教育成果在第六届中国教育创新成果公益博览会中进行分享展示，受到《中国教育报》三次专题报道，《湖北教育》等多次报道。

“三融三进三评”闽南非遗校园活态传承模式20年探索

成果完成者：曾凤蓉

其他成果持有者：吴婷婷　郭岚静　林　茵　陈鹏腾　庄仪娟

所在单位：泉州市通政中心小学

获奖情况：2022年基础教育国家级教学成果奖二等奖

2022年福建省基础教育教学成果特等奖

党的十八大以来，习近平总书记多次论述非遗保护传承：“要加强非物质文化遗产保护传承，积极培养传承人，让非物质文化遗产绽放出更加迷人的光彩。”学校作为保护传承中华优秀传统文化的重要场所，保护传承非遗文化不仅是坚守传统，更关键的是推进非遗活态传承，使其永葆生命力。成果实验校所在城市是海上丝绸之路的起点，深厚的文化积淀孕育古老独特的闽南文化。

本成果以习近平总书记对非遗保护传承重要论述为指导，以立德树人为根本任务，针对非遗保护传承中目的不明、受众面不广、课程体系不系统、评价机制缺失等问题，充分利用实验校所在古城申遗契机及地缘优势，整合实验校教师、家长及木偶剧团、梨园剧团、非遗传承人等社会资源、专业资源，全面探索闽南非遗活态保护传承，形成“三融三进三评”闽南非遗校园活态传承模式，让沉睡民间、收藏在博物馆的非遗动起来、活起来，促进学生德智体美劳全面发展，使其成为中华文明的薪火传承人（图1）。

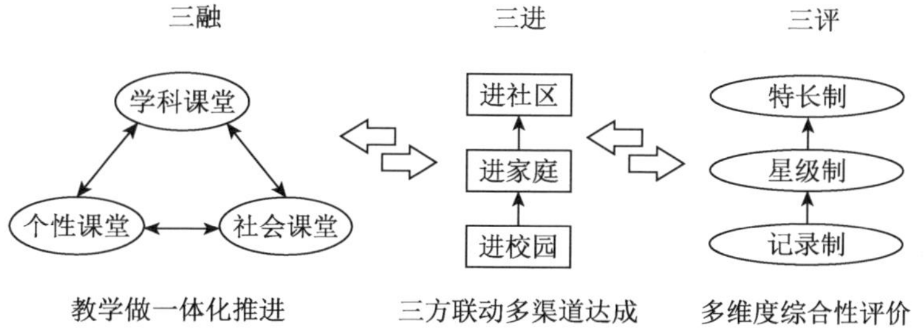

图 1 “三融三进三评”闽南非遗校园活态传承模式

一、问题的提出

随着党中央对非遗保护传承的高度重视和人们文化自觉的不断增强，曾经“藏在深闺无人识”“昨日黄花缺人怜”的“非遗”，迎来一次浴火重生的契机。然而，表面热闹的背后，却看到一个不争的事实:“非遗”保护传承困难重重。认识不深、创新乏力、支撑不足、人才匮乏等等，都是“非遗”保护传承的困境。如何让非遗在保护传承中获得新生，被一代代人记录、传播，推动其创新性传承、创造性发展，无疑是亟需探讨的理论和实践双重命题。

（一）传承的目的不明确

“非遗”最重要的内核是什么？是传统的形式、技艺、还是精神？大众对非遗保护传承的目的不明，导致非遗在校园传承的顶层设计不佳，保护传承流于形式，浮在表面，无法培养新生代传承人群和激发文化自觉意识。

（二）传承的受众面不广泛

随着时代发展，非遗越来越古老，离当下的生活越来越远。除了惊叹其技艺精湛之外，难以引发审美和情感上的共鸣，生活中没有适用的场景，导致部分学生、家长对地方传统文化认识不足，保护传承兴趣不浓。且当前许多非遗保护传承采用“口传心授”教学方式，受众面不广泛。

（三）传承的课程体系不系统

前期的保护传承工作，主要通过参观、体验等活动形式加以落实，与学校美育工作分割进行，学校自主开发的非遗课程较零散，导致非遗活态传承无序、低效、不系统，难以让地方特色传统文化艺术在校园落地生根。

（四）传承的评价机制缺失

保护传承需要好的发展土壤，建立一套完善的激励考评机制，对有效规范教师教学行为，激发师生开展活态传承工作的兴趣，提升教学质量尤为重要。

二、核心理念

学校厘清了非遗保护传承的目的，重新定位非遗保护传承的本质意义，即实现活态传承，让非遗活在当下，从中寻找持续发展与创新的灵感与力量，培育学生的核心素养及“六力”水平，在传承中加深中华文化认同与自信，实现立德树人。

依据学生兴趣、需求，通过科学顶层设计，形成闽南非遗课程目标框架，构筑全程贯通、层级递进的“教学做”一体化推进的“三融”传承体系，让非遗有机融入学生日常学习和生活，实现非遗保护与青少年文化教育有机衔接，实现非遗在青少年一代继承与发展。

学校通过实施“家校社”三方联动，形成多渠道达成的“三进”辐射模型，让非遗进入更广阔的知识系统，实现被观照、被融合、再生成、再发展，开拓非遗保护传承无限多样的可能性，让闽南非遗走进千家万户。

学校以学生兴趣、能力、个性为基础，将表现性评价、过程性评价与终结性评价相结合，通过“记录制”“星级制”和“特长制”等多维度综合性评价的“三评”激励机制，实现评价与教学相互反哺，学科与教学共振双赢，培育闽南非遗活态传承的个性化人才。

三、实施过程

1999年至今，本成果实验校闽南非遗校园活态传承发展经历3个阶段：

（一）从“0”到“1”：闽南非遗校园活态传承试点项目初步探索（1999年~2004年）

针对闽南非遗校园活态传承流于形式、浮在表面问题，本实验校将有影响力、推广性强的非遗项目先作为试点项目，初步探索闽南非遗保护传承有效方式。

（二）从“1”到“N”：闽南非遗校园活态传承课程逐步构建（2005年~2010年）

针对闽南非遗校园活态传承受众面不广、课程体系不系统等问题，本实验校逐步开发“循序渐进、螺旋上升”的非遗课程，构建“教学做”一体化推进的“三融”传承体系，探索“家校社”三方联动多渠道达成的“三进”辐射模型，扩大受众范围。

（三）从“N”到“∞”：闽南非遗校园活态传承整体推进（2011年~2016年）

针对评价激励机制不完善问题，本实验校从闽南非遗校园活态传承可持续发展及学生兴趣需求出发，以学生素质技能考评为驱动，探索“记录制”“星级制”“特长制”多维度综合性评价的“三评”激励机制，最终形成可复制、具推广价值的闽南非遗校园活态传承模式。

四、 主要内容

（一）厘清闽南非遗保护传承目的，谋划顶层设计，开辟非遗校园活态传承新土壤

保护传承的关键在人。本成果实验校重新定位非遗保护传承的本质意义，即非遗保护传承的终极目的是实现活态传承，让非遗活在当下，从中寻找持续发展与创新的灵感与力量，并培育学生的核心素养及“六力”水平，在传承中加深中华文化认同与自信，实现立德树人。同时，设计闽南非遗课程目标框架（表1），制定闽南非遗校园活态传承工作规划，有力推进对闽南非遗在校园的历史传承、文化内涵、育德价值的研究以及如何把技艺的教、学、做普及到课堂内外、学校内外。

表1　闽南非遗课程目标框架

政策导向		德智体美劳全面发展的社会主义建设者和接班人			
育人目标		勤于学习	勇于实践	学会担当	敢于创新
年段目标	小学低段	初步了解对应课程的非遗文化故事及其相关非遗知识	观察、了解闽南非遗等技艺	初步提高对非遗文化的认识，具有民族自豪感和民族文化自信	初步了解时代发展中创新能力的重要性
	小学中段	能基本讲述相关课程的非遗文化故事及相关非遗知识	学习、掌握闽南非遗中的一门或几门技艺	自觉保护非遗文化，增强民族自豪感和民族文化自信，具有个人担当意识	掌握部分创新思路、培养初步创新能力
	小学高段	丰富完善、多元传播相关课程的非遗文化故事及其相关非遗知识	丰富、创新相关非遗课程中的部分技艺	带动身边人保护非遗文化，弘扬民族自豪感和民族文化自信，增强社会责任感	掌握创新思路，具有实践能力，在教师指导下能丰富、研发非遗课程学材

（二）以学生兴趣、需求为基础，构建教学做一体化推进的“三融”传承体系，实现有机整合

粗线条、浅层次、碎片式的非遗保护传承一直令人诟病。如何打破桎梏，非遗保护传承的系统性和深度探索至关重要。本成果实验校以学生兴趣、需求为基础，构建“教学做”一体化的“三融”传承体系，实现闽南非遗保护传承与学科课堂、个性课堂、社会课堂的有机整合，引导学生用科学的方式认识传统技艺，用扎实的实践掌握传统技艺，学习、感悟非遗文化，将其融入现代生活、加以创新，培养和提高学生的非遗文化素养，带动学科核心素养和综合素养的全面发展。

1. 融入“学科课堂”，即在学科教学融入非遗文化知识的学习

本成果实验校结合国家学科课程标准相关要求，全面梳理、发掘各学科教材中的非遗文化内容，做好闽南非遗融入“学科课堂”顶层设计（图 2），采取多样化方式将闽南非遗保护传承融入学科课堂，引导学生在“学科课堂”内实现年段非遗传承培育目标，为非遗课程的综合实施打下知识基础，为协同实施、提升学生的非遗学习能力提供保障。如，将刻纸、木偶制作等纳入美术课程，金苍绣、花灯制作纳入劳动课程将提线木偶表演、南音、梨

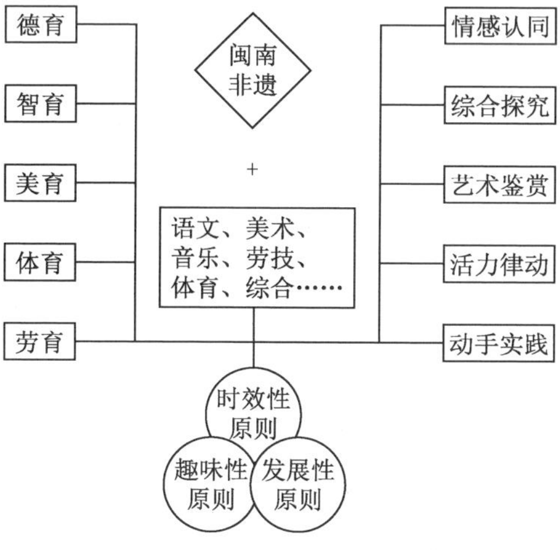

图 2　闽南非遗融入“学科课堂”

园戏同音乐课程的内容相结合；将拍胸舞在体育课程中加以体现，木偶剧本在语文课程中进行创作。

以提线木偶为例，我们尝试在各学科渗透木偶戏的艺术元素，实现传承和创新的双重目标。基本设置为：

语文学科：木偶剧本的创作（改编和创作），课本剧式木偶表演的研究尝试。

美术学科：木偶头绘画教学。

音乐学科：木偶戏表演艺术的教学（如木偶戏唱腔的技能教学、木偶戏表演的曲目谱写、木偶戏表演的指法练习、木偶戏表演器乐的认知和演奏教学等）。

劳技学科：木偶头的雕刻，木偶服饰、头饰的设计、制作等。

体育学科：木偶表演动作的具象化操作实践，即把木偶表演的机械性的动作融入体操学习中。

综合实践学科：主要开展木偶戏历史、发展和现今状态等的调查研究。

其他学科：主要尝试借用木偶戏的表演形式来丰富教学载体，激发学生学习兴趣的研究。

2. 融入“个性课堂”，即在少年宫活动课程融入非遗课程

本成果实验校根据不同年段学生心智发展特点，构建闽南非遗课程体系，将非遗课程纵向划分为低、中、高三个循序渐进、螺旋上升的阶段，横向根据“勤于学习、勇于实践、学会担当、敢于创新”的目标理念构建相应的课程单元或模块。课程内容的设计与学生身心发展规律相结合，整体构建有广度（分版块）、有深度（分模块）、有梯度（分年级）的小学六年非遗课程内容框架（图3）。

同时，为把闽南非遗更好地融入教育，学校与非遗传承人在课程内容校本化架构与实施上达成共识。在拓展、深化和合作上做重点推进，紧扣项目内容，拓展项目内容，拓宽实施路径，转变学习方式，促进学校“非遗”课程良性、优质发展。

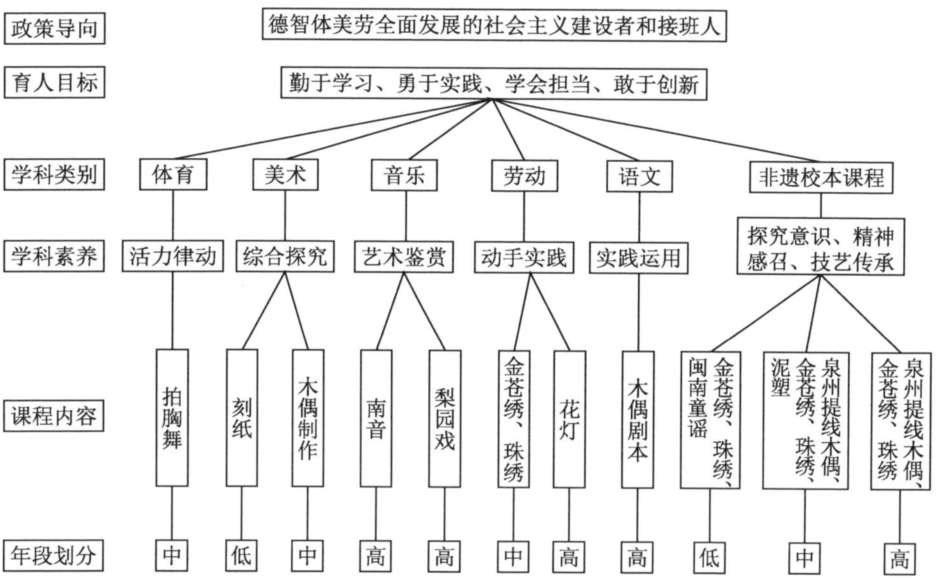

图 3　闽南非遗融入“个性课程”

一是打造非遗物型空间。创建一“馆”、一“墙”、一“窗”、一“坊”，即一个非遗馆、一面非遗墙、一个非遗展览窗、一个非遗工作坊，彰显非遗文化，让学生浸润其间，感受非遗雅韵。目前，本成果实验校搭建300平方米音乐厅（表演区）、50平方米“鲤好小剧场”、50平方米“海丝小剧场”、100平方米“金苍绣工作坊”等固定展示平台；搭建1个非遗展示馆、2面非遗展示墙以及2个“梦想秀”展示窗；同时，搭建数据展示平台，推动木偶数字化展示，将图文资料加以数字多媒体技术。

二是引进非遗大师进课堂。聘请5位非遗传承人及10位非遗专业演员定期到校教授非遗技能，增强学习深度；推送线上“非遗小课堂”进家庭，把“非遗大师课”通过网络带到学生面前，拓展其容量与宽度；开发以“赏、玩、学、研、产、售”为一体的非遗传承路径，将学生非遗创意作品放在“跳蚤市场”进行展示，或录制“带货”视频，分享到线上集市，进行作品交换或购买，提升影响力度。让非遗从“进校园”转化成“在校园”，有效推动优秀非遗文化在校园的普及和传承。

三是落实非遗课程安排。将非遗课程教学分为日常授课和社团活动两种形式。日常授课每周2节(周三少年宫第二、三节)，将授课类型分为知识普及型、实践操作型，通过课堂讲授、实践操作等方式，传授非遗技艺；社团活动以班级或社团为单位，通过周末及节假日时间开展研学实践，注重体验，自主探究(表2)。

表2　非遗课程安排表

课程开设	课时安排	传授内容	课程类型	教学形式	课程管理
日常授课	每周三2节	以闽南非遗的发展史相关内容为主	知识普及型	课堂讲授 教学实践	计划 备课 研讨 考核 四结合
		以闽南非遗技艺的简单操作为主	实践操作型		
		以闽南非遗技艺提升、专业人才培养为主	实践操作型 交流展示型		
社团活动	以班级或社团为单位自行安排		活动体验 自主探究	研学 汇报 展演 竞赛 四结合	

3. 融入“社会课堂”即开展社会研学实践

本实验校强调由知到行的转化，把研学实践和研究性学习相融合，将闽南非遗传承和素养生成的主阵地延伸到校外，形成“融研学”体系，实现研学实践的内容课程化、操作具身化(图4)。

一是实践内容课程化。植根泉州优秀传统文化，将闽南非遗融入课堂，开发贯穿研学实践行前、行中、行后三个不同阶段三个系列的“融研学”课程群，建立融合不同修习要求和学习方式的研学实践课程体系。

二是实践操作具身化。建立学生、教师、学校三维具身联动实施模型。研学实践过程中，学生制订一个研究方案、填写一本研学手册及小组同学共同撰写一篇研学报告；教师撰写一份教案、完成一次研学指导、总结一份研

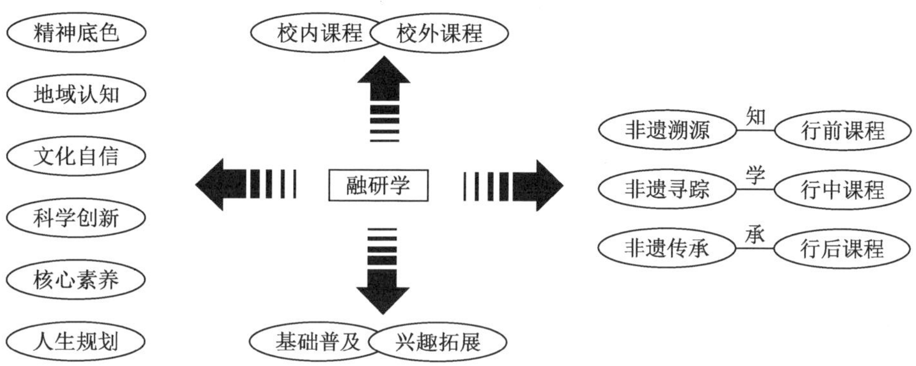

图 4　闽南非遗融入“社会课堂”的“融研学”体系

学成果。

“融研学”做到课程育人、实践育人、文化育人的有效统一，将多层次的研学实践凝练为易操作、可推广模型。

（三）以扩大辐射范围为目标，探索家校社三方联动多渠道达成的“三进”辐射模型，拓宽受众面

让非物质文化遗产走进千家万户，成为人民大众日常生活中的一部分，才能建立良性循环，成为具有造血功能的完整系统，实现活态传承。为丰富闽南非遗校园活态传承的实施形式，拓宽非遗传承的受众面，本成果实验校从家庭、学校、社区多方合作及资源整合角度出发，通过非遗进校园、进家庭、进社区“三进”联动，形成非遗传承辐射模型，扩大非遗传承辐射范围，打造非遗课程品牌，提升区域文化影响力。

1. 进校园：校园交互式贯通学习

以我国传统节日、艺术节、戏剧节等校园活动为载体，每年开展“我是小小非遗传承人”系列创作征集活动，通过“我来说非遗”“我来做非遗”“我来秀非遗”3 种方式，为学生搭建展示舞台，全面实践和展示闽南非遗在校园活态传承的成果。同时，以“请进来”姿态，邀请专家、学者莅校交流、指导。如德国“第五轮子”剧团、澳大利亚梦想剧团、俄罗斯 Teattol木偶剧团莅校，与通政木偶剧团同台演出；聘请南音、梨园、木偶剧团的国家级、省级专家莅校为师生教学、指导，在赏与演中，激活非遗文化在学生认知和学习中的生命力，让非遗文化得到保护和传承、弘扬和发展。

2. 进家庭：家庭链接场支持学习

一是亲子游学。本成果实验校充分挖掘闽南非遗资源，基于不同学段学生特征，整体构建亲子游学课程。家长带领孩子走进非遗场馆，遵循游学活动指南，开展场馆主题探究活动，进行形式多样的实践体验。课程评价阶段，学生将游学成果进行分享与展示，家长积极参与过程性评价与指导。亲子游学不仅促进家校交流和学生对闽南非遗文化的学习，也在家长与孩子之间建立和谐的亲子关系。

二是家长进课堂。家庭参与是学习向纵深推进的重要环节，也是家校一体、真正融合的重要契机。本成果实验校充分挖掘家长资源，定期开展“家长进课堂”活动，邀请具备闽南非遗技艺的家长志愿者进校授课，使课堂更加丰富多彩，开阔学生的眼界，激发其学习兴趣。

三是家长委员会。家长委员会每学年积极参与本成果实验校闽南非遗在校园活态传承的规划与实施，就家长志愿者招募、家长大讲堂课程设置与开展、汇聚与整合校内外社区育人资源等献计献策，促进家校合作制度化、规范化和科学化。

四是媒介家校互动。为让家长及时了解孩子的学习情况，提高家长参与度，本成果实验校利用微信、官网等平台随时发布学生学习非遗的动态、成果，同时将校本用书、校刊、校报等校园物型课程资源及时上线，适时、快捷地对外推介与分享。

3. 进社区：社区全域化泛在学习

本成果实验校与社区合作，在社区文化建设中融入非遗课程内容，形成开放性的社区非遗课程。例如，依托社区图书馆、博物馆、民俗馆、非遗馆等场馆，打造非遗主题社区；让学生将非遗主题课程成果带到社区进行推介，从而推进社区的多元文化建设。

（四）以学生素质技能考评为驱动，探索多维度综合性评价的“三评”激励机制，提升传承效果

闽南非遗的活态传承过程中，本成果实验校主动探索多维度综合性评价的“三评”激励机制（图5），强化活动过程中的表现性评价，做到过程性评价与终结性评价相结合，充分发挥激励和考评功能，提升闽南非遗活态传承的效果。

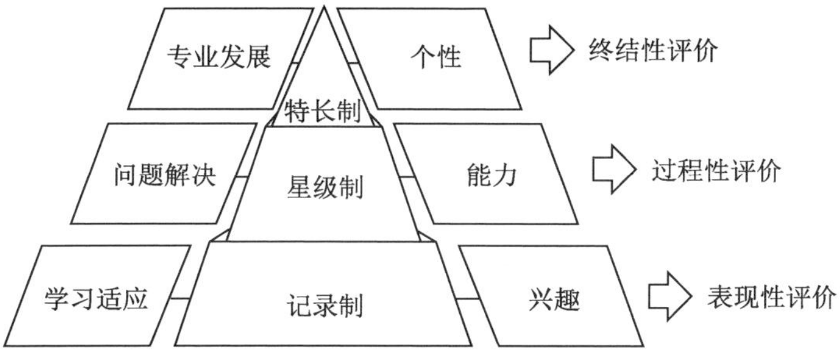

图5　多维度综合性评价的“三评”激励机制

1. **建立“记录制”成长档案袋。** 学生以成长档案袋形式记录非遗学习成长轨迹，通过学生自评、小组互评、教师评价、家长评价四个维度客观真实评价学生在非遗传承实践中的表现，旨在激发学生的学习兴趣。

2. **设立“星级制”考评体系。** 将学生是否“了解”和“掌握”考评共性目标，是否“创新”作为非共性指标，按“了解”和“掌握”程度分为“五个星级”，学生根据“评星争章”方式，检验传承效果。“星级制”考评体系主要针对参与学习的过程所设，每一星级设有考评的针对年级，旨在提升学生传承能力。

3. **构建“特长制”专项定向考评机制。** 专项定向类考评机制主要针对在非遗传承中某项目具有突出能力的学生所设，主要通过学期末举办非遗成果展、评选“非遗小传人”等形式进行成果终结评价，旨在发现学生的优势和天赋，打造非遗传承的个性化人才。

五、基本经验

非遗保护的初衷是为保护人类文化多样性及重建正确文化价值观的崇高追求。因而，闽南非遗保护传承是一项充满活力的、可持续发展的社会文化事业，应由一代代人继承和传递，实现良性循环式的非遗活态传承。本成果实验校寻找传统与“网红”的契合处，继续深度挖掘闽南非遗校园活态传承的方式，使其更好地借助新颖的艺术形式发力，提升知名度和推广度；努力挖掘各项资源，做好闽南非遗活态传承的“供给侧改革”，调动新生代传承人参与的积极性，提供更丰富的渠道和形式，引导他们“触网”、跨界、多元化发展；兼顾中华优秀传统文化与国际文化交流，增强新生代传承人文化自我认同与自信，获得更加开放的文化心态。

六、重要成效及实验推广

（一）实践成效

20年实践，本成果实验校闽南非遗校园活态传承的规模和质量显著提升，获批省级以上特色校、基地校称号5个。

1. **育人成果：推进学生核心素养提升的成绩斐然。** 学生在各级比赛中获奖达288人次，其中国家级33人次，省级102人次，市级153人次；曾获全国“小梅花集体节目”称号；获省第五、六、七届中小学生艺术节一、二等奖。学生在认知、感受、体验和学习传统文化中，其实践力、合作力、创造力、责任意识、人文素养、审美情趣等综合素养得到提升，实现立德树人。

2. **师资素养：促进教师专业水平提升的成效明显。** 项目负责人及教师相关论文、案例报告在国家、省、市比赛获奖152人次；团队编写2套教材被遴选为省地方校本美育教材，在省内外的教育共同体学校推广使用。教师的人文素养、通识素养和操作素养明显提升，实践创新能力不断提高，形成了一支 49 人的专、兼职非遗传承教师队伍。

（二）实验推广

1. 普及成效：开展闽南非遗校园活态传承的氛围浓厚。 20 年实践，不仅让学生亲近非遗、欣赏非遗、体验非遗、热爱非遗，种下“文化自信、文化认同”的种子。同时带动成千上万个家庭参与非遗传承，成为非遗活态传承的重要力量。目前，本成果实验校学生 3076 人全员参与闽南非遗传承活动，积极参与非遗传承活动的家庭占全校三分之二。

2. 推广运用：可复制、具推广价值的闽南非遗校园活态传承经验得到充分肯定。 本实验成果在国家、省、市级作推介 12 场；传承模式被省内姊妹校、委托管理学校、组团片区、共建艺术教育实践基地的 30 所学校，广东、山东等省外教育共同体 6 所学校推广应用；传承经验做法与德国、澳大利亚、俄罗斯等 5 个国家分享交流。

3. 媒体报道：多维的创新模式成果示范作用引发广泛关注。 央视、人民日报、新华社、学习强国、省媒日报、省电视台等主流媒体对本成果相关活动进行专题报道 26 次，其中国家级 6 次，省级 20 次，产生良好社会影响。

从小热爱劳动：小学生新劳动教育的实践探索

成果完成者：章振乐

其他成果持有者：戴　君　夏建筠　洪玉芬　许佳奇　章红英

所在单位：杭州市富阳区富春第七小学

获奖情况：2022 年基础教育国家级教学成果奖二等奖

2021 年浙江省基础教育教学成果特等奖

习近平总书记提出“要教育孩子们从小热爱劳动、热爱创造。”针对经济发达地区“富养”而产生的小学劳动教育“富后不劳”“五育轻劳”等现象，学校经 13 年实践，构建了新劳动教育体系，形成了以劳动教育为抓手、五育融合的办学新模式，被教育部认定为全国唯一的小学劳动教育实验单位，并促成全区成为全国中小学劳动教育实验区。学校先后在全国德育工作会议、全国中小学劳动教育现场推进会上作典型经验介绍。

一、问题的提出

随着沿海地区经济迅速发展，人民生活富裕，劳动的育人价值被忽视。学校普遍存在劳动教育虚化窄化现象，成为教育短板。

（一）过度富养：经济发达地区劳动教育缺失

1. 富后不劳：家庭普遍存在过度富养

随着家庭经济条件不断提升，出现大量“富二代”“拆二代”，家长劳动教育存在误区，导致小学生不爱劳动、不会劳动。调查发现每天参加劳动的学生不到 20%，掌握日常劳动技能的不到 40%。过度富养的家庭教养方式忽视了让孩子亲身体验劳动，使其在享受他人劳动成果时，却忘了父辈创造

富裕生活的奋斗精神。（图1）

图1 家长劳动教育观念调查

2. 重智轻劳：学生普遍存在过度补课

受应试教育影响，重智轻劳现象普遍。学生“不是在教室补课，就是在去补课教室的路上”。小学生的劳动教育无时间，无空间，劳动的育人价值无法实现。

3. 以活动代劳动：劳动教育形式窄化、功能虚化

大部分学校缺乏开展劳动教育的专门场所，多把“活动”当“劳动”，劳动教育形式窄化、内容碎片化、功能虚化、实施随意化等问题普遍，严重制约了劳动育人功能的发挥。

（二）新学校寻求育人方式变革

学校2009年建校，地处城郊结接部，学生主要为城乡接合部儿童。学校深感逼仄的教室阻隔了广阔的社会空间，单一的教育方式很难培养儿童的综合实践能力和社会责任感。为此，希望给孩子创建一个亲近自然的环境，打通与生活的联结，遂租用校园周边20亩土地建立“开心农场”，以劳动教育为抓手，促进教育与生产劳动、社会实践相结合，寻求以劳动育人推动育人模式创新。

二、核心理念

劳动是生活的第一需要，新劳动教育链接生活和自然，从课堂育人到开放育人，从书本育人到生活育人，从知识育人到实践育人，立足于人的全面而自由发展，是对传统劳动教育的继承和积极扬弃。在立场上，倡导以自觉的意识和主动的态度迎接新时代挑战；在功能上，强调劳动之于个体的存在价值，赋予个体在劳动教育中获得自我存在的价值感和意义感；在实践上，强调整合，追求科学性和专业化，推动劳动教育成为学校文化的核心构成。

新劳动教育围绕“在哪里教”“怎么教、教什么”“一所学校如何开展劳动教育”“一个区域如何推进劳动教育”等问题创建新劳动教育实施模式，从目标、课程、基地、评价等方面统筹设计、实施，通过 13 年探索，形成了小学新劳动教育实施模式。聚焦核心目标，设计多样性、可选择、可组合、多模态的劳动课程，提炼了三种实施方式、两类实践基地、三大评价方式。具体实施中，引导学生通过设计、制作、试验、探究、展示等方式获得丰富体验，习得劳动知识与技能，感悟和体认劳动价值，进而获得劳动情感态度、价值观以及能力的发展。

新劳动教育的价值旨归是让儿童“从小热爱劳动”，成长为知劳动、会劳动、爱劳动的时代新人。新劳动教育的核心是使学生树立正确的劳动价值观，培养奋斗精神，懂得劳动光荣，明白劳动创造美好生活的意义。重点是依据小学生身心特点，让学生通过真情境、真劳动、真体验，经历劳动的艰辛，从小养成勤俭节约、吃苦耐劳的美德，从而在劳动教育中获得自我存在的价值感和意义感。

学校通过建构全链条、全融入、全协同式劳动育人实践新体系，走出了富裕地区劳动教育的新路子，以“全链条”呈现完整真实的劳动世界，以“全融入”提供最大程度的过程体验，以“全协同”打造价值一致的育人场

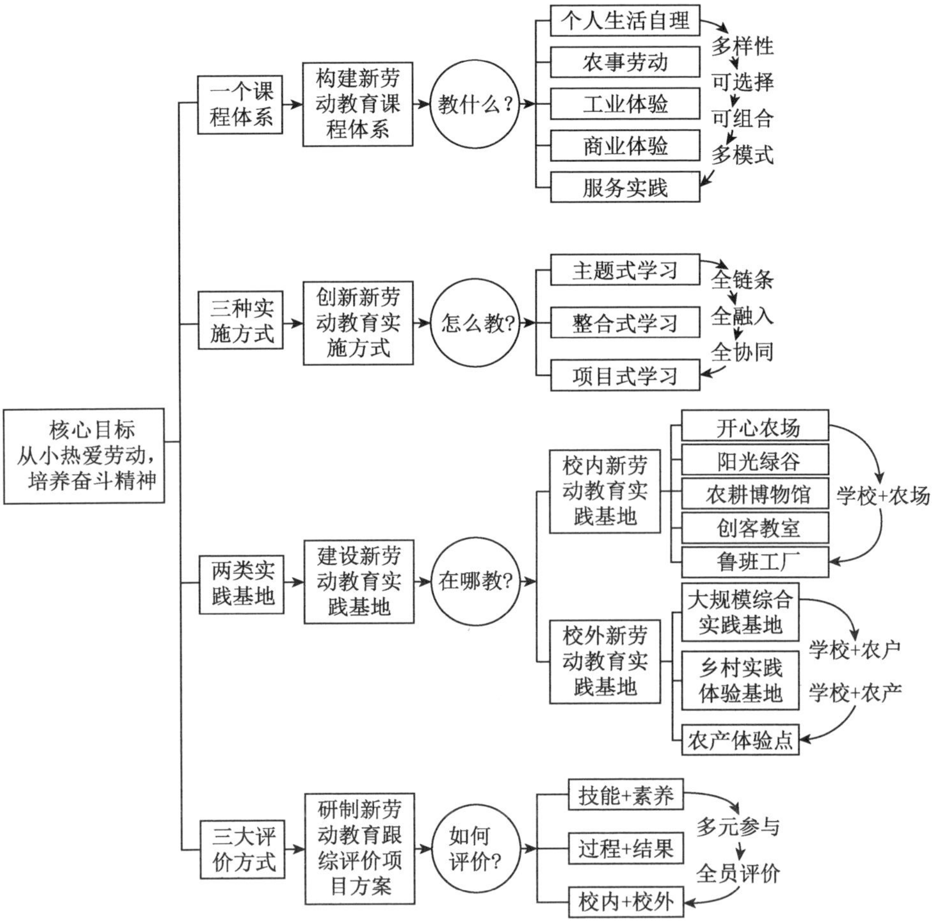

图2　新劳动教育实施模式

域，形成了劳动教育的新实践范式。（图2）

学校突破校园局限，走向家庭，通过家校互通、协同，打通劳动教育在家庭落地的“最后一公里”；走向社会，形成综合劳动教育基地、乡村劳动教育基地、农户体验点“三位一体”的“新劳动教育”实践基地网络，形成了家校社协同共育的劳动育人新格局。

三、实施过程

本成果经历了13年四个阶段：

第一阶段　建场地：解决“在哪教”的问题(2009年~2012年)

2009年，学校向社区租用20亩土地开辟“开心农场”，组织学生开展种植劳动。并依托课题《基于育人模式转换的“开心农场”设计与实施的研究》，建设“开心农场”，开展劳动实践。

这一阶段特点：在办学实践中认识到劳动教育的重要育人功能，建立了劳动实践基地，解决了“在哪教”的问题。实践探索在全国交流，《中国新闻》报道。

第二阶段　创内容：解决“教什么”的问题(2012年~2015年)

2013年，为解决劳动教育的内容问题，依托省课题《田野大课堂:“农事”特色课程群的架构与实施》，开发新劳动教育课程，其中《朵朵葵花向阳开》获省精品课程。2014年起，将课程列入必修课，每周一课时。2015年，开展《基于选择性思想的新劳动教育课程的架构与实施》研究，通过选课、选项、选评价等，突出课程多样性和选择性。

同时，以开心农场为载体，将劳动教育与学科整合，开展跨学科综合实践活动；推出“12岁前应做的30件事”，丰富校外劳动课程；开设金工、木工、烹饪、养殖、种植等校本课程，形成主题鲜明、注重实践的劳动教育课程系列。

这一阶段的特点是把劳动教育与德、智、体、美全方位融合，创建了新劳动教育课程体系，解决了“教什么”的问题。成果被《人民日报》《中国教育报》等报道，出版专著《小学新劳动教育论稿》。

第三阶段　成体系：解决“怎么教”的问题(2015年~2018年)

2015年，学校从立德树人的视角对劳动教育进行新诠释和架构，以培养学生艰苦奋斗精神为指向，重新界定劳动教育内涵，制定了包括目标、内容、流程、评价的新劳动教育实施纲要，形成了“学校+农场”“学校+农户”“学校+企业”等实施样式，打通了学校与社会、教育与生活的联系。

这一阶段特点是通过整体规划、分阶段实施，不断深化劳动教育，加深与家庭、社会的合作，构建了目标指向明确、内容完整、组织实施有序的新劳动教育体系，实现了劳动育人，创建了小学劳动教育的实践样本。

第四阶段　重辐射：解决新劳动教育的提升引领问题（2018 年 ~ 2022 年）

这一阶段，建立了多元评价、协同育人、区域推进、助力乡村四项保障机制，发布“小学生劳动清单”，每个年级 75 件劳动事项；推出“新劳动教育”五大主题（自然生态、生产劳动、非遗传承、工业环保、职业体验）实践体验活动，走进乡村，与农民同吃同住同劳动，拓展劳动教育渠道，增进学生与劳动人民的感情。

新劳动教育从学校走向区域，成为全国劳动教育实践样本，发挥引领作用，促成建立全区新劳动教育 33 校联盟、长三角新劳动教育 20 校联盟。出版专著《富春第七小学新劳动教育探索与实践》。中央电视台“中国教育 70 年巡礼”专题报道。

四、主要内容

（一）编制新劳动教育实施纲要

根据不同学段的培养目标和学生的认知水平，有目的、有计划、多层面、有梯度地编制相应的小学劳动教育实施纲要。（表 1）

表 1 新劳动教育实施纲要

年段	目标				内容			
	劳动观念	劳动能力	劳动习惯和品质	劳动精神	日常生活劳动	校园劳动	服务性劳动	生产劳动
1~2年级	懂得人人都要劳动，劳动成果来之不易，具有初步的劳动意识	具有初步的个人生活自理能力。初步形成通过自己的劳动服务他人、服务社区的能力	形成自己的事情自己做的劳动习惯、形成认真劳动、珍惜劳动成果、勤俭节约的良好劳动品质	初步感知劳动的艰辛与乐趣、学会感恩别人的劳动付出	能整理、清洗小件衣物；学会盛饭、摆碗筷等；尝试种蔬菜花木	能整理自己的学习用品，会扫地、擦桌子，能参与班级农场种植	能完成班级和包干区值日、体验监督岗执勤	参与校园农场劳动、养护水培或土培植物，能够饲养小动物
3~4年级	体悟劳动创造美好生活。一分耕耘一分收获；明白劳动无高低贵贱之分的道理	初步学会简单的家务技能，提高生活自理能力，具有参与校园、社区中简单的生产劳动、服务性劳动的能力	形成专心致志、有始有终的劳动习惯和品质	懂得劳动中团结协作和遵守合约的重要性，具有对劳动中存在问题的好奇心和探究欲望	能正确使用普通家用电器，整理房间物品	进行瓜果蔬菜花木的种植养护劳动、会简单的手工制作	适当参加社会公益劳动、参与社区清洁楼道、拾捡垃圾、敬老院慰问等服务	利用家庭场地进行植物种植、了解当地现代化种植和养殖技术

（续表）

年段	目标				内容			
	劳动观念	劳动能力	劳动习惯和品质	劳动精神	日常生活劳动	校园劳动	服务性劳动	生产劳动
5~6年级	懂得劳动创造人、劳动来不得半点虚假，业精于勤荒于嬉等道理、体会普通劳动者的光荣与伟大	发展生活自理能力和家务劳动能力；具有关爱他人、关心社会、积极参与社区建设的劳动能力	形成主动克服困难、积极解决问题的劳动态度	在劳动过程中自觉遵守劳动纪律，形成艰苦奋斗、积极探索、追求创新的劳动精神	会晒被褥和叠放衣服，分辨生熟和变质食物，学习简单的烹饪方法，学会招待客人	学习木工、金工等基本的操作方法。参与学校公共场所的管理与服务	能进行垃圾分类处理、绿化美化、参加治安管理、教育宣传、公共交通引导等社会公益服务	能种植与养护常见的植物，饲养家禽、初步掌握传统工艺制作的技能与方法

（二）以“全链条”呈现完整真实的劳动世界：重构新劳动教育的内容

新劳动教育的内容紧扣“从小热爱劳动”中的“劳动”，致力于让学生“完整地体验劳动”，以“全链条”为线索，帮助学生建立对劳动全面而深刻的认识。

一是对从消费享用走向生产创造的全链条把握，让学生深入了解劳动的实质。二是从个体到集体的全链条把握，不仅向学生传授个体性的劳动知识和技能，而且主动带领学生在集体活动中形成合作能力。三是从劳动产品到社会循环的全链条把握。不仅在学校中通过模拟实践让学生掌握基本的劳动知识和技能，还通过一系列教育设计，让学生体会劳动在社会循环中的功能和地位，意识到自己的劳动实践是回报社会供给的最佳方式。据此，我们重构了新劳动教育内容体系。

1. **个人生活自理。** 个人生活自理课程以生活自理劳动为主，以亲历实践、项目探索和价值澄清为主要学习方式，每周一课时。

2. **农事劳动。** 农事劳动课程以“开心农场”为主要载体，以班级承包制的形式让学生参与农事劳动。并借助校外资源，参与乡村振兴行动，开展“同吃同住同劳动”，让学生深度参与播种、育苗、收割。

3. **工业体验。** 工业体验课程以手工制作、专业技能、智能制作为主要内容，学校开辟多个木工和电工教室，安排专门的教师进行普及加提高的教学，带领学生开展制作投石车、鲁班锁、七巧板等。

4. **商业体验。** 商业体验课程以生活理财、消费指导等现代商业劳动为主。学生通过财商课程、美食节物品买卖等，培养财商和商业服务意识。

5. **服务实践。** 建立社会服务基地，让学生参与医院导医、福利院公益劳动、社会职业体验等社会服务劳动，使学生体悟现代服务业劳动对创造美好生活的意义。

（三）“全融入”提供最大程度的过程体验：创新劳动教育的实施方式

新劳动教育的实施方式回应“从小热爱劳动”中的“从小”。依据儿童劳动教育的特点和规律，以“全融入”为手段，创设立体化、多样化的体验情境。

一是“融入儿童生活”。将儿童日常生活中的劳动议题作为素材，鼓励儿童将学校所学应用于自己的日常生活，实现劳动教育“从儿童生活中来，到儿童生活中去”。二是“融入教育全过程”。结合学科特点，有机融入劳动教育内容。智育加深儿童对劳动的认知，体育打好劳动的身体基础，德育强化劳动的价值观念，美育提升劳动的审美能力。三是“融入学校文化”。学校以“大主题、长周期”的劳动教育活动为主线，重构学校教育安排。主要实施方式有：

1. **主题式学习。** 主题式学习立足个人生活自理劳动，开展力所能及的劳动实践，促进学生日常生活劳动技能的习得、劳动习惯的形成以及劳动观念、劳动精神的养成。

2. **整合式学习。** 将劳动教育与道德与法治、语文、数学、科学等学科整合，梳理各个学科中富有劳动教育价值的契合点，促进五育融合，让学生在劳动体验中发展综合素养。

3. **项目式学习。** 通过跨学科的劳动教育项目，开展大周期的劳动实践。让学生经历完整劳动过程。并在劳动实践过程中发现、分析、解决问题，提升能力。

（四）以“全协同”打造价值一致的育人场域：创建新劳动教育基地

新劳动教育强化“从小热爱劳动”中的“热爱”。劳动价值观教育是新时代劳动教育的重要内容，以“全协同”为抓手，让家庭、学校、社会都为劳动教育贡献力量。

一是将不同主体纳入劳动教育队伍，包括班主任、管理者、后勤工人等，使“人人都是劳动教育的老师”。还让学生一同设计劳动教育活动，让学生也成为劳动教育主体。二是对各种空间都进行劳动教育的改造，使“处处都是劳动教育的场所”。三是将学生每日、每周的劳动实践进行整体规划，“时时都有劳动教育的机会”，且将这些教育构成完整的时间闭环，不断强化体验。四是建立了开心农场种植区、中药园、阳光绿谷现代农业园、木工坊、厨余垃圾处理中心等劳动区域，为学生提供实践场所；还开辟了校外实践基地，到 2022 年初，已创立新劳动教育基地国家级 2 个、省级 11 个、市级 7 个、区级 35 个。

（五）创新新劳动教育评价方式

新劳动教育评价以发展学生的劳动素养为核心，提倡过程和结果相统一。既关注学生劳动参与情况，也关注学生在劳动实践活动中的实际表现，还关注学生劳动观念、劳动能力、劳动习惯和品质、劳动精神等劳动素养发展状况。（图 3）

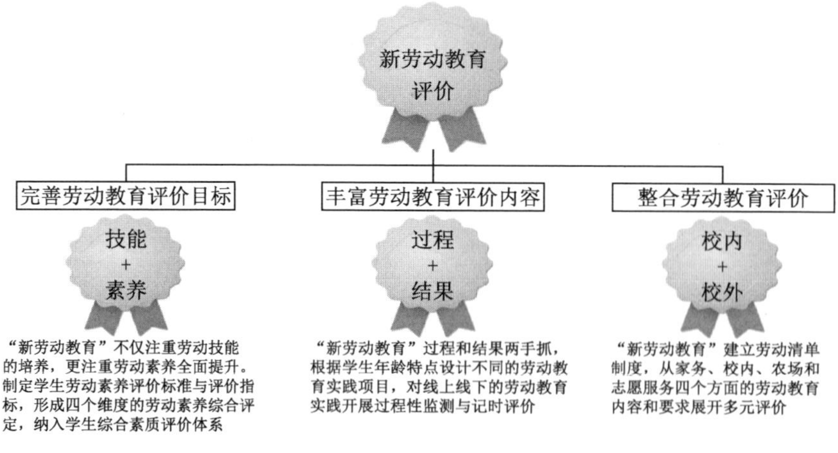

图 3　新劳动教育评价体系

1. 制定劳动评价标准。 劳动清单从家务劳动、校内劳动、生产劳动、服务性劳动四个方面实时记录学生劳动情况。清单把握不同阶段劳动教育的侧重点，促进各年级劳动实践和劳动教育评价指标的相互衔接和层层递进，不同学段体现不同的评价梯度。（表 2）

表 2　劳动习惯与品质各学段素养目标梯度

维度	1~2 年级	3~4 年级	5~6 年级	7~9 年级
自觉主动	初步养成“自己的事情自己做”的劳动习惯	具备在劳动情境中主动参与劳动的自觉性	主动承担力所能及的家务劳动和服务性劳动,初步形成社会责任感	诚实守信、有责任担当，养成自觉参与家庭、学校、社会劳动的意识
安全规范	在劳动过程中遵守劳动纪律和安全规范	主动遵守劳动纪律和安全规范	养成安全劳动、规范操作、合法劳动的劳动习惯与品质	养成自觉遵守劳动规范、劳动法规的习惯，形成劳动效率意识和质量意识
坚持不懈	养成每日一次认真家务劳动的习惯	认真负责，有始有终，坚持做家务,高效完成	吃苦耐劳，坚持不懈,保持个人卫生，分担家务，初步养成持之以恒的品质	强化持续参加劳动的积极性，持之以恒，面对困难不退缩
创造实践	激发并保持对劳动的好奇心和想象力	在家务劳动和生产劳动中发挥想象力和创造力，美化居室环境	对新技术支持下的现代服务业劳动保持好奇心，用实际行动探索与体验	在金工、木工、陶艺等项目的劳动过程中发挥创造力

2. 确立劳动评价形式。 一是劳动章。包括家务章、自理章、服务章、手工章、种植章等。通过争章活动，激励学生的劳动积极性。二是劳动币。学生通过积分打卡的形式获取劳动币，劳动币可用以兑换学习用品或农作物种子。三是劳动竞赛。每学期组织劳动竞赛，每个年级根据劳动清单设定劳动技能竞赛项目，并展示劳动成果，发挥劳动小达人的榜样示范作用。

3. **搭建数字化平台。** 利用大数据、云平台、物联网等数字化手段，搭建了“爱劳动”素养评价数字化平台。重点围绕校外实践场景的跟踪记录与评价，让学生在劳动实践过程中得到全方面的培养。

五、 基本经验

学校在新劳动教育实施中，突破校园局限，走向社会，构建了家校社协同共育的新劳动教育共同体。

（一） 研究引领内涵提升

依托全国劳动教育实验单位的优势，成立“富阳区新时代劳动教育研究院”，开展新劳动教育的顶层设计、课程开发、区域推广。推动学校劳动教育课程化、家庭劳动教育生活化、基地劳动教育标准化。

（二） 协同促进家校共育

打通劳动教育在家庭落地的“最后一公里”，努力营造良好的家校关系和共同育人的氛围。

（三） 立体化建设基地平台

构筑立体化劳动教育新平台。推动了《杭州市富阳区“新劳动教育”实践体验基地认定办法(试行)》的出台，打造“综合+专项”“紧密+松散”“国有+市场”的实践平台，助推25个乡村实践体验基地、100个精品村和1000个农户体验点的建设，形成综合劳动教育基地、乡村劳动教育基地、农户体验点“三位一体”的“新劳动教育”实践基地网络。

六、 重要成效及实验推广

（一） 重要成效

1. 学生更爱劳动，综合素养显著提升

（1）学生劳动观念转变，更加热爱劳动。学生养成了爱劳动的习惯。参与劳动时间增加，对全校 2432 名学生的劳动情况调查显示，学生在家劳动时间与 2009 年相比显著增加。

（2）掌握了基本的劳动技能。对低段学生的穿衣等 10 项家务劳动调查发现，83.1%的学生全部都会；对中高段学生洗衣服等 10 项家务调查中发现，79.2%的学生全部都会。

（3）学生更具奋斗精神。学生在实践中切实感受到劳动的辛苦，在做好每一件生活小事过程中体会到父辈为改变生活而奋斗的艰辛，培育和践行了艰苦奋斗精神。

（4）以劳育促进五育，学生综合素质提升。学生在接受劳动教育的过程中实现了树德、增智、强体、育美，不仅习得了劳动知识和技能，还锻炼了身体，感受到了劳动之美。

2. 提升了教师劳动育人的能力

教师积极开展劳动课程开发，142 位教师参与新劳动教育课程教学，35 位教师参与校本劳动课程研发，51 位教师主持区级以上劳动教育相关课题研究，24 项课题在市级以上获奖。开发了《蚕豆成长记》等 16 个劳动教育项目；完成了一至六年级劳动教育实践指导清单的撰写。13 名骨干教师参与编写了浙江省《劳动》劳动实践指导手册。《青青校园》等 3 门课程评为省精品课程。教师还提升了开展劳动教育的能力，培养了 2 名德育特级教师，1 名正高级教师，3 名富春名师，27 名市级教坛新秀。

3. 实现了育人方式的转型，“新劳动教育”品牌提升了学校办学品质

新劳动教育是学校基于劳动教育的全面改革，2009 年以来，以劳动教

育促五育并举，推动了育人方式转变，成效显著，全校学生人人掌握基本劳动技能，人人参与志愿者活动。出版专著《小学新劳动教育论稿》《富春第七小学：新劳动教育探索与实践》，在《人民教育》等刊物发表文章40余篇，出版《木艺课程》等劳动教材。学校被教育部认定为全国唯一小学劳动教育实验单位，被评为“中国最具变革力的学校之一”，先后获“全国创新教育典型案例”等国家和省市级评比奖项30余次。并获省基础教育教学成果特等奖。

（二）实验推广

1. 区域辐射

促成《富阳区加强新劳动教育行动方案》《关于区域推进富阳区中小学（幼儿园）劳动教育的实施意见》等多项制度出台，全区44000名中小学生参与新劳动教育实践活动。成效显著，被教育部认定为全国中小学劳动教育实验区。

2. 全国引领

学校与全国100多所学校成立了中国新劳动教育联盟、中国长三角新劳动教育20校联盟、区域新劳动教育联盟等。发布《“新时代劳动教育”指导意见》《中国长三角新时代劳动教育20校联盟富阳共识》，在全国产生广泛影响。

全国各地372所中小学两万余人次先后来校学习交流。多次在全国德育工作会议等受到推荐，2019、2020年连续入选中国基础教育年度报告典型案例，教育部2020年工作新闻发布会作为亮点发布。中央教育工作领导小组《教育工作情况》报道新劳动教育实践案例，《光明日报》《人民日报》报道，中央电视台“中国教育70年专题片”《教育强国》讲述“新劳动教育”的探索。

用课程链接生活

——“新生活”校本课程体系构建与实践

成果完成者：黄美芳

其他成果持有者：向　浩　徐祥梓　刘艳玉　王荟姝　魏文芳

所在单位：深圳市龙华区玉龙学校

获奖情况：2022 年基础教育国家级教学成果奖二等奖

2019 年广东省基础教育教学成果奖一等奖

成果单位是一所城市保障性住房配套的九年一贯制学校，95%的学生为外来务工人员子女。针对学生生活能力难以适应未来生活的需求，遂以杜威“教育即生活”、陶行知“生活即教育”教育理念，践行“经验作为教育的方法与目的”之教育主张，确立了“生活为源、发展为本”的办学理念，经过八年实践探索，构建了特色鲜明的城市学校“新生活”校本课程体系，培养学生立足社会必备的生活素养，为学生终身发展奠基，为我国义务教育阶段校本课程的开发与实施贡献了重要经验。

一、问题的提出

（一）作为结果的问题诊断：儿童当下的生活能力与未来的社会适应能力令人堪忧

2010 年，中国青少年研究中心一项调查显示：我国少年儿童很少参与家务，生活自理能力堪忧。中小学生生活体验缺乏、生活能力弱化、生活素养欠缺，严重影响终身发展。自 2013 年 4 月起，时任成果单位筹备组长的主持人对周边学区内适龄儿童进行问卷调查显示：孩子在家洗衣整理的占比为 18%，做饭烧菜的占比仅为 0. 86%，学生生活自理能力堪忧。

（二）作为原因的根源分析：学校教育未能帮助儿童实现对经验的有效改造与重组

在升学、考试、竞争的多重压力下，非但未能实现当年陶行知先生的“六个解放”，反而导致校内课业与校外培训负担双重加大，学习过程根本未能实现由“解题”向“解决问题”转变，没有立足儿童真实的生活，更没有实现儿童经验的改造与重组，自然也就谈不上学生生活能力与终身发展能力的培养与培育。

（三）作为出路的方向探索：“经验作为教育的方法与目的”导向的课程链接生活的构想

“经验作为教育的方法与目的”是陶行知先生的先生——杜威的教育哲学主张，为世界各国现代国民教育体系的构建提供了重要的理论依据。当年陶行知学成归国，由于当时国内时局动荡、民生凋敝、几无真正的国民教育体系，他不得不将杜威的“教育即生活”理念调整为“生活即教育”，以适用于当时平民教育或普通大众教育。时至21世纪的今天，我国早已建立健全了国民教育体系，经济社会发展水平也远超百年前的中国，因此今天已经具备了践行陶行知“生活即教育”与杜威“教育即生活”理念的充分条件。两位先生的教育理念如何转化为可实施的“生活”课程体系，这是时代交给中小学教育者的一个重要命题。

二、核心理念

2013年，围绕学校周围社区适龄儿童开展调查，明确了以生活教育为突破口提升学校教育质量的发展方向。在国家教育政策指导下，通过课题立项，在深入研究陶行知生活教育理论基础上，确立了学校“生活为源、发展为本”的新生活教育理念。并根据所在社区、家庭、学校以及儿童生活分类特点，经过八年研究，有针对性地建构了“四维·四环”一体的校本课程体系。课程内容“四维一体”，即以“经验作为教育的目的与方法”为指导开发出智慧生活、创意生活、艺趣生活、健康生活四类相互衔接的“新生活”课程体系；根据杜威“反省思维”发展的五阶段理论，建构新生活课程四步教学法，即以联系生活、创设任务情境开始，经历“激活经验，学习定向——提出问题，开启探索——提供支架，合作探究——解决问题，形成产品”，通过龙币银行评价体系，最终促进学生新生活经验的生成。

三、 实施过程

（一） 调研诊断、顶层设计（2013 年~2014 年）

在经济发展日新月异的今天，义务教育阶段的学生在日常生活能力、学习兴趣和现实问题的解决能力为何大大下降了呢？2013 年，成果主持人在总结经验的基础上，带领团队深入调研、追根溯源，最终确立了联系学生当下生活经验，开发“新生活”校本课程，培养学生适应未来生活能力的研究方向。学校以深圳市“十二五”规划重点课题《新生活教育特色课程建设方案》为契机，从传统、现在、未来的角度挖掘与学生生活相关联的课程资源，以国家课程校本化实施为基础，有针对性地创设“快乐厨房”“劳动种植农场”“创客连廊”“生活超市”等特色课程空间，打造新生活课程专属阵地，以基础、拓展、综合和特色四个层面对“新生活”校本课程内容体系作了顶层设计。

（二） 回归生活、课程初创（2014 年~2016 年）

学校将校本课程与国家课程、地方课程进行整合，从儿童学习特点出发，细化研究的问题，根据儿童日常生活、学习、工作和闲暇四部分经验构建了以“智慧生活、创意生活、艺趣生活、健康生活”四个维度为基本架构的“新生活”校本课程体系，每一门课程依据学情和生活经验，从入门知识、基础技能和拓展探索三个模块开发校本教材，在全校分年级实施并展开过程性评价，根据课程需要，设立专门的课程实施空间。

（三）聚焦经验、课程优化（2017 年~2018 年）

在课程建设过程中，课程的终极目的是什么，成为讨论的核心问题，通过文献研究最终采用“儿童经验的重组和改造”观来指导课程体系建设。这一时期，成果主持人聚焦培养“具有生活素养、国际视野的现代君子”这一核心目标，经过反复研讨，组建各门类校本课程研究团队，并邀请课程专家对课程进行了优化重组。以教育部“中小学校空间文化建设”课题切入，系统规划学校课程空间，通过以“课程+社团”“主题+活动”“学校+家庭”“学科+劳动”等形式，分年级、分阶段、分步骤的多样化推进课程实施，以评价为保障，构建了全员、全方位、全过程的评价体系，形成了课程与空间的联动机制、家校社共同推进机制，保障了“新生活”课程在学校系统化、科学化的实施，并不断完善。

（四）协同创新花开内外（2018 年~2022 年）

为了迎接社会变革，适应未来生活，学校内部深挖课程资源，开发了生态种植融合课程和扬长课程。生态融合课程以“劳动+语文”“劳动+数学”“劳动+美育”等形式开展，涵盖文学写作、周长计算、草木灰制作、拓印画等内容，构成了以“生态”为主线，融合语文、数学、化学、美术等学科知识的探究性课程。与此同时，校本课程经过进一步提炼打磨，总结“新生活”课程在学校实践应用的有益经验，通过课程开发、论著出版、对口扶持、接待参观、经验分享、活动开展、培训交流等方式走出成果学校，在全国二十多所学校推广运用，在六个国家或地区传播。

四、主要内容

成果主持人在深度理解和引入杜威、陶行知有关生活教育理念，探索出一套具有科学理念引领、专业知识支撑、逻辑体系规范的现代学校课程领导经验与成果，“新生活”课程“四维·四环”一体校本课程体系(图1)：在“经验作为教育的方法与目的”这一教育哲学理念指导下，确立“生活为源、发展为本”的办学理念，以适切设立学生培养目标为前提，聚焦“新生活”课程体系的开发与实施，辅以评价体系的创新，同步促进师生生活经验的改造与重组，开创新时代城市义务教育学校高质量发展的新样态。

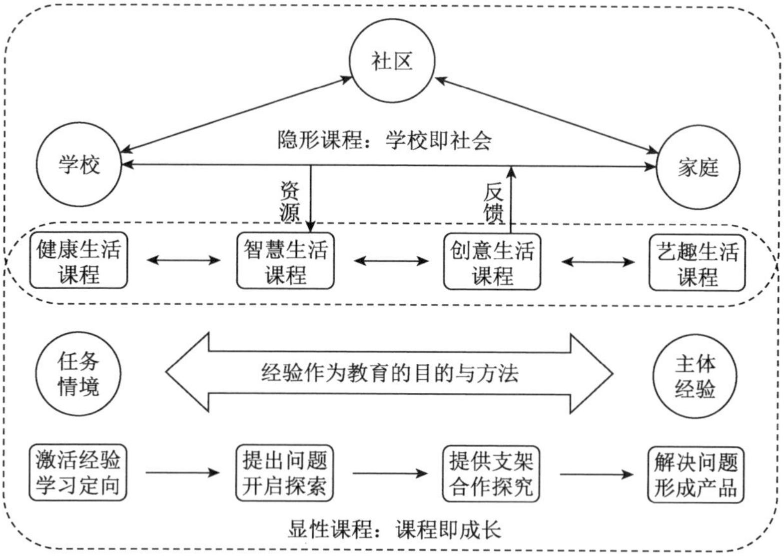

图1　“新生活”课程“四维·四环”一体校本课程体系

（一）课程目标：经验作为教育的目的，适切设定学校育人目标

针对95%以上的学生为外来务工人员子女，家庭经济基础相对薄弱，学生生活体验缺乏、生活能力弱化、生活素养欠缺等现实状况，学校创办者、成果主持人在向陶行知和杜威两位大师寻求“生活教育”的理论依据，确立以“生活为源、发展为本”为内涵的“新生活教育”理念，并在深入研讨、反复论证的基础上将成果学校的育人目标设立为“培养具有生活素

养、国际视野、终身发展能力的现代君子”。学校育人目标在创校之初就作如此设定，实则是将学生生活经验的改造与重组视作教育的核心目的，把“责任担当、学会学习，人文底蕴、科学精神、实践创新、健康生活”六大核心素养作为分级目标，立足当下的真实生活体验或创设丰富的实践场景，通过“做中学”“教学做合一”的“五自”融合过程来促进学生思维品质的发展、意志水平的提升与情感能力的拓展，从而实现对学生生活素养与终身发展能力的高质量培养。

（二）课程内容：经验作为教育的方法，开发“四维一体”校本课程体系

“新生活”课程体系立足生活，传承杜威和陶行知“生活教育观”。以“生活为源，发展为本”为课程理念，推行新时代新常态下的“生活教育”。成果学校在课程研发过程中，聚焦学生生活素养提升，基于国家基础课程，拓展学科课程，围绕学生健康生活、智慧生活、创意生活和艺趣生活四个方面的内在需求开设课程，依据“连续性”原则和“交互性”原则，从学生发展特点和主客观经验交互两个维度建构“新生活”课程体系，让课程回归生活，有效解决了当下学生缺乏生活体验、生活自理能力欠缺等问题，主要有以下四方面的内容：

1. 健康生活滋养学生身心健康

健康生活系列课程，包含整理、烘焙、烹饪、生态种植、茶艺、感统等，充分利用“体育大联盟”“中华武术魂”“劳动教育周”等平台，从身心两方面为学生的健康生活奠基。学校实施“阳光体育”项目，引导学生掌握终身受益的体育技能；面向1至9年级全面普及劳动教育课程：学科融合生态种植、“一米阳光”主题种植、“二十四节气”与快乐小厨房等，增强学生劳动意识，形成良好的劳动品质；分年段开设幸福课程，小学以游戏和活动为主，初中以活动和体验为主，并将课内与课外，教育与指导，咨询与服务有机结合。

2. 智慧生活启迪学生智力发展

智慧生活类课程面向全体学生，指向学生的学习基础，由国家课程、地方课程和学校基础类课程组成，启迪学生智慧，帮助学生建立牢固的学习基础，落实国家、地方和学校培养目标。学校发挥九年一贯制的办学优势，结合学生年龄与认知特点，围绕语文、数学、英语等课程开设形式多样的“学科+社团”校本课程。

3. 创意生活历练学生创新思维

“新生活”课程创新课堂模式，开设科技与创新校本课程，激发学生探索与发现的动力。譬如3D打印、机器人、编程等课程，学校还研发“云端”扬长课程，拓宽学习空间，着力培养学生的创造性思维。

4. 艺趣生活涵养学生审美情趣

以艺术教育为抓手开展生活美育教育。分年级普及民乐、剪纸、书法等艺术教育，要求学生每人至少掌握一门乐器，学会一个画种，会写一手好字。以名师为依托，建设艺术工作室，不断丰富学生社团课程，整合和拓宽校内外艺术教育资源，引导学生走进市内外艺术场馆、名胜古迹、园林绿地；充分利用文化资源，开展观看经典电影、传唱经典歌曲、经典作品配音、名画艺术鉴赏等艺术活动，丰富学生的审美体验。

（三）课程实施：连接有思维意蕴的经验世界，彰显校本课程的育人价值

1. 指向反省思维培养的四环节教学，根据杜威“反省思维”发展的五阶段理论，建构“新生活”课程四步教学法。（图2）

（1）激活经验，学习定向

在教学的起始阶段，为学生创设自主学习的任务情境，激活他们的生活经验，初步建立自身对学习内容的定向，进而利用已有知识开启新任务的学习。

（2）提出问题，开启探索

以问题为切入点，引导学生主动思考，解疑释惑。教师根据具体的学习

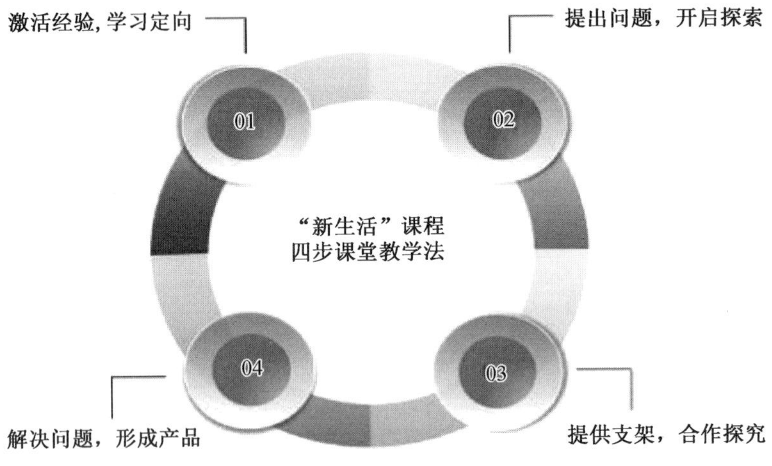

图2　“新生活”课程四环节教学流程图

任务情境，引导学生发现并提出有价值的问题。这些问题来自学生已有经验与学习情境之间的矛盾、冲突、疑难和困惑，是真实的问题。

（3）提供支架，合作探究

将个人的自主学习和小组合作学习相融合，将合作学习作为学习活动支架。教师允许学生进行各种大胆探索，给他们搭设各种学习支架，鼓励他们充分展开包括“自主交流”“课堂讨论”“质疑解疑”“整体建构”“交流反馈”等几个步骤在内的合作学习过程。

（4）解决问题，形成产品

当学生形成解决问题思路时，教师指导小组成员合理分工，形成学习任务的活动产品。不管最终形成的产品质量如何，都须要求学生进行展示交流反思，并总结成功的经验和失败的教训，为新经验的学习做准备。

2. 建设课程功能空间，让隐性课程润物无声

新生活课程功能空间以开放、和谐、多能为原则。遵循整体规划、局部雕琢的思路，打造70处12605平方米，独具“学校风、中国味、国际范”的功能空间场所，形成一课一室，让空间融通，让环境育人，让学习发生。

3. 探索多样化实施策略，让活动课程充满活力

“新生活”课程的实施以学生为主体，以“学的活动”为中心组织教学。根据课程特点，形成四种课程活动类型。

（1）课程+社团活动

“新生活”课程通过开发课程，匹配社团，让学生在做中学，在实践中学，在日常教学中夯实学生综合素养，如二年级开设葫芦丝校本课程，以单门课程作为民乐基础课程普及教学。另以民乐社团作为提升平台，让学有所长的学生得到更多的专业学习，丰富学生的审美体验。

（2）课程+节日活动

“新生活”课程的实施打破时间和空间的限制，整合校内外资源。通过设置校园七大节（即生活节、欢乐开学节、科创节、体艺节、君子节、国际文化节、社团节），为课程的实施提供丰富资源和展示空间，丰富学生的文化生活经验。

（3）课程+家校活动

“新生活”教育依托家校共育平台，在实践中形成家长、学校、社区三位一体的教育共同体。成立学校家长委员会，内设六大部门，专设家长工作坊，协助管理学校教育教学活动；创办父母学堂、开设星光课程、艺术课程（形体、书法、舞蹈）等，由教师、家长和外聘专家担任讲师；举办“成果学校家长节”，通过家长运动会、亲子书法比赛、父母风采秀等方式，多渠道优化亲子沟通，营造良好家庭氛围，让家校共建愈加和谐，深化学生的日常情感体验。

（4）课程+劳动活动

通过构建劳动教育课程体系，搭建劳动平台，建设“楼层微种植”“楼顶综合种植”“校园园林”三大劳动基地，面向1~9年级学生开展学科融合、项目式学习课程。课程充分挖掘教师跨界潜能，利用生物、物理、化学、美术、语文等课程开展融合式劳动教育课，充分发挥“五育融合”作用。

（四）课程评价：经验同为教育目的，构建校本特色的“龙币”评价体系

在“新生活”教育的指引下，选择学生熟悉的生活经验，成立“成果学校成长银行”，对接“新生活”课程，通过发行龙币、兑换奖品、评选“成果学校君子”等活动建立多元评价体系，激励学生成长。

1. 建立“成果学校成长银行”

“成果学校成长银行”借鉴银行存储的模式，制定激励制度。班主任、科任教师、社团指导老师和家长参与龙币奖励发放，开展“成长”积分活动。以“成果学校成长银行”作为载体，创设“龙币交易日”“爱心集市会龙币兑换”等活动，以龙币激励串联活动，对学生的品德和学习进行量化管理，实现以评价促提升。促进学生自觉养成良好的生活习惯，培养良好的道德品质和学习品质。

2. 发行“成果学校龙币”

“龙币”共四类：美德银币、美德金币、智慧银币、智慧金币，兑换机制为：10 枚银币兑换 1 枚金币。“龙币”奖励机制以全体学生为参与主体和评价对象，各学科、社团、校本课程、活动赛事等负责教师制定各具特色的奖励机制，让学生可多渠道获取龙币。

3. 建立联动、共进机制

建立家、校、社会共进机制，从学生的德智体美劳等方面进行全面评价，培养学生学习能力、实践创新能力，促进了学生全面发展，为学生终身发展奠基。

五、基本经验

（1）首创了“四维 · 四环”一体新生活校本课程体系

针对城市保障性住房社区、家庭和学生特点，以杜威、陶行知生活教育思想为突破口，聚焦学生生活素养提升，拓展学科课程，以“经验作为教

学的目的与方法”作为一根红线，串起以“智慧、创意、艺趣、健康”为横向维度，以“基础、拓展、综合和特色”为纵向维度的新生活校本课程体系。校本课程以社区、家庭、学校生活为来源，通过课程实施对社区、家庭、学校生活形成反馈和影响，贯通了“学校即社会”“课程即成长”课程理念。

（2）开创了以思维发展阶段为基础的四环节教学范式

21 世纪新课程改革到现在，中小学课堂教学还没有从根本上实现由以教为主向以学为主的转变。新生活课程以杜威“反省思维”形成的五阶段理论，构建了“激活经验，学习定向——提出问题，开启探索——提供支架，合作探究——解决问题，形成产品”，为校本课程实施贡献了新的教学范式。

（3）原创了满足多样需求的“成果学校成长银行”评价方式

通过课程认证、爱心义卖、智慧君子评选等形式，建立“成果学校成长银行”等全员、全方位、全过程的评价体系，并通过“学校——家庭——社会”的共同推进方式促进评价落地实施。

六、 重要成效及实验推广

1. 学生的当下生活能力与终身发展能力得到双重提升。 本成果从智慧、创意、艺趣、健康四个维度不仅解决了当下学生生活体验缺乏、劳动意识薄弱等问题，而且培养了学生社会公益劳动、责任担当、审美情趣、文化传承等综合素养，学生学业水平大幅提升，连续 7 年中考成绩名列全区前茅，在区域深度监测中，各项数值均列公办学校首位。

- 生活实用技能显著提升。通过课程效果监测，学生生活技能掌握优良率达 87%，获评“生活达人”的学生人数高达 20%。课程的扎实推进为学生的技能习得、习惯形成和品质培养奠定了基础，促进了学生综合素质提升。

• 合作创新能力显著提高。学校通过器乐、剪纸、校园“七节”和多彩社团，为学生搭建多维创意平台，有效提升学生合作创新能力。8 年来，学生在省级及以上大赛中获奖 316 余人次，其中全国奖 169 人次、省级奖 147 人次。

• 和谐健全人格充分历练。通过多元评价手段，将家长、学生、教师共同纳入评价主体，激活学生发展潜能，大大改善学生以往被动接受的地位，学生乐于参与、勤于动手、善于思考，创新能力、判断能力和审美能力显著提升。

2. 教师的职业归属感、成长感与成就感得到同步提高。 教师专业发展取得了长足进步，跨学科教学能力显著增强，学校的教研氛围良好，以备课组、教研组和“校长教研日”等多种形式的教研活动为平台，形成了主动参与、合作探究、实践反思、创新求变的教研文化，收获了丰硕的教科研成果。

• 培养了“学科专业+特长”发展的教师队伍。本成果一方面提升了全校教师教育教学综合能力，获得了专业成长，另一方面又基于教师心理和特长开发扬长课程，给每一位老师提供了充分发挥才能的机会，教师的归属感和成就感显著增强。

• 形成了独特的教研文化，收获了丰硕的教科研成果。培养了广东省综合实践特级教师 1 名、广东省综合实践正高级教师 1 名、深圳市教育科研专家 1 名；主持完成各级课题 50 余项(省级以上课题 6 项)；发表论文 260 篇(其中 CSSCI 论文 1 篇)；出版校本教材 9 册，出版专著 11 本。培养出一批省市区骨干教师、名师(省级名师 4 人、市级 9 人、区级 15 人)。

3. 学校的课程品牌内涵与辐射影响能力得到显著提挡。 “新生活”课程体系已成为区域的教育品牌，吸引大批专家同行考察学习，相关成果在国内 25 所学校推广运用。

• 学校获评国家级、省级、市级奖励 39 项，并在 2020 年首届中国基础教育论坛作了专题报告。

- 家校社区以及校际之间深入合作，形成学校、家庭、社区“三位一体”的教育共同体，挂牌“国家教育行政学院实践基地”等项目 10 余项。
- 教育部基础教育相关负责人对本成果评价道“老师创造多种课程，让学生全面发展”；中央电视台、人民日报、中国教育报等 31 家媒体作了多方面的报道。
- 本成果面向国内 25 所学校推广，受益师生群体 5 万余人。团队成员受邀在各地讲学，反响热烈；2015 年 4 月以来，在全国会议上分享经验 10 余次；研究成果发表在《中国教育学刊》等权威期刊。

红绿合和：幼儿园品德启蒙教育育人模式的探索与实践

成果完成者：袁　芒

其他成果持有者：周　韻　杨　莉　柳　方　刘　颖　胡亚楠

所在单位：湖北省省直机关第三幼儿园

获奖情况：2022 年基础教育国家级教学成果奖二等奖

2022 年湖北省优秀基础教育教学成果特等奖

湖北省省直机关第三幼儿园（以下简称省三幼）创办于 1955 年，是首批湖北省、武汉市两级示范幼儿园。李先念夫人林佳楣女士赠送开园纪念物“三角钢琴”，激励着一代代三幼人传承延安时期保育院“好好保育儿童”六字精神，奠定了“红墙航母型公办园”的根基。本园以“为党育人、为国育才”为最高使命，坚持 67 载扎根中国大地办幼教，为国家之栋梁培育幼苗。在红色精神引领下，收获全国巾帼文明岗、国家能效领跑单位等 660 余项集体荣誉。2020 年荣获国字号综合大奖“全国文明单位”，连续 17 届蝉联省级文明单位、8 届省级最佳文明单位。本成果荣获 2022 年湖北省优秀基础教育教学成果幼教唯一特等奖，2022 年基础教育国家级教学成果二等奖。

一、问题的提出

（一）品德教育在素质教育中的首要地位

“立德树人”强调德育为先、德智体美劳有机融合，充分说明品德教育的首要地位。学前教育是国民教育的基石，幼儿期是人生成长的开端，幼儿园品德教育是幼儿全面发展的重中之重。幼儿园开展品德教育必须根据幼儿身心特点兼顾时代要求与教育要求，在生活学习、游戏体验中嵌入基本的宽泛意义上的道德，为幼儿全面发展，成为合格的社会主义建设者和接班人奠定良好品质基础。

（二）品德教育在幼儿园实践场域中存在偏差

当前品德教育理念与幼儿园实践场域仍存在一定偏差，具体体现在三个方面：一是幼儿园品德启蒙教育目标不明晰。教育目标宽泛，难以体现幼儿年龄特点，无法有效指导幼儿园品德启蒙教育实践。二是幼儿园品德启蒙教育内容不整合。教育内容零散，缺乏时代感，不能有机融合，无法彰显幼儿园品德启蒙教育的全面性。三是幼儿园品德启蒙教育实施路径不立体。教育路径单一，资源不整合，缺乏多样化探索，无法有效内化幼儿的认知与体验。

（三）幼儿园“红绿”文化存在地缘契合性

湖北省拥有丰富红色资源和光荣革命传统，彰显生生不息的红色文化。我园代代传承“好好保育儿童”六字精神，红色基因与湖北文化一脉相承，存在深厚的地缘契合性，“红绿合和”的文化根基是幼儿品德教育发展的着力生长点，亦是幼儿园品德启蒙教育实践探索的有力支撑。

二、核心理念

幼儿教育是培根的事业，树高叶茂系从根发。幼儿期是品德形成和确定的“播种生芽期”。本成果将品德启蒙教育融入“立德树人”全环节，遵循习近平总书记提出“传承红色基因”“推进绿色发展”的指导思想，将我园积淀形成的“有教养的自由”育人理念，凝练为“红绿合和”幼儿园品德启蒙教育育人模式(图1)。“红”是立德培根之本，“绿”是树人成长之核，“合和”释为人与他人、社会、自然的合和之美、和谐共生、天人合一。

“红绿合和”意为将幼儿园品德启蒙与儿童身心发展规律结合、与学前教育规律契合、与国家对教育培养人的根本要求融合，把红色教育向下扎根塑品德、铸中国心，绿色教育向上生长顺天性、育现代娃，将幼儿品德启蒙育人模式全方位全过程融合，“红绿合和”培育有教养的、中国心的现代娃。

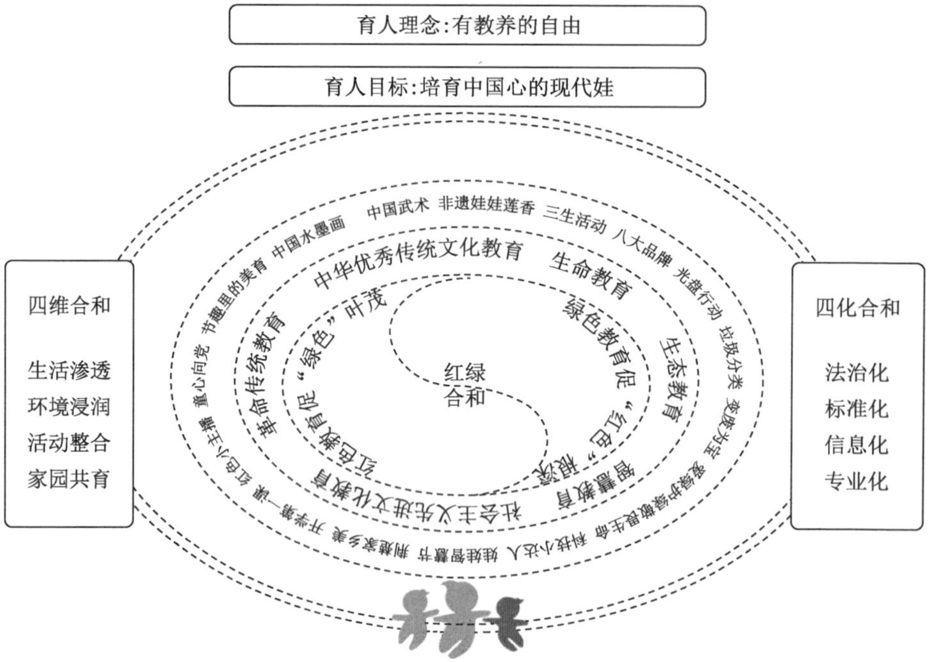

图 1 “红绿合和”幼儿园品德启蒙教育育人模式架构图

三、实施过程

《幼儿园工作规程(试行)》指出“幼儿园的品德教育应以情感教育和培养良好行为习惯为主，注重潜移默化的影响，并贯穿于幼儿生活以及各项活动之中。”2012 年至 2022 年，我园历经“亮点显现——体系建模——完善提升”三个阶段探索实践(图 2)，运用文献研究法、行动研究法、案例研究法等理论方法，构建起家—园—社“三位一体”品德启蒙生态格局，将品德教育渗透在生活中、浸润在环境中、体现在活动里、落实在家园共育里，贯穿幼儿成长全过程。

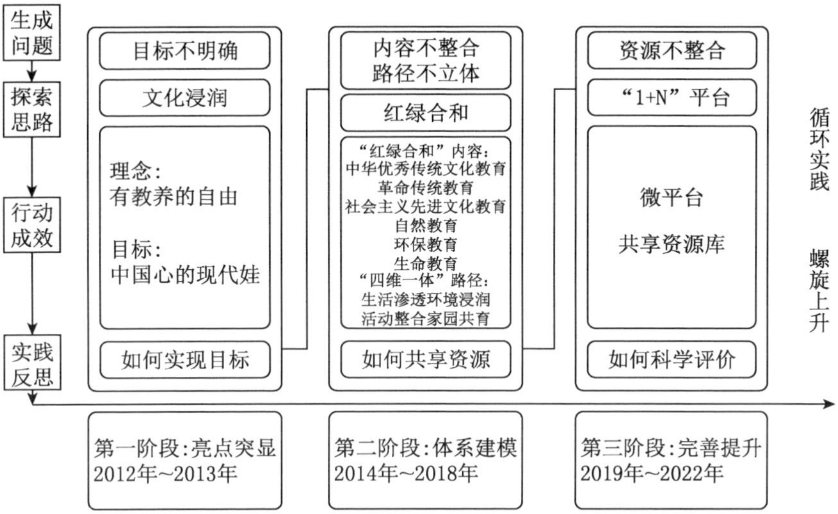

图 2　“红绿合和”幼儿园品德启蒙教育育人模式探索实践阶段图

第一阶段：亮点显现（2012 年 2 月 ~2013 年 12 月）。新楼起建日，提出“硬件崛起日，软件凸显时”，重构园所文化体系，确定“保纯真童心　育健全人格”办园理念，明确“有教养的自由”育人理念，实现自由与规则的牵手、野趣与文趣的结合、放手与牵手的平衡，开启以文化人、以德润心的幼儿园品德启蒙的探索之路。

第二阶段：体系建模（2014 年 1 月 ~2018 年 12 月）。探索实践“红绿”教育内容和“红绿合和”教育方式，明确了“培育中国心的现代娃”育人目标，明晰了“红绿”教育内容（中华优秀传统文化教育、革命传统教育、社会主义先进文化教育、生命教育、生态教育、智慧教育），形成“四维一体”的行动路径，初步建构“红绿合和”品德启蒙教育育人模式。

第三阶段：完善提升（2019 年 1 月 ~2022 年 8 月）。在实践检验中不断完善育人模式，扩大成果示范辐射传播力、影响力，创新研发“1+N”立体资源平台，拓展整合品德教育共享资源，形成覆盖幼儿“全生活”的品德启蒙教育资源库。

四、主要内容和基本经验

本成果活用本土教育家陶行知“生活教育”理论和陈鹤琴“活教育”理论，在十年品德启蒙教育探究中，形成“红绿合和”品德启蒙教育育人模式，主要包含四方面：

（一）精准目标“画像”：培育中国心的现代娃（图3）

培育中国心的现代娃，旨在传承中华优秀传统文化，培养孩子的民族自尊心和自信心，为幼儿拥有“四个自信”奠基，也使其具备现代社会素养，从容迎向未来。这一育人目标也让本园明晰了品德启蒙的育人导向，为培养社会主义建设者和接班人奠好基。正如于漪说“没有价值引领的教育不叫教育”，教育要融入幼儿的终身发展、融入国家和民族的未来中，做扎根中国、胸怀儿童、面向未来的教育。

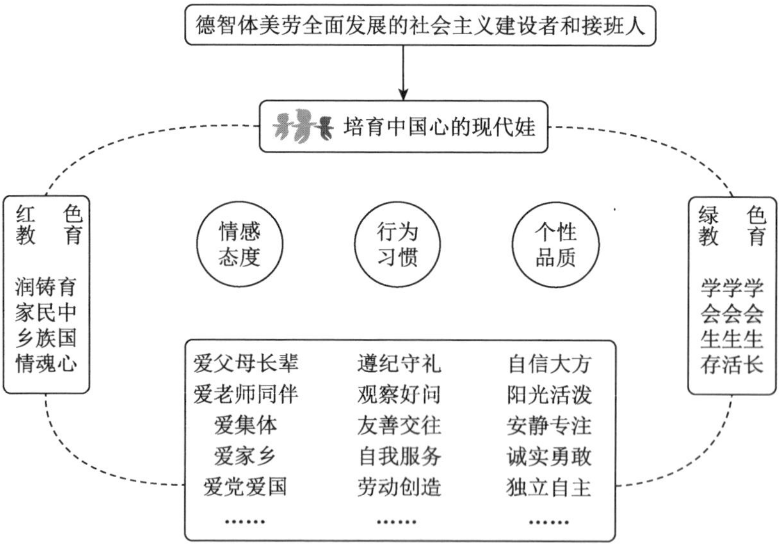

图3 “红绿合和”幼儿园品德启蒙教育目标

（二）明晰内容“图谱”：确立“红绿”主基色

本园倡导幼儿品德启蒙教育要“从红色文化中走来，向绿色发展中走去”。传承与创新红色教育和绿色教育，构建了“红绿”相互渗透、融合促进的品德启蒙教育内容体系。

1. 红色教育向下扎根促“绿色”叶茂。 红是底色稳发展之基，本园落实全国教育大会精神，传承红色教育“三大抓手”（图4）：一是“育中国心”中华优秀传统文化教育，以游戏精神传承中国二十四节气、中国武术、中国水墨画和非遗“娃娃莲香”，在“玩”中培育幼儿红色之根。比如“娃娃莲香”通过“寻根、移根、扎根”厚植文化基因，从省内走向省外、从国内走向国际，打卡北京、莫斯科等88个地标，做非遗文化的小小传承者。《搭网络平台　创娃娃莲香　植文化基因　育健全人格》荣获教育部基础教育信息化典型案例一等奖。二是“铸民族魂”革命传统教育，雷打不动四项红色教育活动有声有色：①每学期“团结起来，爱我中华”开学第一课；②每季度“讲述英雄故事”“送你一朵小白花”活动；③每月一次红歌串联唱党史系列活动；④每周一次“童心向党”娃娃升旗活动，锻塑幼儿红色品格。三是“润家乡情”社会主义先进文化教育：以社会主义核心价值观和荆楚文化浸润幼儿，如开展“讲诚信”幼儿情景剧《狼来了》，受邀录制《焦点访谈》爱国主义教育节目，传播社会主义核心价值观。香港教育代表团两次走进幼儿园，与千余名师生唱响“我和我的祖国”，传播爱国主义教育。开展“荆楚礼乐”博物馆编钟课程进幼儿园、社会体验活动“走进琴台大剧院”，增进幼儿楚地家乡情感。《我们的汉秀剧场》荣获“湖北好课堂”游戏案例一等奖。在以“红”为基色的红色教育中注入绿色发展理念：二十四节气——在变废为宝中学习传统民俗文化、中国水墨画——用水墨晕染绿水青山传播生态理念……形成4套26本20万余字红色教育成果，涵盖五大领域及游戏方案2000余篇，帮助幼儿走稳品德启蒙第一步，彰显“红绿合和”教育要求。

2. 绿色教育向上生长促“红色”根深。 绿是特色创新之路，习近平总

图4 红色教育“三大抓手”

书记提出“推进生态文明建设的长远之计是化育人心，生态文明教育需融入育人全过程。”本园在“国家公共机构能效领跑者”探索实践基础上，创新绿色教育“三大抓手”（图5）：一是与生长合和的生命教育，将绿色教育升华为对生命的敬畏，在“学会生存、学会生活、学会生长”三生理念中，形成了完整的生命课程体系。二是与自然合和的生态教育。作为国家能效领跑者先进单位，我们扎实开展“绿色伴我行”四大活动：光盘行动、垃圾分类、变废为宝、爱绿护绿，人人争做新时代环保小卫士、生态小公民。三是与科技合和的智慧教育。作为首家“湖北省数字试点幼儿园”，我们将先进的智能化理念传递给孩子们，让他们为从容地应对未来做好准备。开展两年一届“娃娃智慧节”，启蒙科技小达人；创设室外AR智慧投球、智慧钢琴楼梯、发光树屋等全立体智慧环境，让孩子充分感受科技的魅力。

在以“绿”为基色的绿色教育中植入红色基因：“光盘行动”——弘扬中华民族勤俭节约美德、“防疫九礼”——习得健康生活文明礼仪……在活动实践中原创“红危危”“绿厨厨”“蓝可可”“灰其其”卡通版垃圾分类标识；自创垃圾分类“有用不要甩”等儿歌、活动方案128篇，形成绿色教育成果册4大类24本10万余字，汇编绿色教育系列微视频97个，其中《绿色教育生态园》代言湖北幼教亮相CCTV，向全球展示国家级“公共机构能效领跑者”“垃圾分类示范点”的绿色风尚，紧扣“红绿合和”时代要求。

图 5　绿色教育“三大抓手”

（三）探索实施“道路”：架构“四维一体”路径

将生活渗透、环境浸润、活动整合、家园共育“四维合和”，贯穿幼儿品德启蒙全过程。

1. 生活渗透。 围绕省三幼“生活启蒙　游戏激趣”的课程理念，从“精细保育、专业教育”双向发力，将品德启蒙渗透到三幼娃一日生活全环节，践行“生活即教育、社会即学校、教学做合一”。一是精细保育，持续十年推进“爱护小五官”行动，作为武汉市幼儿园唯一代表进行站立式“九眼位”护眼操展示推广；创新一日三餐节趣食育文化，应广大家长对科学膳食的需求，2015 年出版本园第一本后勤类专著《幼儿园食谱实用指南》。后疫期及时调整膳食结构，增加蛋白质摄入，拟将近五年的食育新探索再次集结提炼，发行《幼儿园节趣美食图谱》；幼儿椅背设计符合儿童脊柱曲度、桌椅床加宽加长符合儿童生长发育……保育细节入微，让幼儿更好适应集体生活。二是专业教育。原创七套图文并茂生活活动挂图、定时播放娃娃品德启蒙童谣百余首、组织“十个小本领”劳动时光活动。在生活场景中落细落实，在日常生活中日积月累，逐步实现“红绿合和”品德启蒙教育引导和习惯养成。开展“礼仪小先生”“劳动小主人”“节趣小朋友”“安全小达人”等“新时代小先生”系列活动，实现“红绿合和”品德启蒙教育的生活渗透，培养幼儿塑品格、养习惯、讲卫生、懂节约、重文明等良好品质，成长为懂规矩、守礼仪的中国好儿童。

2. **环境浸润。** 课程特色在“红绿合和”环境文化中得以彰显，幼儿在潜移默化中受到影响：一是将思政小课堂与环境大课堂结合。走进幼儿园满园“红色”：长城升旗台、植被式中国地图，二十四节气娃娃隐藏在园区每个角落，幼儿在捉迷藏等互动游戏中认识节气、了解节气。从“班级公约”到“幼儿园公约”、从互动式“五爱教育”到经典德育故事墙……幼儿在环境浸润中建立正确价值导向。二是将生态小课堂与环境大课堂结合。走进幼儿园触目生春、充满希望：班班搭建变废为宝材料平台、“吃光光”光盘行动标识、“一班一大树”认养，尤其是将传统与生态结合的经典《西游记》水帘洞注入水循环理念，以“生态”为亮点、“智能”为特色，贯通4层建筑体和室外生态环境，打造室内外一体化游戏立方体，与户外专门设置的16个自然观察柱、26个流浪书屋相得益彰，让孩子们在自由奔跑中动静交替、收放自如，为实现“有教养的自由”这一游戏品质提供环境支撑。幼儿在环境浸润中形成绿色环保理念。三是科技小课堂与环境大课堂结合。作为首家“湖北省数字试点幼儿园”，打造“教学楼—自然物—现代玩具”三级联通“智慧树屋”，幼儿在探寻中勇敢自信、阳光活跃，还有钢琴楼梯、智慧沙盘、奇幻水流、AR投球……幼儿在环境浸润中生发想象力、激活创新力，启迪科技思维，萌发爱科学的情感，打开了对科学世界探索的大门。

3. **活动整合。** 本成果聚焦品德启蒙核心价值，以生活为切入口，以节气为时间轴，融合红色教育和绿色教育，通过“节趣里的美育”实现活动整合，形成三大类节趣课程：传统节日类（立春“萌娃贺新年”、春分“妈妈节”、秋分“月儿圆又圆”等），社会节日类（地球日“地球小卫士”、劳动节“‘童’样的劳动”等），生成节日类（毕业节“放飞新希望”、微笑节“今天你微笑了吗?”等）共计42个，活动方案400余篇，成果册28本。其中连续开展11届的“立冬”淘宝节，每年将爱心义卖款赠予罗田、恩施大山里的孩子，引发幼儿在节趣活动中寻找美、传递爱，在幼儿心灵埋下真善美的种子（图6）。

基色	价值	内容		“红绿合和”幼儿品德启蒙教育活动案例（一） **立冬送温暖　爱心淘宝节**	内容		价值	基色
红色教育	感受传统文化魅力，增强民族文化自信，做中华优秀传统文化的小小传承人	节趣美育 中国武术 中国水墨画 非遗娃娃莲香 ……	中华优秀传统文化教育	时间:2019 年 11 月 8 日 活动整合:立冬节气+爱心淘宝+文化助学 牵手公益组织:谈笑基金、灯塔助学 文化助学地:罗田匡河 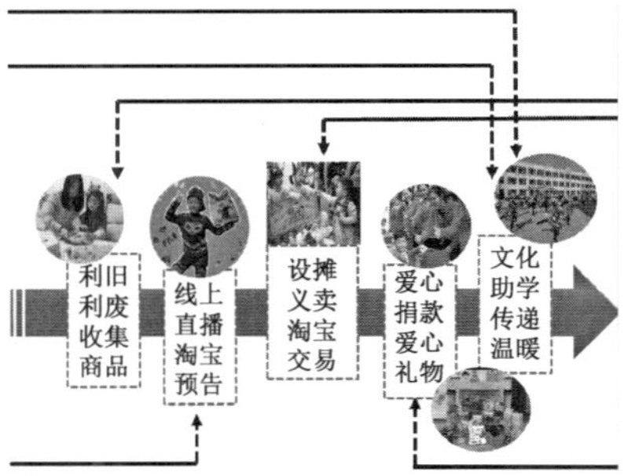	自然教育	爱绿护绿 自然观察 娃娃农庄 ……	学会尊重万物，敬畏大自然，建立自然生态世界观，做爱自然、爱劳动的生态小公民	绿色教育
	升华爱国主义、集体主义、英雄主义的情感，做爱党爱国、坚强勇敢的红心中国娃	开学第一课 “童心向党”升旗活动　红色小主播 娃娃唱红歌 革命老区行……	革命传统教育		环保教育	变废为宝 垃圾分类 光盘行动 ……	树立环保意识，爱护公共环境，珍惜美好生活，做爱家园、讲文明的环保小卫士	
	体验家乡的新变化，增强自豪感和幸福感，做建设家园、建设祖国的社会主义接班人	“五爱”教育 荆楚家乡美 娃娃科技节……	社会主义先进教育		生命教育	认识生命 关爱生命 敬畏生命 ……	萌发自我认知，做自信乐观、善良友爱、好问守礼的时代小达人	

图 6　“红绿合和”幼儿园品德启蒙教育活动示例

4. 家园共育。 本园利用多途径有效传递共育理念，持续提升家长品德启蒙教育观念。一是创新点单式“家长学堂”，一月一次专家讲座《好家风代代传》、名师课堂《中华人民共和国家庭教育促进法》等德育专题培训50余场，覆盖博乐市、宜昌市等百余家幼儿园，点赞量超80万次，广泛传播家庭家教家风文明新风尚。荣获首届幼儿园家长学校优秀案例“双第一”。二是打造互动式“共育课程”，形成完备的家园共育师资体系、课程体系，共筑儿童发展共同体。荣获全国“创新 联动 赋能”家园共育征文评比一二三等奖。依托全国学前教育宣传月活动，持续三届推荐品德启蒙教育绘本，带动亲子阅读热潮，提升家庭品德启蒙教育理念和行为新认知。家长对“红绿合和”品德启蒙教育充分认可，主动撰写《用奋斗青春托起明天的太阳》解读三幼师爱，引发7家主流媒体共鸣。家长感谢信、师德锦旗等多方评价万余次，不断筑牢家园协同育人、同频共振的德育共同体。

（四）搭建资源“宝库”：开发“1+N”立体平台

以“红绿”教育资源为主轴，“五公里德育圈”为半径，通过线上线下“微平台”，扩大品德启蒙教育资源共享。

1. 创建“微平台”。 建立“教、学、研、训、评、管、展”七大功能“启润童心”专题网站，创立德育专栏公众号，打造“人人学、处处学、时时学”品德启蒙教育交流窗口。尤其是原创“好习惯”疫情网校，成为全国第一所幼儿园防疫专题云平台，是品德启蒙教育重要阵地，推送《小柚子加油站》《嘟嘟美食屋》《战“疫”小卫士》等八大“云栏目”，研发1358个云游戏，1875篇防疫宣教，132册疫教电子档案，成为科学指导幼儿和家长居家战“疫”的教科书，点击量突破300万，其中65%来自省外及12个海外国家，得到学习强国、新华社等10余家主流媒体100余篇报道推送，荣获湖北省教育厅线上教育教学优秀案例一等奖。幼儿在“微平台”活动中多元体验、感受理解，实现好习惯双向连接。

2. 整合“N资源”。 充分挖掘周边人文资源，汇集汉秀剧场、放鹰台、东湖等一大批文化地标，实现“五公里德育圈”活动资源整合。通过“请进来”与“走出去”的方式，每年开展参观走访、展示交流、主题活动等不少于12次，幼儿全方位感受、沉浸式体验，增见识、筑品德，打通了品德启蒙教育资源的共享边界。

五、重要成效及实验推广

1. **“红绿合和”育人模式促幼儿品德素养有提升。** 经过多年实践探索，幼儿品德素养得到了国内外社会各界的认可。如：2015年湖北省最高外事接待比利时王后玛蒂尔德到访本园，与幼儿共享水墨画剪纸等传统文化，高度评价幼儿文化自信。项目主持人代表湖北省幼教随时任省委书记李鸿忠赴澳大利亚参加中澳文化交流活动，50余幅娃娃水墨丹青分获“湖北-昆士兰儿童画展”最佳小画家奖、最佳创意奖等8个儿童奖，其中“戏剧脸谱”等作品被昆士兰州立图书馆永久收藏；英国校长团，新加坡教育代表团相继来访，体验中华民族特色文化；幼儿走进“上合”国际文化交流论坛，被称为“播撒中华文明种子的小使者”，宝贝们的文明自信获频频点赞。“娃娃唱红歌”“娃娃说安全”“娃娃武术拳”千人方阵等屡次荣获国家、省市级德育类展评一等奖。“蛟龙号”设计师、新华社编导、清华博导……一批批优秀毕业生从“红墙幼儿园”启航，勇立潮头成为各行各业的佼佼者。“红绿合和”作为品德启蒙重要之技，彰显其促幼儿全面发展的内核力。

2. **“红绿合和”育人模式促教师德育专业能力有突破。** 坚持德育领航，教师对该模式高度认同，在实践中不断突破德育短板。在全国先进工作者、全国巾帼建功标兵、湖北先进工作者、湖北省三八红旗手、百名“最美巾帼奋斗者”榜样引领下，涌现一批批思想红、业务精“双标杆”师德模范：省市区向上向善好青年、德育标兵、最美教师、连续11届“百优班主任”等280余人次。收获全省两届幼儿教师风采大赛“双金奖”；斩获师德誓言评比团体、个人“双料冠军”。项目主持人领衔全省学前教育教研员研制《湖北省幼儿园保教工作实施指导意见》，与团队完成16个国家、省市级课题，主编11类118本指导用书，出版《幼儿礼仪》《幼儿园食谱使用指南》等论著、《培养幼儿有教养的自由》等33篇德育论文在《湖北教育》等核心期刊刊发、辐射《保护母亲河》等优质活动50余次。本园响应援疆号令，首次补齐全国教育援疆全链条，将“红绿合和”育人模式传播到博州大地。引领博乐支教园学习应用本成果，助推该园成功申报湖北省教育规划课题《信息技术助推幼儿文明礼仪教育策略研究》，有效提升鄂疆两地专业研究水平。在“武”动中国风、鄂疆共讲普通话等品德启蒙教育实践活动中，铸牢中华民族共同体意识。博州教育考察团、云南教育代表团称我园“不愧是湖北省最高水平的幼教领航园，希望将分园开遍神州大地”，以“一个红”带动“一片红”。

3. **“红绿合和”育人模式品牌推广运用有成效。** 在实践检验中加强推广传播，品德启蒙育人模式品牌得到多方认可。一是国内外推广运用。与泰勒马克大学、西南大学、华中师范大学等7所大学互学共建，与十堰柳林等80余家幼儿园结对帮扶，引领“红绿合和”教育联盟。其中挪威泰勒马克大学指定本园为该校学前教育实训基地，完成四期教育本科生“红绿合和”启蒙跟岗培训；武汉城市职业学院学前专业课程、实训室标准建设等均运用“红绿合和”教育成果，助力该院获省域“双高”专业群，学生获国家级技能大赛一、二等奖，有效带动国内外幼教人才整体素质提升。参与西南大学编制《幼儿园数学文化绘本》，让品德与数学接轨，滋养儿童综合素养。立项国家级标准化试点《幼儿园内部管理》、省级地方标准《幼儿园安全标识使用指南》，创新园本核心制度“六案一细则33制”，以标准化建设支撑品德教育理论成果转化。首创省级地方标准《幼儿园传统文化教育活动指南》经省学会、省军区幼儿园等15家单位调研论证，开创幼教传统文化标准化建设先河。本园成立思品教育宣讲团，开展300余场经验交流，如国培讲座《幼儿社会性发展与实践》、省市级园所文化经验交流《文化的力量》等。其中《在思政课堂中讲述“红色精神”》荣获湖北省直机关工委“书记大讲堂”第三名、《绽放师者初心》荣获全国机关事务系统微视频视觉呈现奖，向全国推广，有效拓展品德启蒙教育的广度和深度。二是项目主持人发挥领雁效应。作为正高级教师、国家特约教育督导员、首届湖北省学前教育学科指导委员会主任、唯一幼教学段湖北省政协常委、首批武汉市学科带头人，她多渠道为幼教事业发声 70 余次、幼儿德育宣传受光明网、学习强国、新华社等 10 余家官媒报道 180 余次。在湖北省“两会”全体会议上进行主旨发言《关注幼教就是关注未来》，提升幼儿教师“三个地位”；走进“委员直播”，答疑育儿困惑千余条，引领新时代家长做智慧父母，被 60 万网民称为“神仙姐姐”；代表幼教座谈湖北省庆祝第 36 个教师节，呼吁恢复省属免费师范生政策，从源头吸引优秀教师选择幼儿教育；在全民阅读的当下，向全省 17 个地市州专题交流“选中国绘本，讲好中国故事，育时代新人”……在十年的课程建设探路中，她始终保持教育定力，以中国教育家先驱陶行知“生活教育”理论体系和中国幼教之父陈鹤琴“活教育”目的论做人、做中国人、做现代中国人的教育理念为根，专设“陶陈”读书学习角，支撑践行“扎根中国大地办幼教”的办园定位和“红绿合和”的课程方向，率先提出“有教养的自由”育人理念，在全国课程建设论坛上引发新思潮，被官媒独家报道《湖北有这样一所幼儿园》，直播热度达 170 余万人次，为全国幼教人提供有益借鉴。她创建“红绿合和”品德启蒙教育育人模式，是对“立德树人”这一教育根本任务的有力回应，更让“一片红”在幼教界辐射为“永久红”。

以阳光之心育阳光之人："三全·三合·三好"

——阳光教育育人模式20年探索

成果完成者：张振宇

其他成果持有者：邹伦海　邱　晨　高　莉　严　容

所在单位：武汉市第二十五中学

获奖情况：2022年湖北省优秀基础教育教学成果特等奖

2022年武汉市第二届基础教育教学成果一等奖

一、问题的提出

新千年伊始，学校开展阳光教育育人模式的探索与变革，主要源自三个方面的需要：顺应时代发展的需要，破解教育时弊的需要与推动学校发展的需要。

（一）开展学校育人方式变革是顺应时代发展的需要

2001年，伴随着《国务院关于基础教育改革与发展的决定》及《基础教育课程改革纲要（试行）》等政策的出台，全国第八轮基础教育课程改革的帷幕正式拉开。学校所在的武昌区成为全国38个课改实验区之一，在推进素质教育的过程中，学校和许多地方一样都曾一度陷入既要追求国家的长远利益，又不能不考虑学生的眼前需要等理想与现实相悖的困惑之中。如何寻找出路，来满足人民群众对基础教育尤其是公平、均衡发展新的期待，以深入推进素质教育，是我们必须面对的现实问题。

（二）推进学校育人模式探索是破解教育时弊的需要

数十年以来，部分中小学校重少数、重智育、重结果的“灰色教育症”症状明显，教育观念相对落后，内容方法比较陈旧，中小学生课业负担过重，师生身心负担重，学生感觉钝化、人格扭曲、能力不强，城乡、区域教育发展不平衡……如何破解以上问题，成为摆在每一位教育工作者面前的现实难题。

（三）探寻阳光教育育人模式是推动学校发展的需要

当历史跨入新千年之际，在社会转型，诸多矛盾集中出现的特定环境下，百年老校二十五中，也因为区域学校布局调整，面临着诸多的矛盾与困惑，曾先后三次与周边学校合并，学校也由一所完全中学变身为单设初中，再加上武昌老城区拆迁改造，农民工子女涌入校园，这些犹如巨石投湖，使一度安宁的校园掀起阵阵波澜：辖区生源锐减，教师情绪低落，学生自卑消沉，家长指责增多……

我们不得不再一次反思：作为太阳底下最光辉的教育事业，本应该是光明的、公平的、温暖的、普惠的、和谐的，但是，孩子们为什么还过得那样辛苦，竞争为什么还如此残酷，温暖的“阳光”都洒向了哪里？在经历了数次的心灵碰撞之后，“阳光”这个美好、通透的词语在我们脑际渐渐清晰、鲜活起来，世界上还有什么东西能比阳光更普惠、更温暖、更有力量呢？

适逢周洪宇教授在相关教育杂志上发表《我的阳光教育论》一文，随后，又有多位知名学者实事求是地剖析了当前教育的“灰色现象”，发表了赞同阳光教育理论的论文，并提出了富有针对性的解决对策。这些专家、学者们的想法，尤其是周洪宇教授在阳光教育中所提倡的全体、全面、全程的“三全论”及“意商论”与“合育论”等现代教育理念，给了学校极大的震撼与启迪。于是，找到了理论支撑的阳光教育实践，在学校一触即发，为学校的基础教育掀开了崭新的一页。

二、 核心理念

阳光教育，就是用阳光之心育阳光之人的教育。它是借用阳光的公平普惠、温馨关爱、无私奉献、正大永恒等基本属性，来比喻我们心目中想要达到的一种理想的教育境界。

阳光教育的核心理念包括“三全”“意商”和“合育”三大关键词。

“三全”——阳光教育是一种面向全体学生(全体)、面向学生发展的各个方面(全面)、面向学生发展的整个过程(全程)的教育理念和办学模式，也是一种融德于智、德智一体、德智互动的教育模式。它旨在培养学生自强自立、合群合作合享的能力与品质，主张通过关怀、理解、激励学生，帮助学生克服孤僻、自私、冷漠、脆弱等不足，从而将其培养成身心健康、人格健全、自信开朗、有个性特长、有家国情怀的一代新人。公平性、全面性、实践性和关爱性是阳光教育的本质特征。

“意商”——是用以反映人的意志品质及其发展水平的一个概念，包括意志的自控性、果断性、坚毅性、持久性等。它是人在克服困难时所表现出来的心理状态，如克服干扰、知难而上、坚韧不拔、持之以恒等等。

“合育”——是指以和合、合作、交往等思想为指导，对年轻一代实施的一种教育，目的在于使他们既能善待自己，又能正确地对待他人和社会，成为合群、合作、合享的一代新人。

三、 实施过程

学校开展阳光教育育人模式变革实践，依托科研课题的四个五年计划，主要经历了以下四个阶段。

（一）问题发现、方案设计与实验开展（2002年~2006年）：德育入手，评价引领，更新理念

2001年，学校紧扣新一轮基础教育课程改革脉搏与“面向全体、发展全面、关注全程”“以阳光之心育阳光之人”的“阳光教育”核心理念，形成“一个宗旨、两个重点、三个领域、四大特征、五大法则、六大实践、七大目标、八大行动”的工作体系。学校紧抓课改机遇，从德育入手，“给父母洗一次脚”的孝亲寒假作业一炮打响；抓住评价的“牛鼻子”，首创阳光少年“新三好（在学校做好学生、在家里做好子女、在社会做好公民）”评价标准，研制《“阳光少年”申报评选制度》《学生自省册》等育德工具，推行阳光评语，引导学生多维发展，引发社会关于“新旧三好”的广泛讨论，中央电视台、中国教育电视台和《人民日报》《光明日报》《中国教育报》《中国青年报》等各大新闻媒体纷纷报道，在全国产生积极深远影响。2004年，“阳光教育”获武汉市科技进步奖；2005年，研究专著《教育大变革——全体、全面、全程的阳光教育》公开出版；同年，阳光少年“新三好”评价标准被纳入武汉市《未成年人思想道德考核标准》。

（二）理念深化与实践发展（2006年~2012年）：搭建框架，聚焦课堂，融德于智

2006年，学校申报了湖北省规划课题《阳光教育研究》及武汉市重点课题《阳光教育理论与实践的发展性研究》，初步构建阳光教育育人框架，倡导“使自己阳光，给学生阳光，让大家共同阳光”，以“阳光教师”育“阳光少年”。制定《阳光教师“十个一”准则》，打造“小目标、低起点、近距离、扬特色”魅力课堂，培养“大爱大智大气”的“阳光教师之心”，促进教师集群式发展；研制《阳光少年“十个一”准则》，实施快乐阅读、文化寻根、合育探究等八大行动，丰富阳光少年内涵。2007年11月举办全国阳光教育研讨会；2009年8月，牵头组建湖北省“阳光教育”研究中心，秘书处设在学校，吸纳广东、山东、浙江、江西、安徽、四川、新疆等地

30多所实验校、60余所联盟校加入研究共同体，参与阳光教育实验；2010年、2011年连续主办两届全国阳光教育论坛；先后出版《教育大创新——阳光教育实践行》《阳光教育对话录》等专著，课题成果被评为“湖北省2010年科技进步三等奖”。

（三）实践反思与深化总结（2012年~2016年）：开发课程，合育探究，德智一体

依托“十二五”国家及省市区五项科研课题，分别从阳光德育实践、学习方式变革、阳光少年培育、阳光教师培养等维度，以子课题的形式开展平行研究。完善家校社三维育人路径，开发“合群·合作·合享”系列德育校本课程，构建“阳光少年素质养成”“阳光教师专业发展”合育课程体系；探索合群、合作、合享的“合育大课堂”教学模式；建设“阳光行动小组”“帮帮团”等成长共同体；以“孝亲”“正行”为主题，研制《阳光教育手册》《21天正行日记》《家校合育联系本》等育德工具，面向全体学生广泛运用，培养学生阳光品行。在此期间，阳光教育研究院（全国）正式在本校成立，作为秘书长学校，连续5年牵头组织全国阳光教育年会暨阳光论坛，并在会上交流学校阳光教育实践经验，推广应用研究成果，产生良好的引领效应。

（四）品牌升格与辐射推广（2016年~2022年）：提炼模式，培养人格，发展“六力”

2016年，《中国学生发展核心素养》正式发布后，学校申报立项省市区三级规划课题《新时代初中生阳光新人培养研究》《互联网+时代初中生“阳光人格”与“阳光学力”的培养途径研究》《基于性格优势理论的初中生阳光人格校本课程开发研究》，完善以“阳光德育实践、教学方式变革、合育课程实施、阳光文化浸润、阳光评价引领”为五大支柱的育人框架，提炼出“三全·三合·三好”育人模式。聚焦新时代阳光新人研究，提出了阳

光少年素质形象的三个维度即“阳光人格”“阳光学力”“个性特长”，并从阳光心态、阳光思维、阳光行为、阳光形象等四个方面开发“阳光人格”校本课程，强化“意商(意志品质)”培育；将翻转课堂理念引入“合育大课堂”，推广“阳光评语”经验，培养21世纪六项关键能力(生活力、实践力、学习力、自主力、合作力、创造力)(图1)。在此期间，出版专著《阳光语丝——一位教师写给学生的综合素质评语》，典型经验入选《教育改革的中国方案——聚焦发展核心素养的素质教育探索》一书，荣获武汉市基础教育教学成果一等奖，湖北省基础教育教学成果特等奖等。连续牵头组织四届全国阳光教育年会暨阳光论坛，成果辐射推广至全国17个省市270余所学校。

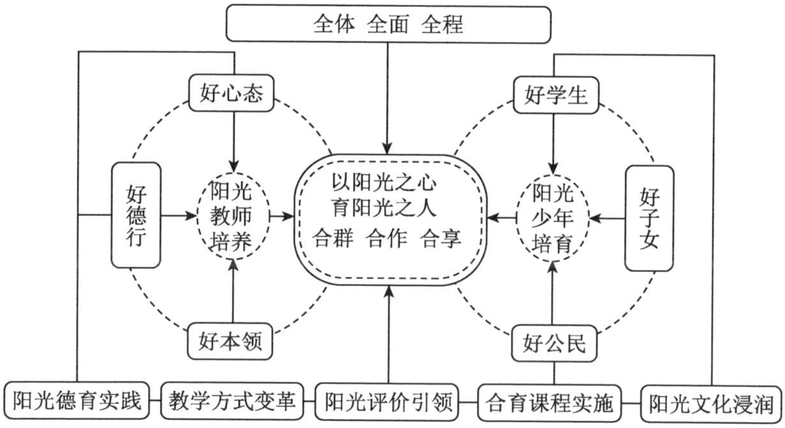

图1 阳光教育育人模式

四、 主要内容

整体建构了阳光教育“三全”实践体系，探索完善了阳光教育“三合”育人路径，建立了“新三好”阳光少年评价标准及培育机制。

（一）整体建构了阳光教育“三全”实践体系

在阳光教育“三全”理念体系的框架下，学校逐步构建了阳光教育“三全”实践体系，形成“一个宗旨、两个重点、三个领域、四大特征、五大法则、六大实践、七大目标、八大行动”的工作体系(图2)，并进一步开拓“意商”培养以及“合育”培养途径。

学校将阳光教育“三全”的核心价值观深植于心，在课程、活动和评价设计上力图降低起点，发现亮点，触动暗点，多元评价。在这里，成才途径很多，尤其是对于那些考分平平的学子来说，学校为他们准备了展示特长的多重空间。如针对兴趣爱好各异的学生，学校特意开办了吉他、剪纸、国画、排球、航模、人工智能等兴趣班三十多个，尽可能地创造条件让学生发展其长，展示多元智慧。尊重、赏识、激励每一位学生，使所有的学生都能健康成长。二十年来，二十五中培养出了一批批优秀学子，课题组对从学校走出去的许多学生进行了多年跟踪研究，留下数篇感人的案例报道。

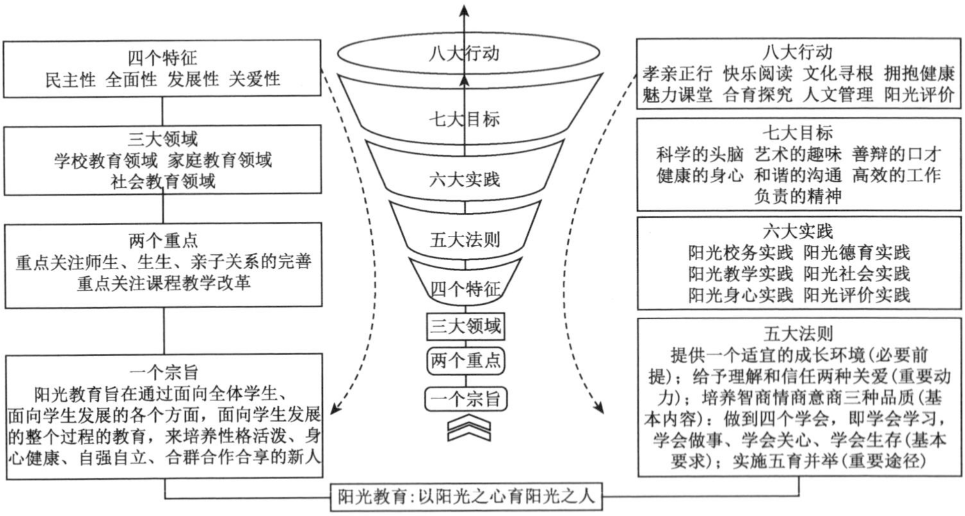

图2 阳光教育工作体系

（2）探索完善了阳光教育“三合”育人路径

学校确立阳光教师、阳光少年两大培养主体，将合群、合作、合享理念融入育人体系之中，积极探索并不断完善育人路径。在二十年育人实践中，逐渐形成学校合育的五大支柱，课堂育人、活动育人以及协同育人覆盖学校、家庭、社会三大场域。

1. 合育的五大支柱

（1）“赋权·增能”的阳光德育实践。以自我服务、自我管理、自我教育和自我提升为支点，赋予学生参与权、管理权、监督权、评议权、决策权等权利；以“心理资本”优化和“性格优势”培养为基础，在增强学生道德水平与“意商”（意志品质）的同时，强化“合育”效能，培养具有阳光人格、阳光学力和个性特长的阳光少年。

（2）“智慧·个性”的教学方式变革。课堂变革是学校变革的主阵地。学校立足信息技术时代，以培养学生自主学习、合作探究等能力为突破口，抓住课堂“真诚交流，明确目标；友情互助，探求新知；成果展示，快乐分享；自主演练，反馈提升”四个基本环节，关注学习过程的完整性及学习个体的差异性，开展“合育”大课堂实践，打造“小目标、低起点、近距离、扬特色”的魅力课堂。

（3）“科学·人文”的合育课程实施。在显性课程方面，开发系列校本课程，除传统文化、科学课程、英语语言与文化等课程外，还以德育为先导，开发“孝亲”“正行”教育、“阳光人格”、《合育》系列校本课程；在隐性课程方面，营造阳光校园文化、班级文化、社团文化，对学生产生潜移默化的正向影响。

（4）“多元·温情”的阳光评价引领。持续推进阳光少年评价标准的研究与深化，制定“新三好”标准，不断丰富阳光少年评价体系；创新实施阳光少年申报制度，研制《学生自省册》《21天正行日记》等育德工具，推广“阳光评语”典型经验，以多维度评价、过程性评价、激励性评价、发展性评价鼓励学生全面发展。

（5）“美丽·人性”的阳光文化浸润。学校以阳光教育理念为灵魂，以本校历史为主轴，创建既有历史纵深感，又有时代新风貌的美丽校园。校园里处处展示师生的阳光语丝，点缀着阳光教育的标志性雕塑——一轮火红动感的太阳，校史馆集中呈现百年老校厚重文化等。阳光教育理念以“一班一品”“校园文化主题创设”等形式渗透于校园环境中，潜移默化地浸润感染广大师生。（图3）

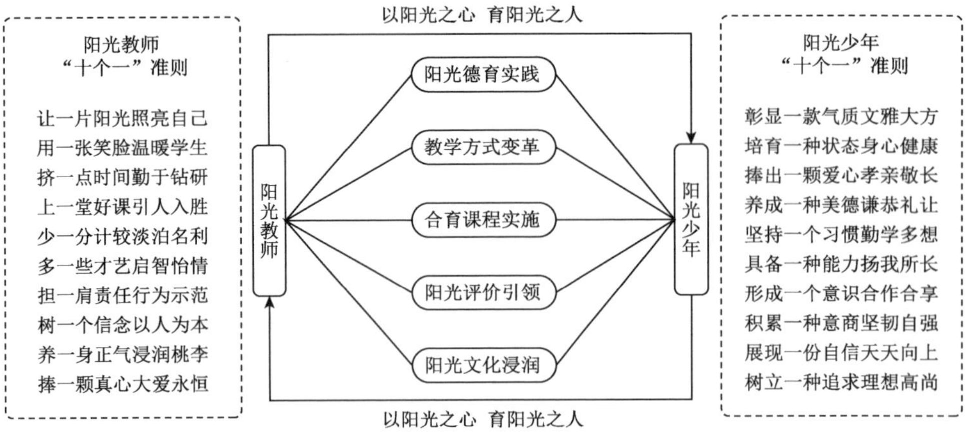

图3 阳光教育育人框架

2. 合育的基本路径

（1）课堂育人：明确“课前同学、课中研学”的操作方案

从魅力课堂到合育大课堂，从“小、低、近、扬”到引入翻转课堂理念，学校一直致力于教与学方式变革，将识记理解内容放到了课前学生个人的学习空间，学生学习自由性更广泛；宝贵的课堂时间则用于进行较高层次的学习活动，教学设计容量更大，对文本或知识的拓展面会更广阔，学习也更深入。“课前同学”环节是基于学生个人空间的学习，以独学为主；“课中研学”环节是基于合群、合作、合享的学习。

“课前同学”环节，包括微课学习和网上分析。教师根据教学内容录制10分钟左右的教学视频，通过教学平台发放给学生。学生自主观看、自定进度进行学习，通过家校帮等网络平台或者纸质的课前任务单，进行预习检测。教师通过软件平台或任务单检查了解学生的学习情况和存在的困惑，并有针对性地制定教学进度，确定教学标高，增强课堂教学的实效性。

“课中研学”环节，以项目学习为主，采取合作、探究的方式组织学习，包括自学反馈、合作探究、进阶演练、成果分享四个步骤。教师根据学习平台上或任务单反馈的学生自学信息，将学生在自学中的疑难点重新整理，进行当堂反馈。引导学生先独立思考，然后在小组间、班级间、师生间的合作讨论中逐步梳理，在交流探究中促进思维的深入。在学生完成知识重难点的探究后，再进行进阶练习，以检测知识点的学习情况，最后在小组内分享成果、自主纠错，巩固所学知识。

（2）活动育人及协同育人：拓展多维阳光教育活动育人形态

活动育人是促进学生理论联系实际的纽带，是培养学生主体精神的主要渠道，也是培养学生自立、自信、乐观、积极的阳光人格的极佳路径。学校整体设计系列活动，拓展学生学习空间，完善其知识结构，促进学生多元发展。

阳光特色主题活动。搭建活动载体，挖掘活动时间及空间，开展形式多样的主题教育活动，助力学生形成正确的人生观和世界观，拓宽视野，增长才干。

正行教育活动。实施21天正行计划，以21天为一个周期，采用反省日记、打卡记录等方式，长善救失，培养学生的阳光人格、阳光学力和个性特长等。

阳光社团活动。开发了五大类32门阳光特色社团活动课程，学生们根据自己的兴趣、爱好，自主选择。在指导老师的带领下，社团负责人制定社团章程，并组织社员学习，在制定和学习章程的过程中，内化成为每一个社员的行为准则，发展个性特长。

阳光行动小组。成立阳光行动小组，形成成长共同体，变“独生”为“群养”。引导学生及家庭采取自愿组合的方式，由四至五个志趣爱好相同互补的学生组合形成的一个全方位、全覆盖的合作群体，或自主地召集在一起学习、读书、游戏、讨论；或由家长带队，充分利用各自家庭的教育资源走向自然，领略祖国大好河山；或贯彻学校开展的主题教育活动，采访、调查、实践……在合群、合作与合享中不断规范自己的行为习惯。

学校在探索了依托学校场域的活动育人路径的基础上，拓展教育的空间边界，整合家庭、社会多方资源，以协同育人的方式，使学校活动育人走向纵深处。

家校联系合育实践。密切同家长的联系，家校形成共识。向家长介绍好的教育方法，帮助家长查找教育问题及教育缺陷，给学生布置在家中完成的德育实践活动，家校共育缔造学生良好习惯和健康人格。

社会实践、研学活动。如：开设史馆研学课程，培养学生阳光自信的品格。学校修建了校史馆，将学校悠久的历史、厚重的文化、杰出的校友人才、辉煌的成绩、成功的经验等独有的文化资源与信息资源进行挖掘、整理、研究，用图片、文字、实物等形式展示出来，使其成为学生学习的蓝本，进一步向博物馆、纪念馆等社区资源延展。（图 4）

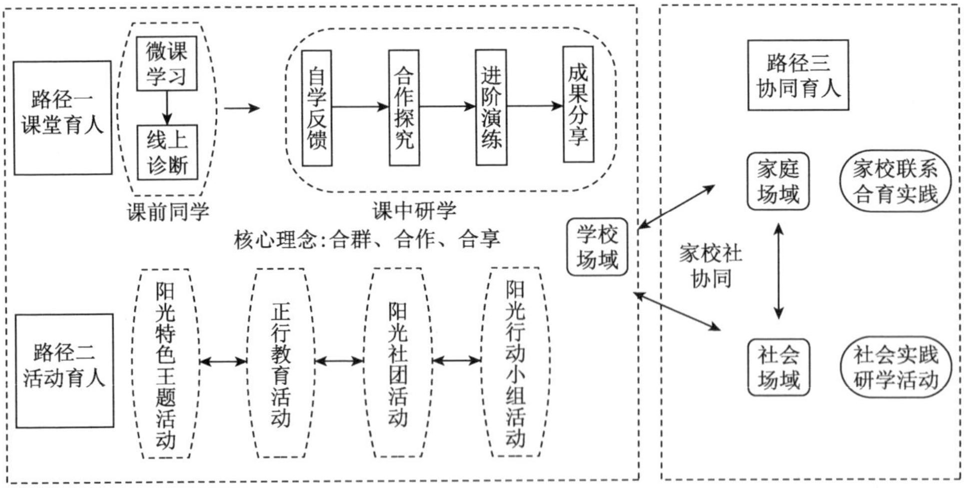

图 4　阳光教育合育路径

（二）建立了“新三好”阳光少年评价标准及培育机制

1. 制定了阳光少年的“新三好”标准

阳光教育理念认为：每一个学生都是一个发光体，每个学生都应得到赏识。学校致力于发现、发扬、激励每一个学生的不同方面的闪光点。在阳光教育办学理念的指引下，我们制定了阳光少年的“新三好”标准：

在学校做好学生——主动学习、全面发展的好学生；

在家里做好子女——勤俭自强、孝敬长辈的好孩子；

在社区做好公民——诚实守信、道德规范的好公民。

2. 完善了阳光少年的评价体系

以阳光教育培养目标为指引，将阳光少年与“新三好”学生评价有机结合，完善了学校阳光少年评价框架体系(见图5)。

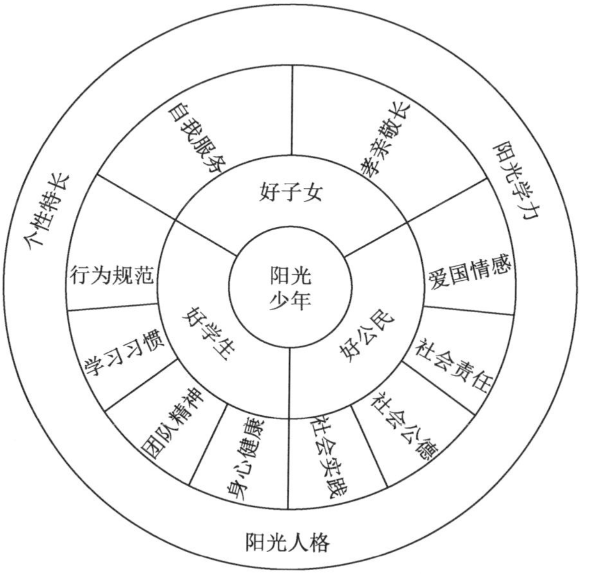

图5　阳光少年评价框架体系

由框架图可知，“阳光少年”评价框架体系按如下方式建构：以学生逐渐扩大的生活范围以及他们在其间所担任的不同角色为考虑，从学校、家庭、社会三个维度，以“好学生”“好子女”“好公民”为评价的一级指标。

“好学生”下设学习习惯、团队精神、行为规范、身心健康四个二级指标；“好公民”下设爱国情感、社会责任、社会公德、社会实践四个二级指标；“好孩子”下设孝亲敬长、自我服务两个二级指标。这十个二级指标下面有总计六十条评价要素，根据评价指标的重要性分配不同权重，赋值计分。当学生达到以上标准时，就是拥有阳光人格、阳光学力和个性特长的阳光少年。

3. 形成了阳光少年常态培育机制

为全面培育每一位学生，学校以“新三好”阳光少年评选作为学生常态培育的抓手，几经验证，形成了以下阳光少年常态培育机制(图6)。

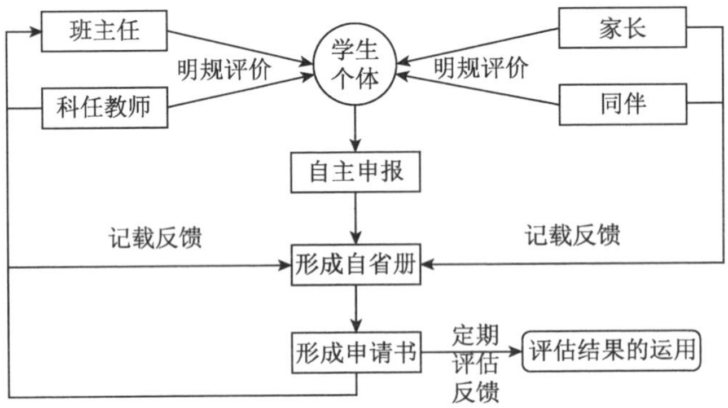

图6　阳光少年常态培育机制图

(1) 实行个人申报制

每学期开学，每位同学向父母或监护人说明“阳光少年”申报评选的必要性，共同协商，拟定申报级别、类别，写出申请书，即制定本人“阳光少年”目标计划。每个申请人知道自己每天要做什么。这是自己对自己的要求。且准备行动档案，提交申请书至班主任处登记造册存档。

(2) 开展多维评价

学校集合家长、班委会、班主任、任课教师、年级组、学校的不同站位，确立了多维评价框架(表1)。

表1　“阳光少年”多维评价框架

维度	评价过程性要求及主要内容	评价频率
家长（监护人）	与学生一同学习、讨论“阳光少年”申报评选条例，协助学生制定好“阳光少年”目标计划。每周至少检查一次学生的行动档案，同时对学生在家的表现，“好子女”条例的执行情况作出评价和记载。并协同邻里对学生在社会上的表现每月作出评价，并予以记载	行规每周一次;邻里评价每月一次
班委会	班委会成员(班长、学习委员、纪律检查委员、劳动委员、生活委员、宣传委员等)每周开一次班务会，对各小组“阳光少年”行动档案的规范进行检查，督促完成。每月定期向班主任汇报执行情况、初评结果;各“阳光行动小组”负责检查本小组成员“阳光少年”执行情况。平时的记录要求客观地反映申请人平时在校表现，在家的表现也要记录在案。每周一次交流经验，互相帮助，共同进步;“阳光行动小组”负责人向班委会汇报本小组“阳光少年”情况	每周一次
班主任	向本班学生宣讲“阳光少年”申报评选相关内容、执行方式;督促、指导本班班委会成员召开班务会。对各小组上报“阳光少年”情况进行核实;收集、整理本班学生“阳光少年”执行情况、初评结果，按月向年级组汇报	每日跟进;每月汇总上报
任课教师	熟悉“阳光少年”相关内容，在教学中渗透“阳光少年”活动;参与“阳光少年”评选活动，客观地反映学生情况	每日跟进
年级组	督促、指导各班班主任做好“阳光少年”宣传、组织、申报、记载等工作;收集、整理各班“阳光少年”评选执行情况,定期向学校汇报;为进一步推动“阳光少年”活动开展，及时发现并推广本年级有创意的设想	每月收集评价;每学期评价
学校	做好“阳光少年”宣传、组织工作;拟定、完善相关政策;收集、整理、保管学生“阳光少年”相关资料、初评、复评结果，定期向全校公布;适时召开表彰大会	每学期一次

（3）推广“阳光评语”经验

“阳光评语”在“阳光教育”办学理念探索与实践的基础上产生，对标学生综合素质评价新理念，从“新三好”的标准对学生实施多维度评价，注重对学生进行正向激励，促进每个学生发现自己的美，记录自己成长中的闪光细节。学校结集出版专著《阳光语丝——一位教师写给学生的综合素质评语》，为广大一线教师撰写学生的综合素质评语提供了诸多直观生动的范本，也为广大学生完成综合素质档案中的主要成长记录及毕业时的简要自我陈述提供了具体的参考与借鉴。向全校及实验校、联盟校推广典型经验，因其操作性强、容易借鉴和效仿而深得广大教师的热捧。

五、 基本经验

“阳光教育”历经二十年的实践，在育人模式变革上取得了一定的成效，其中的经验主要包括以下三条：一是专家引领，课题驱动；二是德育为先，三全并举；三是评价入手，起点下移。

一是专家引领，课题驱动。阳光教育是当代先进教育思想与具体教育实践相结合的产物。为保证顺畅实施，学校先后向湖北省教育学会、中国教育学会提出申请，在旗下组建了湖北省“阳光教育”研究中心和全国阳光教育联盟，聚集了多位省内外热心阳光教育研究的知名专家和一批勇于实践的优秀校长、教师，形成阳光教育实验研究共同体。二十年中，学校又以《阳光教育研究》《阳光教育理论与实践的发展性研究》《新时期阳光教育理论与实践的深化研究》等课题为契机，吸纳学校的科研骨干和武昌区域内相关人员，进行课题攻关、学术探讨、论文交流，不断完善阳光教育的理论构建，扎实推动阳光教育实验的进程。

二是德育为先，三全并举。阳光教育有三个关键词，即“全体”“全面”和“全程”，这三者是一个有机整体，围绕“三全”的协调发展，学校高举德育的大旗，找到孝亲这一突破口，开发了孝亲教育系列校本课程，全校一起参与，从“为父母洗一次脚”“收集孝亲格言、歌曲、故事集”到“陪父母做一顿年夜饭”“与父母换一次角色”，再到“亲子运动会”“慰问孤寡老人”等，与此同时，我们还开展评选“百名孝子”“十大孝星”活动，从传统的“孝文化”中挖掘出对学校德育有现实价值的内容，以忠心献祖国，孝心献父母，爱心献他人作为孝亲教育的主要内容，唤醒了在一代独生子女心灵中沉睡已久的传统美德意识与责任感，学生的精神面貌被改变，阳光教育也在实施之初即取得良好社会效应。

三是评价入手，起点下移。对学生评价制度的改革，是体现阳光教育中“全体”价值观的一项重点工程。学校想多用几把尺子衡量学生，而不再是用分数一刀切，打击众多学生的自信心。

由此，学校尝试对“三好”赋予新的内涵：即在学校做个好学生，在家里做个好子女，在社会做个好公民。相对于传统的“三好学生”评价标准，“新三好”评价内容增加了在家表现和在社会上的表现，能更全面和科学地衡量一个学生的综合素质。它试图降低起点，发现亮点，触动暗点，多元评价，其目的是让分高分低的学生都能享受到公平的教育。过去“三好学生”的评比只有百分之十左右的学生得到表扬和奖励，学校实行“阳光少年”评价标准后，有百分之八十以上的学生受到了不同方面的表扬，这样就下移了“三好”的起点，照顾到了绝大多数学生，其良好效应也一直在得到反复验证。

“阳光少年”评价是学校在教育改革实践中对传统评价模式进行反思和批判的产物，也是对“一切为了学生”这一教育思想的内化和实践。它使得阳光教育稳稳地落地生根，并获得持续跟进研究的机会。

六、 重要成效及实验推广

阳光教育育人模式变革的二十年探索已取得显著的成效，并通过论坛交流、专题报告、媒体报道等形式在全国推广实验经验。

（一）重要成效

学校在20年的“阳光教育”育人变革探索中，紧扣“以阳光之心育阳光之人”的办学理念，与时俱进，持续重塑学校的教育观与学生观，行走在培育阳光少年、锻造阳光新人的道路上。

1. 师生昂扬进取，综合素养明显提升

师生心态阳光，自信心、凝聚力显著提高，近三年市区督导测评，教师、学生、家长满意率均为100%，校园生活幸福指数不断攀升。三年来，学生体艺竞赛获奖近600人次，“阳光少年”校级单项获奖率达200%，近视防控率、体质达标率居市区前列。学校教师近300人次获国家、省市级奖励，仅2021年湖北省基础教育“精品课”单项获奖达12节次；在核心期刊发表论文20余篇；5名教师参与10多项国家级教学资源开发；2011年以来，学校教师担任国培指导10批次、授课326节。

2. 学校跨越发展，综合实力明显提升

“十一五”以来，学校共有15个国家及省市课题立项，结题13项，结集出版《教育大变革》《教育大创新》《阳光教育对话录》《文化寻根》《阳光语丝》等5部专著，典型案例入选《教育改革的中国方案——聚焦发展核心素养的素质教育探索》一书，在教育理念、课程体系、课堂模式、评价改革、路径方法等方面得到整体提升并持续优化，被评为武汉市首届“群众满意中小学”学校。学校荣获“全国教育科研先进单位”“全国中小学教育改革与管理先导校”等国家级奖项10项、“湖北省基础教育教学成果特等奖”“湖北省中小学办学实力五十强”等省级奖项16项、武汉市示范学校等市级奖项42项。学校先后接待了国内外教育访问团80余次；和新加坡两所国立中学建立姊妹校，互派师生游学、访问。

教育部原副部长陈小娅亲临学校并指出“阳光教育实验是素质教育的新探索。”中国教育学会原会长、著名教育家顾明远先生说:“我对武汉市第二十五中学等学校开展阳光教育，十分赞成。把学校办成阳光乐园，让每个学生都成为阳光少年，这才是真正的教育。”原国家总督学顾问、中国教育

学会原副会长陶西平，中国教育学会原副秘书长马建华等为阳光教育题词。

（二）实验推广

在取得显著成效的同时，阳光教育育人模式变革的实验经验正通过影响教育政策制定、论坛交流、联盟活动、科研课题成果共享、交流互访、专题报告（讲座）、专著出版、论文发表、《阳光》杂志刊行、媒体报道（平面媒体与网络媒体）等形式在全国范围内推广。

作为全国阳光教育联盟牵头校及中陶会阳光教育研究分会秘书长学校，连续主办9届全国“阳光教育”年会，研究成果辐射国内270余所学校，被国家、省市主流媒体报道600余次。

“阳光少年”申报评选制度被全国各地广泛借鉴，对国家省市德育评价改革产生了积极影响。阳光少年“新三好”标准受到武汉市教育局高度肯定，被纳入2005年《未成年人思想道德考核标准》并沿用至今；制定的《学生自省册》以及推行“阳光评语”“21天正行日记”等举措，得到了专家学者、家长及社会的大力肯定和赞许，“阳光评语”“合育”“成长共同体”等典型经验得到广泛推广。

秉持“以阳光之心育阳光之人”办学理念，学校持续围绕阳光教育开展了二十年的育人模式探索，完成了从独行客到领跑者的华丽转身。在新时代背景下，如何聚焦核心素养、优化生活实践路径，发挥“合育”模式的育人功效，使课堂的提质增效与课后服务能更好地为学校培育具有阳光人格、阳光学力、个性特长的阳光少年服务，是学校需要持续探索的重要命题与核心任务。

基于“场馆·场所·场景”特色课程开发的全面育人20年探索与实践[①]

成果完成者：武汉市育才小学

获奖情况：2022年湖北省优秀基础教育教学成果特等奖

2022年武汉市第二届基础教育教学成果特等奖

学校于1954年建校，从1954年到1984年的三十年间，伴随着国家教育事业的开创、成长与发展，学校经历了从初建内核、重建内核、再塑内核的探索过程，并随着时代变迁和社会发展历经四次更名，于1984年正式更名为现名。2000年左右，学校提出了“给学生最美好的童年　给人生最坚实的起步”的办学理念，二十多年来，学校努力践行素质教育改革，以“场馆·场所·场景”特色课程开发为依托，联通课内与课外、学校与社会、教学与实践，形成场馆课程体系，拓展学习场所，实施场景教育，促进学生的全面发展。

一、问题的提出

推动基础教育高质量发展，要坚持“立德树人、全面育人”的教育导向，以促进儿童的全面发展为目标，以核心素养培育为导向，建构“场馆·场所·场景”特色课程体系，探索学校全面育人样态，丰富育人环境和学习资源，促进育人方式变革，使教育向生动的现实世界敞开。

第一，小学教育中书本知识与实际生活相脱离制约了儿童全面发展的实

① 经与学校负责人晏莉校长确认，将此成果原题《基于场学习的实践育人廿年探索》改为现题。

现。当前我国的小学教育存在远离社会和生活实际的问题，为克服学校教育中过于关注学科知识世界而忽视儿童生活世界的局限，强调以实践育人为路径，引导学生“进入生活世界”，建立学生与外部世界的内在关联，构成人的生成与发展的社会关系。基于此，学校以“学科互涉、五育融合”为课程理念指引，开发基于“场馆·场所·场景”的特色课程体系，丰富学生的学习视野与课程体验，实现以全面育人为导向的教学观念、教学方式和教学活动的系统性变革。

第二，学校教育中学科割裂与知识碎片化影响了学生的素养发展。针对当前小学教育普遍存在的学科与学科、学科与课程之间脱节问题，关注学生作为完整的人的发展需要，以及真实生活中复杂问题解决对综合性知识与能力的需要。尝试以发展学生核心素养为目的，来建构全面发展的课程体系，强调打破学科边界，强化学科互涉，实现结构化知识的生成与核心素养表现。以“德智体美劳”五育融合为理论基础，形成“品格修为、文化传承、智慧培育、个性发展、实践锻炼”等五个相对独立又内在关联的课程模块群，以此作为实现全面育人的课程保障。

第三，育人方式中知行脱节与实践缺失影响了学校立德树人功能的实现。完善全面育人样态、深化育人方式改革是推进育人体系现代化的根本要求，区别于传统知识授受的育人样态，基于“场馆·场所·场景”特色课程的全面育人是一种具备开放性、综合性、连续性、实践性和社会性特征的综合育人体系。在育人过程中，进一步丰富了实践的内涵，扭转将实践单一理解为“动手做”的观点，处理好知识与实践、学校与社会、科学世界和生活世界的关系，强调从文化、社会、科学、美德等多方面实践引导育人方式变革，促进知行合一。

第四，育人环境的单向度与封闭性局限了学生的学习空间。全面育人的实现对育人环境的多维性和生态性提出了要求，如何进行学校场馆与场馆课程资源的开发至关重要，如何合理运用校内外场馆、场所和场景为学生的学习与发展服务也是一道难题。良好的育人环境是实现全面育人的重要基础，为破解小学教育育人环境单向度与封闭性的困局，学校尝试打破校园与社会的围墙，基于多元场馆、场所、场景的实践育人环境与学习资源的开发，为实现全面育人构建多向度、立体化的学生学习空间，使学习活动与现实世界产生密切的互动。

二、 核心理念

1. **确立了“面向现实世界、促进全面发展”的育人理念。** 主张小学教育要面向儿童生活实际，发挥生活实践、社会实践、文化实践功能，促进全面育人。

2. **提出了“学科互涉、五育融合”的课程理念。** 主张从单一学科课程走向学科互涉的整合课程，打破学科边界，开发了“场馆 · 场所 · 场景”特色课程，建构了“学力夯基、学科拓展、筑梦延展”三类课程体系。

三、 实施过程

自 1997 年起，学校以“理论学习、专业引领、自我反思、勇于实践”为机制，综合运用文献研究法、调查法、行动研究法、案例法，进行理念研究与建构，开展反思性实践，分阶段、有重点地探索解决问题的方法和路径。

第一，理念建构阶段(2000 年~2008 年)：聚焦育人方式变革、核心素养、学科互涉、场馆课程等核心概念展开文献梳理，依托课题研究，提出了“给学生最美好的童年　给人生最坚实的起步”的办学理念，基于学科互涉的学习理论基础、课程体系建设、育人环境与学习资源开发等专题研究，确立以素养培育为旨向的全面育人样态。在校本课程资源开发的研究中，本着“基于学生的兴趣和需要、基于学生的生活和经验、基于学校的优质资源”的理念形成了校本课程的基本框架，研究开发出学生喜爱的《阅读与积累》

《SX开发(生活与数学)》《艺术与欣赏》《学生道德行为实践》四大版块的校本课程学生读本。

第二，实践深化阶段(2009年~2017年)：依托《基于“互联网+”的小学教与学方式变革研究》等课题研究，以课堂教学方式和学习方式变革为核心，实现融合性课程开发，推动学科互涉性教学开展。在课程建设方面，通过整合学科课程、拓展课程和延展课程，架构了课程体系，开发了百门主题课程；在全面育人样态方面，以多样化的场馆、场所、场景为载体，以育人环境创设为抓手，与博物馆、大学合作共建了“编钟文化”“陶艺文化”“汉剧文化”数十个实践场馆、场所和场景，以家校社共育机制为保障，制度化开展校内外特色实践教育活动。

第三，总结推广阶段(2018年~2022年)：依托《“生活·实践”教育视域下小学育人模式创新与实践研究》等课题的研究与实践，总结与推广基于“三场”课程的全面育人案例与经验。学校以“学科互涉、五育融合”为特色课程理念，通过区域-学校合作的形式，以专家活动、区域教育交流、接受挂职学习等方式展示了学校教育教学改革成果，发挥了示范引领与辐射作用。在学校办学成果实践推广方面，市区教育局将学校实践成果作为母体，直接高位嫁接运用于新建学校，孕育了14所系列品牌新校，每年承担着全区近50%小学生的义务教育；石家庄市长安区教育局复制与应用学校教学改革成果，开展多元化的课程设计，实现了区域学校更高层次的优质均衡发展；上饶市弋阳县逸夫小学引入学校课程体系以来，先后荣获全国、省级先进集体荣誉称号，……不一而足。此外，学校获国际级荣誉2项、国家级荣誉29项、省级荣誉17项，举办全国现场会4次，各种省级及以上研讨展示活动20余次，作全国性主题报告21次，极大提升了学校影响力和知名度。本成果获湖北省基础教育教学成果奖特等奖。

四、 主要内容与基本经验

在开展《“生活·实践”教育视域下小学育人模式创新与实践研究》等课题研究的基础上，以“场馆·场所·场景”特色课程开发为依托，构建全面育人体系，形成了如下主要成果。

（一）以立德树人为宗旨，确立了“面向现实世界、促进全面发展”的育人理念

育人是教育的原点，学校教育要落实立德树人根本任务，促进学生的全面发展。主张小学教育要面向儿童生活实际，发挥生活实践、社会实践、文化实践的育人功能，在发展品性中让儿童收获成长。教育是有目的、有意识培养人的活动，同时也是影响人的因素，可以对环境的自发影响进行调节和选择，充分利用环境中积极因素的作用，为儿童的发展创造更为有利的条件。同时还根据儿童身心发展的规律及时地发现和促进那些优良素质的发展，以培养学生的积极性、独立性、灵活性和创造性。真正的教育要向生动的现实世界敞开，关注儿童生活实际，克服知行分离与实践缺失的问题，引导学生走进现实生活。学校凝练了“全面+个性”的育人特色，力求为儿童创造成长空间和无限可能，促进了学生生活实践和社会实践的开展。

（二）提出“学科互涉、五育融合”的理念，开发了基于“场馆·场所·场景”的特色课程

学校主张课程实施必须突破学科边界，体现“学科互涉”，建构了“学力夯基、学科拓展、筑梦延展”三类课程体系，以“场馆·场所·场景”特色课程来实现“五育融合”功能。场馆、场所和场景是学校建造和创设的全面育人资源和环境的综合化场所，是有助于学生经验增长及意义增值的综合性育人空间。学校将场馆实践、场所实践、场景实践纳入课程范畴，使

之成为具有系统性、可操作性和科学性的课程整合及其运作机制，改变教育教学活动碎片化的状态。根据学生认知水平和心理特点，注重活动的选修性和个性化，形成了校本化的校内、校外综合实践活动序列；注重开发多学科间融合共生的课程，例如与语文、科技、美术、体育、音乐、英语等多学科互涉相融的一系列场馆课程：红色、体育、编钟、科创、美育、生活·实践等；通过品格修为、文化传承、智慧培育、个性发展、实践锻炼的课程体系和育人方式，促使儿童成为具有文化传承者、思想感悟者、投入学习者、问题解决者、个性创造者等特质的幸福成长者。（图 1）

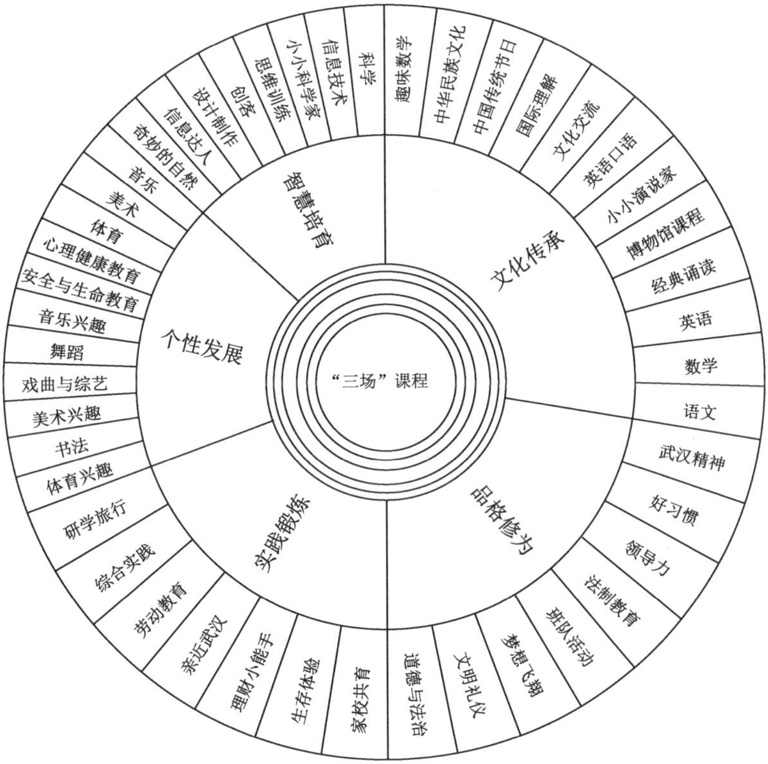

图 1　“场馆·场所·场景”特色课程图谱

学校开展了以编钟为主题的融合课程。编钟历史探源，编钟与音乐相遇，与舞蹈相遇，与语文相遇，与美术相遇，与数学相遇，与信息技术相遇，与英语相遇，与文化相遇。“编钟课程”是学校持续20多年探索的凸显地方历史文化、优秀传统文化、民族文化教育价值的特色课程，其中包括传统历史探源、编钟文化探究、编钟诗歌鉴赏、编钟的数学探秘、编钟科技创新、编钟文创设计等多元学习方式，是实现五育融合的“场馆·场所·场景”课程范例。为提升学校课程的融合广度，学校也积极探索更多课程的融合，戏剧、语文、美术、科学等多种学科的融合、互涉，加强了课程内容综合性，淡化了学科的界限，真正意义上实现基于学科互涉融合的课程形态变革。

（三）形成了“根植历史文化、达成美德一体、强化实践活动、增强校社共育”的全面育人样态

学校主张“落实立德树人根本任务”，二十年来，围绕着“育什么样的人”“如何育人”进行了大量有计划、有步骤、有开拓性的尝试。迈入“十四五”，学校思考：如何在“给学生最美好的童年　给人生最坚实的起步”办学理念的指引下，如何在全面育人的深入实践中，进一步深化学校发展，进一步开辟为学生全面发展服务的教育资源空间？

通过对知识与实践、学校与社会、科学世界与生活世界关系的处理，从文化、社会、科学、美德等方面观照育人方式变革，建构了多维立体的全面育人新样态，确立了“问题导向、情境依托、多维实践”的育人路径，着力处理好课内与课外、校内与校外、线上与线下、全面与个性之间的关系，着力打破知识教育、课堂教育、学科教育的局限性，着力打破学校教育、社会教育、家庭教育的壁垒，最终将学校资源与家庭资源、社会资源进行多维有效的融合。学校通过班级微课、家庭体验课、社会实践课等多样形式，引进校外的文化、体育、红色、企事业等多种资源，以求最大限度地扩充学校育人支持条件，为学生建立起一座无形的、强大的教育资源库，从而实现学校课程场馆化、场所化、场景化，以更好引领学生全身心投入学习，让学生的学习更具开放性、实践性、体验性、参与性、沉浸性。如今，这架通向学

生全面发展的资源立交桥，有效落实了家校社共育。学校在生活中育人，学生在实践中成长。

改变教育教学活动碎片化，学校将一切教育活动纳入课程的范畴，使之成为具有系统性、可操作性和科学性的课程整合及其运作机制。建设了文化育人、社会育人、活动育人、实践育人的教育活动体系，形成了“根植历史文化、达成美德一体、强化实践活动、增强校社共育”的全面育人样态。

（四）建设了具有开放性、综合性、体验性和实践性的场馆和场所，拓展了全面育人环境

以“培根铸魂、启智增慧”为宗旨，建设了具有开放性、综合性、体验性和实践性的场馆和场所，开发系列特色主题活动，以项目化方式实施，形成场馆化的泛在学习空间与育人环境，建立了校内外社会实践资源协同共享机制。校内设有人文馆 3 间，以未来学习中心、天文台为主体的科技馆 18 间，以编钟馆为主体的艺术馆 11 间，体育馆 4 间（表 1）。校外与省市博物馆、科技馆、科技企业、政府部门、事业单位共建学生各类实践基地 13 个，开展场馆学习、场所学习和场景学习。与武汉音乐学院合作建立“教学实训基地”，与武汉汉剧院合作建立“汉剧实训基地”，与湖北省博物馆联合开展“编钟体验课程”，在武汉美术馆挂牌成立“美育实践基地”，与马口窑陶艺实践基地建立美育合作关系，与卓尔书店、武汉革命博物馆、空军预警指挥学院、火箭军指挥学院、长江文明馆、武汉自然博物馆、相关金融企业等建立研学课程合作关系。定期与清华大学、中科院、华中科技大学、华中师范大学等开展主题项目合作。学校招募了 300 多位家长生活实践导师，成为了学校“生活・实践”教育重要的智库成员。（表 2）

表 1　校内实践育人场馆一览（合计 36 个）

场馆类别	场馆名称	数量
科技馆	OM 教室	18 个
	创意模型室	
	天文台	
	创客空间	
	科学实验室	
	劳技室	
	车模室	
	计算机室(4 个)	
	木工坊	
	3D 打印室	
	云教室	
	VP 体验馆	
	未来学习中心	
	慧鱼机器人教室	
	海模池	
人文馆	图书阅览室	3 个
	智慧图书馆	
	书吧	
艺术馆	编钟馆	11 个
	美术室	
	汉绣室	
	合唱厅	
	舞蹈室	
	汉剧室	
	陶艺室	
	书法室(4 个)	

（续表）

场馆类别	场馆名称	数量
体育馆	篮球馆	4 个
	乒乓球馆	
	围棋室(2 个)	

表 2　本成果相关校外实践育人基地及主要教育活动

序号	校外实践育人基地名称	开展的主要实践教育活动	
		时间	主题
1	武汉革命博物馆（红领巾讲解员实训基地）	2021.03.01	武汉革命博物馆副馆长在开学典礼上讲述百年党史
		2021.04.15~30	“红领巾小小讲解员”岗前培训
		2021.05.01~16	“红领巾小小讲解员”武汉革命博物馆实地集训
		2021.05.22	武汉革命博物馆——红色党史我来讲　小声音传播大能量
2	空军预警指挥学院	2021.03.31	空军预警指挥学院，“学百年党史　做英雄传人”活动
		2021.07.29	“八一”建军节前夕，献礼“最可爱的人”
		2022.06~09	空军预警指挥学院国旗班培训学校国旗班
		2022.09.01	开学典礼—喜迎二十大　永远跟党走　奋进新征程
3	火箭军指挥学院	2021.04.10	“青春有约　争当先锋”共建活动
		2021.07.29	“八一”建军节前夕，献礼“最可爱的人”
		2022.09.01	火箭军指挥学院军人新学期寄语

（续表）

序号	校外实践育人基地名称	开展的主要实践教育活动	
		时间	主题
4	湖北省博物馆（编钟体验课程基地）	2021. 05. 27 2022. 04. 29 2022. 05. 13 2022. 09. 19 2022. 09. 22	参观湖北省博物馆、近距离观察曾侯乙编钟 编钟馆排练编钟民乐 省博专家超级课堂：编钟民乐课程 省博专家超级课堂：学习编钟演奏 省博专家指导编钟民乐演出
5	长江文明馆（武汉自然博物馆）	2019. 11. 07 2021. 04. 20 2021. 05. 18	第 16 期“大河讲堂”活动 武汉自然博物馆研学实践教育课程 “国际博物馆日”——探“鲟”长江大保护活动
6	武汉汉剧院（汉剧实训基地）	2017. 04. 20 2017. 06. 29 2017. 12. 15 2018. 03. 09 2019. 09. 24	武汉汉剧院教学实训基地挂牌仪式及演出 武汉汉剧院文艺汇演 武汉汉剧院戏曲交流展演 中华优秀戏曲文化艺术节汇演 武汉市原创汉剧展演
7	武汉音乐学院	2019. 06. 19 2021. 07. 06 2021. 10. 15 2021. 12. 10 2022. 09. 22	在武汉音乐学院举行六年级“编钟礼乐”毕业礼 武汉音乐学院专家走进我校指导编钟课程 双方编钟民乐交流与合作 武汉音乐学院专家指导编钟礼乐课程 武汉音乐学院剧场，学生民乐合奏指导
8	武汉市艺术学校	2021. 12. 23 2022. 01. 18 2022. 06. 20	赴武汉市艺校开展实践育人工作研讨、舞蹈编排 双方签署实训协议 武汉市艺术学校指导参评全国文艺汇演的舞蹈

（续表）

序号	校外实践育人基地名称	开展的主要实践教育活动	
		时间	主题
9	武汉美术馆	2021.03.24 2021.05.26 2022.05.21	武汉美术馆——言语之外艺术与疗愈活动 武汉美术馆——“花儿朝阳 童心向党”学生美术作品展 武汉美术馆——“艺”想天开国际少儿视觉艺术展
10	马口窑楚陶非遗文化传承中心	2022.10.22	赴马口窑楚陶非遗文化传承中心学习交流
11	武汉市农业科学院（科创劳动教育基地）	2022.05.24 2022.06.02	武汉市农业科学院教育基地挂牌、参观基地 参观2022武汉种业博览会、聆听院士论坛
12	武汉卓尔智诚集团	2022.01.12～18	美术特色项目展——《汉绣楚韵》《走进马口窑》
13	汉口银行（金融教育示范基地）	2021.05.17 2021.05.19 2022.05.20～21	金融教育示范基地挂牌、金融知识讲座 六年级金融课程 金融教育普及课程

五、 重要成效及实验推广

学校深入开展了基于“场馆·场所·场景”特色课程的全面育人探索，在国内形成了较广泛和积极的影响。其研究效果主要表现在以下几个方面：

（一）成功获批多项省市级以上科研项目

在二十多年的研究过程中，学校围绕全面育人、学科互涉的课程融合开发、场馆课程建设、学习形态变革等方面，成功获批多项省市级以上科研项目。这些项目的开展与推进，又进一步促进了本研究工作的深化。（表3）

表 3　本成果相关课题

序号	课题名称	项目来源
1	促进师生幸福的学校文化建设研究	中国教育学会“十二五”教育科研规划课题
2	小学生创造天性的保护与发展策略研究	中国教育学会“十三五”教育科研规划课题
3	“生活·实践”教育视域下小学育人模式创新与实践研究	中国陶行知研究会重点课题； 湖北省教育科学规划 2021 年度重点课题
4	基于小学生自适应阅读平台的全学科阅读实践探索	湖北省信息技术研究 2022 年度立项课题
5	基于“互联网+”小学教与学方式变革研究	武汉市教育科学“十三五”规划课题
6	小学个性教育研究	武汉市教育科学规划办重点课题

（二）出版和发表了系列研究成果，理论成果丰硕

《场学习——场馆课程的建构》《幸福教育的追寻》等著作，由省级以上出版社出版。据不完全统计，教师在省市级以上学术刊物发表文章 300 余篇。部分研究成果名称见表 4。

表 4　本成果相关著作和论文（部分）

序号	发表日期	发表文章、著作和发行教材题目	发表的刊物名称
1	2022-04-01	专著《场学习——场馆课程的建构》	华中师范大学出版社
2	2020-09-01	《重模型建构　促思维发展》	《中小学教育》
3	2021-11-10	《鉴赏性教育价值观及其实现》	《教育导刊》
4	2020-04-25	《小学数学高年级解决问题错因及矫正》	《教学与研究》
5	2020-03-01	《做孩子精神世界的引领者》	《中小学德育》
6	2020-07-22	《基于分层次教学模式的小学数学教学方法探讨》	《新课程》

（三）学生发展成效显著

据不完全统计，2013 年至今，学生获得世界级奖项 44 人次，国家级奖项 218 人次，省市区级奖项 2000 余人次。

德育方面，塑造良好品格，坚定学生理想信念。学校先后获得“全国少先队阅读推广计划”示范校、湖北省优秀少先队集体、武汉市红旗雏鹰大队、武汉市十佳少先队集体、武汉市十佳少先队新闻宣传单位等荣誉，涌现出“全国优秀少先队员”王翊涵，省市优秀好少年陈宜樊、余界达、陈蔡颖喆、游芷岚，央视春晚小明星王玥鑫等优秀学生代表。

智育方面，聚焦科技创新，放眼学生未来发展。头脑奥林匹克团队连续六年在全国竞赛中荣获一等奖，四次名列世界前五名，荣获两届世界冠军，学校荣获国家级头脑奥林匹克活动特色学校称号；机器人项目多次荣获全国一等奖；车模、空模项目屡次夺得全国金牌，实现湖北省零的突破。

体育方面，坚持快乐运动，促进学生身心健康发展。学校被评为全国科技体育传统校、全国体育传统项目学校（乒乓球）、全国重点乒乓球训练基地、全国篮球特色学校。近几年，学校的冰雪项目课程成效喜人，冰滑队先后获得齐齐哈尔国际冰球赛冠军，亚洲区青少年冰球赛冠军，湖北省青少年锦标赛冰球、花滑冠军，中国滑雪比赛（南方站）冠军，实现了湖北省零的突破，被教育部授予“全国冰雪运动特色校”“奥林匹克教育示范校”。棒球队多次荣获省青少年锦标赛亚军、市级比赛冠军。目前，学校是武汉市唯一拥有三个市级体育传统项目的学校。

美育方面，聚焦文化艺术，培育学生审美创造能力。2014 年，依托编钟音乐文化教育特色，学校获得“全国中小学中华优秀文化艺术传承学校”殊荣。

劳动教育方面，设计主题活动，提升学生劳动素养。学校教师执教的劳动教育课《我是收纳小能手》荣获全国“中小学综合实践活动课程师资研究与培训基地第十四届暨强化综合实践活动课程评价促进活动高质量实施”

学术年会现场展示课一等奖。

（四）教师素养大幅提高

据不完全统计，2013 年至今，教师专业成果硕果累累，获得国际级奖项 3 人次，国家级奖项 52 人次，省市区级奖项 1500 余人次。出版了《场学习——场馆课程的建构》等 2 部专著，编写了《走近编钟》等 12 本校本教材，在全国、省市级学术刊物发表文章 300 余篇。涌现出了 6 名特级教师，12 名全国模范教师、省市五一劳动奖章获得者。多名教师荣获全国教师技能比武一等奖，“恩欧希教育信息化发明创新奖”特等奖，国家级头脑奥林匹克贡献奖、金牌教练，全国软式棒垒球优秀教练员，全国小学课堂比武特等奖，武汉市五项技能竞赛状元等多项殊荣。

（五）办学质量稳步提升

2013 年至今，学校集体获得国际级奖项 7 次，国家级奖项 38 次，省级奖项 15 次，市区级奖项 125 次。学校先后被授予中国教育学会“十三五”教改示范基地、全国中小学中华优秀传统文化传承学校、全国科技体育传统学校、全国教科研信息化先导校、全国学校艺术教育先进单位、全国巾帼文明示范岗、全国整体改革实验基地、全国心理健康特色校、全国太阳能实验基地、全国百佳创新型学校、湖北省首批示范学校、湖北省综合实力 50 强学校、湖北省教育科研 50 强学校、湖北省现代教育技术实验学校、湖北省教师跟岗实验基地、武汉市文明单位、武汉市新一轮校园文化建设名校、武汉市小学标准化建设合格学校、武汉市素质教育特色学校、武汉市群众满意中小学校等。《人民日报》、新华社、中央电视台等主流媒体均对学校先进办学理念和丰硕办学成果进行过宣传报道。第十四届全国人大常委会副委员长蔡达峰，原国家总督学柳斌，中国教育学会原会长顾明远、钟秉林等领导和专家给予我校高度评价。

五育并举视域下“生活教育”育人模式的实践研究

成果完成者：江明华

其他成果持有者：刘　刚　任联玮　郎　浩　周　浩　周　念　沈菊颖

所在单位：重庆市育才中学校

获奖情况：第七届重庆市教育科学研究优秀成果一等奖

生活教育是从书本走向人生，从狭隘走向广阔，从单调走向全面的教育，充溢着生活的灵性，充满着发展的魅力，充盈着德、智、体、美、劳全面发展的教育精神。因此五育并举视域下“生活教育”育人模式首先要坚持以“全面发展”为指向，聚焦于整体育人的教育理念，通过学科融合、特色活动等探索五育并举培养模式。其次，以“理论+实践”为准则，充分发挥“生活”与“知识”不同的育人价值。最后以“融通整合”为路径，既要兼顾不同类型教育的独特性，更兼顾五育的综合性。

一、问题的提出

（一）政策导向：“五育并举”是新时代教育改革的国家决策

“五育并举”是指在现代化的教育中通过重视并实施德育、智育、体育、美育、劳动教育，促进人的全面发展。它既是现代化国家对人的素质的综合要求，也是现代化教育要能够达到的目标。1995 年《中华人民共和国教育法》规定：“培养德智体美劳全面发展的社会主义建设者和接班人。”2018 年 9 月，习近平总书记在全国教育大会上强调要“要努力构建德智体美劳全面培养的教育体系，形成更高水平的人才培养体系”。首次强调了“五育并举”全面发展的教育举措。2019 年，中共中央、国务院颁布了《关于深化教育教学改革全面提高义务教育质量的意见》提出“坚持‘五育’并举，全面发展素质教育”的指导意见。同时，中共中央、国务院印发《中国教育现代化2035》强调“培养德智体美劳全面发展的社会主义建设者和接班人，加快推进教育现代化……更加注重全面发展，大力发展素质教育，促进德育、智育、体育、美育和劳动教育有机融合”。

“五育并举”在新时代的提出绝非偶然。在顶层设计不断完善和政策推动下，我国总体构建了德智体美劳全面培养的教育体系，亦为深化新时代基础教育发展指明了方向。

（二）价值导向：陶行知生活教育思想是宝贵财富

伟大的人民教育家陶行知先生用教育实践在中国现代教育史上写下了光辉的一页。他提出生活教育的三大核心原理——“生活即教育”“社会即学校”“教学做合一”，以生活为起点，把教育系统地置身于生活的中心语境，通过教育与生活在学校、社会、教学等范畴发挥作用，还原教育的原生土壤，又回归到指导生活的现实舞台。教育从生活的历史走来，又向生活的未来走去，生活不仅规约着教育的自身，同时也展示着教育的存在。教育与生活的联系，是传统教育向现代教育变革的基本趋向，也是当代教育理念的内在支点。

（三）发展导向：五育并举视域下“生活教育”育人模式是学校的教育追求

育才中学立足办学实际，创造性地提出“创新生活教育理论”，主张“教育即生活的改造”。教育是对过去生活或者生活经验的再现或复原，对现实生活的体验或提炼，对未来生活的模拟或预设。多年以来，学校坚持以“五育并举”的育人体系，坚持立德树人根本任务的具体化实施，秉持“全方位、全过程、全学科”的育人理念，以德、智、体、美、劳五种课程功能为抓手，注重人格塑造和德性养成，让德育贯穿其他四育之中，以贯彻生活教育理念。

二、 核心理念

五育并举视域下“生活教育”育人模式是指：在继承和发展陶行知生活教育思想基础上，基于国家政策导向和学校办学实际，秉承“创新生活教育”“行知育才，教育为公”的育人理念，以德、智、体、美、劳五育并举的教育教学工作为抓手，平衡与协调“五育”互育格局，打破时空壁垒，聚焦“五育”系统与要素间的整合价值，构建以立德树人根本任务的人才培养体系。

（一）创新生活教育理念

在继承和发展陶行知生活教育思想基础上，结合新时代中国特色社会主义的时代背景，学校创造性地提出了“创新生活教育”理念，主张“教育即生活的改造”。也就是说，教育是“改造了的生活”。

1. **教育源于生活，教育必须永远存在于生活之中。** 继承陶行知老校长对生活和教育二者交织关系的观念基础上，进一步探讨和总结教育与生活的时空逻辑关系，认为从空间维度上教育必须存在于生活之中；从时间维度上，生活是教育的起点，也是教育的最终归宿。

2. **教育即发展，学生或儿童要在生活中自由发展、全面发展、和谐发展。** 从教育的内源性目的出发，引领育人活动的发展方向：横向上促进学生德智体美劳全面发展，纵向上构建学校、社会、家庭的科学联系，全方位搭建学生全面成长平台。

3. **生活即探索，也就是在生活中探索，在探索中生活。** 创新生活教育是从生活的经验出发，以五育并举的教育为探索工具，以德智体美劳全面发展的人为探索主体，引导学生反思过去、过好现在、走向未来的创造性活动。

（二）“行知育才　教育为公”办学理念

基于育才办学实际，学校提出了“行知育才　教育为公”的办学理念。通过德育铸魂、智育固本、体育强基、美育浸润、劳育淬炼五育融合，促进五育并举视域下“生活教育”育人模式不断更新完善。

——行知育才：重庆市育才中学校是伟大的人民教育家陶行知先生创办的，学校秉承和发展陶老先生“行是知之始，知是行之成”“自下而上、先行后知”“在劳力上劳心”、即知即传、生活教育等核心理念，构建“行知理念——行知文化——行知管理——行知课程——行知课堂——行知多元评价”的育人体系，以求培养“行知合一”“真善美”的时代“真人”。

——教育为公：陶行知先生满怀着教育救国的大志创立育才学校，强调“要为整个民族利益来造就人才”，“教育无独立的生命，它是以民族的生命为生命”，教育应服务于祖国振兴的需要。新时代重庆市育才中学校继承优良传统，全面贯彻党的“教育为社会主义现代化建设服务，与生产劳动相结合，培养德智体美劳等全面发展的社会主义建设者和接班人”的方针，为建设人类命运共同体而办教育。

（三）行知文化理念

行知文化是基于陶行知教育思想、教育理论、教育方法、教育实践等形成的一系列价值观念、精神取向、思维意识以及行为方式等的综合。行知文化是对陶行知思想的传承、践行、发展、创新的文化，是具有“陶味”的文化。行知文化具有行知行的、生活的、大爱的、奉献的、求真的、创造的、红色的七大特征。

1. **行知行的。** 这是行知文化的第一特质，“行是知之始，知是行之成”的“行知行”实践观念，符合马克思主义辩证唯物主义观点，强调实践的第一要位，通过实践得出真知，最终又以知识指导生活走向未来。

2. **生活的。** 这是“行知育才　教育为公”教育理念的又一重要本质特征。处处是生活，处处便是教育，生活的教育打破过分强调课本知识、甄别选拔功能的传统教育，立意于生活的时时处处、方方面面，生活不仅为教育提供养分，也为教育成果提供展示舞台。

3. **大爱的。** 爱是教育之本，没有爱便没有教育。陶行知待学生如亲子弟，他的整个教育事业都是建立在“爱满天下”的大爱之中。基于现阶段的时代要求，学校教师都以爱倾注学生发展的方方面面，共擎五育并举之天。

4. **奉献的。** “捧着一颗心来，不带半根草去。”师生在生活中奉献，在求真中奉献，在行动中奉献，筑牢学生德育之魂，塑造学生高尚品格。

5. **求真的。** “千教万教教人求真，千学万学学做真人。”育才中学把“求真”“做真人”作为师生德行的根据，贯穿到全部生活、行动的过程中去。

6. **创造的。** “处处是创造之地，天天是创造之时，人人是创造之人。”为了解放创造力，育才中学按“六个解放”的要求，把行和知、手和脑统一起来，培养学生“别出心裁”的教育。

7. **红色的。** 育才中学遵循“继承、践行、发展、创造”的教育主题，积极践行习近平总书记“传承红色基因，争做时代新人”的重要指示精神，植红色基因之根，筑行知育才之魂。

三、实施过程

第一阶段，1997 年 1 月至 2001 年 6 月。1997 年 1 月，学校成功申报全国教育科学“九五”规划的教育部重点科研课题《素质教育中的生活教育模式实验研究》，以此为契机，明确提出生活教育的办学特色，打造五育并举的生活教育育人模式。

第二阶段，1997 年 1 月至 2007 年 5 月。教学成果创造性地推广为主，专题研究为辅。以“重庆市育才中学校”为核心基地，边实验、边辐射和推广、边深化研究，成果示范辐射到全国 500 多百所“陶研基地学校”。本成果 2009 年 2 月在重庆市人民政府第三届教学成果评选中荣获一等奖。

第三阶段，2007 年 6 月至 2013 年。全面深化研究和推广并重。在国家新一轮新课程的实施过程中，我们提出了新课改与生活教育模式的整合，并于2006年12月成功申报重庆市教育科学“十一”规划的教育重点科研课题《素质教育中的生活教育模式深化研究》，并示范辐射到全国500多百所“陶研基地学校”，不断深化和丰富生活教育模式中的教室生活、校园生活、社区课堂教学模式，以及家庭生活的教学模式。本成果2014年荣获教育部基础教育教学成果二等奖。

第四阶段，2014年至今。在前期实践经验的基础上，学校成功申报2014年重庆市“十二五”规划课题《创新生活教育的理论构建与实践研究》，以及2015年重庆市普通高中教育教学改革研究重大课题《基于发展学生核心素养的创新生活教育课程体系研究》。经过20多年的反复研究、反复实践、反复推广、反复检验、反复验证，育才中学生活教育办学特色一以贯之。

四、 主要内容

根据“五育并举”的育人要求，学校以学生的发展为基点，既重视学生的学习成绩，也重视学生的思想品德以及多方面潜能的发展，注重学生的创新能力和实践能力。在立德树人、学习能力、体育与健康、艺术美育、劳动教育等方面，全面发力，通过丰富多样的校本课程的实施，培养学生的生活力、学习力、自治力、创造力，让每一个学生都能够找到属于自己的赛道，塑造自立立人、自觉觉人、自达达人之时代真人。

（一）德育铸魂，育“品正”之才

通过班级—年级—学校立体化系列课程的实施，培养学生爱国、尽责、守义、自强，以爱国强化学生社会主义核心价值观教育，以责任树立学生历史主人翁的责任感和使命感，以守义培养学生是非观、价值观、世界观，以自强夯筑学生的理想信念和梦想追求梦想。

一是构建校本体系，打造德育品牌。学校德育工作品牌“生活德育·向阳而生”入选教育部基础教育司“一校一案”典型案例，不断深耕“生活德育”内涵，构建序列化、课程化、生活化、本土化、多元化的德育课程。打造“育才青年·有你有我”“行知少年·敢梦敢闯”学生成长品牌，通过特色活动全面提升影响力和参与度，为提档升级“生活德育 2.0”德育框架体系做了充分的内容准备。

二是做亮特色活动，擦亮行知名片。依托陶行知纪念馆，开展极具创新意蕴与“行知特色”的劳动教育课程:“‘人人都是讲解员’——走进陶行知纪念馆”系列活动。活动的开展焕发新劳动教育的生命活力，让劳动教育在育才真实有效地发生，实现“知行合一”，促进学生形成正确的世界观、人生观、价值观。积极响应2023年全国教育工作会提出的“要把开展读书活动作为一件大事来抓”的理念，重庆市育才中学校积极响应，举行读书节之“读·立”青年——春日领读计划，着力打造富有吸引力、影响力的育才青年读书品牌项目。

三是深耕队伍建设，提升育人质量。推进“生活德育”视域下的“1+N”班主任队伍建设模式探究，以共研、共进、共行为运行模式，引领班主任专业发展，探寻新时代班主任队伍建设新模式和德育设计新样态。“1+N”的名师孵化模式，充分汲取陶行知“生活教育”理论的历史养分，构建与时俱进、多样创新的教师成长体系，同时以师带生，教学相长，促进学生全面发展。

（二）智育固本，育“睿智”之才

一是构建“生活教育”教学模式。在课堂教学中确立“基于生活而教、为了生活而教、用生活来教”的生活教育的课堂教学理念，提出“生活教育”教学模式，以“生活”为逻辑起点与归宿，以“学做真人”“培养学习力、自治力、生活力、创造力”为教育宗旨，把“教学做合一”的思想融于教育活动的每一个环节，努力构建具有生活教育特色，规范素质教育办学行为的操作体系。

二是实行“小先生制”。将陶行知先生倡导的“小先生制”引入到课堂教学中，由学生主动参与研究与讨论，使教学内容更加丰富，课堂更加活跃。推行“小先生制”的主要做法有：小先生讲课；小先生批改作业；小组互帮互学；小先生十分钟读书汇报；小先生上活动课，拓展思维空间等。

三是实施因材施教策略。遵循教育规律，因材施教，助力高层次人才的培养。充分利用校内外有利资源探索多元培育模式，积极探索“初、高中一体化”培养模式，成立因材施教试点班并编写校本教材，进行有针对性的个性化培养。借助北京大学、西安交大等知名高校科研力量编写强基计划培训教材，从生涯规划到专业素养提升，对学生进行全方位培养，更好地服务国家战略的拔尖创新人才培养。

四是成立 AP 国际班，全面打造国际课程。秉承着“育中华英才，纳世界胸怀”的国际教育思路，综合运用国际和国内资源，前瞻性开设 AP 国际课程，培养和造就坚守爱国主义精神、拥有世界眼光的优秀人才。现已开设 AP 微积分、统计学、物理、生物、化学、计算机、经济等 19 门 AP 课程供学生自主选修。正在计划引入 A-level 课程体系，通过完成包括课程、师资等方面的国际课程体系的全面搭建以及 Stem 实验室的建立，为未来更多学生升入世界顶尖高校提供更加多样化的路径。

（三）体育强基，育“体健”之才

一是采用选项教学走班制。提供足球、篮球、排球、棒球、网球、乒乓球、健美操、瑜伽、飞盘等菜单式课程，通过更加灵活的安排和更加专业的教学内容，更好地满足学生的需求，培养他们的运动兴趣。逐步完善“健康知识+基本运动技能+专项运动技能”的学校体育教学模式，让每位学生掌握 1~2 项运动技能。

二是打造体育节品牌活动。每学年精心设计活动方案，年级集体表演盛大精彩、青春飞扬；班级入场式创意方阵，充满社会热点和时代元素；赛场上个人项目中健儿竞争激烈，集体项目展示团队的智慧、集体的力量。

三是建立校内竞赛—校际联赛—选拔性竞赛为一体的体育竞赛体系。学校每学期在不同年级分别组织足篮排三大球联赛，扩大体育运动的参与面。自建男排、田径、乒乓球、足球项目及合作项目游泳、跆拳道、国际象棋、体育舞蹈、高尔夫等项目继续高位发展。建立运动员档案和成长手册，项目布局趋于合理。继续保持校男排全国优势的基础上，组建乒乓球梯队，优化足球组队方式。

（四）美育浸润，育“雅致”之才

全面深化美育改革，加强艺术特色学校建设，扎实推进学校美育改革和美育实验校建设。

一是开齐开足艺术课程，夯实美育阵地。严格执行艺术课程计划，全校艺术课开足开齐率达100%。初中每周不少于2课时，普通高中艺术必修课达到3学分。

二是培育融合课程，创新美育形式。深化学校美育课程融合，注重美育与学科之间的相互联系、相互渗透和交叉融合，结合学校特有的行知文化与舞蹈、声乐、语言(戏剧)，开设生活实践基地课程为学生提供多形式美育课程。

三是打造品牌活动，拓展美育路径。每年坚持举办“艺术节”“校园歌手大赛”“舞蹈大赛”“达人秀才艺大赛”“校园美术大赛”等群体性大型艺术活动，调动师生参与活动的积极性和高涨的创作热情，彰显学校艺术教育丰硕成果。

四是搭建艺术展演平台，加强艺术交流。倡导“走出去”，支持学生参加国际比赛、全国全市艺术展演、中小学生艺术活动月，充分展示学生风采。积极“引进来”，推进“高雅艺术进校园”，实施交响乐、戏曲、芭蕾舞、非遗项目等优秀文化艺术进校园。

（五）劳育淬炼，育“工巧”之才

一是传承生活教育理念，优化劳动课程设计。以解决突出问题为突破口，构建具有学校文化特色的“新二十三常能”劳动教育课程体系。在坚持开展生产劳动、日常生活劳动、服务性劳动的基础上，结合学校实际，大力开设创造性劳动课程，将劳动教育放在五育融合的关键位置，努力实现以劳树德、以劳增智、以劳强体、以劳育美的育人目的。

二是拓宽劳动教育路径，推动劳动课程实施。坚持将“新二十三常能”融入教室生活课堂。每周分别开设1节劳动教育课和1节综合实践活动课。在社团选修课中开设手工布艺、美好生活研究所等多门劳动课程，并注重在学科课堂教学中渗透劳动教育。将“新二十三常能”融入校园生活课堂。在传统的体育节、艺术节、创造节、读书节等活动中，突出劳动元素，坚持以美育劳、以劳创美。引导学生在活动组织、科学探究、文体竞演的过程中，感悟劳动价值，领会劳动精神。将“新二十三常能”融入家庭生活课堂。在初中实施家庭营养师、家庭美化师、家庭维护师的“三师计划”，形成了“三师课程”方案；在高中实施家庭礼仪课程、家谱家风课程等。将“新二十三常能”融入社会生活课堂。充分利用校外社会资源，有序开展国防教育课程、职业体验课程、社区服务课程、研学旅行课程等。通过教室、校园、家庭、社会四大生活课堂，实施“新二十三常能”劳动教育，培养学生劳动意识，增强劳动情感，提高劳动能力。

三是建设劳动教育基地，拓展劳动实践场所。学校已成功申报重庆市“生活教育”社会实践教育基地，现有科创中心、陶行知纪念馆、创新实验室、金工木艺实作中心、开心农场等多个实践基地，已开发“人人都是讲解员”综合劳动教育课程，匠心榫卯、精美书签、华美木梳、工艺铁锤等金工木工课程，机器人编程、3D创意设计、无人机、智慧机器人等创造性劳动课程，可以为学生提供劳动教育实践场所。

五、 基本经验

（一） 着眼学生，因材施教

校本育人模式的研究与实践要坚持以人为本，既要充分尊重学生的主体需要和生活体验，又要在此基础上实现提升和发展。育才中学“生活教育”育人模式聚焦学生的“学习力”“生活力”“自治力”以及“创造力”，实现学生作为时代真人的目标，全方位培养其人文底蕴、科学精神、学会学习、健康生活、责任担当、实践创新等方面的素养。

（二） 与时俱进，守正创新

一方面，坚持“传承性”，通过教育教学活动的设计与实施，将陶行知的生活教育思想以课程为载体传递给学生，培养其深厚的生活情怀。另一方面，应当体现新时代对创新能力和创造能力培养的要求，为培养学生的创新意识和国际视野不断在现代课程理念、内容、实施等方面有所创新，体现学校课程的“时代性与创新性”。

（三） 多元评价，赋能成长

要努力探索科学合理的生活教育评价机制，构建基于交流的多元评价、基于激励的正向评价、基于内容的展示评价、基于成果的档案评价。生活没有标准答案，“生活教育”的育人模式，理所应当变革学生评价方式，坚持个性化与全面性相统一，激发学生内驱动力，让学生成为自信、豁达、优雅的时代新人。

六、 重要成效及实验推广

多年来，育才中学通过五育并举视域下“生活教育”育人模式的研究与实践，构建起基于发展学生核心素养的“两大领域、三级层次、多个群系”的立体生活教育课程体系。学校一方面坚守优秀传统的根脉，增强文化自信定力；另一方面努力使生活教育理论与时俱进，不断挖掘其丰富的时代内涵，不但使“生活教育”的实践更有效，也实现了陶行知“生活即教育、社会即教育、教学做合一”在当代学校中的创新性发展。

（一）重要成效

1. 育人质量稳步上升

学校坚持“行生活教育，育创造之人”的办学理念。近年来，学校育人质量一直稳居重庆市一流水平，重点大学升学率稳居全市最前列。

数、理、化、生、信息学奥林匹克竞赛摘金夺银数百人次。在科创赛事中荣获国家级一等奖30多项，重庆市一等奖200余项。

国际象棋、男排、田径、足球、美术、书法、话剧等特色项目成绩突出。校男排共获得30余次市级冠军，多次代表重庆市参加全国比赛获得佳绩，近年来，学校运动员参加国际、全国及重庆市各类比赛共获得金牌600余枚，打破市级、区级纪录100余项，培养了12名国家级健将，92名国家一级运动员，其中3人考入北京大学、清华大学，68人考入国内一流大学。学校艺术教育成绩显著，学生参加国际级、国家级艺术比赛获得金奖185人次，市级金奖、一等奖516人次。

2. 国际教育成效显著

国际课程中心大力开发校本课程，指导学生参与如雏鹰计划，英才计划，丘成桐竞赛、国际青年物理学家挑战赛、美国数学竞赛、英国物理竞赛、国际高中生数学建模等30余项国内外顶尖的理工科和工程类的竞赛，为学生学科素养的全面发展及后期升学提供了有力的背景支撑。近三年来，育才高中AP国际课程班50余位学生分别被宾夕法尼亚大学、杜克大学、牛津大学、剑桥大学、新加坡国立大学等世界顶尖名校录取。毕业学子30%被QS世界排名Top10大学录取，60%被QS世界排名Top20大学录取，

100%被 QS 世界排名 Top30 大学录取，升学成绩处于全国最前列。

3. 队伍建设措施有力

学校全力加强教师队伍建设。一是实施“名师工程”，发挥专家级教师的引领作用。组建区级、校级名师工作室，制定三年一周期的工作方案、学员研修方案，充分发挥名师的辐射引领作用。二是组建“名班主任共同体”队伍，打造德育发展核心力量。搭建“学校名班主任工作室”“校区名班主任共同体”两级班主任队伍建设机制，“三维一体”的班主任共同体结构。三是实施“青年教师成长计划”，通过一搭“台”，二加“压”，三“传、帮、带”的青年教师培养机制，为青年教师的成长创造条件。

4. 科研氛围蔚然成风

“十三五”期间，学校承担的重庆市普通高中教育教学改革重大课题“基于发展学生核心素养的创新生活教育课程体系实践研究”成功结题。学校申报的课题“中小学劳动教育课程一体化设计与实践研究”被列为重庆市教育科学“十四五”规划 2022 年度重点课题。近三年来，学校教师整体上教育科研成绩突出：学校教师共成功立项市、区级、校级课题 93 项；校外发表论文 175 篇；国家级、市级、区级教师赛课及技能获奖 200 余项；教师指导学生获奖 81 项；课题成果获奖/结题 18 项；教师在《教学与管理》《中学生物教学》《中学数学教学参考》《西南大学学报》等全国中文核心期刊上公开发表论文 20 余篇。

学校还有多项市级项目成功立项：重庆市普通高中校本教研基地、重庆市基础教育校本教研示范校、重庆市优质课程资源研发基地、重庆市综合教育改革试点单位、重庆市教育评价改革试点单位等等。

5. 物化成果硕果累累

学校层面公开出版了《陶行知生活教育的传承与创新》《创新生活教育课程论》《行知育才　教育为公——重庆市育才中学校文化建设理论与实践》3 本专著。

全校教师在开发生活教育校本课程的过程中，形成了一系列校本课程刊物。一是以行知文化为中心的中学生生活教育课程，如《中学生生活教育》《生活教育日常行为规范和管理条例》《生活教育·学生手册》等；二是根据学校以及社区的教育信息资源开发研究性学习的校本课程，如《生活中的语文》《生活中的数学》《生活中的英语》《生活中的物理》《生活中的化学》《生活中的生物》《生活中的地理》等；三是依据学科知识开发出的学科知识应用系列课程，如数学学科开发的校本教材有《高中数学核心概念及思想方法教学设计集》《高中数学学生创新学习活动设计》《利用几何画板探究数学问题》《高校强基计划实验教材(数学)》等。

6. 行知文化辐射引领

一是陶行知纪念馆先后挂牌“中国传统教育基地”“重庆市爱国主义教育基地”以及“重庆市社会实践教育基地”。近两年来接待市内外参观团体100余个，参观人员5万余人次，行知文化和行知精神广泛传播，在全国产生较大影响。

二是新闻媒体深度报道。重庆晚报、重庆晨报、重庆日报等、华龙网、新华网等新闻媒体从不同时期不同侧面对育才中学的生活教育特色办学进行了报道。学校生活教育课程的相关内容，在中央人民政府门户网、新华网、中国教育报等中央和地方媒体共报道150余次。

（二）实验推广

1. 集团化办学，助力基础教育优质均衡发展

学校领导班子坚持“稳步发展，适度扩大，开放办学”的指导思想，稳步扩大办学规模，推广“生活教育”育人模式。在区委区政府的指导下，成立重庆育才中学教育集团，育才中学为集团总校，与大公馆、九龙园、科学城、育才实验学校一体化办学，与育才小学、渝西中学、高新育才学校、明诚育才学校、城口育才中学、丰都育才中学等学校联盟办学。坚持总校引领、资源互通，师资互派、联合教研，学生共培、评价一体，文化共融、品牌共建的办学机制，努力使“生活教育”育人模式研究的成果惠及更多家

长和学生。

2. 精品化课程，开辟教育教研交流新途径

一是打造精品课程，学校现有数学、物理等重庆市普通高中课程创新基地5个、语文、英语、国际象棋、书法等重庆市精品选修课程12门。课程创新基地和精品选修课的建设成果，多次在市、区级教育专题活动中作交流推广，发挥了广泛的辐射引领作用。

二是依托“生活教育”社会实践教育基地，开发出以“手脑并用”为核心的行知社会实践课程。包括研发行知文化课程、行知创造课程、行知生命课程、行知劳动课程、行知美育课程以及行知运动课程，全面培养学生在未来发展中应具备的正确价值观、必备品格与关键能力。实践基地现已面向社会开放，可为全市中小学提供研学平台。

3. 系统化推进，将劳动教育纳入人才培养全过程

充分利用集团化办学的优势，构建中小学劳动教育“新二十三常能”课程体系。遵循学生身心成长规律，结合学生不同阶段的不同特点，统筹设计循序渐进、梯度合理的劳动任务。已初步建立总校统筹、各集团校一体推进、分学段实施的劳动教育工作体系。努力把劳动教育贯通中小学各学段，充分发挥劳动综合育人功能。

在未来的征程中，重庆市育才中学校将以习近平新时代中国特色社会主义思想和党的二十大精神为指导，以《国家中长期教育规划改革和发展规划纲要（2010—2020年）》为指南，以学校教育教学常规工作为主线，秉承陶行知“生活教育”理念，坚持立德树人，深化教育改革，创新管理体制，走内涵发展之路，在生活教育理论的丰富上下功夫，在生活教育队伍的培养上谋出路，在学生的全面发展上开展生活教育实践，让重庆市育才中学校成为生活教育的示范学校和实践基地，努力让生活教育成为全国基础教育领域落实立德树人实践的一块响亮的品牌。

帮教育：初中育人方式改革校本实践

成果完成者：马国新

其他成果持有者：谭小娟　毛以斌　滕斌杰　邱春霞　刘姜涛

所在单位：武汉市光谷实验中学

获奖情况：2022 年湖北省优秀基础教育教学成果一等奖

一、 问题的提出

长期以来，我国中小学教育“应试”化严重，不利于学生的身心健康和个性发展，扼杀了学生的创造力。

2011 年，为落实《国家中长期教育改革和发展规划纲要(2010—2020年)》“为每个学生提供合适的教育”的精神，破解初中学校长期存在的应试教育困境，学校提出了“创造适合学生成长的教育”的办学思想。

在落实办学思想的过程中，学校组织骨干教师和班主任开展“初中育人方式”大讨论，认为全面贯彻党的教育方针，落实立德树人根本任务，培养德智体美劳全面发展的社会主义建设者和接班人，需要解决下列三个主要问题：

第一，解决初中教育在育人方式上长期存在的应试教育困境问题。从学校育人导向、教师主导作用、学生成长方式上切实提升“育人为本”“三全育人”的育人功能。

第二，解决初中教育脱离生活、远离社会、缺乏实践等顽疾问题。破解教师主导作用与学生主动发展、认知教育与实践教育相统一的内在机制与育人方式创新等难题。

第三，解决初中育人环境与初中生身心发展需要不相适应的问题。克服学校文化、校园环境与德育、课程、学习等教育活动难以相容的局限性。

上述问题解决，对发展素质教育，培养创新人才，推动学校高质量发展，落实立德树人根本任务具有重要意义。

二、 核心理念

2011年，为落实《国家中长期教育改革和发展规划纲要(2010—2020年)》(下简称“纲要”)“为每个学生提供合适的教育”的精神，依据主体教育理论和中国传统教育“教学相长”的教学思想，学校认为“创造适合学生成长的教育”的教育是“帮教育”，从而提出了“帮教育”理念，强调教育即帮助学生成长，目的是通过引导和教导、创造和创新，让人获得帮的能力、拥有帮的精神、成为被需要的人，即培养“有能力、被需要”的人，突出育人环境生活化、过程实践化，落实立德树人，实现“看得见的教育”。在哲学层面上强调“生命本帮”和“帮能再生”，在实践层面上强调“教育是帮的艺术”。

学校以“生活・实践”为取向，建设了具有开放性、实践性和生活化特质的特色课程、课堂形态和实践育人的“帮教育”育人体系(图1)，包括互助德育(认为德育是“自省+互助”的)、帮学课堂(认为课堂是“自主+帮学”的，提出“导学、研学、应用、反思”四环节教学模式)、弘帮课程(认为课程是“问道+弘帮”)、自救教师(认为教师的成长是“自律+超我”的自救的过程)，突出教师的“引路人”作用。创建了“生活・实践”校园，包括生态化、生活化、艺术化、书香化校园，优化了育人环境和学校

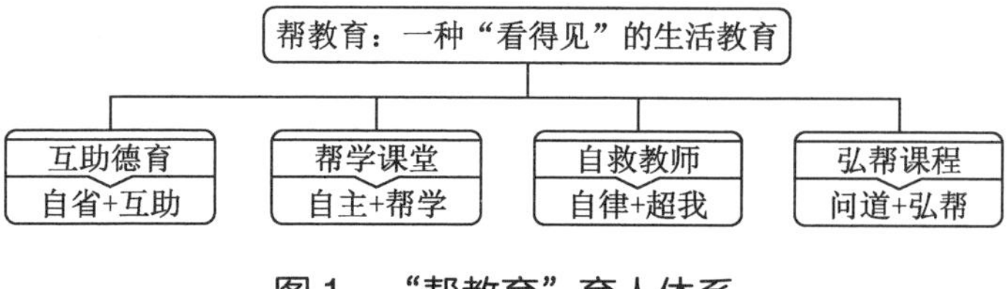

图1 “帮教育”育人体系

文化，推进“班级无课日”实践活动，发挥文化育人、社会育人、活动育人和实践育人功能，破解应试教育困局，让学生主动发展、互帮互助。

三、 实施过程

基于“学生主体”的教育哲学和中国传统教育“教学相长”的教学思想，以及陶行知生活教育理论，十多年来，学校依托省级课题《“帮教育”实践研究》《“帮教育”理念下全学科项目式学习实践研究》《“帮教育”理念下劳动教育实践研究》和市级课题《“互联网+”背景下“帮学课堂”教学模式实践研究》等，创新学校育人方式，建构了“帮教育”育人体系，创建了“生活·实践”校园，强调“教育是帮的艺术”，培养“有能力、被需要”的人，通过理论研究和行动研究，推动育人方式改革。

（一）2011 年~2013 年，教育理念澄清阶段

2011 年，落实“纲要”要求，提出“创造适合学生成长的教育”办学思想，“诚信、卓越”的校训，“合作、奉献”的教师精神，以“讲卫生、守纪律、懂礼貌、会学习”为德育起点，以“人格自尊、行为自律、学习自主、生活自理”为育人标准，打造了“多元教育、七彩课堂”办学特色，为学校的初期发展奠定了基础。学校组织教师不断探讨教育的基本问题，追问教育是什么、为什么、如何展开，认为适合学生的教育是帮助学生成长，强调教师做学生成长的“引路人”。这方面的探索体也现在《为何而教》一书中。

（二）2014 年~2015 年，“帮教育”的育人体系建构阶段

认为教育始于家庭、归于学校、成于自己，但是成长无法代替，父母和老师能为孩子成长提供的只是一种帮助，从而提出“帮教育”，并构建了以“互助德育”“帮学课堂”“自救教师”“弘帮课程”为支点的“帮教育”实践

体系，这方面的探索集中体现在《帮教育，一位校长对教育的理解》《教育是帮的艺术》两本书中。

（三）2016 年~2018 年，学校育人环境整体优化阶段

以传统陶艺为抓手，建文化校园、生活校园、生态校园、书香校园和艺术校园，推动学校育人环境根本性改变。通过省级课题“帮教育”实践研究，引导教师走向研究，提升教师育人水平。依托市级课题构建了“导学、研学、应用、反思”四环节“帮学课堂”模式，强调课堂以学为主、以帮为辅，是一种“自主+帮学”的状态，课堂生态和教学质量得到了明显改善和提高。学校构建了系列“小初衔接”暑期成长课程；设计了系列经典德育活动；形成了三年德育课程体系。并编写出版了《帮学课堂》《互助德育》等“帮教育”丛书。

（四）2019 年~2022 年，“生活·实践”育人课程教学深化与推广阶段

将学校育人场所和教育资源融入劳动教育，开展“班级无课日”等综合实践活动，丰富了学校“生活·实践”活动课程，探讨课内外互动学习形态，朝向“看得见”的生活教育，学校成为全国“生活·实践”教育基地，出版了《看得见的教育》一书。

四、主要内容

（一）创建了“帮教育”理论与实践体系

依据主体教育理论和中国传统教育“教学相长”的教学思想，提出了“帮教育”理念，认为“教育是因爱而生、为成长而来的帮助”，教育目的是让人获得帮的能力、拥有帮的精神、成为被需要的人，即培养“有能力、被需要”的人。

强调名词的“帮”指一种生命能量，是指人的能力、责任、智慧和精神，指向教育的目的；动词的“帮”指向教育的过程和方法。强调校园中的师生关系是帮助关系，用一个“帮”字确立学生在教育中的主体地位。

在“帮教育”理念落地过程中，围绕德育、课堂、课程和教师成长等学校工作重心，构建了“互助德育”“帮学课堂”“弘帮课程”“自救教师”等行动理念，构建了“帮教育”育人体系，用“看得见的教育”定义生活教育，强调“帮教育”是一种“看得见”的生活实践教育，建构“立足生活、尊重学生”的教育哲学，推动育人方式变革。

（二）开展了“帮学课堂”教学组织变革

构建“帮学课堂”教学模式，强调课堂是一种“自主+帮学”的状态，抛弃“满堂灌”的“应试”教学方法，从以教为主转向以学为主，从知识本位走向素养本位。“帮学课堂”构建了“导学、研学、应用、反思”四个教学环节，强调以学为主、以帮为辅，引导学生自主学习与合作学习，减轻学生学业负担，实现了减负增效的教育目标。课堂还引入项目式学习和深度学习等理念，提高了学生解决问题的能力。“导学”环节是一个情境导入、目标呈现、任务分解的过程，通过营造情境兴发求知欲；“研学”环节分为个人研学、同伴研学和师生研学，强调知识自我建构；“应用”环节强调新旧知识重组，举一反三，培养能力；“反思”环节重在知识内化，强调情感态度价值观，指向核心素养。

教师的工作是在学生感到困惑时，从侧面给学生以帮助，并且最后和学生一起分享解决问题带来的心理上的兴奋和成就感。同时，“帮教育”强调教育的力量源自于心灵的靠近，没有爱的参与，未曾关爱和帮助，教育就无法展开。

为此，“帮学课堂”第一个要排除的是教师在有意无意间将学生视为容器而采取“满堂灌”的方式，相信教师把“教学”转为“帮学”，意味着教师从“教书”转向“教育”，意味着学生作为活生生的人真正进入了他们的视野。

近年来，为了丰富学生的学科知识，培养学生的创新能力和实践能力，学校还组织教师开发出五大类共计 126 种“帮学课堂”学科拓展课程(图 2)。

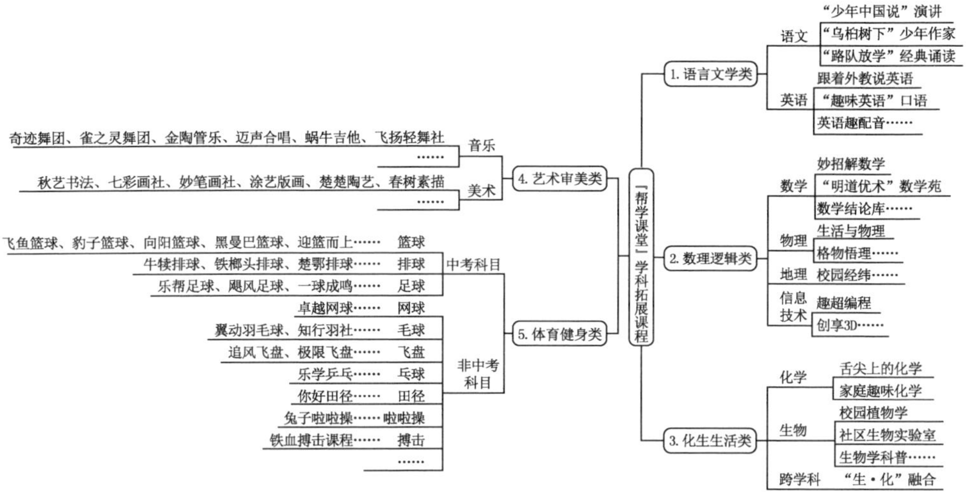

图 2 “帮学课堂”学科拓展课程

（三）形成了“生活·实践”教育有效路径

学校以中国传统陶艺为抓手，优化学校育人环境，构建“生活·实践”活动课程，建文化校园、生态校园、生活校园、书香校园和艺术校园，朝向“看得见”的生活教育。学校将校园还给学生，通过校园“班级无课日”等活动落实综合实践活动、劳动教育和美育，通过“校园彩绘周”“告别六月音乐节”培养学生的艺术能力和审美能力，开发了以“陶”为抓手的“校园园艺博览会”“擦亮一间教室”活动课程，以及“路队放学”“空中牧场”等生活化的德育课程，立足“五育并举”开展项目式学习、体验式学习，建文化校园、生态校园、生活校园、书香校园和艺术校园，撬动“生活化”“看得见”理念的落地，形成了“生活·实践”

育人课程体系。

目前，学校已经形成了三类九项 156 种“生活 · 实践”活动课程（图 3），并在进一步系统完善和开发中。

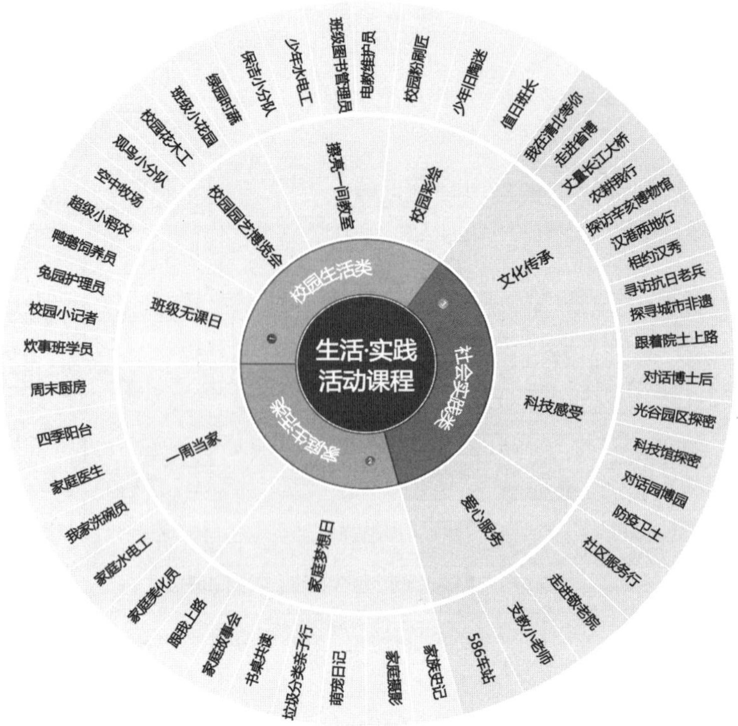

图 3 “生活 · 实践”活动课程图谱

（四）形成了六类实践育人模型

基于“帮教育”的初中育人方式十年探索，形成了“帮教育”育人体系、“帮学课堂”学科拓展课程、“互助德育”三年活动课程、“生活 · 实践”活动课程、“自救教师”成长模式、“帮学课堂”教学模式等六类实践模型。其中，“帮学课堂”学科拓展课程、“互助德育”三年活动课程（图 4）、“生活 · 实践”活动课程，统称为“弘帮课程”。

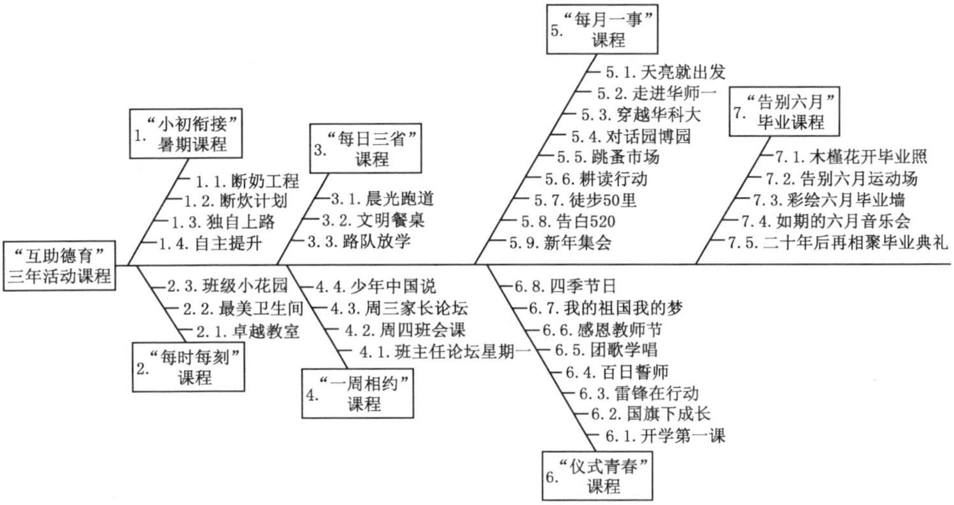

图 4　"互助德育"三年活动课程

五、基本经验

（一）教育之旅是一个文化寻找的过程

在学校办学过程中，学校组织教师不断探讨教育的基本问题，追问教育是什么、为什么，教育应当如何展开等，学校需要找到自己教育语言，回答"适合学生的教育"究竟是一种什么样的教育？学校用了三年多的时间寻找。2014 年 10 月，学校意识到教育始于家庭、归于学校、成于自己，但是成长无法代替，父母和老师能为孩子成长提供的只是一种帮助，为此，依据主体教育理论和中国传统教育"教学相长"的教学思想，提出了"帮教育"理念，认为"教育是因爱而生、为成长而来的帮助"，教育目的是让人获得帮的能力、拥有帮的精神、成为被需要的人，即培养"有能力、被需要"的人，哲学层面强调"生命本帮"和"帮能再生"，实践层面强调"教育是帮的艺术"。强调名词的"帮"指一种生命能量，是指人的能力、责任、智慧和精神，指向教育的目的；动词的"帮"指向教育的过程和方法。强调校园中的师生关系是帮助关系，用一个“帮”字确立学生在教育中的主体地位。至此，一所学校才找到“自己的”教育语言和文化。

（二）“帮教育”作为一所学校的教育语言，最终凝练为学校文化，用学校文化统领并促进学校育人的方式改革

“帮教育”围绕德育、课堂、课程、教师成长，提出“互助德育”“帮学课堂”“弘帮课程”“自救教师”等概念，构建“帮教育”理论与实践体系，从而凝练为学校文化——“帮教育”文化，用文化统领学校的教育管理。“帮教育”强调教育的“生活化”和“看得见”，以中国传统陶艺为桥梁，构建以“陶”为核心的生活实践课程，创建文化校园、生活校园、生态校园、书香校园和艺术校园，形成了“生活·实践”育人课程体系，促进学校学校育人的方式改革。

（三）教师的专业成长是学校育人方式变革的根本

育人方式的变革，主体是教师。“帮教育”提出“自救教师”理念，认为教师成长是一个自救的过程，强调教师发展的核心是基于自我的建构。学校成立了“自救教师”专题研究子课题组，研究教师专业成长的有效运行机制，找到了“理解教育、认同职业、找到方向、自我突破”发展路径。学校积极为教师的成长搭建设平台，如通过“物外书吧”“101 读书会”“青蓝工程”“特级教师工作室”“帮学课堂星期三”“班主任论坛星期一”“走向阅读”“走向研究”“走向生活”“聚集课堂”“重写六月”“隐性课程”“课堂生活”“看得见的教育”等活动，促进了教师的专业成长。这也就抓住了学校育人方式变革的根本。

（四）“帮学课堂”是育人方式改革的主阵地，生活实践教育是育人方式改革的科学延伸

“帮学课堂”是教育发生的主阵地，也是育人方式改革的主阵地，因为

学生成长大部分时间发生在课堂。从2016年开始，围绕着课堂变革，学校以市级课题《“互联网+”环境下“帮学课堂”教学模式实践研究》为抓手，历时四年多，构建了“导学、研学、应用、反思”四环节的“帮学课堂”教学模式，强调课堂以学为主、以帮为辅，是一种“自主+帮学”的状态，根除教师“满堂灌”的应试教学方法，教师把“教学”转为“帮学”，意味着教师的教育方式从“教书”转向“教育”，意味着学生作为活生生的人真正进入了他们的视野，课堂生态得以改善，教学质量显著提高。

“帮教育”强调教育的“生活化”和“看得见”，依照陶行知的“生活教育”理念，“帮教育”实践研究逐步从课堂向课外延伸，研究让“帮教育”与“生活教育”深度融合从而实现教育的“生活化”，让学生处处感受到生活教育在学校真实地发生。学校以中国传统陶艺为桥梁，构建以“陶”为核心的生活实践课程，如淘陶课程、陶美课程、画陶课程、咏陶课程、制陶课程、陶艺课程，开展“绿陶之恋”项目式学习，举行“陶之韵”文艺汇演和“告别六月”音乐节，搭建“绿野陶踪”平台小花园，推进“班级无课日”活动，以落实综合实践活动、劳动教育和美育，开展体验式学习，让学生自主学习实践，推进“生活·实践”教育。

六、重要成效及实验推广

（一）教师队伍快速成长

“帮教育”提出“自救教师”的概念，强调“教师成长是一个自救的过程”，教师发展的核心是基于自我的建构，以“班主任论坛星期一”“101读书会”“帮教育”论坛等为平台，开展深度教学和项目式学习，搭建了“理解教育、认同职业、找到方向、自我突破”发展路径，引导教师走向阅读、走向研究，打造了一支业务精湛、师德高尚的教师队伍。

十年来，学校为教师发展搭建了“物外书吧”“101读书会”“青蓝工作”“特级教师工作室”“帮学课堂星期三”“班主任论坛星期一”等六项成长平台，围绕“帮教育”开展了五类课题研究，并为从教三十年教师出版了《校园里的常青树》一书，有57名教师成为市、区级“学带”“优青”，4名教师出版个人专著，2名教师成长为特级教师。

（二）教学质量迅速提升

“帮教育”强调“师生关系就是教育质量”和“教育是帮的艺术”等理念，构建了“导学、研学、应用、反思”四环节的“帮学课堂”教学模式，形成了“因材施教、教学相长”的教风、“笃学敏行、温故知新”的学风，将课堂还给学生，让学生成为小老师，提高了学生的学习能力和兴趣，使学校教育教学质量持续攀升，普高升学率由39%提升到72%，连续10年被评为区级教学质量先进单位，进入武汉市优质初中前列。

（三）促进了学生全面发展

“帮教育”用一个“帮”字确立了学生在教育中的主体地位，强调“教师做学生成长的引路人”，强调教育“生活化”和“看得见”，建设文化校园、生态校园、生活校园，实现全员育人、全域育人。设计了从新生“断奶行动”“断炊计划”到九年级“告别六月”毕业季三年德育活动，开展了以“陶”为抓手的“天亮就出发”“校园彩绘周”等项目式学习活动，校园中有了“空中牧场”“班级小花园”，校园成了一处“都市中的田园”，一处“旧陶博物馆”。近年来，市级艺术小人才比赛中，每年获奖在200人次以上，学校被评为全国“校园足球基地学校”。

（四）赢得了良好的社会声誉

基于“帮教育”理念创新育人方式，推动了学校高质量发展，迎来了全国各地众多慕名而来的观摩者，也得到各级领导和专家的支持与肯定：

2016年1月，中国教育学会常务副会长刘堂江到校调研工作，肯定“帮教育”，题写：“教育是帮的艺术”。

2019 年 4 月，湖北省教育厅组织了“荆楚教育名家”光谷论坛暨“帮教育”办学思想报告会。

2019 年 7 月，“帮教育”育人方式创新作为案例在《中国教育报》2019 校长大会上做典型发言。

2021 年 1 月，中国教育学会副会长周洪宇到校调研，之后学校成为全国“生活・实践”教育基地学校。

2021 年 12 月，湖北省副省长肖菊华一行到学校调研教师教育工作，称赞学校“帮教育”育人方式创新实践。

2022 年 6 月，教育部副部长宋德民率调研组到学校调研教育评价改革工作，肯定“帮教育”育人方式实践。

学校是全国“生活・实践”教育基地学校、“中国少年培育学校联盟”基地学校，《中国教育报》曾以“帮教育，一所学校的教育语言”整版报道。目前，省内及新疆博乐、西藏山南、广东中山等地十多所学校，在推广应用“帮教育”理念。

学校基于“帮教育”的育人方式改革十年探索实践，在一定程度上缓解和消除了初中教育长期存在的过度“知识本位”带来的“应试”压力，促进了学校高质量发展。

2019 年，国务院办公厅印发《关于新时代推进普通高中育人方式改革的指导意见》，这意味着初中育人方式改革势在必行，意味着学校十年来的探索是有价值和意义的。

今后，学校将通过教育评价方式的创新来推动学校育人方式的改革，实施学生综合素质评价，健全学生发展指导机制，并进一步深化课堂教学改革，强调生活实践育人，全面构建“五育”并举的育人体系，促进学校高质量发展。

低成本普惠性创客教育的探索与实践

成果完成者：　占正奎

其他成果持有者：吴兆军　蔡　涛　何　青　刘惊涛　黎　伟　代朝阳

所在单位：荆门市海慧中学

获奖情况：2022 年湖北省优秀基础教育教学成果一等奖

一、问题的提出

人工智能时代，如何培养出适应社会发展要求的时代新人？中小学创客教育势在必行。然而学校地处经济条件一般的湖北省荆门市，有 36 个教学班，共 1800 多名学生，实施普惠性创客教育存在一定的困难。

（一）设施和器材的欠缺

国家义务教育学校标准化建设实施方案中没有建设创客教室的要求，尽管学校也想建专门开展教学的创客教室和采购创客教育套件，但是由于没有创客教育专项经费，所以，直到现在，学校也没有建设创客教室。此外，创客教育一定要有包括开源硬件的创客套件，市场上的套件价格很高，学校也无经费购买。

（二）专业师资的匮乏

目前，学校从事创客教育的老师来源于信息技术、物理等学科教师，虽然他们信息素养高，能够在软硬件技术、编程、电子器件等方面给学生提供专业指导，提升学生的数字化工具应用能力，但他们都没有接受过如何培养学生创新素质等方面的系统培训。在创客教学过程中，他们无法将创新思维能力的培养与信息技术的学习完美融合。

（三）课程和教学模式的缺失

现阶段，中小学创客教育没有规范的课程资源和教学模式。各级教研部门还没有编写出成套的教材，也没有规范的教学模式。现在能找到的课程资源主要来自三个方面：一是企业根据自己开发的创客教育产品编制的教程，二是经济条件好的地区部分中小学教师依据教学经验所撰写的校本教程，三是网络上创客爱好者开发的学习资源。由于企业编制的教程缺乏对学生创意思维的培养，大多数就是产品的说明书；目前经济条件好的学校编写的校本教程虽然来自于实践，但一般配套的是价格昂贵的创客套件，只适合于自己学校的创客教育，普适性不强；现有网络创客开发的资源多以成人为学习对象，中小学教师也不能直接拿来用于课堂教学。课程资源的缺失是制约普惠性创客教育大规模开展的重要因素。

二、核心理念

中小学创客教育指的是以项目学习的方式，使用数字化工具来造物并分享，注重培养跨学科解决问题、团队协作和创新能力的一种素质教育。具体来说，就是学生借助编程软件（如图形化编程软件 Mixly、Mind+、Scratch 等）、开源硬件平台（如 Arduino、micro：bit）、3D 打印机、移动互联网、物联网学习模块等工具，发挥想象力，动手完成自己感兴趣的项目，并形成作品。

三、实施过程

困难不能成为畏缩的理由，而是教育人紧跟时代发展，勇于探索，为社会培养具有创新素养人才的动力。在缺设施、无教材的情况下，学校没有

“等、靠、要”，而是想方设法开展普惠性创客教育，这是责任，也是担当。

（一）制定普惠性创客教育实施方案

2017 年 11 月，学校设计了“低成本，高产出”的普惠性创客教育实践的愿景。确定了“设计教学内容→自主研制创客套件→编写创客教程→实操课堂教学”的实施路径，针对每个环节都制定了详细的要求和规范的操作流程。

学校设计了符合时代需求和学生认知水平的教学内容。2018 年，教学内容为应用编程来控制开源硬件，通过智能 LED、智能风扇、智能小车等项目，循序渐进地提升技能和培养创新素养。2021 年起，我们又添加了人工智能内容。

（二）自主研制低成本创客套件

实施普惠性创客教育的基本要求是创客教育进课堂，能整班进行实操教学。学校每个班的学生都是 55 人左右，就需要近 30 套创客器材来保证 2 人一套的合作学习。若购买市场上一些公司开发的创客教育套装，所需费用太高，并且公司开发的套装也是在开源硬件的基础上进行二次开发的，每个公司的元器件接线方法也存在区别，一般具有排他性，所以通用性不好。

于是，学校决定根据教学内容自主研制创客教育套件，原则是低成本，性能好。五年来，我们根据教学实践中的反馈，研制了两代创客套件。

1. 研制 Arduino 创客教学板

2017 年 10 月 ~11 月，学校根据性价比和便利性，决定选择 Arduino 系列开源硬件来实施创客教育。学校担心学生操作时可能损坏器材，就与荆门校园创客研究会（成果主持人为副会长）的部分成员一起研制了将 Arduino Nano 板及部分传感器、执行器集成在一块板上的创客教学板。教学时，只需在板上简单连线就行了。学校花五千多元制作了 60 块 Arduino 教学板（图 1），真正做到了低成本。

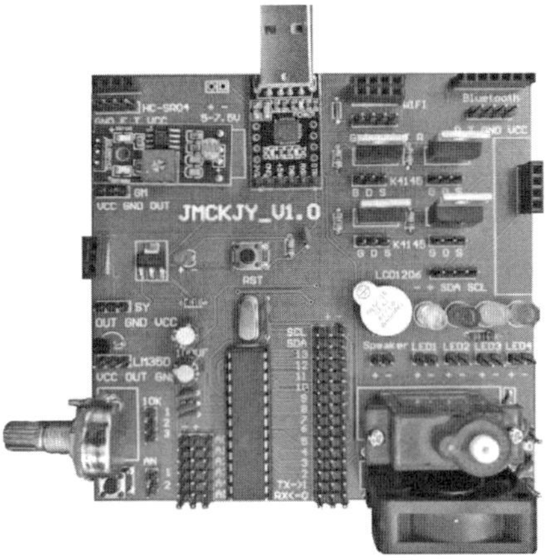

图 1　Arduino 创客教学板

2. 研制 Arduino 创客套件

经过 1 年的使用，学校发现教学板虽然能完成教学任务，但不方便进行作品的设计和制作，限制了学生的主观能动性，不利于对学生操作技能和创新思维的培养。因此，学校又研制了现在使用的 Arduino Uno 板创客套件，其中的元件是根据设计的课程内容确定的，通过网选、测试、改造等方式使元件的性能更稳定。套件没有将元件固定在一张板上，是应用杜邦线，借助面包板的扩展功能连接元件，可任意选择元件进行实验，使教学更加方便和灵活。学校用不到一万元的经费制作了 60 套 Arduino 创客套件。（图 2）

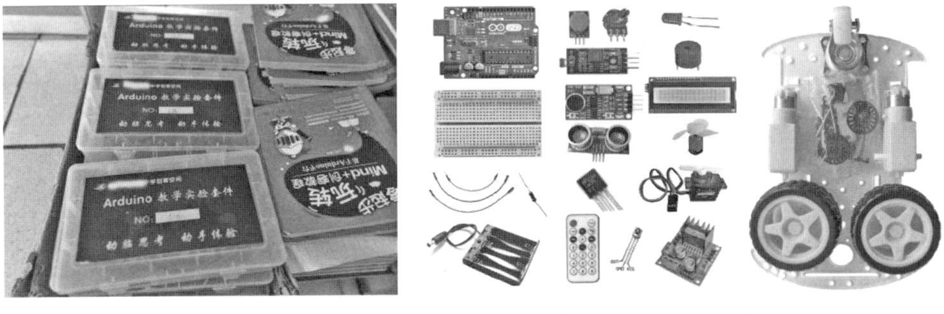

图 2　配备在计算机教室的 Arduino 创客套件和包含的部分元件

五年来，学校的 Arduino 创客套件一直在正常使用。所以，使用价廉物美的创客套件，在计算机教室开展创客教学，做到了设施和器材的低成本，能达到实施普惠性创客教育的目的。

（三）培训与自主学习相结合培养师资

为了使教师胜任普惠性创客教育课堂教学工作，学校创新了培养方式和方法。

1. 组织创客教师参加了上级部门组织的培训班

上级部门组织的创客教师培训班大多请的是在本领域做出了成绩、具有教学实践经验的一线教师，既有创客教育知识技能的学习，也有创客教育教学设计模式的研讨，培训多以实操形式进行。培训一般要求在主讲老师的指导下边学边做，以小组形式完成一个创客项目，最后展示、评价、经验分享，类似学生的创客竞赛活动。参加这样的培训，简直是一场创客“马拉松”，教师收获会很大。

五年来，学校派出了二十多人次的教师参加了各部门组织的中高级创客教育师资培训。每次培训回来的教师，会分享自己的收获，进行交流、探讨，从而有针对性地改进学校的普惠性创客教育教学。

2. 组织学校创客教师到创客教育领先学校观摩学习

在国内，有些中小学校创客教育起步较早，形成了学校创客教育的模式，并探索出了一些方法和经验。百闻不如一见，到这样的学校现场学习和交流，可以少走很多弯路。五年来，学校组织教师到武汉、杭州等地学习，考察了中小学校创客教育实施情况。

3. 引导创客教师自主学习与实践反思

参加培训只是引进了门，有关硬件实操技能和创新思维的培养方法，还需进行深度的学习。在“互联网+”时代，知识性的内容在网上都容易找到，实在找不到的，也可在网上请教相关领域的专家，一般问题会很快解决。

学校对创客教师的自主学习也提出要求，就是学习的过程中要将学习知识与提升技能相结合，最好以项目驱动方式来进行。项目中的作品，从创意设计到结构制作，从编写程序到综合调试，每一步都可能碰到困难，都要想方设法地去解决问题。这样完成项目的过程，就是学习的过程，是技能提高的过程，也是学生学习过程的体验和教学素材的积累过程。

（四）规范创客教育课堂教学

学校将创客教育纳入学校课程体系，与其他学科一样组织教学，真正做到了普惠性。

1. 落实创客教育课时

学校为了使普惠性创客教育真正落地，在七、八年级综合实践活动和信息技术课程中，通过优化课程，根据学生实际将课程内容进行了整合，保证创客教育每周 1 课时。

2. 调动创客教师的积极性

创客教师的工作态度决定着普惠性创客教育实施的成效，学校在各方面对教师给予关注和支持，充分调动创客教师的工作积极性。创客教师需要不断地学习新的知识和技能，学校会主动提供学习提升的机会。在教师考核、评先晋级上与主要学科同等对待。对做出了成绩的创客教师，如对教师、学生在竞赛活动中获奖、论文发表、教程出版等，学校都进行了宣传，并给予了表彰，形成了重视创客教育的氛围。

3. 规范创客教育课堂教学

学校七、八年级每周 1 节的创客教育课堂教学都是实操课，每两个同学一套创客套件。创客课堂教学一般流程为“预备知识学习→引导实践→深度探究→课后练习”等环节，在“情景式教学”模式下，教学形式上以任务驱动、探究学习方式为主，强调合作学习。在课堂上用学和玩一体的创新方式去提升学生的创新能力，让学生在玩的过程中学习，在学习的过程中也能玩。每节课的实操练习分两个层次，一是“引导实践”和“深度探究”中统一要求完成的任务，二是在“课后练习”环节给部分学得快的同学布置难度大一点任务。

（五）另辟蹊径磨炼出校本化教程

当前，在各中小学校，创客教育教学环境和器材有很大的差别，所以实施普惠性创客教育的教程应该校本化。学校建设校本化教程的流程为：

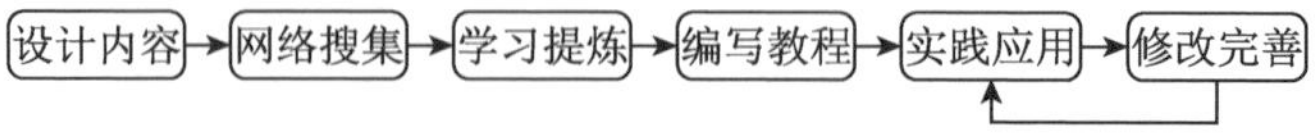

建设校本创客课程首先要设计课程内容，就是学什么，要多少课时。

学校从 2017 年起开始普惠性创客教育课程的开发。基本是按照先设计出课程规范和内容，再将网络搜集的相关课程内容进行学习、提炼，编写出课程，接着课堂应用，根据实际教学情况修改后再课堂应用，最后修改完善的步骤进行的。学校每周召开教研会，给每位老师分配学习和课程设计任务，每节课程都要在教研会上集中展示、交流、修订。

五年来，与研制的创客套件配套，学校创客教师编写出了分别以 Mixly、Mind+为编程软件的创客教程共 52 节，并且制作了配套的课件。这些教程都经过了多轮次课堂教学实践，是学校常态化实施低成本创客教育的有力保障。

（六）积极举办和参加创客竞赛活动

1. 学校定期举办创客作品展示和竞赛活动

一般通过几节课的学习和思索，大多数同学会想用学到的创客知识来制作出作品，从而解决日常生活中的一些问题。这，就是开展普惠性创客教育的初衷。学校为了持续激发同学们的热情，每年度会定期举办创客作品展示或竞赛活动，大力弘扬创新精神。

2. 参加上级部门举办的创客竞赛活动

现在，上级部门举办的创客竞赛活动很多，学校会推荐学生创作的创客作品去参加正规的创客竞赛。获奖不是目的，参赛，一方面是对学习效果的检验，另一方面可以与其他参赛者合作、交流，从而相互促进制作技能和创新能力的提升。

四、 主要内容

经过五年的探索与实践，学校低成本普惠性创客教育现在已日趋成熟并常态化实施，在这个过程中，我们总结出了部分成果。

（一） 研制出了低成本创客套件

在近五年的教学过程中，我们研制了两代创客教育套件。第一代是 Arduino 创客教学板，开启了学校普惠性创客教育之旅；第 2 代是现在使用的 Arduino 创客套件（图 3），使学校普惠性创客教育做到了规范和高效。Arduino 创客套件是我们精心打造的低成本、高性能教学用器材套件，能配套完成智能 LED、智能风扇、智能小车等方面内容的教学，并能用于创意作品的制作。

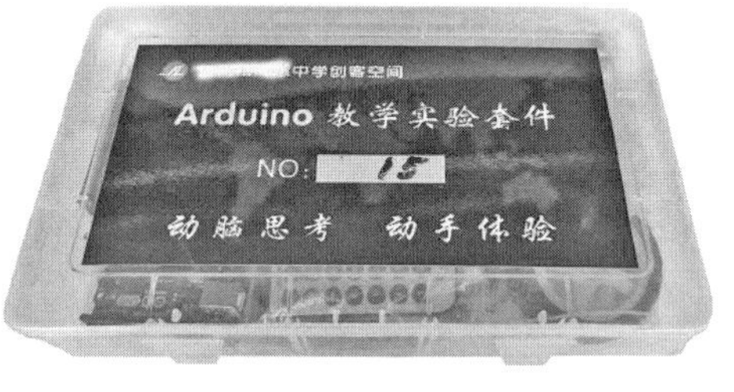

图 3 Arduino 创客套件

（二） 磨炼出了普适型创客教程

学校对实施多年的普惠性创客课程进行了整理和归纳，先后结集出版了《Mixly 从入门到精通》（图 4）《零起步玩转 Mind+创客教程》（Arduino 和 micro：bit 平台各一本）（图 5）、《零起步玩转掌控板与 Mind+》（图 6）等 4 部教程，可供全国的学校参考应用。其中，《零起步玩转 Mind+创客教程》（基于 Arduino 平台）持续热销，已进行了 3 次重印，在当当网上始终是同类教程销量第 1 名，在清华大学出版社官网首页进行了展示(图 7)。

图 4　2019 年出版的《Mixly 从入门到精通》

图 5　2020 年~2021 年出版的《零起步玩转 Mind+创客教程》两本教程

图 6　2022 年出版加入了人工智能内容的《零起步玩转掌控板与 Mind+》

图 7　清华大学出版社官网首页展示学校创客教程（左 2 和右 1）

（三）培养出了优秀师资团队

学校的普惠性创客教育之所以能持续实施，是因为学校领导重视、创客教师团队的热情和优秀的专业素质。学校有 4 名创客教师，来自学校信息技术和物理教师，经过培训、自学及在教学实践中的历练，教师的教学和理论水平大幅提升。

五年来，创客教师中涌现出 1 名特级教师、1 名省创客导师、1 名市创客骨干教师，4 名国家、省级优秀辅导教师。几名创客教师经常在省内各地开展师生创客培训或展示交流，展现了学校创客教师团队的素质和风采，同时也推广了低成本普惠性创客教育。

（四）提升了全体学生的信息素养和创新意识

学校实施的普惠性创客教育，使全体学生的信息素养和创新意识明显提升。两人一套的创客器材，训练了每个同学的操作技能；两人的合作学习，可以促进对知识的掌握；项目式的学习方式，培养了学生的创新思维。

学校学生在国家、省、市、区与创客相关的活动中多次进行现场展示交流，并在活动中表现突出。（表 1）

表1　学校2018年~2022年在创客竞赛活动中获奖情况统计

级别 / 年份	学校	县（区）级	市级	省级	国家级
2018	100	32	18	9	2
2019	100	40	22	11	3
2020	120	38	18	12	5
2021	120	42	28	15	4
2022	120	等待公布			3

连续五年学校都有学生代表湖北省参加全国学生信息素养提升实践活动（全国中小学电脑制作活动）创意智造项目现场、线上竞赛交流活动（每省每年4个名额），每年都获国家级奖。2022年9月，在全国活动中，官黎皇同学获全省唯一的“创新之星”称号。

（五）构建了开展低成本普惠性创客教育的模式

学校在实践中构建出的“低成本创客套件+配套教程+计算机教室”来实施普惠性创客教育是一种“极简”创客教育模式，能做到低投入，易入门，效果好，性价比高。其他中小学可以应用我们多年实践过的这种模式同本校一样开展普惠性创客教育。

五、重要成效及实验推广

（一）成果在学校的应用情况

2018年2月起，学校在七、八年级各班级中每周用1课时开展创客教育，随着教学经验的不断积累，创客课堂教学越来越成熟。低成本普惠性创客教育在学校的实施分3个阶段：

（1）实施准备阶段（2017年10月~2018年1月）。

课程实施前，我们用4个月时间进行了准备工作，包括创客套件的研制、教程的编写、课程实施规范的制定等内容，特别是我们以30名年轻教师为对象，进行了两轮创客教学实验。老师们学习的热情给我们增强了信心，部分老师给我们的教学提出了宝贵的意见，使我们的准备工作更完善。

（2）探索实验阶段(2018年2月~2019年6月)。

这一阶段我们在七、八年级同步零起点开始创客教学，使用Mixly+Arduino教学板，应用编程控制开源硬件的智能反应。每学期16课时用于按教程学习创客知识，2课时用于学生按要求完成创意作品的设计，从而检测学习的效果。通过检测，绝大多数同学一个学期就学会了智能LED、智能风扇、智能小车的制作方法，部分同学的制作技能和创新意识得到提高。

2018年5~7月和2019年5~7月，学校分别选派部分同学参加了第十九届、第二十届全国中小学电脑制作活动创意智造项目竞赛，共获国家、省、市、区级奖137人次。这两届，学校都有学生代表湖北省参加全国交流展示活动(每年每省4个名额)，特别是2019年7月，在全国现场交流展示活动中，学校获一、三等奖，成为全国唯一获两个大奖的学校。

（3）稳定实施阶段(2019年9月至今)。

根据上阶段的教学反馈情况，我们发现教学板虽然保护了元件的安全，但限制了学生的主观能动性，不利于对学生操作技能和创新思维的培养。于是，我们重新研制了Arduino创客套件。由于编程软件Mixly+升级较慢，对一些新元件不支持，所以，我们将图形化编程软件更换为Mind+。这一阶段，课堂教学使用Mind++Arduino创客套件来实施。教程是在前面Mixly+教程的基础上，保持结构、项目不变，进行了改编，并升级了人工智能方面的内容。这套Mind+教学方案在实践中变得越来越完善，使创客课堂的实施做到了规范化和常态化。

2020年~2022年，学校在全国各项正规创客竞赛活动中也是获奖丰厚，在省内遥遥领先。

（二）成果在学校的应用效果

学校低成本普惠性创客教育明显提升了学生的信息素养和创新意识。学生在各种创客活动中的表现，是这几年创客教学实践的良好反馈，是对低成本创客教育作法的肯定，也增强了创客教师实施创客教育的信心和责任感，同时，学生的获奖也给省、市、区、学校争了光，使学校低成本普惠性创客教育模式的影响越来越大。

（三）成果在省内、国内的影响

1. 省内影响

（1）学校《低成本普惠性创客教育探索与实践》被评为 2021 年湖北省基础教育信息化应用典型案例和 2021 年省数字校园应用场景优秀案例。

（2）学校《低成本普惠性创客教育的研究与实践》被评为湖北省教育科学规划 2021 年度专项资助重点课题和 2021 年湖北省教育信息技术研究重点课题。

（3）2018 年起，省、市创客教师培训班多次在学校举办，学校低成本普惠性创客教育模式、教程、创客套件受到参会领导和参训教师的高度评价。

（4）学校创客教师经常受邀到省内各地培训创客教师或学生，推广低成本普惠性创客教育实施方法，目前，省、市内几所中小学参与了学校《低成本普惠性创客教育的研究与实践》研究并实施。

（5）部分媒体对学校普惠性创客教育成效进行了专题报道，致使来本校学习、考察、交流的学校络绎不绝。

2. 国内影响

（1）学校《低成本普惠性创客教育探索与实践》在教育部基础教育司主办的第四届全国基础教育信息化应用展示交流活动上进行优秀案例展示。

（2）学校是湖北第二师范学院主持的教育部《中小学人工智能课程教学实践共同体项目》成员单位，学校案例被评为典型案例。

（3）学校培养创客教师的作法被教育部《基础教育参考》期刊封面推广。（图 21）

（4）《零起步玩转 Mind+创客教程》被部分中小学、大学选为教材。（图 8、图 9）

	使用学校
	南宁师范大学图书馆/宿迁学院
	广东省立中山图书馆
	湖北信息工程职业学院
	山东布克图书有限公司
	网上
	山东布克图书有限公司
	南京中医药大学/电子科技大学-文管

《数字媒体技术》实训教学大纲

英文名称：Digital Media Technique

课程编号：1305020043

某大学实训教学大纲

课程简介：

Arduino 是一款便捷灵活、方便上手的开源电子原型平台，包含硬件（Arduino 的各种板）和软件（Arduino IDE）。它适用于艺术家、设计师、创客爱好者和对"交互"感兴趣的朋友们。本课程从设计专业学习的基础阶段就培养学生对新技术的兴趣，切身理解软硬件结合的交互性设计技术原理。通过学习 Arduino 等设计开发环境并完成作业，掌握典型软硬件交互原型开发技术，培养对于人机交互的逻辑性图形化编程设计思维能力。通过贯穿在具体技能学习背后的传感技术、信号通信、图形化编程等若干知识点的科普式讲述，让学生初步了解交互性产品的"功能黑箱"，避免传统艺术设计背景学生"拍脑袋想概念"的思维模式，锻炼学生多动手实践的好习惯，并对开源硬件、创客及众筹等当今社会创新趋势加深了解，端正学习态度，明确学习方向，鼓励在未来设计学习过程拓展多样性发展。

课程内容包括 Arduino 概述和设计实现两大部分，从什么是 Arduino、为什么学 Arduino、Arduino 可以干什么三方面深入浅出的介绍 Arduino。在设计实现部分通过基础项目设计和综合项目设计激发学生的学习兴趣，掌握交互装置作品创作的思路和方法。本课程是一门实操性较强的课程，课程教授以理论和实操紧密结合的方式进行。

环节类别：实训

学　　分：3

总 周 数：3

适用专业：影视、数媒

先修课程：大学计算机基础、数字媒体艺术概论

六、课程教材与学习资料

[1] 零起步玩转 Mind+创客教程．占正奎，占杨．清华大学出版社，2020.

[2] 轻松玩转 Arduino．张亮，曹振华．电子工业出版社，2016 年.

[3] Arduino 入门基础教程．余静．人民邮电出版社，2018 年.

图 8　出版社提供的预订《零起步玩转 Mind+创客教程》（Arduino）作教材的大学

https://baijiahao.baidu.com/s?id=1675529931511083152&wfr=spider&for=pc

Bai du 百度

上海教师远赴云南深山 带创客教育进乡村学校

AI教育圈　2020-08-20 15:51　关注

2020年7月12日，上海花木中心小学自然课教师朱佩清带着2套创客课程奔赴云南，展开为期十天在贡山县和黑井镇两所偏远地区学校的教研之旅。在为两所学校带去创客教育课程并开展相关教师培训的同时，他尝试在学校里组建创新学习中心，并建立与上海地区教学资源在未来2年里的互动链接。

朱佩清是上海花木中心小学的一名教师。拥有24年教龄的他除了在校内教授自然课外，还

一直尝试探索创新教育，用"STEAM（素质教育）+PBL（项目制学习）"以及创客课程来提升自己的教学能力，提升学生的综合素养。在课余时间，这名创新型教师也是一位教育公益合伙人，早在2003年，他就曾远赴云南支教一年。

这次前往云南贡山和黑井两所学校的教研之旅筹备已久。通过与乡村学校的长期接触，朱佩清意识到，教育工作者需要重新认识边远山村的教育——与以往捐书包捐文具相比，很多乡村学校的基础设施有了很大提升，对于教育资源也从简单必需品转变为对新型课程、对更立体的素质教育的需求。"在注重文化成绩的同时，希望通过创客课程带来自主学习能力，挑战错误和试错的勇气，独立思考、创新解决问题的能力，对他们今后的职业生活带来帮助。"朱佩清解释自己此行的初衷。

对于把创客教育带进乡村学校，朱佩清有一套自己的方法：通过自己的课程开发，在上海这样的大城市打造学校和社区之间的创新教育学习共同体，然后在偏远学校组建创新学习中心，最后与大城市学习共同体建立互动链接。在他看来，与一些人对创客教育是贵族教育的观点相反，中小学创客教育是一种回归生活的教育，是一种指向"创造"的教育，和金钱无关、是同时适合大城市和偏远乡村的。

7月12日至20日，朱佩清走进云南贡山县和黑井镇的两所学校，分别带去了一学年2套创客课程，适合2个学期的兴趣课开展。在教研中，他向学校师生演示了如何运用图形化编程软件与智能硬件开展项目制学习。"2套课程包括智能硬件和其他活动材料包，每所学校20套，足够满足20个人的兴趣小组的学习，"朱佩清介绍。

朱佩清采取的图形化编程软件结合智能硬件的项目制教学是当下开展创客教育入门的常见手段。湖北荆门市海慧中学的信息技术教师、《零起步玩转Mind+创客教程》作者占正奎对七年级12个班同步实践两轮后，用图形化编程结合硬件的方式在校开展了普惠性创客教育。他以拥有自主知识产权的国产青少年编程软件Mind+举例："学生在Mind+的界面上拖动图形化程序块完成编程，再连接到Arduino、micro:bit、掌控板等开源硬件平台对硬件实现控制。高年级的学生还可以把图形化程序直接转换成Python/C/C++等高级编程语言。"他介绍，Mind+等国产编程软件能兼容海外常用的图形化编程工具Scratch3.0，还支持AI（人工智能）与IoT（物联网）功能，更适合国内教师使用。

图 9　上海小学教师用《零起步玩转 Mind+创客教程》将创客教育带到乡村学校

（5）《零起步玩转 Mind+创客教程》惠及广大青少年创客爱好者。

（6）项目主持人经常受邀在专业网络直播平台面向全国教师进行如何开展普惠性创客教育的培训，介绍学校低成本创客教育开展情况。（图 10）

图 10 项目主持人受邀通过哔哩哔哩平台面向全国教师主讲如何开展创客教育

（四）反思

通过 5 年来的探索与实践，学校认为在中小学实施低成本普惠性创客教育是可行的，这种“极简”模式也能达到创客教育的目的，但想要实施好，要处理好以下方面的事。

1. 学校领导重视是创客教育常态化开展的前提

现阶段创客教育还没有纳入国家和地方课程体系，学校开不开展普惠性创客教育一般是由学校领导来决定的。在当今创新时代，各级教育行政部门应加强对中小学领导的相关培训，提高学校领导在创客教育方面的责任心和领导力，使他们认识到创客教育是培养学生实践创新核心素养的重要载体，把握创客教育的核心价值，以教育价值为导向，统筹规划本校的创客教育发展方案，并尽量提供所需的人、财、物支持。真正落地进入执行层面实施时，学校领导应重点抓好课堂教学、课程开发、效果评价、教师培养等工作。

2. 创客教师的责任和担当决定着创客教育的成效

每一名创客教育教师都应具有强烈的事业心、责任感和真挚的教育情感，并掌握先进的教育理论与方法，善于创新和勇于开拓。从一个传统的知识传授者蜕变为一个创客型教师，需要有一种超前意识、创新意识，要不断地学习新知识、掌握新技能，持续提升自己的教学能力水平。只有这样，才能保证普惠性创客教育的高效实施。

经过一段时间的实施，可能有的老师做出了一点成绩，自己和学生获了奖，工作中就会没有当初的激情了。这时，学校应正确引导，使创客教师能持续地做好教学工作。

3. 师生获奖会进一步推动普惠性创客教育的发展

学生和教师在创客竞赛中获奖，一方面是学生信息素养和创客能力提升的表现，另一方面会推动学校创客教育的进一步的发展。学生获了奖，在同学间就会起到示范作用，学生学习的积极性就会越来越高，从而推动了创客教育的良性发展；学生获了奖，学校收获了荣誉，学校领导和上级主管部门会更加支持。

在当今人工智能时代，中小学校有责任开展普惠性创客教育，虽然困难重重，但我们也要开拓思路，创新机制，为学生信息素养和创新能力的持续提升不断努力，培养德智体美劳全面发展的社会主义建设者和接班人。

关联·融通·生长：小学数学“生态·结构化”教学20年区域实践探索①

成果完成者：戴厚祥

其他成果持有者：周善伟　李柱俊　夏翠莲　李一婷　汤雪峰

所在单位：南京市江宁区教研室

获奖情况： 2021年江苏省基础教育教学成果一等奖

传统的结构化教学通常把外部的数学知识结构对儿童强行嫁接，机械传递，教与学呈现单向性、灌输性、接受性，这种忽视儿童内部认知与外部环境之间有机联结与贯通的结构化教学缺乏生命活力，导致儿童对数学本质理解不到位、不深刻。如何以生命灵动、动态平衡、和谐共生、持续发展等关键特质，赋结构化教学予生态性特征，从而优化儿童内部建构，深化数学本质理解，形成整体观念，发展儿童思维，是本成果的核心内容。

小学数学“生态·结构化”教学正是用生态理念对传统结构化教学的改造与优化。它将结构化教学放在生命的高度，旨通过激发学习者内部认知与外部环境之间的有机交互，倡导将儿童认知建构过程镶嵌于五大要素（主体、环境、信息、资源和机制）构成的生态教学系统中，克服教学机械性、碎片化、浅表化倾向，克服认知过程和学生经验割裂的倾向，从生态的视角来促进、深化儿童内部认知与外部环境之间的联结与贯通，实现由机械结构化向生态结构化的发展，以结构化教学的显性方式实现内隐的学科生态育人价值，让结构化课堂更具有生命性。

经过20年的研究与探索，成果依循“资源的汲取与内化；信息的反馈

---

① 此文本由江苏省南京市江宁区陆郎中心小学何德平、江苏省南京市江宁区文靖东路小学范李缘提供

与教学调节；交互的竞争与合作；反哺回馈与激励”四大教学机制和“尊重差异，和谐共生；开放结构，自我组织；暴露思维，协调平衡；关联融通，建立模型”四项教学原则，探索出“资源整合、多维互动、合作共赢、评价调节”四种教学策略体系和135实践样态，经过系列实验，取得显著的效果。

一、问题的提出

（一）小学数学课堂暴露出诸多“不生态”现象，引发对生态课堂的思考

课改前期，强调经验型的教，忽视儿童主体的参与；强调纯粹的认知能力，弱化环境的作用；强化知识技能的训练，遮蔽情感、意志的培养。这样的数学课堂，它只注重教，不重视学；它看不见儿童，忽视儿童作为生命个体的潜能；它重结果轻过程，三维教学目标无法落地。这些数学课堂中的“不生态”现象未能体现关联性、层次性、结构性和开放性，导致学生认知结构不良，数学情感冷淡。儿童是数学学习的主体，数学课堂教学要遵循人类学习的生态自然规律，数学课堂教学要尊重学生的个性特征，数学课堂教学要与学生的生命成长同频共振。基于上述现象和思考，我们构建育人的生态场，探索生态课堂的特征显得有价值、有现实意义。

（二）小学数学学习暴露出“结构不良”现象，引发对“生态·结构化”教学的探索

小学生在低年级时数学学习水平相对比较均衡，到了中高年级就显现出比较大的差异，对待数学学习的兴趣和态度也会发生明显变化。这些变化与所学内容难度加深有关，更与学生结构化认知不够有关。因为数学知识之间有很强的逻辑关联性、层次性、结构性，随着数学知识难度的提升，对学生的整体结构化认知要求也提高了。教学中我们如何引领学生体验数学学习的

发生、形成、发展全过程？如何使学生经历由数学知识结构向认知结构的过渡？这些问题亟需进一步用实践来回应，只有教学遵循数学知识的本质，尊重学生的认知及思维发展特点，引领学生经历联结性学习过程，学生在知识层面、方法层面和思维层面才能实现贯通。

（三）小学数学教学暴露出“教、学、评”相互割裂现象，引发在“生态·结构化”理念指引下对“表现性绿色评价”的实践

纸笔测试的量化评价一直导引着小学数学的学习评价，这种评价易评价学习结果，不易评价学习过程；它滞后于教与学，致使评价与教、学割裂；它关注知识和技能，忽视能力和核心素养，不利于学科育人的实施，它是非生态的。评价的价值在于改进教、促进学，评价要内嵌于教和学的过程之中，“表现性绿色评价”是一种生态·结构化的教学模式。基于这些思考，在日常教学中，实施表现性绿色评价，将数学知识融于情境，呈现知识的产生、形成、发展和应用过程。通过生命之间多层次、多形式的互动，营造出教学过程中的思考场域，实现生态与结构的融通，开发思维潜能，焕发儿童生命活力，达到师生共成长的目标。

基于以上三点现状反思，小学数学“生态·结构化”教学实践探索聚焦以下三个问题：

问题一：教学内容散点化、碎片化，不利于学生形成良好的认知结构，不利于学生数学关键能力的培养；

问题二：结构化教学实施中生态失衡。教学中各要素关系错位，师生互动单一，教学方式、方法失当，教多学少，数学本质理解不深刻，儿童在真实、复杂情境中问题解决的能力偏弱；

问题三：教、学、评相互割裂，未能形成整体性、一致性、发展性结构，自主生长力不强，不利于数学核心素养落地生根。

二、 核心理念

经过 20 年实践探索，“生态 · 结构化”教学遵循“意义关联→整体融通→螺旋进阶”三段整体进阶路径，实现了从最初的结构化的数学教学走向了与生态理念相融通的“生态 · 结构化”教学的数学教育观的进阶；实践探索出“数学课程理解”到“小学数学结构化学习”的机制原理、教学原则和教学策略；构建了小学数学“生态 · 结构化”教学整体设计结构图，创建了学理、学情、学材、学程、学评“五学融通”小学数学结构化整体教学模式，将“表现性绿色评价”自然内嵌并深度融入“生态 · 结构化”教学中，形成了一个具有创新理念、鲜明主张、明晰模型与具体策略的“小学数学‘生态 · 结构化’教学”体系，有效落实了学科育人、生态育人。（图 1）

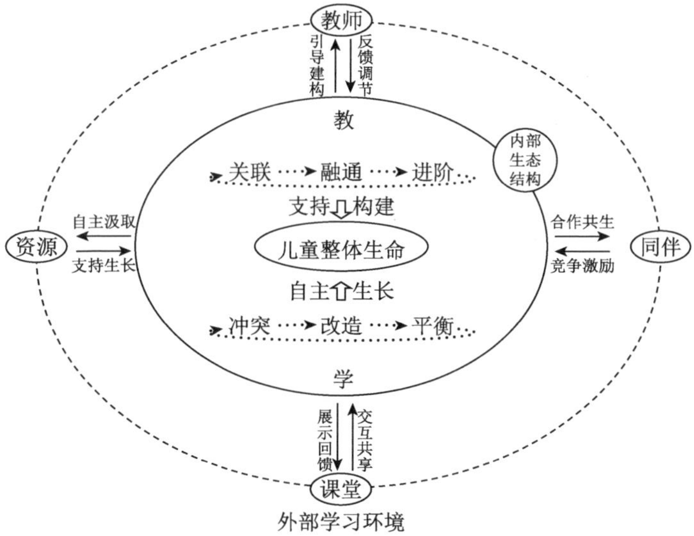

图 1　小学数学“生态 · 结构化”教学整体示意图

三、 实施过程

20年来，学校立足从生态的视角促进、深化儿童认知结构的建构，彰显儿童生命主体的灵动，创生教学方式，引导儿童整体认识、理解和表达现实世界，实现儿童数学素养可持续发展，研究过程历经五个阶段。(图2)

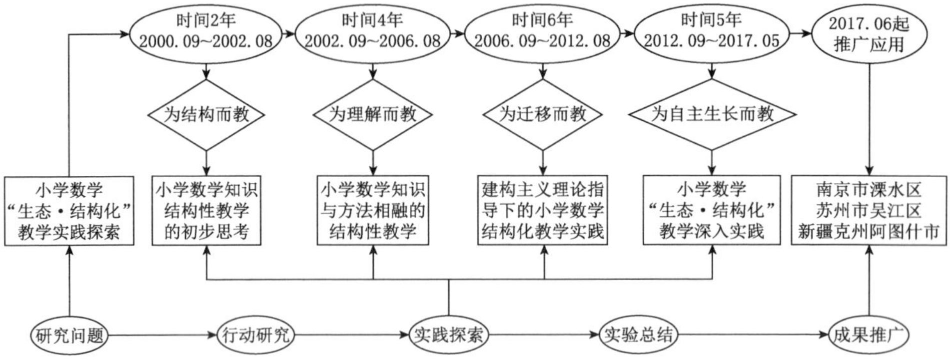

图2 小学数学“生态·结构化”教学研究历程

（一）萌芽阶段（2000年9月~2002年8月）：为结构而教——小学数学知识结构性教学的初步思考

为解决“知识散点化、碎片化”问题，本阶段初步萌发了结构性教学，倡导在“双基教学”中做到四种结构的和谐统一——即尊重儿童的认知结构，把握知识的自身结构，审视教材的编排结构，优化教学内容的呈现结构。从教的层面优化课堂教学，发展儿童思维。

（二）起始阶段（2002年9月~2006年8月）：为理解而教——小学数学知识与方法相融合的结构性教学

在关注三维目标的前提下，初步梳理并渗透知识背后隐藏的数学思想方法、情感态度价值观，通过引导儿童画数学知识树、数学知识结构图、思维导图等形式建立纵横联系，通过“隐方法蕴含结构→找方法生成结构→用方法依靠结构→悟方法完善结构”，促进儿童理解数学本质，提高问题解决能力。该阶段研究成果撰写成专著《走向数学生态课堂》约 36 万字，由东南大学出版社出版发行。

（三）深入阶段（2006 年 9 月~2012 年 8 月）：为迁移而教——建构主义理论指导下的小学数学结构化教学实践

以建构主义理论为指导，在帮助儿童更好的同化和顺应的基础上，进一步优化儿童的认知结构，形成了三段教学路径，五环教学进程(图 3)。通过水平、垂直数学化等方式帮助儿童形成整体观念，并在区域实验学校进行了尝试和探索。儿童在真实复杂情境中解决问题的能力明显提升，有效生成了“带得走的能力结构”“理得清的关系结构”和“内化了的情意结构”等。该阶段研究成果撰写成专著《走进数学生态课堂》约 30 万字，由内蒙古人民出版社出版发行。

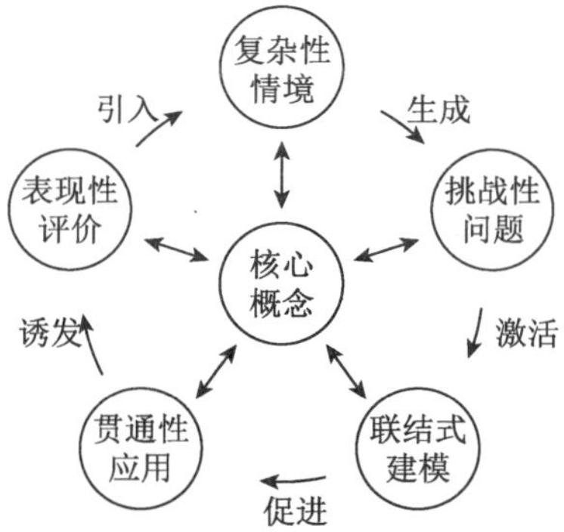

图 3　小学数学“生态·结构化”教学“五环”整体过程示意图

（四）整合阶段（2012 年 9 月~2017 年 5 月）：为自主生长而教——小学数学“生态·结构化”教学深入实践

为解决“结构化教学实施中生态失衡”的问题，此阶段把教育生态学理论融入小学数学结构化教学，整体构建出“本真自然、生命灵动、整体提升”的生态·结构化教学新范式，形成了“研究单导学、问题串递进、任务群驱动、框架式建构、图示法引探”等教学新样态。将表现性评价有机嵌入数学生态·结构化教学过程中，依循表现性绿色评价四步骤“任务→实作→对话→修正”，通过评价量规、等级量表、作评单、档案袋等工具，促进教、学、评一体化，落实数学核心素养。阶段成果凝练成40万字的专著《生态·结构化教学——小学数学教与学新路径》由南京出版社出版，此成果被评为省教育科研优秀成果一等奖，并被推荐参加国家级评比。

（五）推广阶段（2017年6月—现在）：小学数学“生态·结构化”教学应用推广

依托6个国家社科基金及省规划重点课题、市前瞻性重大项目和市教学成果培育重点项目，从典型课例到三种课型进行教学实践，分阶段从区域的实验学校延伸至全国的158所推广学校，形成发达地区、西部偏远地区课堂教学改革实践新样态，通过近阶段大单元整体结构化教学、项目引领式结构化教学等形式，以典型案例研究为抓手，攻坚克难，丰富并发展了小学数学“生态·结构化”教学中的应用范式（图4）。专著《小学数学生态结构化教学表现性评价理论与实践》（42万字）由南京出版社出版。

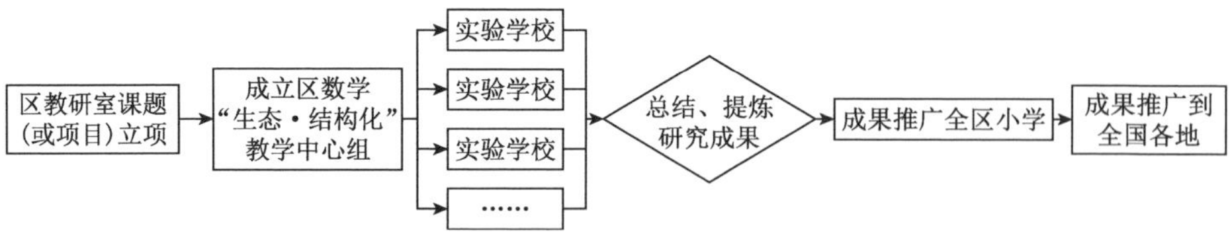

图4　小学数学“生态·结构化”教学推广应用示意图

四、主要内容及基本经验

（一）架构了小学数学结构化教学的理论与实践

研究团队于上世纪 90 年代就率先提出了小学数学结构化学习整体关联的教学理念。提炼出结构化教学的本质特征：系统整体、关联结构、心智转换；实践探索出“数学课程理解”到“小学数学结构化学习”的机制原理；创建了学理、学情、学材、学程、学评“五学融通”小学数学结构化整体教学模式。（图 5）

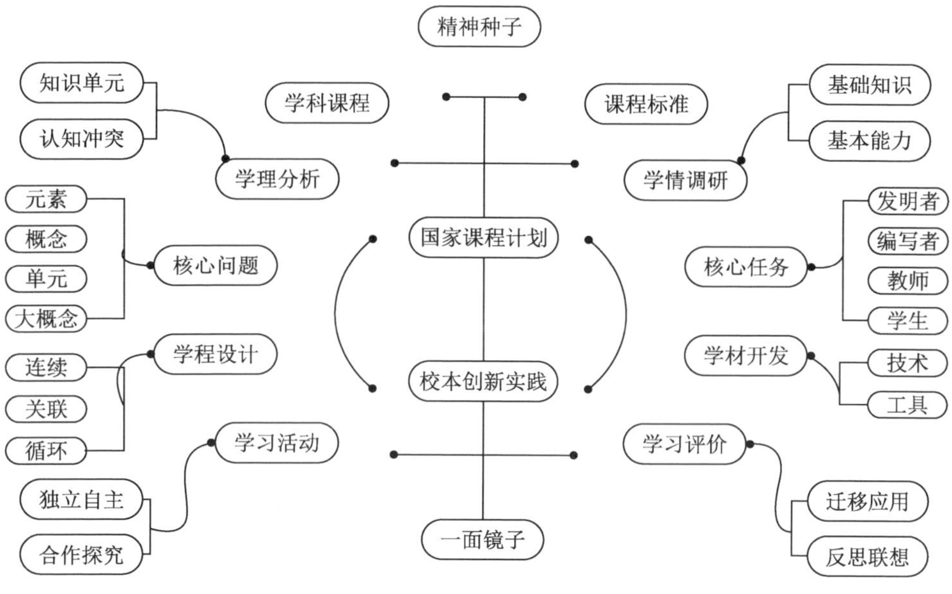

图 5　小学数学结构化学习整体实施框架

（二）发展了小学数学“生态·结构化”教学的理论

本成果把教育生态学理论融入小学数学结构化教学，以生命灵动、动态平衡、和谐共生、持续发展等生态特质优化儿童内部建构过程，深化数学内容理解，形成整体观念，引导儿童自然生长，发展儿童思维，以结构化教学的显性方式实现内隐的学科生态育人价值，对课堂教学进行了结构化改造，真正走向了生命关照下的“数学化”，实现儿童生命和谐的律动。

1. 总结出小学数学“生态 · 结构化”教学四大教学机制、四项教学原则和五种教学策略

四大教学机制：资源的汲取与内化、信息的反馈与调节、交互的竞争与合作、反哺回馈与激励机制。

教学原则一：尊重差异，和谐共生

首先从人文关怀的角度，承认学生间个性差异的存在；其次尊重学生之间的差异，有效运用差异，使差异成为教学活动的资源，通过学生间相互补充、相互启发、共同学习，促进学生整体发展；最后鼓励和引导潜能生，帮助他们学会用联系的方法展开学习。

教学原则二：开放结构，自我组织

克服原有结构化教学单向、机械、静态的问题，强化自组织学习方式，在教师设置结构化合理的教学目标之后，充分调动学生的积极情感，充分发挥评价的激励机制，让学生自主实现知识动态建构，让学生在数学学习过程中发现自我、肯定自我、超越自我。

教学原则三：暴露思维，协调平衡

在数学生态的课堂环境中，师生的情智被充分地激发，师生、生生之间产生积极的交往互动情感，创设认知冲突，打破原有的认知平衡，采用切实可行的方法和策略，启动基础性资源，暴露思考过程，产生生成性资源，形成新的发展性资源，达到新的认知平衡；由此不断往复，良性循环，最终取得数学核心素养和生命质量的整体提升。

教学原则四：关联融通，建立模型

对相关联的知识进行对比，采用分类分析和聚类分析的方法，让学生在对比的过程中实现知识的整体迁移。首先，揭示出新旧知识间的纵横联系，促进学生把握数学知识的来龙去脉，将数学知识融会贯通；其次，数学教学要做到知识体系由点到线、由线成面、由面化体，形成立体交叉式结构；最后，对整体性知识和思想方法的教学，从概括化的基础上升到结构化的水平。

五种教学策略：资源整合策略、环境优化策略、合作竞争策略、多维互动策略、评价调节策略。

2. 探索出小学数学“生态 · 结构化”教学的三段整体进阶路径

“生态 · 结构化”教学遵循三段整体进阶路径是“意义关联→整体融通→螺旋进阶”，具体阐释为：

意义关联。教师结合教学内容和目标创设复杂性学习情境，设置挑战性问题，学生已有的认知经验被激活，在学习的过程中会引发学生认知冲突，形成独立的理解和表达。学习进入了个体的意义关联阶段。

整体融通。学生在与同伴共同学习时，通过多元表征、交流共享、展示回馈，优化改造内部建构，深化数学本质理解，促进知识的整体建构和思想、方法的融会贯通，发展数学思维。学习进入了社会化的整体融通阶段。

螺旋进阶。前两段的学习促进学生个体性的内化结构、知识的建模、认知的焕新。新的认知平衡会诱发学生运用新知识模型“上浮”回到新的问题情境中，进一步循环完善自我认知图式、创新思维发展，推动学习进阶。

基于意义关联、整体融通、螺旋进阶的机理，教学从链接旧知、创设情境开始，引发问题冲突、多元表征、抽象表达和形式演进，实现探究突破、建模突围，乃至走向创新。

（三）探索了小学数学“生态 · 结构化”教学的实践路径

1. 教学设计结构化。 构建了小学数学“生态 · 结构化”教学整体设计结构图。学的结构是：回忆旧知→关联元素→表征抽象→循环上升，教的结构是：创设情境→探究突破→抽象建模→整体提升。设计策略注重“四整合”，即资源整合、内容整合、过程整合、方法整合。教学设计从学习目标、学情调研、学理分析、学程设计、学材开发和学评调节等 6 个维度进行系统架构，做到“六学融合”，以动态、科学、发展的方式进行教学设计思

考和选择，为实施“生态·结构化”教学做好准备。(图 6)

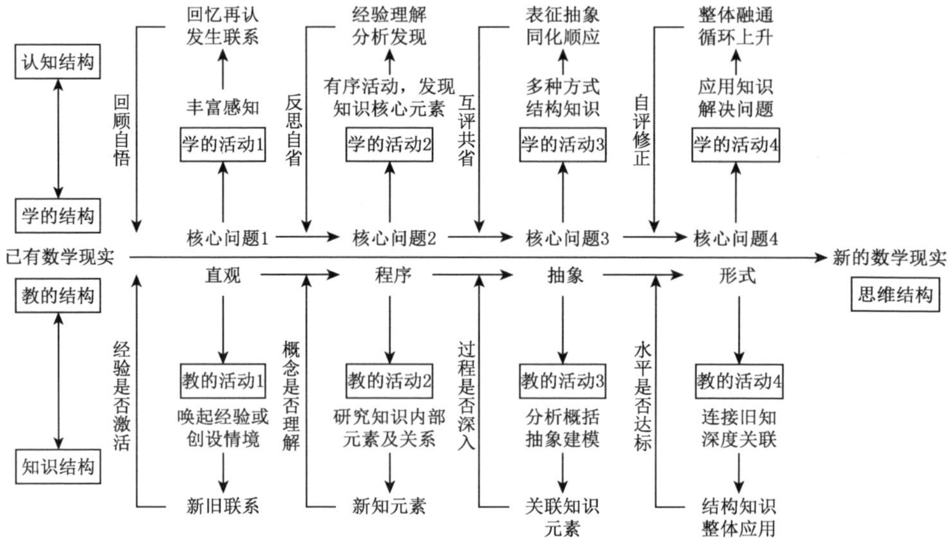

图 6　小学数学“生态·结构化”教学整体框架设计图

2. 研究角度前沿化。“生态·结构化”教学立足于大单元、大问题，以数学“大概念”为抓手进行教学模式研究，角度新颖，成果显著。如图 7 所示：

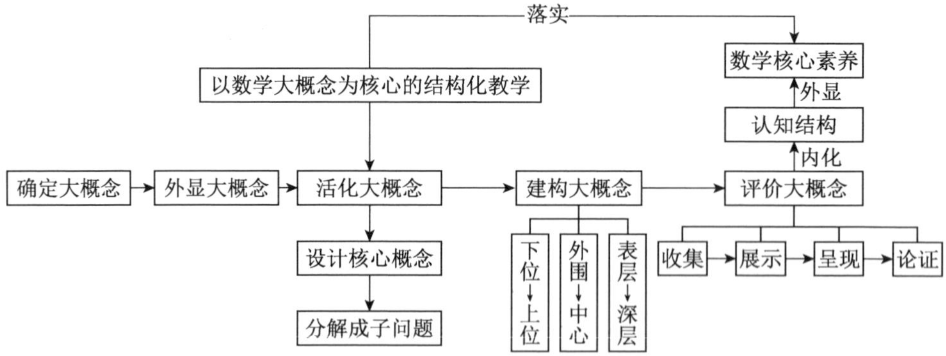

图 7　以数学大概念为核心的“生态·结构化”教学

3. 实践范式创新化。建构“一核、三步、五环”的教学模式。

一核：指核心概念(问题)。

三步：指三段教学进阶路径：知情连续→意义关联→螺旋进阶。

五环：以“复杂性情境→挑战性问题→联结式建模→贯通性应用→表现性评价”五环节构成小学数学“生态·结构化”教学的基本结构。

4. 表现性绿色评价。 依据“关注每一个、激励每一个”的生态教育评价理念，遵循“任务→实作→对话→修正”的表现性评价进程，构建出“表现性绿色评价”新范式，改进了评价方式。将其自然内嵌于三段整体进阶路径中，做到即时、互评、共评、自省，通过评价来自然调节教、促进学，让评价科学、增值、友善，科学体现学习历程，切实做到“教、学、评”一体化（图 8）。推动生态·结构化教学走向深度，表现性评价走向绿色。

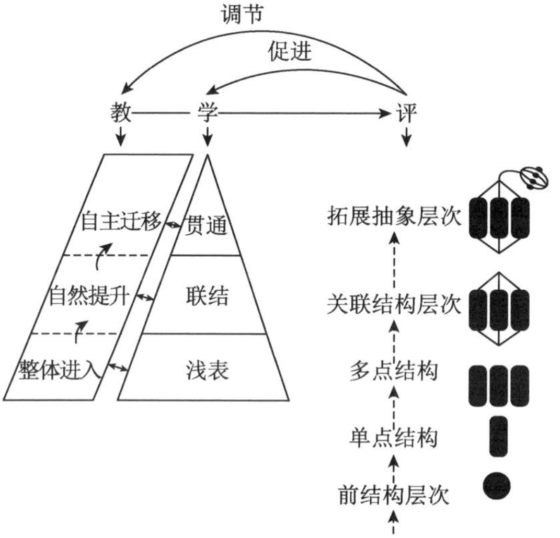

图 8　小学数学“生态·结构化”教学“表现性绿色评价”示意图

（1）依据评价标准，开发出含评价维度、评价内容、学习表现等内容的表现性评价体系。首先根据课程标准和教材确立目标和内容，并以单元为线索，确定好具体评价内容。其次根据目标，思考每一个标准下学生的学习表现，细化为知识、认知和思维三个板块的标准描述。最后根据学生课堂观察来理解目标的达成程度，对学生的学习表现进行定性分析和定量评价。（表 1）

表1　小学数学“生态·结构化”表现性绿色评价体系

评价维度	评价内容	学习表现		
		水平一	水平二	水平三
知识结构	数学概念、知识的记忆、理解、概括、运用等	1. 能够认识简单的数学概念 2. 能做简单的数学运算	1. 能够根据知识的前后关联理解数学概念内涵 2. 能举一反三解决实际问题	1. 能用各种表征解释数学概念 2. 能迁移、应用数学概念解决复杂的实际问题
认知结构	学生的认知发展水平和数学认知结构	1. 能根据教师的教授领会知识的意义 2. 能记忆相关概念，并机械运用	1. 能自觉运用各种表征理解数学概念 2. 能激活已有认知基础，探索数学问题，开展数学学习活动	1. 能够根据原有经验开展数学活动，实现知识的同化和顺应 2. 能够关联各种元素，实现认知的迁移和学习价值的循环
思维结构	学生的思维水平和学科核心素养	1. 有独立的思考能力，能解决一些简单的数学问题 2. 能借助直观表象展开思维，掌握数学知识	1. 能从直观思维上升到抽象思维和程序思维，体现思维的整体性 2. 能把单元整体知识进行系统思考，整体关联地解决相关问题	1. 能从抽象思维上升到形式思维，能解释和表达数学概念 2. 能开展创造性的数学活动，展开创造性思维

（2）通过学习、实践和研究，构建出了“生态·结构化”一体化教学的范式。研究将“表现性绿色评价”自然内嵌并深度融入“生态·结构化”教学中，通过表现性任务中的反馈与表现及时调整教学策略，促进学生的学，调整教师的教，课堂的教学不再是既定教案的流程式教学，而是基于生成、促进生长的动态化、可视化的生态课堂。

（四）有效落实了学科育人、生态育人

小学数学“生态·结构化”教学，注重人的全面、和谐、可持续发展，着眼育人目标的生态性；注重认知层面的整体性、动态平衡性和有机关联

性，着眼育人系统的平衡性；注重教育的协调性、公平性和持续性，着眼育人的可持续性。“生态·结构化”教学同时还构建了生态育人、整体育人的动态稳定系统，发展了学生的思维能力与理性精神，将学科育人落到了实处，有力促成生态育人的价值实现。

五、 重要成效及实验推广

依托国家级课题《新中国成立70年小学数学结构化教学发展研究》《小学数学结构化学与教的实践研究》和4个省教育科学规划办课题（2个省重点），市前瞻性区域改革重大研究项目和市教学成果培育重点项目，从典型课例到三种课型进行教学实践检验，分阶段从区域的实验学校延伸至全区域58所学校，成效明显。

（一） 成果应用

组织区域内教师学习领悟“生态·结构化”教学内涵，教学价值得以认同；用其教学理论指导教学实践，以课例研究推动课题和项目的研讨；共开展区级活动400多场、市级活动80余场、省级活动20余场、国家级专项活动5场。

（二） 应用效果

1. 实践成果

（1）学生思维水平和创新能力显著提升

近20年小学数学生态·结构化教学的推广应用成果丰硕，500多件创新性作品在市小学生“数学与生活”作品大赛中获一等奖。“生态·结构化”思想应用于“珠算式心算”教学，珠像图结构清晰，2次荣获省厅竞赛团体一等奖、60人次获市级一等奖。对比区2011、2021两届10000名毕业生的学业水平监测（两份试卷试题类型相近，难易程度基本相同）中数学素养达到“优秀”水平的情况（如图9），学生数学思维和素养显著提升。

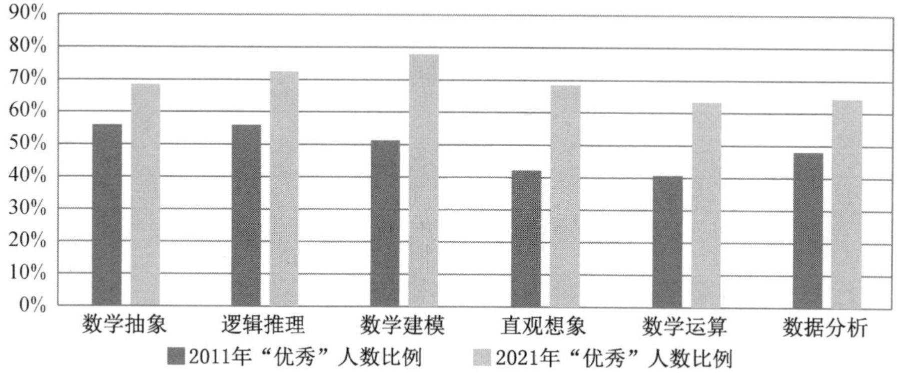

图 9　南京市江宁区小学毕业生数学素养情况对比图

（2）教师的专业发展水平明显提高。

成果探索中，共培养出 6 位省小学数学特级教师、3 位正高级教师。289 人次获市、区小数学科带头人称号；3 人次主持了省小数名师工作室；4 人次获全国赛课一等奖，11 人次获省教研室赛课一等奖，58 人次获市级赛课一等奖。

（3）区域学校办学品质不断优化。

区内 40 多所成果应用学校数学教研组被评为市、区先进，多所学校为区数学课改试点学校。

2. 理论成果

出版《生态・结构化教学——小学数学教与学新路径》等 5 本相关研究专著；共发表 150 多篇相关论文，其中《数学生态结构化教学思考与实践》等 21 篇在中文核心期刊发表；部分理论研究成果获省优秀教育科研成果一等奖，并推荐到国家级参评；11 个相关课题在国家、省、市立项。

3. 学术影响力

全国组建了 200 多所乡村学校成立推广联盟，《中国教育报》等主流媒体对成果进行了大篇幅报道。7 场全国在线研讨交流活动、8 场省级成果研讨会，参训数学教师高达 20 多万人。先后同加拿大、芬兰等国际数学教育同行进行学术交流。2021 年 7 月在上海国际数学教育大会上做专题交流发言，赢得全球数学教育专家的赞许。

华东师大顾泠沅教授认为:“江宁区小学数学‘生态·结构化’教学在全国同类研究中领先，影响大，符合科学性，值得研究和推广。”

人民教育出版社副总编、《课程教材教法》副主编刘意竹认为:“构建数学生态课堂，尝试数学‘生态·结构化’教学，用动态的观念开发学生潜能，是发现和培养数学人才的成功之路”。

南京大学郑毓信教授认为:“成果从生态的视角研究了数学如何能够实现各个要素，尤其是师生间的和谐互动，从而更有效地促进学生的成长，值得认真学习与借鉴。”

江苏省教育学会副会长叶水涛如是评价:“成果结合理论和实践回答了什么是数学教育的方法论，达到了相当的理论高度，具有不可低估的实践指导意义”。

4. 辐射带动

通过省小学数学教师专业发展委员会和省小学数学名师工作室平台，成立省小学数学“生态·结构化”教学研究中心，在省内各大市遴选出100多位工作室成员，推动研究向更深层迈进。全国近20多个省、市教研部门来江宁学习“数学‘生态·结构化’教学”，其中南京市溧水区、苏州市吴江区、新疆克州阿图什市自愿加入成果应用和推广，并取得了新的进展和突破。

（三）反思改进

1. 小学数学“生态·结构化”教学资源库建设有待进一步完善

多年教学探索与实践积累了苏教版6个年级的数学“生态·结构化”教学的典型课例及教学资源，但与人教版、北师大版教材整体配套的教学资源库(教学设计、课件、教学具等)尚未全部完成，一定程度上影响了成果在其他省市、地区和学校的推广。

2. 小学数学“生态·结构化”教学的评价体系有待进一步优化

小学数学“生态·结构化”教学，是以学习为中心，凸显儿童的主体地位，关注数学教学过程中儿童的生命成长，它统整了知识、儿童、社会这三个要素，如何科学、有效地评价生态·结构化教学，值得进一步研究。

“静·慧”课堂：小学语文20年课堂研究与探索实践

成果完成者：唐　静　殷正立　刘　燕　寇晓燕　吴丽娜　罗　婧
所在单位：武汉市硚口区教研室
获奖情况：2022年湖北省优秀基础教育教学成果一等奖
2022年武汉市第二届基础教育教学成果一等奖

一、问题的提出

（一）教材处理浅表化，致使小学语文教学丧失了中国语言文字本有的魅力，制约了语文育人功能的充分发挥。

（二）教学内容碎片化，导致了小学语文教学缺失系统性与完整性，不利于学生形成语文核心素养。

（三）教学评价功利化，造成了学生情感上对语文的疏离，冲淡了小学语文教学对学生生命成长的意义。

针对以上问题，“静·慧”课堂立足学生全面发展的本位，吸收“生活·实践”教育“生活即学习”“实践即教学”“生命即成长”等理念，系统整合小学语文课堂教学关键要素，致力于让学生在静心学习中热爱母语，培养言语智慧，传承中华文化，成为具有中国心的立德立言者。

二、核心理念

针对小学语文教学浅表化、碎片化、功利化等问题，本成果立足“生活·实践”教育理念，结合语文教育“以文化人”的优秀传统，提出小学语文“静·慧”课堂主张，探索了语文教学培根铸魂、启智增慧的新路径。

1. 形成了“静·慧”课堂理念。 主张“沉潜静心以求慧”的素养教学观，“安宁静心以生慧”的自能学习观，“文雅静心以育慧”生活课堂观，厚植学生热爱母语的初心，在言语实践中建立文化自信。

2. 构建了“静·慧”课堂结构。 通过静融“三段”（课堂前中后三时段），慧贯学程；静取“五核”（课堂教学五大核心模块与内容），慧启学力；静习“五环”（课堂教学五个关键环节），慧育学养，彰显了母语浸润心灵、滋养生命的独特优势，促进了学生立德与立言的融合奠基。

3. 拓展了“静·慧”语文生活。 通过推进“静读—深思”“践行—悟慧”语文实践样态，激活了经典文本的丰富意蕴，发展了文化传承时代价值。

三、实施过程

（一）初期：聚焦关键问题（2002年~2007年）

1. 立足课堂，实践中探索

聚焦语文教学浅表化问题，从意义性角度突破，基于学生视角精研教材，静悟语言、慧解文本，引导学生与文本深入对话、情感交融，让语言浸润学生心灵，逐步形成“情感体验式”课堂教学风格。其间四次在省市优质课竞赛中获一等奖。

2. 精思细研，笔耕中提炼

论文《在对话中体验　在想象中创造》获全国教育科学规划“十五”教育部规划课题阶段性成果一等奖，《走进生活　走进探究》等10余篇论文案例在国家级、省级评选或期刊中获奖、发表。

3. 教学相长，分享中沉淀

2005年，主持人担任省农村教师素质提高工程培训教师，做《口语交际的课标解读与案例分析》《习作的课标解读与案例分析》等10余次专题报告，培训近万人；2006年，作为省最年轻候选人参评省特级教师，参加省特级教师巡回讲学团，到恩施州最偏远的地区讲学授课，《小学语文课程改革中的问题与对策》的专题报告，恩施州全网报道。

（二）萌芽期：确定基础模型（2008年~2013年）

1. 探索“静·慧”课堂雏形样态

针对语文教学碎片化现象，从系统性角度审视，探索语文教学设计与实施。大胆破冰课堂，变革学习方式，三个月完成2万余字研究日志。深度解读文本、设计全程导学单、建设学习共同体，激发课堂生命活力，形成“五环节”学本课堂教学模型，提出了“静·慧”课堂理念。

2. 奠定“静·慧”课堂理论基础

2008年，主持人参与联合国教科文组织中国可持续发展教育（ESD）项目“十一五”规划重点课题《有效促进教师专业化发展的策略研究》，研究成果《阅读教学之文本解读摭谈》获一等奖。

2012年，主持人参加省青年教师教学竞赛获一等奖第一名，授予省五一劳动奖章，荣获“省技术能手”称号。

2013年，主持人主持武汉市首批个人课题结题，获课题成果一等奖。其间，作为省“特级教师巡回讲学团”首席专家，持续深入省各地巡回讲学30余场，受众近2万人，发表、获奖文章20余篇，参与湘教版国标本小学语文教材编写，完成5万字教育硕士优秀毕业论文《论小学语文教材文本解读》。

（三）深化总结期：形成教学方案（2014年~2017年）

1. 形成“静·慧”课堂整体方案

针对语文教学功利性问题，从完整性角度着眼，形成“备—教—学—练—用—评”一体化设计策略，统整课内—课外、线上—线下学习全程，建构课堂学习模块，通过静融“三段”，慧贯学程；静取“五核”，慧启学力；静习“五环”，慧育学养，探索出“静·慧”课堂教学整体方案。

2. 培养“静·慧”课堂研究团队

2014年，主持人获得“省特级教师”荣誉称号，2016年，成为市名师工作室主持人。依托工作室平台，引领研究团队，深化“静·慧”课堂建构，形成具有推广价值的教学模型。团队中成长起一批骨干教师——市五一劳动奖章获得者、市语文学科带头人、市优秀青年教师，成员中在市以上发表、获奖文章20余篇，2人在国家、省赛课中获奖。

（四）推广期：发展育人价值（2018年~2022年）

1. 发展“静·慧”课堂适应价值

2018年，主持人获评省名师，省名师工作室成立，发挥工作室主持人与教研员的辐射引领作用，形成专家—核心成员—基地校—实验校四级研究梯队，深入推进“静·慧”课堂实践研究。在区41所小学、市7个基地校、外省7个实验校展开实践。作为省“援疆计划”首席专家，人民教育出版社统编教材培训专家，在全国巡回讲学(140余场，受众15万人)，担任海外华人教师研修团、新加坡华文教师研修团讲师，面向海外华文教师授课，发展“静·慧”课堂适应价值。

2. 贡献“静·慧”课堂育人力量

疫情防控期间，主持人带领团队研发课堂教学公益微课500余节(一至六年级全册教材)，每年播放量超700万次，为小学语文“停课不停学”贡献力量。同时，研发好书推荐阅读微课(完成一至六年级365本阅读书单设计，已录制170余节)，开阔学生阅读视野，丰富学生语文生活。被评为市“十大阅读推广人”。

3. 推广“静·慧”课堂研究成果

主持人参与中国教育学会承担原教育部基础教育一司课题1项，即《互联网+语文教育提升中小学生综合素质和学习品质试验研究》，2个省级课题立项，即省规划办重点课题《基于深度学习理念下的小学语文阅读单元整体教学实践研究》、省教育学会规划课题《基于核心素养背景下的小学语文阅读单元整体教学实践研究》。

带领团队成员撰写50余篇相关论文、案例在国家级核心期刊发表，编著《静语文》1、2卷(70万字)，即将出版1本专著，主编3本论著，《小学语文教学》人物专刊(10万字)，参编统编教材教师用书8本，共200余万字；成为国家级核心期刊《语文教学通讯》《小学语文教学》封面人物，《小学语文教学》《长江日报》《湖北日报》《学习强国》等专访30余次，对其教学理念做整版推介。

团队中，余凤娟被评为“省特级教师”，俞秋明获得省五一劳动奖章，并被评为“省青年教学能手”，吴丽娜在全国语文教研大赛优质课评比活动中获特等奖，多人获“一师一优课、一课一名师”部级优课，共计50余人次在国家、省级竞赛获奖，或执教国家、省级示范课；研究成员参与30多个相关课题研究，成果丰厚。

区内学生在国家、省市级经典诵读比赛、主题征文及读书活动获得佳绩；2名学生获国家级表彰；12名学生获国际楚才作文竞赛特等奖，区内学生整体语文素养得到提升。

基地校崇仁路小学被评为“全国少先队红领巾阅读推广计划”示范学校、全国青少年五好小公民“复兴中华，从我做起”主题教育活动示范学校。

目前，主持人入选教育部新时代名师培养计划(2022—2025)，作为新时代基础教育改革引领者，将把本成果实践运用价值持续、深入推广。

四、 主要内容

（一）成果的理论阐释

1. “沉潜静心以求慧”的素养教学观

于教师，一要静守初心，潜心钻研，与时俱进，发展教育智慧；二要静体童心，深度介入儿童生活，用儿童视角领会言语生活智慧；三要静炼文心，感悟语言的精妙，砥砺思维的品质，培养审美的情趣，传承文化的精髓，传递语文内蕴的智慧。

2. “安宁静心以生慧”的自能学习观

于学生，要通过学习经典，传承文化，培育一份安宁恬静的气质，不受外在纷杂喧嚣之气的滋扰；充分激活学习内动力，强化主体自能建构，找到自我成长的源泉，不断生长言语智慧，成为热爱母语的立德立言者。

3. “文雅静心以育慧”的生活课堂观

于课堂，通过“联主题静读、化经典深思、跨学科践行、创读写悟慧”等语文实践样态，融通世界，走向创造，拓展文雅丰富的语文生活，为学生培育中国心，提升其语言、思维、审美、文化等核心素养提供广阔的精神成长空间。

（二）成果的实践探索

1. 静融“三段”，慧贯学程

“静・慧”课堂，主张静心审视、整体观照语文教学前、中、后三个时段，全过程推进“备—教—学—练—用—评”一体化设计。

（1）静融“三段”的一体化设计原则

立足语文学习特点，实施精备细研，学为中心，以学定教，顺学而导，强化“学、练、用”的内在联系，实现“掌握知能—理解意义—迁移运用”的进阶式学习过程，促进学生自我管理、调节与评价，提升学生学习力，促进学生言语智慧生成。

（2）静融“三段”的起点：实施精细化文本解读

基于儿童言语智慧的生长，静观教材，整取挈领；静察文本，精求细思；静悟语言，发现慧心。这一过程充分发挥了教材的教学效能与育人价值，为“教材”向“学材”的转化及学法变革提供了坚实的支撑。

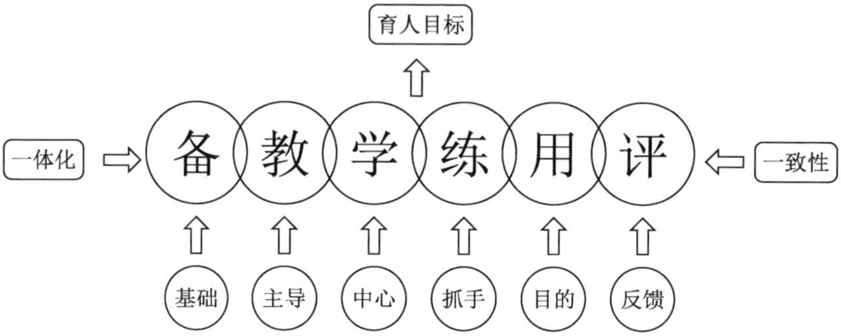

图 1

静观教材，整取挈领是基础（图 1、2）。从全册教材到本册教材，从单元整组再到单篇课文，要充分把握文本与文本之间的关联，在综合分析学生学情、语文要素、人文主题、文体特征、课型特点等基础上，研制单元教学目标及教学策略，为学生言语智慧的生长开辟空间。

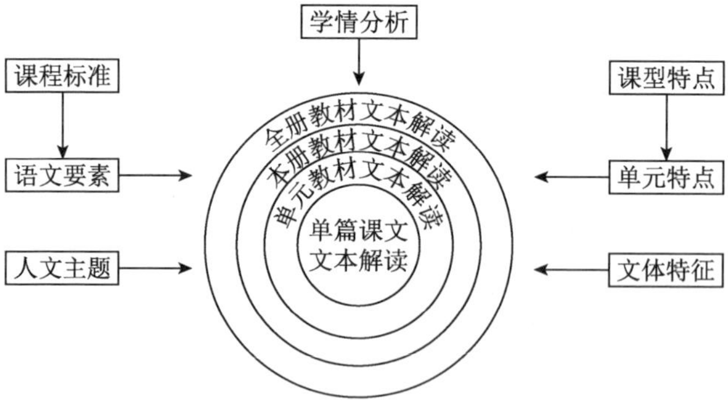

图 2

静察文本，精求细思是关键。针对每一篇教材文本，要依据不同的功能价值定位，确定精准适度的教学目标，设计扎实有效的训练环节，实施丰富多样的教学策略，为学生言语智慧的生长提供养分。

静悟语言，发现慧心是目标。回归语文教学的本质，实现语文培根铸魂，要全面准确理解文本语言的表征与内质，深入读懂文本语言独特的意义及形式，充分还原文本语言所承载的鲜活世界，敏锐发现文本背后“人”的智慧心灵，为学生言语智慧的生长找到源泉。

（3）静融“三段”的终点：研制精准课堂目标

根据文本教学价值及学生发展的需要与可能，精准分为基础、核心和拓展三个层级。基础目标聚焦学生语文必备知识与基本技能的获得，面向全体以筑基。核心目标指向学生语文关键能力与习惯品质的培养，突出主体以生慧。拓展目标瞄准学生语文综合素养与全面发展，丰富积累以润心。

（4）静融“三段”的载体：学习活动单设计

基于目标达成、学情分析清晰地规划学习活动，是落实课程育人、学法变革的重要载体。

预学单基于课堂基础目标而设计，定位在学生课前自主完成的必备知识和基本技能等内容，通常涉及课文学习的关键字词，主要内容、初读感受、质疑问难等，一般以层递性板块化练习及符合学生年段特点的简单思维导图为呈现，预学板块相对稳定，侧重在课前“习”。

研学单基于课堂核心目标而设计，定位在学生课中通过学习掌握的人文主题与语文要素等内容。通常包括课文学习的必备知识、思想感情、表达技巧、学习方法、学习习惯等，一般以聚合型的问题链、意合性思维导图或驱动性任务为呈现，研学内容富有思辨性，具有高阶思维的特点，关键在课中“悟”。

评学单基于课堂拓展目标而设计，定位在学生课后通过学习提升语文综合素养等内容。通常包括课文学习完成后的闭环评价及拓展性阅读链接、资料袋、小练笔、选做任务、快乐读书吧等，一般以完成表现性、挑战性任务或解决生活情境问题为主，指向于课后“慧”。

2. 静取“五核”，慧启学力

综合统整、摄取语文教学的五大核心模块，确保学生语文学习的高效化、主动化、自能化。

(1) 静取“五核”：指向语文生活化学习模块的统整

在一个大观念统领下，开展单元内主题与情境、目标与内容、任务与评价、活动与方法、作业与资源等学习模块设计，推动线上线下一体化的新技术混合教学(图3)。

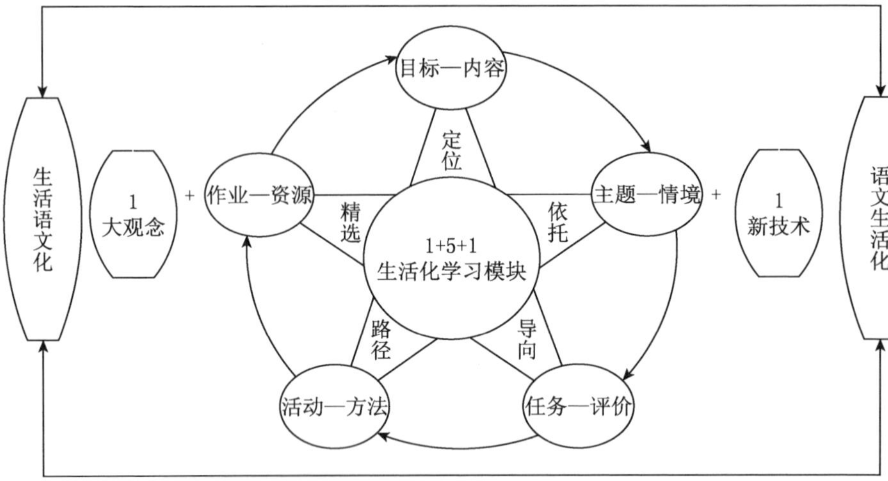

图3

以“主题与情境”为依托，以中华优秀传统文化、革命文化、社会主义先进文化为主要内容，开掘“三种文化”的时代意义，让学生在语文学习生活中建立文化自信。如结合时事，开展“弘扬革命精神　传承红色基因”“走进英雄内心　弘扬高尚品质”等课堂教学研讨，深入研究文化自信的课堂实践。

以“目标与内容”为定位，实施学习内容与学生生活实践元素的有效联结，以“任务与评价”为导向，提升学生学习的能动性。以“活动与方法”为路径，细化学习全过程。以“作业与资源”的整合为载体，系统规划学生语文生活实践，提高育人的针对性与实效性。

同时，注重以学生智能时代新生活为基础，以线上线下一体化的新技术混合教学为手段，构建语文生活化的学习常态，实现学生语文素养的综合培育。

（2）静取“五核”：指向语文课堂内容具体化的提炼

① 提取核心要素

基于精细的教材解读，通过整体观照、纵横比对、精准定位等，提取单元及课时教学的核心要素。

② 紧扣核心目标

立足核心要素，设定核心目标，强调目标制定的精准化，促进学生基础性、发展性与拓展性三个层面的素养发展。

③ 精选核心内容

在核心目标统领下，从单元语文要素、内容思想价值、语言表达特色等角度对文本进行去粗存精，凸显核心内容。

④ 聚焦核心问题

立足核心内容，设计核心问题，强调引领学生学会深思，从文本到生活，促进学生走向创造性实践。

⑤ 巧设核心作业

综合“四核”设置核心作业，强调“举一反三”与“举三反一”、学以致用与用以致学的相互统一，促进语文走向生活化，提升学生综合素养。

3. 静习“五环”，慧育学养（表 1）

表 1

学习环节	任务层级	学习活动	备注
课前预学（自我评价 学会审视）	基础任务	“六格”预学静习活动：过朗读关、字词关、理解关，做到会批注、会提问、会查阅	1. 批注、圈画书上完成； 2. 内容理解预学单上完成； 3. 补充综合练习基础题检测预学效果
课初验学（互动评价 激励共进）		三步检验学习活动： 组内互学—班内群学—教师指导	小组合作完成，也可以人机对话，反馈预学情况

（续表）

学习环节	任务层级	学习活动	备注
课中导学（过程评价关注成长）	发展任务	“五核”融合学习活动：立足核心要素，紧扣核心目标，聚焦核心问题，研读核心内容，完成核心作业	让学生经历真实而完整的合作学习（独学、互学、群学）过程，在充分的文本对话、师生交流、人机互动中，实现语言、思维、审美、文化等素养的综合提升
课末固学（效果评价实践改进）		方法迁移学习活动： 1. 当堂练习：完成课内阅读练习；或读中学写，仿写片段，完成小练笔，落实语言表达训练 2. “1+X”拓展延伸：比较阅读同主题或同题材文章，体会其在表达上的异同，进一步学习表达	通过语言实践运用，迁移方法，巩固能力，在实践中发展学生语文素养
课后拓学（多元评价创造生活）	拓展任务	言语创造学习活动： 1. 课外进行整本书阅读，完成阅读记录 2. 开展主题语文综合实践活动（读、写、绘、讲、演、诵）	拓展学习，根据单元主题或题材、班级分享主题推荐自主阅读。也可登录教育云平台分享阅读收获和成果。在生活中进一步提升学生核心素养

由此形成“静·慧”课堂“三段”“五核”“五环”课堂教学模型(图4)。

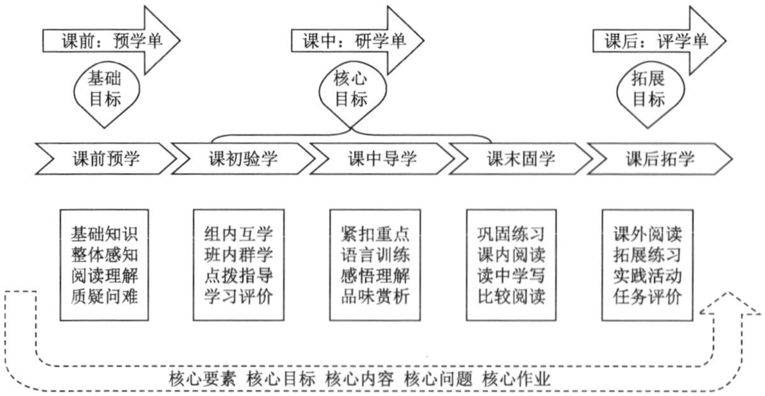

图4

4. “静 · 慧”课堂评价

（1）细化素养

在评价内容上，“静 · 慧”课堂直指学生学习语文的核心价值观念与情感态度，必备知识与关键能力等维度，通过研制评价量表，细化素养，让教师在实施课堂教学时更具有操作性与可行性。

（2）统整结构

在评价组织上，“静 · 慧”课堂进行了结构化统整，即注重目标精准化、教学板块化、问题导向化、学习活动化、过程延展化、思维可视化、方法明晰化、资源活用化、练习有效化、评价多样化。形成了系统性的课堂教学“衡尺”。

（3）多元主体

在评价方式上，“静 · 慧”课堂注重评价主体多元化，包括学生自评、同伴互评、教师、家长评价等。其中，将学生自评改进作为锻炼和提升学生自省式思维的重要方式，强化学生学习的主体性。

（4）融通生活

在评价追求上，“静 · 慧”课堂致力于语文生活化，引领学生将课堂所学，迁移应用至生活中，让学生在体验言语实践乐趣中生长智慧，走向创造。

五、基本经验

（一）“静读—深思”：化经典，育言语生命的根基

分类萃取典范的文学作品，与生共同静心赏读情趣盎然的绘本，静心吟咏含蓄隽永的诗词，静心品味情韵悠长的散文等；设计“静思”单元导读单和阅读记录表，用导读方法促进学生阅读品质的增值，推行主题阅读周，让经典文本丰富日常言语学习，融入生命成长过程。

“静读—深思”，得言，得意，又得法。在激活经典文本思想生命的同

时又促进了经典育人价值的发挥。

（二）“践行—悟慧”：能创造，展言语生命的价值

引领学生走向丰富精彩的言语实践生活，生长言语智慧。

“慧”阅读：好书引领，综合阅读。根据学生年段特点和阅读能力水平，研制丰富的阅读书单，实施班级读书会、亲子阅读、“爸妈讲故事”等活动；开展“静语文悦读工作坊”的阅读推广值周活动；在“教育部新时代唐静名师工作室”公众号平台推广近200节“阅读微课”等。

“慧”写作：任务驱动，创意写作。汇总学生喜闻乐见的话题，形成驱动性任务，开展个性化、抒写心灵的写作，开展循环日记活动，推行写作实践周，创新写作表现形式，如学生自编“第一本书”，师生互赠生日诗，班级月刊《童眼看世界》等。

“慧”生活：情境导向，联结生活。引导学生关注生活中真实而复杂的情境，运用跨学科知识与能力，通过言语智慧解决实际问题。比如主题演说、综合展示等。

“践行—悟慧”，让学生在真实广阔的生活世界中进一步发展言语智慧，走向生命成长。

六、 重要成效及实验推广

（一） 重要成效及实验推广

1. 提升了语文课堂品质

实施了育人导向下的一体化设计，统整了语文教学五大模块，推进了语文生活化实践样态，激活了中华优秀经典文本的丰富意蕴，在培育学生中国心、提升其语言、思维、审美、文化等核心素养方面提供了广阔的精神成长空间。

2. 助推了学生全面发展

研发好书推荐阅读微课（共365本阅读书单设计，已录170余节），丰

富了学生的语文生活。

在近五年的国际楚才作文竞赛中，区域学子获奖5000余人，特等奖12名；在国家、省级经典诵读比赛、主题征文及读书活动获得佳绩，2名学生获国家级表彰，中央电视台少儿频道、学习强国等央媒专题报道12次。

3. 助力了教师专业成长

主持人入选教育部新时代名师培养计划，参与教育部及省“国培计划”巡讲，赴国内100余地作报告200余场，培训教师近15万人次；出版《静语文》等论著6本200万字；国家及省级媒体报道30余次。

培养了一批特级教师、省五一劳动奖章获得者、《小学创新作文教学》杂志封面人物、省卓越工程培养对象，省荆楚好老师、荆楚网“印象老师”；50余名教师在省、市优质课竞赛中获奖，8名教师在教育部“基础教育精品课”及创新课例评选中获奖，100余名教师论文、案例在国家级、省级期刊发表，研究成员参与30多个相关课题研究。

4. 推动了语文教学改革

编著《静语文》等论著6本200万字，研发课例100余节，论文案例等在国家、省市各级各类评比中获奖100余篇，参撰《名师同步教学设计》《名师同步习作导写》《同步写话特级教案》《名师优课录评》等教学用书8本，在全国发行。

长期帮扶外区7所基地校课程建设，辐射学校50余所，提升了外区语文教学质量。

参与省“国培计划”、省特级教师巡回讲学团，省“援疆计划”，省农村教师素质提高工程等，专题讲座200余场，培训教师15万人；疫情防控期间研发课堂教学公益微课500余节，近三年，每年播放量超700万次，近两年被学习强国、长江网等媒体报道30多次。

5. 推广了语文教学经验

对粤、闽、皖、宁、新等省内外百余地进行“静·慧”课堂成果分享与培训。受华中师范大学基础教育课程研究中心的委托，对外地多所学校进行

“静・慧”课堂培训与指导；接待澳门巴波沙中葡小学教育交流访问团、新加坡教育部小学华文教师中国进修团，开展“静・慧”课堂的深入研究与实践。

（二）实践反思

第一，“静・慧”课堂如何与时俱进适应信息化时代，如何运用互联网、人工智能和大数据等技术，对成果迭代升级，有待进一步研究。

第二，“静・慧”课堂如何适应新课标背景下不同单元教学设计的需要，也是今后须探索和解决的问题。

小学“适性教育”育人模式探索与实践

成果完成者：武汉经济技术开发区神龙小学

获奖情况： 2022 年湖北省优秀基础教育教学成果一等奖

神龙小学建校 25 年，由企业子弟学校成功转型为公办名校，并以集团式发展至四个学校，师生逾五千人。学校逐步探寻“适性”价值，深度实践适性育人，此成果全面系统总结了近 15 年教育教学改革创新实践经验。

一、 问题的提出

学校 1997 年建校以来，汲取国家级经济开发区独有的现代化元素，以中法合资企业子弟学校的高位办学为基础，于 2002 年~2006 年顺利转为公办学校，并成为开发区窗口学校。随着时代和区域经济的高速发展，学校要迈出高质量发展步伐的同时，必须回归思考什么是教育之本？教育要以人为本，要敬畏生命、呵护人性。然而小学教育存在着育人方式传统、评价方式单一，忽视学生个性、潜能和综合素养等问题。学校对此归纳出以下三个问题：

（一）教与学方式不合理

以教为主，学得被动，学生学习态度和价值观的引导不够，课程缺乏个性化设计和自主性选择。

（二）评价方式比较单一

学生评价偏重学业考核，缺乏关键能力和必备品格评价，使得学生综合能力较弱，影响全面发展的目标达成。

（三）家校共育氛围不浓

家校共育意识不强，没有较好形成合力、优势互补，学生教育资源受限，成长获得感不足。

于是，学校受“因材施教”教育思想启发，适合的就是最好的教育，提出“适性教育”主张，进行小学“适性教育”育人模式的探索与实践。

二、核心理念

适性教育，“适”为适合，“性”即天性、个性、自适应性，立足儿童天赋差异、多元优势、持续发展能力。学校以“适性育人　悦然天成”的校训为引导，以尊重每位师生的个性特点和发展需求为前提，以“适性而教、适兴而学”策略，实施“三全”育人适归德育、五育并举适合课程、深度学习适性课堂、“龙宝争章”适性评价等行动，采取家校社企联动的育人融合机制，为学生提供适合的教育资源，组织适切的学习活动，迁移了学生学习的物理空间，形成了“教师发展文化、学生学习文化、教育支持文化”的金字塔架构的适性育人模式行动体系，科学有效地促进每一位师生的适性发展。

三、实施过程

（一）酝酿建构：明晰育人导向，提出教育主张（2007 年 9 月~2010 年 12 月）

学校立足校情系统解决现实问题，与武汉市教科院签订战略合作意向书，确立“挖掘特色内涵——建构学校文化——创建教育品牌”三年发展规划，从管理、课程、评价三方面重点建构学校的教育框架和模式。成立了湖北首个教育协商委员会，建立了“五大”中心管理模式（学生成长中心、课程管理中心、教师发展中心、信息资源中心、行政服务中心），架设了数字校园管理和数字教学资源两大平台。

三年的教育实践，学校逐步明晰了适性教育的内涵，形成共商共育的教育协商管理机制和精致管理文化，促进了教育方式变革，阶段成果被《湖北教育》《成才》报道。

（二）实践探索：深耕育人方式，建构育人模式（2011 年 1 月~2014 年 12 月）

品牌学校建设让学校成功转型，为更好地优化课程，学校以市级重点课题《小学“适性教育”学校课程实践形态研究》切入，从课程观念和培养目标、课程结构形态、课程实施过程形态、课程资源开发、课程管理与评价机制五大方面进行深入研究，探寻适性课程的理论基础、建构方式和行为文化。

学校以德育课程化思路构建适性德育，链接学校特色文化开发适性课程，研制“五适”教学模式打造适性课堂、分层培养适志教师、聚焦核心素养开展适性评价、基于智慧应用优化适性环境。由此，全面建构了“适性教育”育人模式，取得了显著成效：

1. **丰富的课程满足了自主选择需求。** 73 门走班制个性课程“秒杀”选课，被中央电视台《朝闻天下》栏目报道。

2. **学校课堂教学改革取得阶段成效。** 2011 年 10 月 19 日，学校承办的“武汉市小学素质教育特色学校可持续发展暨学校品牌建设展示会”，全学科开放性课堂获得全市各区局长和督学的一致赞誉，北京理工大学教育研究院专家对“适性教育”育人模式给予了高度肯定。

3. **学校适性教育品牌建设得到认可。** 2012 年 2 月 15 日，《中国教育报》以“教育滋养气质　文化润泽生命”为题独家整版报道适性教育创新案例，也被国家教育行政学院列为全国校长培训课程。

4. **适性教育理论成果初步形成。** 2014 年 9 月，适性育人实践著作《适性而为》由华中科技大学出版社出版。

（三）完善提高：完善育人模式，升级育人方式（2015 年 1 月~2017 年 12 月）

完善提高办学质量和办学特色充分为师生发展赋能。学校以中国教育学会教育科研规划课题《神龙小学车育文化体系的构建研究》、省级重点课题《小学“适性教育”视域中教育质量校本管理策略研究》、市级重点课题《小学“适性教育”理念下的教育质量综合评价研究》为抓手，进行办学特色、质量管理和综合评价研究，与武汉大学教育科学研究院专家共研，逐步优化适性教育理论体系。

在武汉市创建“国家级智慧教育示范区”、全区推进传统教育向智慧教育创新转型的背景下，学校与华中师范大学国家数字化学习工程技术研究中心专家团队深度合作，以国家级课题《互联网+背景下 STEAM+课程实践研究》为抓手，进行未来学习中心打造：研制五育并举素养评价体系，迭代育人标准；打造混融精准教学模式，提升育人质量；搭建全场域数智学习空间，优化教育服务。

此阶段的主要成效如下：

1. **构建并实施了学生综合评价。**“龙宝争章”学生评价促进学生全面立体发展核心素养，论文在《湖北教育》发表。

2. **形成体系化的适性教育理论成果。** 2016 年 12 月，标志着“适性教育”育人模式全面理论建立的专著《适性为美》由湖北人民出版社出版，获得高度赞誉，于次年再版。

3. **根据车育文化建构的成果，学校建成 500 平方米全国首个校园主题式“车育创客空间”，融合创设了相关 22 门特色课程。**

（四）验证推广：建构育人生态，延展育人成果（2018 年 1 月至今）

学校适性教育成为区域品牌，区教育局以集团化方式逐步将其拓展为四所学校的发展格局，尤其使区内农村学校军山小学成为武汉市现代化学校，新建校湖畔小学成为湖北省智慧校园百强校。成果的验证推广到省外乃至国外，如湖北省荆州市枣林小学、云南省曲靖经开区朝阳小学、广东省清远市清新区第四小学等联盟校分别在课程建设、质量评测体系、教师培养、学生综合评价等以质变的成效赢得当地办学名气。英国塔尔伯特西斯小学、美国华盛顿小学等10余所学校与本校结成友好学校，绵延适性教育影响力，彰显民族文化自信。

学校校长多次受邀赴北京、上海、大连、合肥等地作适性育人经验分享。《中国教师报》也邀约在第十二届中国名校长高峰论坛上作了主题报告。学校每年接待来自全国各地的参访者逾千人次。

适性教育育人生态圈的形成，充分验证了“适性教育”育人模式建构的成效和可持续发展力。2019年12月，《“适性教育”理论建构与实践创新》获得武汉市首届基础教育教学成果一等奖。学校还深入推进智慧教育实践，2021年认知智能国家重点实验室专家团队进驻学校，对教育数字化转型新环境下的智慧教育实施多轮智慧课堂教学实验，解决学生精准化、个性化学习的问题，并将持续合作研究。

四、主要内容

2007年以来，学校以适性教育为价值理念，经过探索与实践全面建构了小学“适性教育”育人模式。（图1）

此模式围绕九大要素，构建学生学习文化、教师发展文化和教育支持文化，促进学生“身·心、知·行、智·识”的全面发展，实现“身心健美个性灵动”育人目标。（图2）

（一）“适性教育”育人模式的价值导向

1. 明晰“适性教育”育人模式观点

适性教育，“适”为适合，“性”即天性、个性、自适应性，立足儿童

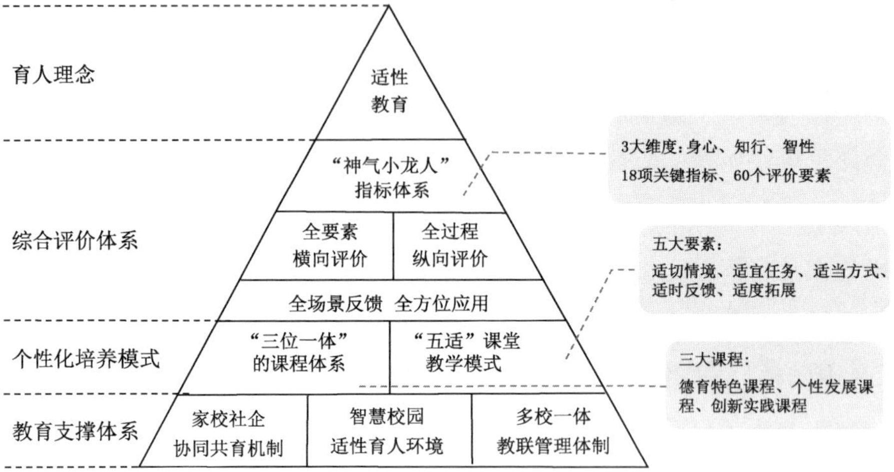

图1 小学“适性教育”育人模式图

天赋差异、多元优势、持续发展能力。学校以“适性育人 悦然天成”的校训为引导，以“适性而教、适兴而学”为策略，培养“身心健美 个性灵动”具有民族自信的社会主义接班人。

办学理念：适志笃行 驰骋未来

办学目标：做有影响力的适性教育

师生发展目标：身心健美 个性灵动

校训：适性育人 悦然天成

校风：教学相长 个性相悦

教风：适性而教 极致为美

学风：适性而学 童趣为妙

核心素养：身·心 知·行 智·识

图2 学校办学理念体系

2. 延展“适性教育”育人模式内涵

学校坚持落实为党育人、为国育才的政治方向，严格落实“双减”“五项管理”等国家政策，以“适性”的主张和策略，全面实施“三全”育人适归德育、五育并举适合课程等教育实践，为培养有理想、有本领、有担当的社会主义接班人奠基。

学校高效协同区域内车企、高校、高科技企业合作共育，已成为家门口的品牌名校，是对人民群众“上家门口的好学校”诉求的最好回应，也为中国车谷 GDP 总量居全市前列，招才招商引资贡献不可小觑的力量。

（二）“适性教育”育人模式的行动体系

学校以“适归德育、适合课程、适性课堂、适志教师、适切管理、适宜环境”作为育人方式的支撑点，形成融合共育的教育支持文化，极致为美的教师发展文化，全面助推以自主发展的学生学习文化为中心的教育教学方式改革。

1. 自主发展的学生学习文化

（1）“适归德育”培育自主管理

“三全”育人保障协同育人（图 3）。全员育人、全程育人、全方位育人，有效保障“家、校、社、企”形成协同育人共同体。从人的天性和个性发展角度出发，从学校是一个空间的角度出发，根据学生生理和心理特征的不同，从德育队伍、德育过程和德育场域等维度出发，辅以“全员导师制”，让家长、教师、社区工作者等都成为孩子们成长的导师，不仅指导学业，更关注兴趣、引领观念、助力学生形成良好价值观、世界观。

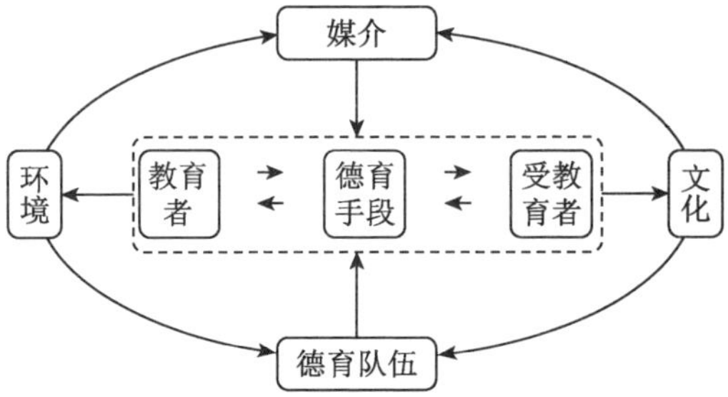

图 3 “三全”育人模式图

“教育协商”形成协同育人(图4)。在“班级—年级—校级”三级家委会有效开展工作基础上，成立教育协商委员会，以大教育观的视野，以“共同的孩子”为核心，构建学校、家庭、社区、企业“四位一体”教育共同体，参与学校管理和监督，为学生成长争取物质、经费、人力、智力支持，形成教育环境多元格局。

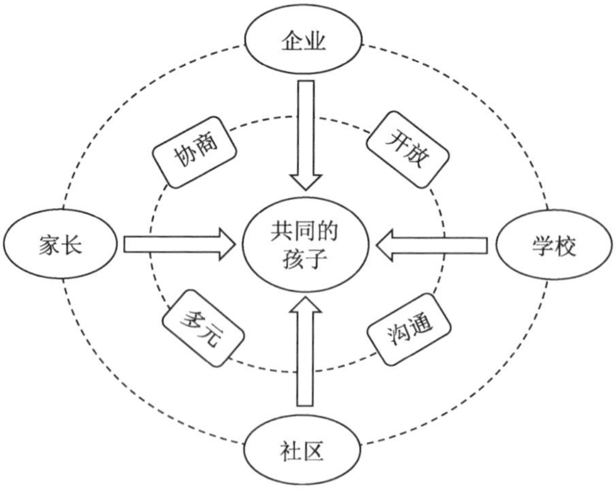

图4 “教育协商”建构图

德育课程落实立德树人。依据学生年龄结构、认知水平和行为方式的侧重点，将日常零散的学生活动分类、立标，一类一标，形成体系，在分类中明晰活动流程，在立标中了然活动目的。既有“校级—年级—班级—社团”不同层级的纵向分类，又结合感恩、梦想、艺体等德育精品课程的横向分

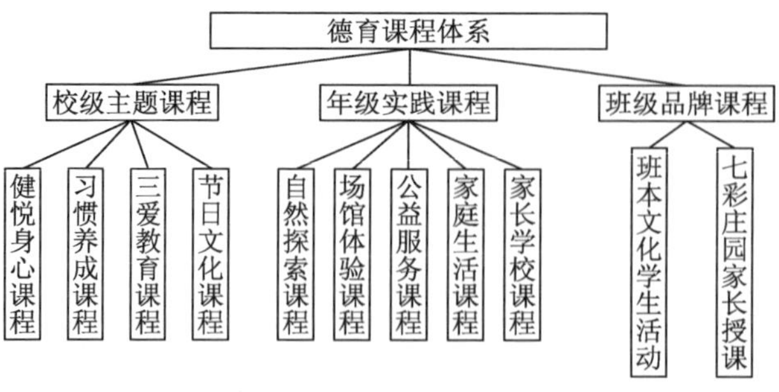

图5 德育课程体系图

类，纵横交错，形成网状坐标，促进学生形成习惯、品格和核心价值观。（图 5）

（2）“适合课程”满足适度发展

学校规范实施国家课程和地方课程，适度开发个性化和特色化的校本课程，以多元的课程满足学生个性发展的需求。（图 6）

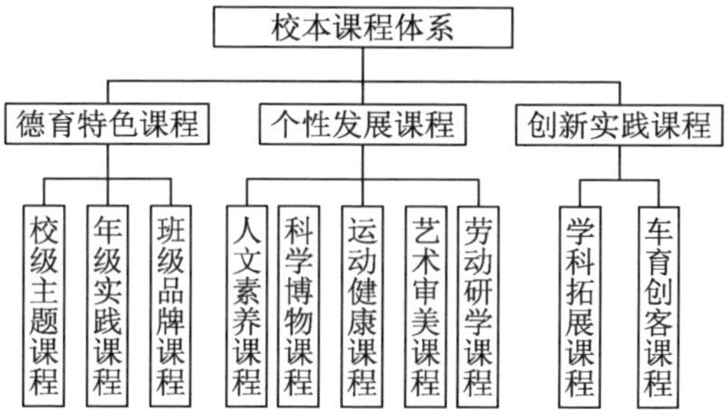

图 6　校本课程体系图

个性课程满足多样选择。学校逐步开发出 73 门“全员走班制”个性课程，形成了“艺以怡心、动以健体、物以载道、思以明智、言以传情”的五大序列，满足学生的多样选择，促进学生全面发展和特质塑造。个性课程通过教师自主申报和学生按需申请相结合的方式进行，还逐步引进 50% 以上的校外专业教师资源以提高课程品质。

特色课程彰显“车谷”气质。享誉全国、独具特色的“车育课程”紧扣车谷脉搏发展学生创新素养，融合了全息投影、VEX 机器人、3D 打印、VR 设计、MR 体验、Scratch 编程、MINI 赛车等前沿技术课程，关联了汽车设计、构造、原理、环保、品牌等要素与中小学的各类学科知识，让汽车与教育、体验与创造完美结合，是“小龙人”们的高科技互动学习课堂。（图 7）

素养课程拓展学科素养。“语文学科素养微课程”，通过一年级童诗，二年级绘本，三年级老课本，四年级唐代文人，五年级宋代词人，六年级浅显文言文，循着“大语文观”的眼光，在链接国家传统文化精髓的同时，

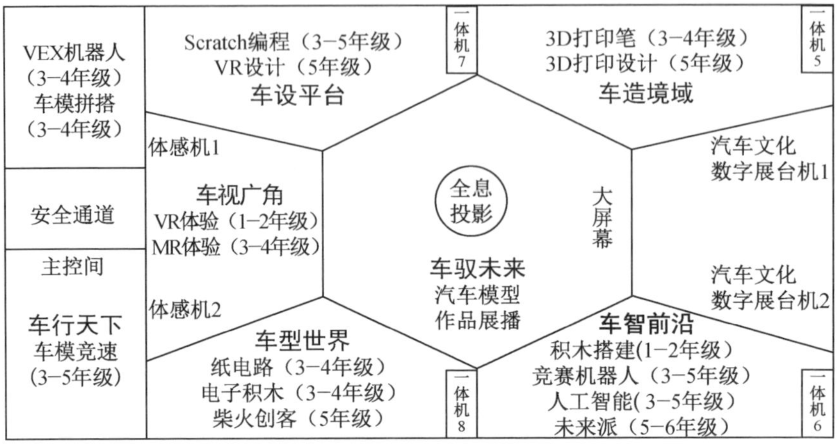

图7　车育创客空间课程分布图

拓展语文课程的内涵。数学学科将十大核心素养融合到数学游戏、模型建构、解决问题、创新运用等专题拓展中，注重培养学生思维品质。英语、科学等学科也陆续开启了“e+English”及融合 VR 等技术的学科素养微课程研究，夯实了学科素养要点。

（3）“适性课堂”实现轻负高效

适性课堂尊重个体差异性，为不同学习者提供与自身需求相适应的优质教育资源，并将个性化培养贯穿于学习各个过程和环节，达成轻负高效的学习。

“适性而教”实现“适兴而学”。适性课堂主张“学生为中心”，以教师的“适性而教”实现学生的“适兴而学”。以学习方式个性化定制和以打造学习共同体为实践策略，通过调研形成学生个性化学习档案，聚合形成学习共同体，既兼顾学生间的共同发展，又尊重了学生的个体差异。

“五适”模式达成轻负高效(图8)。“五适”教育模式以“适切而为”为核心，引导教师以学生为主体开展教学活动，以“适趣情境、适宜任务、适切方式、适时反馈、适度拓展”为行为导向，形成研究性学习教学流程，让学生在自然迁移、自觉参与、自主学习、自由表达、自我提升中实现从

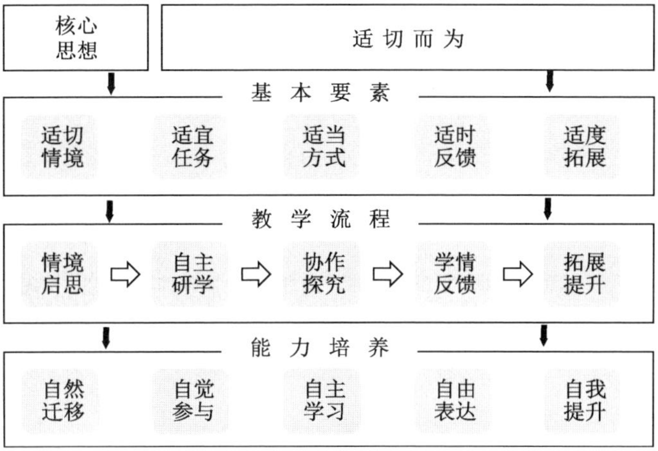

图 8　适性课堂“五适”教学模式

“物本”到“人本”的提升，从认知活动到生命活动的提升。此模式被评为武汉市“十佳”教学模式。

2. 极致为美的教师发展文化

（1）发展志向“适志笃行”

适性教师是“适志为师”的，志在为党育人、为国育才，志在坚守教育、砥砺创新，志在成就他人、适然自得。学校以“新手教师规范化、成熟教师特色化、品牌教师个性化”工程，为不同经验层级的教师提供个性化培养方案，同步设计“适志”的研修策略和课题研究，达成教师专业发展的深度和广度。

（2）教师管理“成人之美”

“三大中心”提升管理格局。“三大中心”即学生学习中心、教师发展中心、教育支持中心，意在以全维度的教育支持、高质量的教师发展，为创建学生未来学习中心而努力，实现了“因人适岗”到“因岗适人”的变革、“事务调整”到“理念建构”的升级，近十年为区域教育的发展培养了 12 位校级干部及一批中层优秀管理人才。

“职级管理”优化用人机制。学校在武汉市率先推行教师职级制，依据班主任及教师专业发展路径、干部成长路径，立足岗位职责和职业标准，让教师自主规划成长路径，并可以申报突出贡献，实现越级晋升。达成了“一个人发展”到“一群人发展”，为成就个人及适性教育的品牌发展不懈努力。(图9)

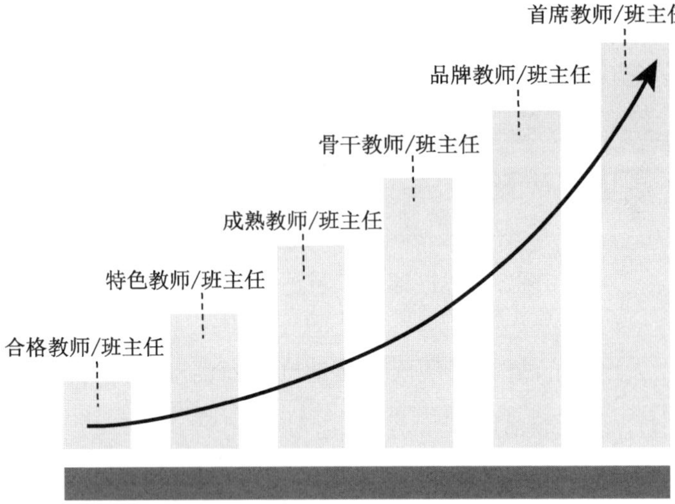

图9　教师“六阶”发展进阶图

(3) 教育研究“极致为美”

创客行动聚合发展路径。学校聚合教研科研，坚持“小微创新　大家创育”教育项目创客行动，以“问题为课题”“化课题为项目”，从教育细节中自主改良。历经发起、申报、授权、启动、行动、考核各阶段，全体教师自主将教育教学中发现的问题转化为数个微小项目，自发组建团队进行立项、研究、实践和成果转化。教师众筹整合资源，用“创客”理念改变教育教学，形成新的教育模式和管理方式。

3. 融合共育的教育支持文化

(1) 教育资源开放多元

优质数库引领教学大未来。整合校内外优质数字资源，打通市、区、校三级数据中台，让名师微课、专家报告、教学课例、电子图书等融合互通，形成了共建共享的教育资源大生态，让线上、线下、虚实结合的学习成为现实，促进了智慧教育环境、教育资源、教育方法等环节协同运作。

（2）教育环境共享共育

智慧平台整合教育大生态。围绕“教、学、管、评、服”五条核心业务主线，以“智慧”服务学校教育教学，建成集管理与展示为一体的大数据监测中心“神龙小学数据大脑”。以学校本地数据仓为核心，构建“学生”和“教师”两种数字画像模型，搭建智慧教学、智慧管理、智慧服务平台，精准服务学生、教师、家长、学校。

（3）教育技术融合创新

智能技术汇聚运用大数据。学校搭建了学生从入校到离校的学习生活全场景数据采集系统，构建以学习者为中心的自定义、自适应、智慧化学生评价体系，通过大数据开展差异化分析、自主性学习和个性化成长，实现人机协同、数据驱动的适性教育现代新样态。（图 10）

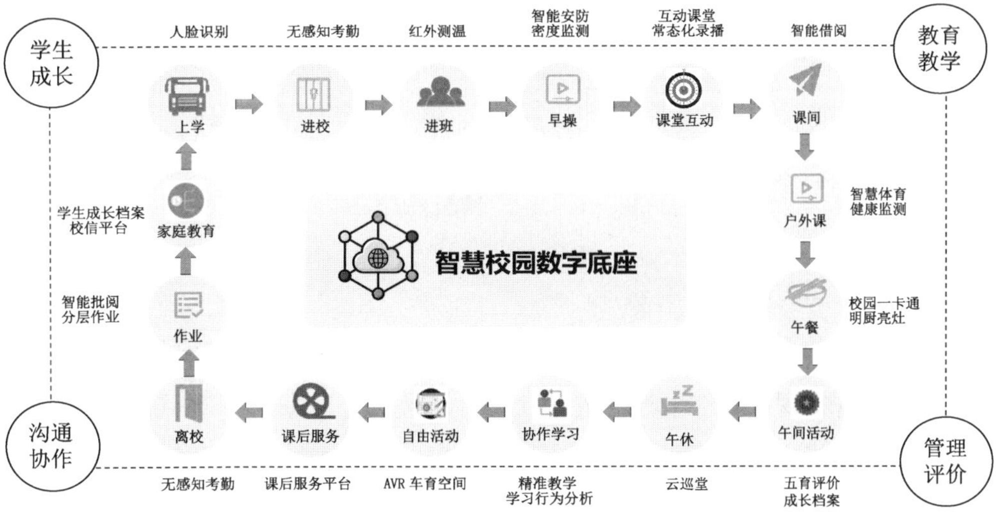

图 10　适性生态 2.0 结构图

（三）“适性教育”育人模式的评价策略

学生评价是联结育人方式和育人目标的纽带。学校以适性评价迭代对育人标准进行持续性探索，以学生综合评价促进学生全面发展。

1. 评价内容多元化设置

学生评价体系以“中国学生发展核心素养”为基底，全面解读学校“身心健美　个性灵动”的培养目标，从学生的“身・心、知・行、智・识”三个板块，18 项关键要素、60 个评价要点，联接不同德育场域和多元评价主体，包括家校，甚至是企业、社区的资源，将“五育并举”落地。以“龙宝争章”“神小最美少年”肯定不同学生的优点与特长，引导其树立正确的世界观、价值观和人生观，为实现学生自主发展奠定基石。（图 11）

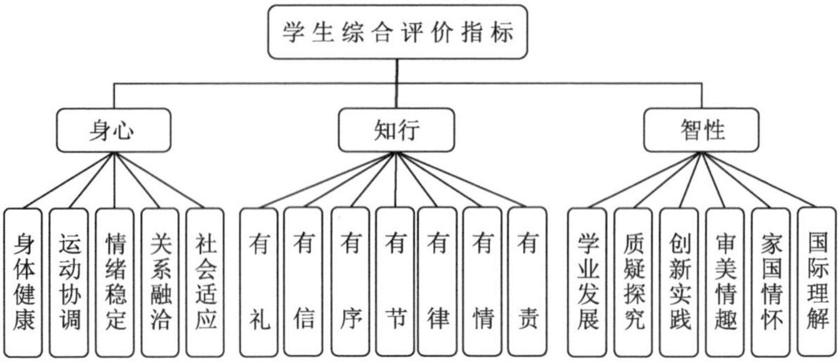

图 11　学生评价体系图

2. 评价手段智慧化升级

学生评价采取线上线下相结合的方式，运用信息化手段持续迭代基于行为分析的课堂观察、能力达成的课堂诊断，链接线上线下、校内校外的学习资源，拓展学习品格形成的教育场域，动态真实生成学生成长画像，让学生的发展看得见。学生评价的徽章体系全面覆盖学生成长中的关键要素，通过线上线下发章、积分兑换，激励学生不断产生正向行为表现，助力育人目标实现。

五、基本经验

学校引进科技部认知智能国家重点实验室、华中师大国家数字化学习工程技术研究中心专家团队入校，创设适性育人的智慧环境，实现教育方式升级。将国际领先人工智能关键技术与学校教育过程数据、行业知识结合，将教育全场景信息转换为支撑教育服务、教育决策的大数据。研发资源推送、教学互动、行为分析、师生画像、教育评测等个性化学习场景，打通“备、教、练、测、管”等关键环节，形成“适性教育”育人模式，有效升级了现代教育方式。学校被评为“四星级智慧校园”，为武汉市创建“国家级智慧教育示范区”提供了先进性案例。

六、重要成效及实验推广

（一）重要成效

1. **学生素质全面发展。** 学生学业水平在历次区级质量监测中稳居前列。学生在楚才作文、小小外交家、NOC 竞赛等省市级以上平台获奖近万人次。学生体艺素养发展突出，车模、合唱、排舞、艺术体操等在国家级赛事中屡获殊荣。如小龙人合唱团获国际银奖、唱响央视《合唱先锋》栏目；校排舞队获全国排舞总决赛一等奖；软式垒球队获全国软式垒球锦标赛季军等。

2. **教师队伍适性发展。** 教师创客活动形成近 30 万人次的传播影响力。教师专业获奖区级以上逾千人次，全国 NOC 教学评优比赛获奖 13 人次，“一师一优课”获奖 48 人次，参与教师个人课题研究并获奖 44 人次。学校还培养了全国优秀教师江彬，湖北省特级教师黄水中、韩瑾，湖北省教研名师黄冠、夏妮娜等名师，“适志为师”的影响力边界不断扩大。

3. **学校品牌全面塑造。** 学校曾荣获国际安全促进校、全国语言文字规范化示范学校、全国写字教育实验学校、全国科普创新示范学校、全国班主任专业化实验学校、全国红旗大队、全国“无欺凌校园”建设实验学校、全国班级文化建设先进学校、湖北省中小学综合实力100强、湖北省学校文化建设百强校、武汉市现代化学校、武汉市义务教育学校管理标准达标校等百项殊荣。成为武汉市优质学校品牌，校长也成为武汉市首批教育家型校长。

（二）实验推广

1. 社会媒体

优等结题中国教育学会教育科研规划课题《神龙小学车育文化体系的构建研究》、省级重点课题《小学适性教育视域中教育质量校本管理策略研究》、市级重点课题《小学适性教育学校课程实践形态研究》《小学适性教育理念下的教育质量综合评价研究》等。央视《朝闻天下》《中国教育报》等媒体对学校育人改革举措报道，创新案例也被国家教育行政学院列为全国培训课例，有序落实“立德树人”“核心素养”“双减”“五项管理”等教育政策，获教育部司局、中国教育学会高度赞誉。

2. 国内外影响

适性育人以融通人群与空间为教育支持的核心策略，创设了新型育人机制。学校创建湖北省首个教育协商委员会，开启“全员导师制”新篇，优秀学子遍布全球。带动区内薄弱学校蝶变为武汉市现代化学校，华中师范大学出版《区域教育的生态行走》专著宣介，为推动武汉市义务教育优质均衡发展作出突出贡献。学校经验多次在全国学术会议上做交流，引来访逾万人次。与湖北、广东、云南、辽宁、海南等多所学校结为联盟校，同美国华盛顿小学、英国塔尔伯特西斯小学、新西兰剑桥小学等国际学校开展教学交流。

小学无边界学习空间育人的实践探索

成果完成者：张同祥

其他成果持有者：张流洪　袁　雨　邓　丽　刘　会

所在单位：武汉市洪山实验小学

获奖情况： 2022 年湖北省基础教育教学成果一等奖

以“落实立德树人根本任务”为指导，聚焦育人环境和育人方式改革。本校于 2016 年筹建，在“无边界教育”理念的引领下，将信息化与学校育人环境、学习空间建设和学习活动深度融合，开展了育人环境、学习空间、育人方式等多维度的教育现代化探索。在实现“人的发展”的过程中，教育突破了时间、空间、人际、资源以及载体等各种要素的固有边界，不断呈现出融合教育的样态。基于此，在建校初期，本校发掘与展望学校愿景、使命、价值、目标，邀请华中师范大学等高校知名学者提供理论指导，确立了“无边界教育”的办学理念和学校未来发展路线。

一、 问题的提出

《教育部关于大力加强中小学校园文化建设的通知》中指出：“中小学校园文化通过……人文和自然的校园环境等给学生潜移默化而深刻的影响。”这对学校空间育人提出了较为明确的要求。学校的空间资源是学生的学习资源，将空间资源转化为学习资源，才能让学校环境真正打破时空边界，与学生的成长有效连接。

遗憾的是，现在新建小学“重学校环境建设，轻学习空间育人”的现象普遍存在。学校空间建设仅仅停留在硬装修上，其育人功能未充分彰显。学校在建校之初就将无边界教育的理念引入校园的学习空间建设中，提出了

“空间即环境，空间即资源，空间即交互场所，空间即学生走向未来的连接点”的办学主张。

学校认为校园场景应以“人的发展”为主旨，凸显空间的教育性和不可替代性。校园环境应成为一个特定的教育生态，其应打破物理边界、资源边界、技术边界、解构、重组学习关系，使学校空间能连接学生的本体经验，成为学生学习空间的一部分，为学生未来、无处不在、无时不在的学习成长助力，构建了学校未来发展路线。

二、 核心理念

“让美德可视、让学习可见、让文化可喻、让个性可能、让成长可现”是学校空间育人的核心主张。学校无边界教育理念引领下的课程和教学体系将聚焦学生素养的“成长广阔性”“发展的过程性”“生长的可塑性”“生成的外显性”，让学生成长得以显现，建设课程与教学体系，充分表达出课程体系的育人功能。

三、 实施过程

为了解决“新建学校重校园环境建设，轻学习空间育人，育人价值未能充分彰显”“学生的学习资源相对单一、封闭，认知经验无法与学习环境产生交互链接”等问题，学校积极推进无边界学习的空间育人实践探索，经历了三个发展阶段：

（一） 空间育人的理念形成期（2016 年 1 月~2016 年 8 月）

在全面调研与实地考察的基础上，学校积极参与新建学校的空间建设，逐步明晰本校学习空间建设的基本思路，即“实现学生的无边界学习”，并循着这一办学思路，确立了“无边界学习”的办学理念。

（二）学习空间的创设与赋能阶段（2016 年 9 月~2017 年 8 月）

在学校空间建设顶层设计的理念指引下，学校充分挖掘校园空间的育人价值，在反复论证与持续改进中，创设了“一厅六廊”主题学习空间(一心一意、“一带一路”、一朝一夕、一字一珠、一桥一景、一星一箭、一江一城)，并以《学校空间与规划表现研究》《基于无边界教育的广域课程开发与实践研究》《非正式学习空间样态及其案例研究》等小课题研究为先导，在行动研究中，形成了《洪山实验小学无边界学习的四度空间育人模型》，出台了《洪山实验小学“广域课程”整体规划》。在学习空间建设、泛在学习开发与学习平台搭建处着眼，实施文化育魂、德育培根、课程启智、评价润心，建构《洪山实验小学 1+4+1 育人体系》，保障学校空间育人理念的有效落实。

（三）学习空间的检验推广期（2017 年 9 月~2022 年 9 月）

学校结合文献研究的前期积淀，确立了小学生无边界学习的核心素养，以学习空间赋能为突破口，探索了基于学生未来发展的空间育人模型。2019 年在全市新建学校发展共同体现场会上分享了办学成果；学校智慧图书馆学习空间建设案例被评为省厅优秀案例。2021 年，学校的经验在国家教育行政学院展示。作为武汉市新建校共同体的区域牵头校，洪山区教育局向全区表彰推广学校空间育人实践成果，武汉市教科院组织专家团队对成果进行论证，受到一致好评。先后被《长江日报》《湖北教育》、湖北经视等主流报刊媒体报道，并被安徽、河南、山西等省市多所学校借鉴、复制和推广。

四、主要内容

（一）确立了支持无边界学习的空间建设主张

学校的无边界教育是以培养社会主义建设者和接班人为根本宗旨，以儿童生涯涵养奠基为中心，以文化为原点，以社会为边界，以成长为路径，呵护儿童天性、滋养儿童品性，锤炼儿童德性，促进儿童健康、安全、美德、智慧、个性、快乐、幸福地成长。学校以“成长无界、人人出彩”为理念，勾画出“儒雅谦和、温和坚定、创意无限、制度谨严、个性自由”的自画像，并提出“把校园还给学生、把课堂还给学生、把场所还给学生、把空间还给学生”的教育主张。在前期无边界学习空间育人探索中，提出了“五让”教育主张。

1. 让美德可视

空间建设中强调将学生美德素养的真诚表现可视化，突出行为引导与品行养成。

2. 让学习可见

通过空间育人实践，使知识学习的过程成为学生特殊的社会实践、特殊的文化实践和自主生命实践的过程。

3. 让文化可喻

让课程赋有文化、让课堂蕴藏文化、让环境渗透文化，用先进的历史文化、传统文化、民族文化和红色文化熏染儿童心灵和心智。

4. 让个性可能

无边界教育追求学生全面发展与个性发展的教育想象，为学生全面而有个性的发展，提供广阔的可能性。

5. 让成长可现

无边界教育理念引领下的课程和教学体系将聚焦学生素养的“成长广阔性”“发展的过程性”“生长的可塑性”和“生成的外显性”，让学生成长得以显现，建设课程与教学体系，充分发挥了基于无边界教育理念的学习空间课程体系育人功能。

（二）构建了支持无边界学习的四度空间育人模型

以无边界教育理念为指引，学校以四度空间建设为突破口，打通学校物理空间、精神空间、虚拟空间与文化空间的边界，以实现学习者的高兴趣、高创意、高频次、高维度的学习为前提，绘就了支持无边界学习的四度空间育人模型(图 1)。

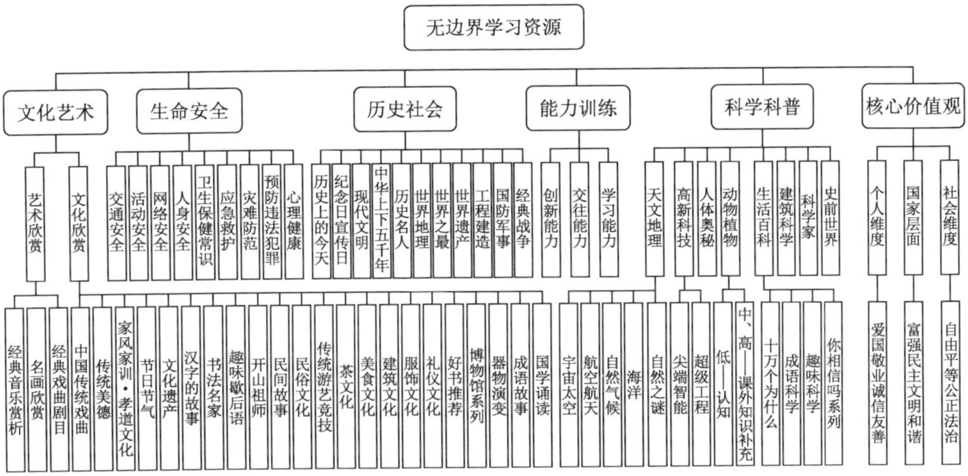

图 1　支持小学生无边界学习的四度空间育人模型

四度空间育人模型的建构，兼顾到学校室外空间、开放性场馆、图书馆、线上空间的特质，赋予每一类空间以教育意义。学校空间育人，并非只强调某一类空间的功能，而是多个空间功能的有机融合与配搭，使其相互渗透，将“建构知识、发展能力、内化素养和深化价值”融入空间建设之中，赋能学生成长。

对于一所新建小学，为充分发挥空间育人功能，学校将小学阶段学习资源进行全面梳理，从文化艺术、生命安全、历史社会、能力训练、科学科普、核心价值观六个维度进行全面梳理，建构了支持无边界学习的学习资源体系。(图 2)

1. 以虚拟空间支持学生泛在学习

学校以支持无边界学习的学习资源体系为依托，针对不同年龄和认知能力，开发了一系列线上校本课程，依托学校自主开发的智慧校园平台，以课程超市的形式供学生自主选课。学生在网络平台提交课程后，平台按需分层

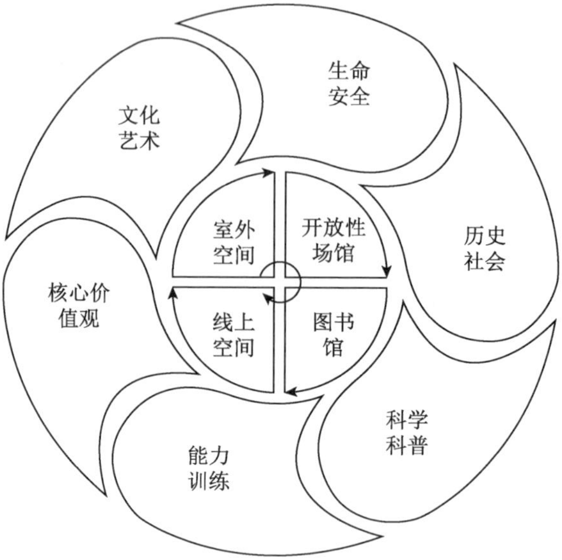

图 2 无边界学习资源体系图

推送定制内容匹配差异化教育资源，支持学生自主开展学习活动，适时展示学习成果教师结合智慧校园平台的后台数据，给予学生适切的评价，充分凸显空间的育人功能。

与此同时，学校活化共享各类教育资源的泛在学习媒介，如：校园智慧屏、智慧校园 APP、班级互动屏、展示牌等，结合学校教学进程，适时更新学习资源，定期在各类数字媒介上推送《历史上的今天》《时事热点》《时令节气》等校本课程资源及教育主题等，充分利用学生的碎片化时间，实现时时可学、处处可学、人人可学的学习新样态。

2. 以实体空间丰富学生的具身学习

教育的最终成果是人，空间的最终服务对象也只能是人的体验、情感、关系。对于实体空间建设而言，是以学校全要素为依托，整合学校文化、课程、资源和技术，融物理空间、精神空间和文化空间为一体，共同为学生的具身学习服务。

（1）赋能开放式场域

空间育人主张学习随时随地发生，条理性的逻辑化学习、碎片化的浸润性学习与丰富多彩的体验性学习相结合，此为具身学习的三种样态。

基于学校空间建设的顶层设计，学校充分挖掘校园空间的育人价值，在反复论证与持续改进中，循楼而上，创设了“一厅六廊”主题学习空间。一楼创设了一厅一廊，一厅即“一心一意”向党厅；一廊即“一江一城”爱家馆。“向党爱家”为立德之根本，是学生成长、成才的前提。大厅和走廊分别以党建题材和英雄城市武汉为载体来呈现地域革命文化。二至六楼主题依次为:“一带一路”研习馆、“一朝一夕”体验馆、“一字一珠”阅读馆、“一桥一景”博览馆、“一星一箭”探索馆。研习、体验、阅读、博览、探索是符合人类认知规律的学习方式，也是学生增长才干的必由之路。其中，二、三、五、六楼通过“一带一路”“学校历程”“桥梁发展”“航天探索”来彰显社会主义先进文化；四楼则通过二十四节气等元素来凸显中华优秀传统文化。基于开放式场域的教育资源链接学习者的内在需求，模拟现实社会，复刻学习者的认知逻辑和心灵景观，还借助主题融合课程及社团活动课程等，活化学生的具身学习体验，在赋能空间的同时，实现空间育人功效的最大化。

（2）重构功能性场馆

学校在功能性场馆建设过程中，以建立更开放的生活场，更全时段的学习场，更动态的工作场为目标，充分发挥场馆的多重育人功能。

首先，打造唤醒图书馆。学校投入近200万元建成全市第一家小学全天候全开放式的智慧共享图书馆，拥有图书6万册，涵盖文学、历史、艺术、科技等20多种类别，实现一卡借阅，学生随时随处随需自助借还图书，是武汉市小学数字图书馆的首次尝试。智能化设备包括借还书机、检索机、盘点车各三台。图书馆凭借大数据、物联网、人工智能等技术，搭建数字信息管理系统，利用借还一体机、盘点设备，实现自助便捷管理。

唤醒图书馆作为泛在阅读场域，让学生的学习空间可视化、素养阅读课程化，使学生遨游在书的海洋，以海量阅读助力孩子个性发展。学校结合社会热点与教育改革实践，推行海量阅读计划，根据学生认知水平、学科要求制定阅读清单，推荐必读书目，实现无障碍、全覆盖阅读。根据需求，可以记录学生在馆阅读表现，诊断其兴趣爱好，追踪个人阅读轨迹，关注阅读行为变化，从而擘画学生成长态势雷达图，对学生进行主体式、全景式的发展评价。此外，其创新之处还在于将场馆本身的开放性与育人功能、数据的可视化与导向功能相结合。馆内每学期选拔优秀学生做管理员，负责图书的顺架、盘点与维护工作，将阅读行为与劳动教育、职业体验相交融，实现多方式、综合性育人。

其次，开辟3D生态球。学校投资80余万元建成3D生态地球屋，由智能生态环境空间、3D微格生态球、无土种植系统、物联网智能控制监控系统、太阳能设备系统、LED人工光源植物灯系统组成。3D生态地球屋构建了学习新空间，设立中国主要植物图谱纵览、湖北代表性植物专区、武汉植物园、世界植物概览，用图片、数据、二维码视频呈现。开辟种植体验区，进行有土栽培和无土栽培。开设小专题植物展览和植物科普社团活动。通过可视交互、动手实践让学生在无土栽培的小生态圈内探索自然的奥秘；物联网可实现学生项目式、场馆式学习，丰富了学校信息化软件装备和泛在学习场。

其三，探索智汇中心。学校投资100余万元建成智汇创客体悟中心，由人工智能编程教学活动区、机器人竞赛区、3D打印制作区构成，配备3D教学一体机、桌面虚拟交互一体机，搭建资源云平台（提供三维学科微视频、3D教学模型、交互课件、探究课件），保障教学立体化，硬件、软件、资源三位一体，保证知识可视化，内容多样化，与教材配套化，实现小组探究式、互动合作式学习。开设技术课程（包括3D打印、机器人、物联网人工智能课程）和综合实践活动，如：兴趣小组活动和校内社团活动等形式。学生可进行各种科学小实验、机器人模型制作、木工制作、动漫设计等。3D/VR呈现形式身临其境，更加新颖、生动、自然、形象。学校现已成立少年科学院，开展了小发明竞赛活动，并评选了“小院士”。

（三）探索了小学无边界学习的空间育人途径

1. 互喻德育润心灵

学校凸显“立德树人”，坚持“让美德可视、让个性可能、让成长可现”，界定了多元、多维、多项的学生发展核心素养，通过“活动、体验、自主发展”德育范式的引领，推进“德育五化”，使核心素养的培育落地生根。

（1）德育目标科学化。低段和天性、养习惯，中段和品性、养智慧，高段和德性、养旨趣。（图3）

图3　德育目标科学化

（2）德育内容常态化。抓实每月德育导师制评比、“小策略·大智慧”例会、班级文化主题创建、常规检查评比；每周校会中课堂、班主任工作会、班队会、“四星级班级”评比和家政课；每天早间管理、课间礼仪、两操、中餐管理、放学路队、班务整理，分层次、有侧重地展开习惯养成教育。

（3）德育活动主题化。形成“小活动、大德育；小仪式、大情怀；小岗位、大担当；小童心、大志向；小班级、大世界；小策略、大智慧”育人新形态。

（4）德育实施一体化。学校用“纽扣行动、培根行动、红心行动、地图行动、灯塔行动、摇篮行动”六大行动，通过好习惯节、趣过传统节日、感恩心爱国情、校会中课堂、校外研学、班主任研修、“筑梦启城”毕业典礼、未来父母成长营等活动，丰富校园情态。

（5）德育治理融通化。倾力构建“一班一世界”的班级治理新样态，从“班级组织新形态、班级文化新场域、学生评价新动能、班本课程新样态”打通空间、资源、学科边界，提升这一方“小气候”的幸福指数。

2. 广域全育唤潜能

在空间资源开发方面，建构了“科创馆”“文化长廊”“美育馆”“开放学习场”等多维学习空间，生动地实现了学习空间可视化、课程设计场域化、教育主体互喻化、成长刻画数字化和教育生态民主化；在空间育人课程方面，建设了包含 85 门校本课程的“广域课程”，从德行修为、文化传承、科技探究、身心健康、审美表现、社会实践六方面落实空间育人。

通过每周四下午的无边界课程与 PBL 课程，让学生浸润在特色课程的海洋，感受跨学科的魅力。无边界课程有 36 门，实行走班选课制度，让学生按照自己的兴趣抢课；PBL 课程则有 25 门，每个班都开设有一门项目式课程，帮助学生开阔视野，提升多维思维的能力。（图 4）

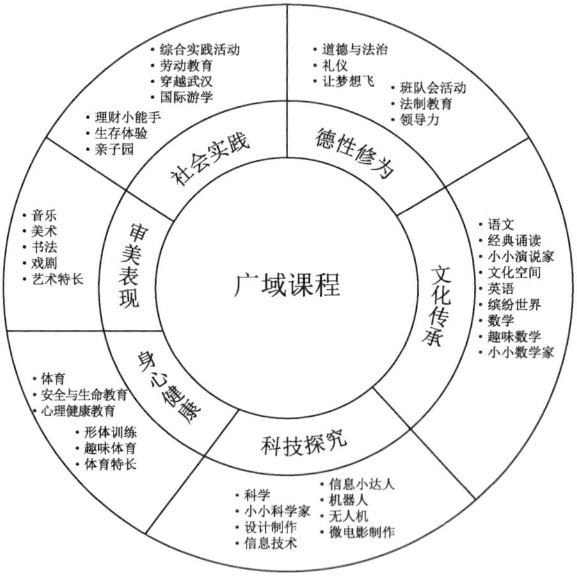

图 4　广域课程体系图

3. 循证评价塑学养

学校探索建立了校本化的学生成长评价体系，从身心素养、品德素养、学习素养、实践素养等4个维度，研讨制订了《学生成长嘉奖令实施方案》，引入精伦电子科技公司的智慧校园APP，设计了从“健体、礼仪、乐学、劳动”四个苹果学生成长树，打通PC端、手机端、电子班牌数据端口，实现无缝对接，及时评价、沟通、动态呈现、大数据智能评价，全面、客观、公正地记录学生的日常行为表现，使学生成长可视化。智能兑奖柜，让智慧学生评价体系形成完整闭环，从评价制度、评价行为、学生得分、积分兑奖四方面形成有效育人。

学校与精伦电子股份有限公司共同研发的《智慧校园——金苹果乐园可视化学生综合素质评价系统》获国家发明专利。

4. 建构了小学无边界学习的空间育人模式

学校秉持无边界教育理念，倡导“成长无界、人人精彩”，主张应真正“把校园还给学生、把课堂还给学生、把场所还给学生、把空间还给学生”。探索了基于无边界学习的育人模式(图5)。

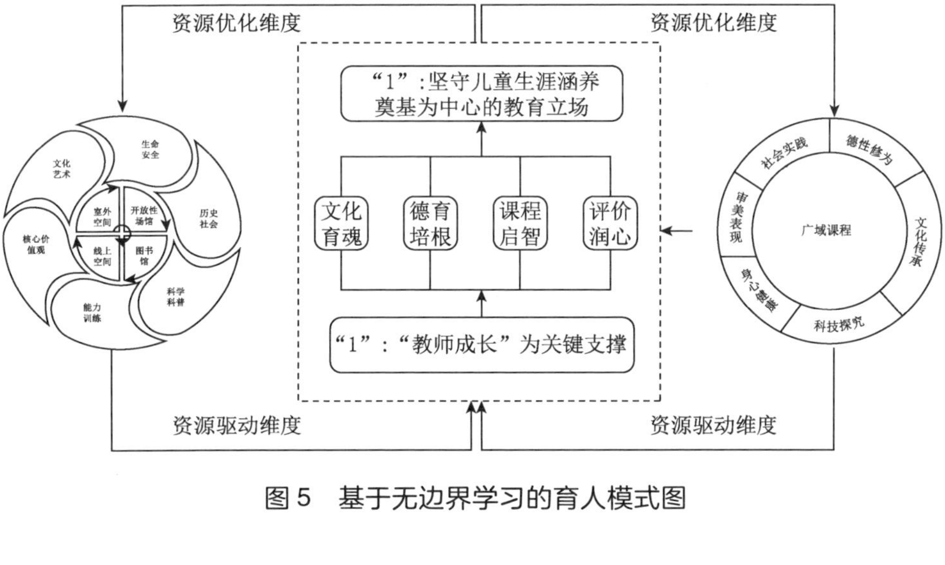

图5 基于无边界学习的育人模式图

由图5可知，在充分彰显无边界学习资源育人功能的基础上，将“人的发展”作为无边界学习的落脚点，以教师成长为关键支撑，通过文化育魂、德育培根、课程启智、评价润心四条主线，在行动实践中坚守儿童发展立场。逐步形成学校“1+4+1”育人体系。其中“1”是坚守儿童生涯涵养奠基为中心的教育立场；“4”是“文化育魂，德育培根，课程启智，评价润心”4条主线；“1”即坚持“教师成长”为关键支撑。为充分发挥空间育人功能，学校整合空间育人资源与课程资源，为学校空间育人提供丰富资源。与此同时，在持续地育人探索中，学校空间育人资源和课程资源会因在“1+4+1”育人体系的持续完善而日臻丰富，更好地发挥育人功能。

五、重要成效及实验推广

（一）重要成效

在空间育人的实践探索中，学生素养不断提升，促进了学生全面发展，更新了教师教育观念，提高了教师的专业素养发展，发挥了示范引领与辐射作用。学生素养不断提升，学生获奖人数千余人次。

空间育人探索也助力教师的成长与发展。3年来，1名教师获全国NOC最高信息技术发明创新奖，4名获一等奖，6名二等奖；2名教师在市信息技术整合课比赛中获一等奖；20人次获省级论文一、二等奖。

学校获湖北省学校文化建设百强校、湖北省智慧校园百强校、武汉市智慧校园四星级学校、武汉市十佳书香校园、武汉市园林学校等20余项市级荣誉。高标准通过了武汉市现代化学校、武汉市素质教育特色学校、武汉市义务教育标准达标校的评估。学校承担市级专项课题——《后疫情时代小学双线混融教学的实践研究》，泛在学习将打破课堂边界、学科边界和学校边界。《湖北教育》2022年1月发表一组文章，对学校探索无边界学习的育人空间进行全面总结；待出版专著1部。

（二）实验推广

学校在实践中围绕学校办学思想，突破时间、空间、人际、资源以及载体等各种教育要素固有边界，无边界教育的办学思想的特质、特色主要体现在泛在、聚核、成长，得到了全体教职工、家长与社会广泛认同，形成了办学特色。牵头组建区域新校联盟共同体，发挥引领着作用，洪山区教育局向全区表彰推广学校空间育人实践成果，并在全区推广复制。学校《泛在场域伴生快乐成长，海量阅读助力个性发展——洪山实验小学智慧图书馆唤醒阅读渴望》获湖北省教育厅颁发的数字化应用场景优秀案例奖，停课不停学案例《云上嘉奖，不负韶华》获得湖北省一等奖。学校承担“武汉市数字校园试点学校”、教育部信息化教学化应用共同体项目“互联网+背景下 STEAM 课程实践试点学校”、教育部教育信息化教学应用实践共同体项目“中小学人工智能项目”。成果完成者作为“教育部计划单列市名校长办学思想与优秀案例”进行汇报、在武汉市新校发展共同体现场推进会上做学校空间育人交流，受到一致好评。省教育厅条件装备处、武汉市教育局条件处先后到校调研学校学习空间建设与资源配置。山西运城教育局，咸宁市教育局等 50 个教育考察团来本校交流。《湖北日报》《楚天都市报》《湖北教育》、光明网、荆楚网，湖北经视等媒体报道学校探索实践。本成果经市教科院组织的 7 人专家团论证，获得一致好评。办学成果《小学无边界学习空间育人的实践探索》获湖北省基础教育教学成果一等奖。《“无边界教育”下泛在育人环境与学习空间建设的探索》获武汉市基础教育教学成果一等奖。

（三）反思

前期，学校基于无边界学习，开展了一系列空间育人实践，当前的育人模式将“1+4+1”育人体系与教育资源有机融合，呈现空间育人资源驱动学校的育人变革，而学校育人体系持续完善又为学校教育资源的持续丰富优化提供原动力。在迈向教育高质量发展的道路上，学校该如何让每个空间为学习者赋能，实现多场景贯通应用，达成学习空间与学习活动的匹配与契合，使学习空间为以学习者为中心的教育提供有效支持？这就对新建学校的管理者与资源开发者提出了更高的要求。未来，学校将进一步挖掘学校空间育人资源，拓展空间育人途径，使学校的每一处都散发教育的味道。

“五育”融合，素养生长①

——“和美劳动”实践课程体系的校本建构与实施

成果完成者：田祥珍

其他成果持有者：张龙顺　薛传明　郜武玲　郑　锋　王　芳

所在单位：恩施市硒都民族实验小学

获奖情况： 2022 年湖北省优秀基础教育教学成果一等奖

一、 问题的提出

“厚德精业乃大善，和谐成长为最美”，硒都民族实验小学位于巍峨的土司城边和秀丽的清江河畔。学校自 2012 年秋开始推行“和美教育”。学校所追求的教育理想是：健康、自由、公平、和谐。遵照“育和乐少年，培和雅良师，营和美校园”的学校目标，学校站在新时代立德树人的高度，科学践行学校“和美教育”理念，精心构建学校“和美劳动”教育体系，以劳动“归真”“尚善”“育美”，全方位、多渠道地体认劳动实践价值。

随着城镇化加速、经济转型、生活水平的提高和人们观念的变化，劳动课程越发弱化，劳动教育日益虚化——即使有“劳动”，也鲜有“教育”。

学校发现问题来自于三个方面。一是学校劳动教育规划不明晰，课程体系建构不系列，专业专职教师数量不够，课程教学方式单一，课程实施保障不力；二是由于学生劳动观念淡化、劳动技能退化、劳动习惯品质弱化、劳动精神虚化，导致不想劳动、不会劳动、不珍惜劳动成果；三是家庭、社会对劳动教育的认识不足，打不开“家校社”三维“通道”，没有形成教育合力。

---

① 此文由恩施市硒都民族实验小学涂晓璇提供

二、核心理念

真劳动，真实践，真创造。这是学校“和美劳动”课程的基础目标，“和美劳动”教育通过培养师生和谐的精神文化素养，拓展美丽的生命教育空间，让校园文化充满着生态之美、人文之美、创造之美。

“和而不同，至善至美”是“和美劳动”课程的最高追求，学校力求从生活的本真和初心出发，用劳动教育为学生打好人生底色，让学生体验到劳动的价值，让学生感受到劳动的幸福。从家园、校园、社区三个维度构建一个开放的教育时空，以劳动教育为载体，实现德智体美劳的“五育”融合。

三、实施过程

“和美劳动”实践课程体系的校本建构与实施大致经历了如下三个实践阶段：

系统建构阶段（2018. 1～2018. 7）。修订完善学校“和美教育”理念系统和实践系统及学校发展规划，以强化并科学规划劳动教育及课程；组建了校长、教务处、德育处、24 位优秀教师为核心的课程研究和指导团队。团队以“专家引领—自主开发—和美共进”的校本实践课程研发路径，形成了“红领巾小当家”“创意农庄”“小小科学家”3 个课程群，共 12 门实践课程，提出了“以点带面，以帮促教，以融代管”的课程实施、管理策略。

全面实践阶段（2018. 9～2020. 8）。每学期派出骨干教师参加各级培训。骨干教师带动研发团队，研发团队带动班主任工作室，理论引领，基地实践。寻求中国关工委和州、市科普协会的支持，建成了 3000 多平米包括农耕科普馆、种植园、养殖园、果林在内的“和美农庄”。在此基础上，全面实施“和美劳动”校本实践课程。

完善提升阶段（2020. 8～2022. 9）。按照“实践—优化—再实践—再优化”的思路，优化、完善了“和美劳动”实践课程体系。课程实施进一步项目化、课题化、跨学科、超学科，全体教师参与课程实践，水到渠成地达成了“五育”融合，校级、部级、班级三级家委会及校外专家团队的参与，形成了“家校社”的互通的劳动教育和课程实施格局。

四、 主要内容

在“和美文化”理念引领下，学校以“自主开发—专家引领—和美共进”的课程实施原则，创造性提出了“以点带面，以帮促教，以融代管”的课程实施策略。学校组建了以 24 位教师为核心的课程研究和指导团队，研发出了适合学校发展的系统化、特色化、精品化的劳动教育课程群。在此基础上，学校聘请了州农科院的农技专家为生产技术指导导师，形成了以德育处督导，各年级部德育部长分管，各班主任组织实施，学生全员参与的课程实施框架。(图 1)

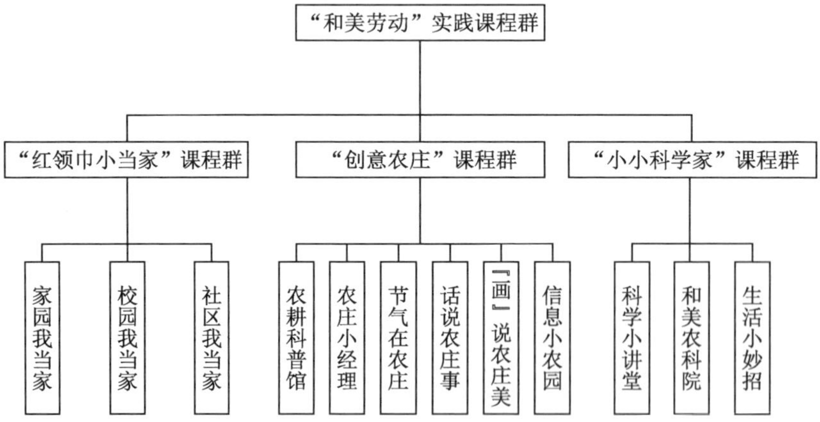

图 1

（一）“红领巾小当家”课程群

学校劳动课程研发以学校为核心主导力量，充分考虑校内外的融合，形成了学校、家庭、社会互融又各有侧重的课程格局，让学生从学会自理到学会管理，从知劳动、爱劳动到会劳动、懂劳动。

学校我当家。管理好自己班级和公共区域的卫生，值日班长利用晨会，对前一天班级和公共区域卫生进行总结；每月在班主任带领下打理责任草坪，除去杂草；根据本班农庄作物的生长特点，以小组为单位，在老师的带领下，到农庄观察植物生长情况，开展除草、施肥、浇水、培土、收获、销售等农事活动。

家园我当家。自己的事情自己做，家里的劳动帮忙做。每周安排学生在家学会一项家务劳动，并分享劳动心得；每学期以班级为单位组织 2 次劳动技能大赛，评选出“劳动小能手”；学期结束，组织学生评选、编辑优秀作品，推出《家务劳动我能行》佳作集。

社区我当家。劳动的精神包含了担当的精神、奉献的精神。学校研发了学生关注环保、社区劳动、扶残济困等课程。要求学生每天利用放学时间段参与一些易操作的社区劳动服务项目（如清扫地面垃圾）；每周一课时展示榜样“最美”事迹，从而进行人文关怀方面的服务劳动；每月利用一次班会课进行劳动分享，通过演讲、手抄报、劳动日志、美篇等方式，总结劳动成果。

（二）“创意农庄”课程群

学校的“和美农庄”将种植、养殖和高科技栽培进一步科学化、规范化。

农耕科普馆。农耕历史我知道，多形式、多渠道了解农耕历史，激发爱国情怀；农耕工具我认识，认识农耕工具，了解其作用及用法，并绘制自己喜欢的农耕工具，在班上开展展示活动；农耕故事听我说，举行故事会，分享古人或者身边的农耕故事；农耕人儿我最美，通过劳动实践比赛，检验学习成果；农耕果实美又甜，开办农耕现场会，通过绘画、唱歌、分享劳动果实等形式，让学生感受农耕果实的美又甜。

农庄小经理。每月举行一次“农庄小经理”竞聘会，选择出合适的农庄经理人；当选小经理组织小组长竞选，召开小组长会议，分配当月农事任务；经理每日检查、督促各项农事工作的完成，并做好记录；学期结束，组织评选“最佳农庄小经理”。

节气在农庄。学习节气知识，成立班级二十四节气兴趣组，每天记录天气预报，气温变化，动植物变化，学会绘制气象曲线图；探讨恩施物候现象，收集本地二十四节气农谚，开展二十四节气诗歌朗诵比赛；了解恩施民间风俗，进行各种有趣的儿歌、趣闻、知识竞赛等活动；设置二十四节气探秘，认识二十四节气中的农作物及水生植物，记录作物生长过程和变化，学做植物名牌并给植物挂牌。

话说农庄事。记录农事点滴，话说农耕文化，体验农耕的快乐，感受劳动的美妙，加强劳动与其他各学科之间的融合，培养热爱农耕文化和热爱劳动的情感。每周一课时教学，详实记录、口头表达和写作训练整合进行，引导学生及时反思并编辑作品集。

“画”说农庄美。观察劳动生活，学画劳动画面，制作劳动绘本。低年级每周一次观察农庄活动，并配画说话；中年级每周一次参与学习种植活动，并配图说事；高年级每周一次参与农庄管理、研究活动，并配图解说。学期结束，组织学生评选、编辑优秀作品，推出《“画”说农庄美》作品集。

信息小农园。将农庄活动融入到信息技术课程中，用信息技术管理农庄。学习申请管理 QQ 账号，建立 QQ 相册，上传农事照片；学会发表 QQ 日志，把当天的农事活动编辑成文并发布；用微信小程序记载农事活动，用美篇、创客和微视频表现孩子们的创新成果或者是思考；制作二维码，借助微信、抖音等平台销售自己的农产品。

（三）“小小科学家”课程群

科学小讲堂。通过现场听科学家讲座，现场观摩科技成果等形式，了解科学知识，激发劳动和创造的热情。开展和专家面对面活动，请州农科院专家讲解农业种植技术以及农业发展的最新成果和前沿方向；每学期开展一次“科普进校园”活动，听专家讲座，在专家指导下学生开展实践研究，收集整理实践和观察数据，建立解释模型；建立学生分享研究成果平台，展示优秀观察日记、研究日志、解释模型等；集中展示学生的研究成果，邀请优秀学员举行研究成果发布会。

和美农科院。制作调查表或列出访问提纲，向家长、技术人员、农民采访，调查一些有关种植的知识；根据调查结果，确定要种植的植物名称，查阅有关植物的种植方法，同时对土地进行实际测量、规划；依据学生的兴趣将学生分组，如翻地小组，整地小组，施肥小组等；以小组竞赛的形式种植植物，并开展日常的植物管理工作；围绕种植的蔬菜、花卉、树苗了解它们的病虫害症状，了解植物基本的生长情况及栽培方法。

生活小妙招。清洁小达人，收集整理在家居清洁方面的小妙招；种植小达人，收集整理“和美农庄”种植实践过程中的困惑，引导学生寻求解决办法，并在实践中研究；收纳我最棒，将家居收纳的小妙招、好方法与更多的小伙伴分享；厨房小秘笈，在烹饪时当好小厨神，开展小创新，为最爱的家人们暖心暖胃。不固定课时，在劳动过程中全线贯穿，学期结束，组织学生评选、编辑优秀妙招并在校报、公众号上推广。

五、 基本经验

“和美劳动”课程着眼于创新，其活力在于突出五种特色：

（一）学校打造了一个实施“和美劳动”课程的特色基地——和美农庄

展览区设有“农耕之路”科普馆，用实物和图片展示我国农业从原始农业、传统农业、近代农业到现代农业的发展历程。种植区由70多个小小种植园和一个袖珍育苗大棚组成。70多个种植园，每个班一块，创造性开展劳动实践活动。袖珍大棚由科学组老师带领学生进行育苗实验。果园区种植有葡萄、石榴、桃、李等多种果树。水产养殖区用于培育教材中提到的和本地适合养的水产动植物。学校以此为基地，研发了系列课程。学生在老师的指导下自己管理农庄，在专家的引领下学习种植、养殖和高科技栽培等技术。参与计划、培养、管理、销售、投入等多个环节。

（二）学校着力引导学生进行特色体验

恩施比较具有特色和内涵的经济作物和粮食作物是硒茶、烟叶和硒土豆。在放假期间，学校布置学生进行特色实践，在了解各种经济作物和粮食作物的育种、种植、加工等程序的同时，适当参与实践劳动，用作文、绘画、手抄报等形式展示自己的收获和体会。除此之外，学生的特色实践还和苗族文化结合起来，比如油茶汤、油香、土掉渣烧饼、榨广椒、合渣等食品的生产和制作，西兰卡普、傩面具、根雕等手工艺术的了解和学习。

（三）学校鼓励各个班级在老师和家长的带领下进行特色观摩

去参观恩施农科院、林博园、桔园和花卉基地，通过实地观察、专家答疑等方式丰富科学知识，增加劳动的科学含量，为了扩大学生的知识视野。

（四）学校利用劳动成果及收益开展特色公益活动

和美农庄里，各班的种植收入，40%存入学校“和美”公益基金，用于爱心援助，60%用于发展再生产和开展班级活动及学生劳动成果分享。“丰收节展示会”和“义卖义捐”活动，不仅仅展示师生们的劳动成果，更重要的是让学生们体会丰收的喜悦和奉献的快乐。

（五）学校优化了“和美劳动”课程的评价方式

“和美劳动”课程促进了学习方式的创新，内容的丰富性和课程的兼容性让其评价方式也充满了开放性。为了凸显和美文化渲染，让师生走进和美，感受和美，在“和美劳动”课程评价的内容上，学校进一步强化日常评比和分类展示，日常评比方面，有“最美”系列评比、劳动技能大赛、最美瞬间展示、最美事迹宣传；分类展示方面，有展示劳动之美，展示创造之美，展示奉献之美。

从横向看，“和美劳动”课程的评价融合自主评价、家长评价、学校评价和社会评价四方面的内容。学生自主评价以记录和反思为主，学校评价以“最美系列”评比为纽带，分为“最美少年”“最美班级”，和美农庄“示范园”“嘉奖园”“最美瞬间”“优秀实践作品”等评比。在此基础上，每个学生把自己的劳动体会和家长分享，在假日期间完成学校布置的实践活动，家长协助孩子通过微信、视频、QQ、美篇等方式进行记录并评价，做得特别好的家长可以推荐到红领巾广播站和校园“和美视界”电视台播出。同时，部分课程评价还辐射到社会，如，农技专家参与和美农庄的指导和评比，“社区我当家”课程融入社会评价模块，“蔬菜义卖活动”等设计消费者满意度等调查统计。

从纵向看，“和美劳动”课程的评价具体操作分为四个步骤，即日志、周会、月结、期评，具体内容为学生记录日志，学校为每个班发放了《农事日志》和《和美劳动记录册》两个记录本，各班在班主任和课程指导老师的引领下进行记录并开展自我评价；班主任开好周会，每周五班会课上，班主任老师对学生本周表现进行点评，通报课程指导老师发现的问题，并在班级中评选出一周“最美少年”；德育处完成月结，针对一个月以来各个班级在劳动课程中的表现，德育处召开工作专题会，通报各个班级课程实施情况，并利用升旗仪式为“最美班级”颁奖；学期末进行“终评”，评选出“最美劳动班级”“最美班主任”“最美园地”“最美课程作品集”等。

六、 重要成效及实验推广

（一） 重要成效、实验推广

1. “和美劳动”实践课程促进学生素养生长

“和美劳动”实践课程通过整合协调各种教育资源，营造生动鲜活的教育氛围，真劳动，真实践，真创造，促进了学生“素养生长”，从而凸显了课程的育人价值。

劳动观念更新。通过劳动实践，同学们形成了崇尚劳动的价值观，热爱劳动，尊重劳动者和劳动成果较之以往有了根本性变化。经过抽样问卷调查，低年级学生“能主动并坚持做家务劳动”的达到80%以上，高年级达100%，“热爱农庄劳动”的比例皆为100%。在“红领巾小当家”记录表中，食堂饭菜浪费现象由原来的“多人”变为“极少”至“0浪费”。

劳动能力提升。在和美农庄，学生在老师的指导下自己管理自己的“责任田”，在专家的引领下学习种植、养殖和高科技栽培等技术。参与计划、培养、管理、销售、投入等多个环节。在“蔬菜义卖”和“跳蚤市场”中，孩子们表现出了极强的协调、沟通、销售能力。在“劳动技能赛”上，学生钉扣子、整理、刮土豆、剥大蒜、剪纸、制作水果拼盘等方面表现出来的技能和水平逐年上升，尤其是“多人协作劳动”，在协作能力、劳动技能、创新能力等方面有了极大提升。和美农庄正式投入使用以来，同学们的劳动收益除了保证本班再生产开支外，共计为学校“和美基金”贡献10000余元，实现了对3名大病学生的爱心援助。

习惯品质养成。在实践劳动中，学生自觉自愿、认真负责、诚实守信、吃苦耐劳等习惯和品质也已形成。在对家长的随机调查中，“孩子会自愿做多项家务劳动”一项里面，比例较以前呈现明显上升。大队和中队部“红黄记录单”显示，“红单”自觉维护安全、卫生等的同学数量很多，“黄单”不爱劳动、乱扔垃圾的同学数量极少。

劳动精神内化。勤俭节约、吃苦耐劳、甘于奉献等劳动精神在学校蔚然成风。学校德育处编辑的《我的劳动故事》收纳了400余名同学在劳动中的深刻感悟，《和美天地》校报、“和美视界”校园电视台、“红领巾”广播站大量推送孩子们的“最美故事”“最美瞬间”，展示空间展出了大量师生“劳动之美”“奉献之美”的照片。2020年7月，恩施暴发了空前的洪灾，在灾后重建的过程中，学校收到了部分社区写来的感谢信，表扬学校部分同学在灾后重建的过程中，积极参与社区劳动，无私奉献的事迹。

2. “和美劳动”实践课程引导教师和美蜕变

在“学校都是劳动者”的号召下，全体教师参与课程实践。而项目化、课题化、跨学科、超学科的研究与实践，是以往的纯学科教育中鲜见学习方式，这就促使老师们去广泛学习，深入探究。而这些教学方式和学习方式又代表着教育发展的方向，契合了新一轮课程改革的要求。可以说，“和美劳动”实践课程的研究与实践，引领老师们走到了专业发展的前沿。

3. “和美劳动”实践课程激活学校成长机能

实践课程带来丰硕成果。学生科普作品《大米从哪里来》(视频类)获州级科技竞赛一等奖，学校《唱响“和美”主旋律，书写劳动新篇章》入选教育部全国中小学劳动教育典型案例。另外获市级精品课 1 节，州级优秀成果 6 项，省级优质案例 1 个，承担省级教育培训授课任务 3 人次，参与省级劳动教材编写 2 人次。湖北电视台、恩施电视台、新华网等多家媒体推介学校“和美劳动教育”的成果。

实践课程产生品牌效应。几年间，学校在劳动教育方面获得了多项成果，得到了教育主管部门和社会各界的高度评价，全国各地多所学校、政府部门、社会团体到学校观摩、交流。特别是中国关心下一代工作委员会主任、第十届全国人大常委会副委员长顾秀莲同志亲临学校调研劳动基地建设情况，为学校“中国关工委教育示范基地”揭牌；中国关工委常务副主任张玉台、刘晓连带领全国民族自治州关心下一代工作座谈会的与会代表一行 140 余人到学校调研、观摩。他们对学校“和美劳动”实践课程的有效实施，给予了高度评价。

“家园我当家”“校园我当家”“社区我当家”课程先后在我市何功伟小学、武陵国际实验学校、旗峰小学检验，取得了学校、家长、社会的认可。

（二）反思

客观上讲，每个学生的德智体美劳全面发展绝不是平均发展、全能发展或同质发展，而是建构性个性化发展。所以如何平衡全面性发展和个性化发展是学校在研究中遇到的难题，也是学校下一步研究的方向。

如何让“和美劳动”实践课程更具有层级性和系统性，让一年级至六年级的学生对同一实践课程有不同的体验。

如何让“和美劳动”实践课程更具有针对性和多元性，为不同个性、兴趣、特长的学生提供更丰富、更适切的选择。

如何进一步以劳动教育为支点，撬动教学方式和学习方式的深度变革。

如何建立行之有效的激励机制，吸引更多的老师用心地参与课程的进一步研发与实施之中。

让戏剧点亮孩子的快乐童年

——幼儿园“戏剧+”主题融合课程探索

成果完成者：马克荣

其他成果持有者：刘来兵　杜小双　谭敦梅　严　梦　唐艳萍

所在单位：武汉市东湖生态旅游风景区纯水岸东湖晶晶幼儿园

获奖情况：2022 年湖北省优秀基础教育教学成果一等奖

2022 年武汉市第二届基础教育教学成果特等奖

习近平总书记指出:“要全面加强和改进学校美育，坚持以美育人、以文化人，提高学生审美和人文素养”。中共中央办公厅　国务院办公厅印发的《关于全面加强和改进新时代学校美育工作的意见》中提出，“学校美育课程以艺术课程为主体，主要包括音乐、美术、书法、舞蹈、戏剧、戏曲、影视等课程。”

本成果以儿童戏剧理论为基础，针对幼儿艺术教育重单一舞蹈轻综合艺术、重授受模仿轻个性创造、重碎片经验轻整体体验、重园内实施轻空间延展的问题，通过十余年探索实践，形成“小戏剧·大素养”的幼儿戏剧课程理念，提炼“五策略”课程实施策略(小经验·大认知、小空间·大体验、小游戏·大探究、小情境·大视野、小剧本·大生活)，探索“四融合”课程实施模式(戏剧与生活、环境、活动、家庭的融合)，构建“四支持”系统(教师支持、环境支持、家园支持、平台支持)，实现“三突破”(从单一艺术向综合艺术的突破、从传授性学习向探究性学习的突破、从有形的教室向泛在化场域的突破)，达成“我能发现、我能表达、我能创造、我能接受、我能做到”的幼儿发展目标，让戏剧助力儿童的诗意成长。本成果已辐射湖北、广东、四川、重庆、湖南、贵州等 6 省，目前已有 83 所幼儿园复制并应用，30 余万名师生受益。(图 1)

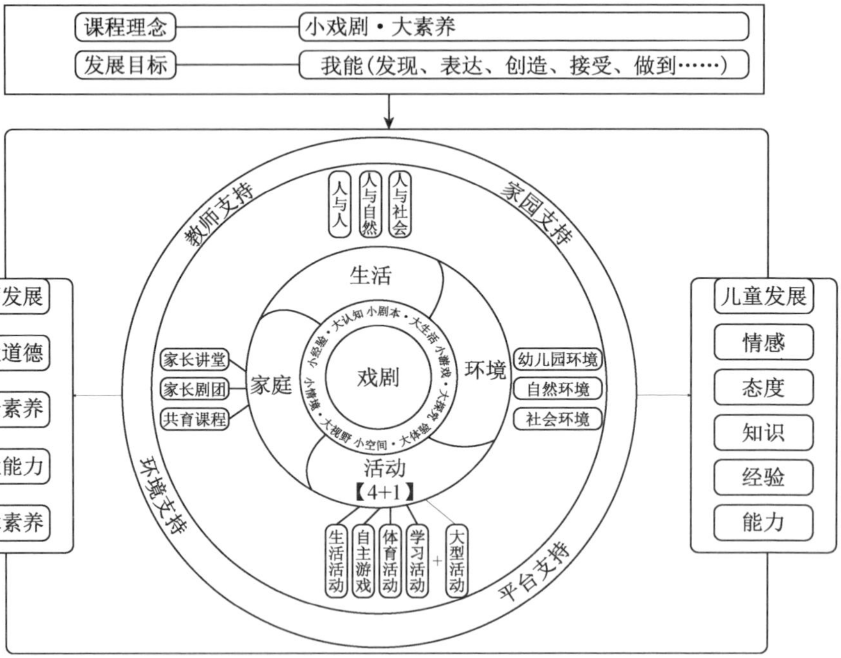

图 1　幼儿园戏剧与课程的融合模式

一、 问题的提出

本成果以习近平总书记“以美育人”重要论述为指导思想，艺术教育在学前教育阶段能培养幼儿拥有美好、善良心灵和懂得珍惜美好事物具有不可替代的作用。戏剧教育将幼儿戏剧这一以幼儿为主体，综合运用舞蹈、音乐、美术、文学等多种艺术因素，模拟真实生活和激发幼儿创造力，助力幼儿在社会、认知、肢体动作与美感、语言发展等全方位学习与成长，培养幼儿社会性交往、多样化表达和艺术性创造的能力，促进品格与健康发展。

本幼儿园 30 年来致力于以艺术教育提升幼儿教育品质的探索，在办园过程中，发现幼儿艺术教育普遍存在的四大突出问题：

（一）以单项舞蹈和单一能力培养为主的问题，难以实现面向全体幼儿的综合发展。

（二）以授受为手段造成儿童主体性缺失的问题，难以实现幼儿个性化和差异化发展。

（三）戏剧教育中存在碎片化和割裂化的问题，难以实现园内一日生活的融合。

（四）偏重园内实施造成体验、空间和资源有限的问题，难以实现幼儿艺术教育的人人、时时和处处进行。

二、 核心理念

（一）儿童戏剧教育理念

儿童教育戏剧作为教育戏剧的分支，是在儿童教育活动中开展的即兴自发的、非表演性的戏剧形式，通过运用戏剧方法，使用角色扮演、即兴演出、模仿、游戏、分析与解释等技巧，在指导者引导下，让儿童在彼此的互动关系中表达思想，在实际操作中获得能力发展。在实务中，需考虑不同阶段儿童能力发展的要求及认知发展水平，循序渐进地促进儿童人格健康成长，发展语言沟通能力、问题解决能力、学习能力和创造能力，在戏剧游戏中培养和塑造健康的人格。

（二）“生活·实践”教育理念

此处所说的“生活·实践”教育是周洪宇教授对陶行知生活教育的继承与发扬。其“生活·实践”教育理念的主要观点为：教育源于生活与实践，教育通过生活与实践，教育为了生活与实践。“生活·实践”教育理念核心要义是四个回归，即教育要回归儿童、回归生活、回归实践、回归社会。

三、实施过程

（一）问题发现与理念重塑（2012年9月~2015年8月）

戏剧是一种综合性的艺术，具有促进儿童全方位、多层次、立体化发展的教育价值。基于对幼儿园3年教学观察和调查访谈，吸收国内外先进的教育理念，通过聘请原中国空政文工团副团长、蓝天儿童艺术团团长贾乃正大校，儿童戏剧教育专家陈仁富教授，以及北京师范大学、华东师范大学、华中师范大学、南京师范大学等多所高校学前教育指导，组织外出学习、实地考察、查阅资料、教师研训等多种形式开展儿童戏剧教育探索实践。通过文献查阅、实证研究与行动实践，针对传统幼儿艺术教育中的四大问题，我园将戏剧作为课程变革的重要切口，探讨儿童戏剧与课程的融合，并进行顶层设计。围绕《幼儿园教育指导纲要》(下简称《纲要》)中提出的“情感、态度、能力、知识、技能”五项核心素养，确立“小戏剧·大素养”的幼儿戏剧课程理念，提出以“小经验·大认知、小空间·大体验、小游戏·大探究、小情境·大视野、小剧本·大生活”五大课程实施策略，探索戏剧与课程的融合模式。并围绕儿童的生活，将幼儿园园本课程与戏剧有机结合，出版《主题融合课程》《戏剧游戏盒》等书籍。

（二）实践探索与模式建构（2015年9月~2017年8月）

在戏剧与课程的融合过程中发现，现行的幼儿艺术教育多以教师为中心，而忽视儿童自发性的表达与分享。依托《幼儿园戏剧课程实践探索》课题，基于以儿童为中心的视角，本成果以幼儿园课程实施为载体，运用“五策略”，深入探索戏剧与课程的融合模式。通过选择贴近生活的课程内容，提炼了32个戏剧策略，研发了教师培训体系，构建了10大剧场，将戏剧与生活、环境、活动、家庭相融合，形成“四融合”课程实施模式。

1. **戏剧与生活融合。** 立足儿童日常生活，从人、自然、社会三维度，深入挖掘戏剧活动内容，形成18个戏剧与生活融合的主题，提炼出1套完整的课程体系。

2. 戏剧与环境融合。 结合幼儿的生活环境，从物理、心理和精神空间三重维度，让戏剧与园内环境、自然环境、社会环境相融合，充分呈现戏剧与环境连接所带给儿童的无限张力，让儿童成为戏剧的创作者和表演者。

3. 戏剧与活动融合。 依托幼儿在园的一日生活，从生活、学习、游戏、体育四个方面，分环节、分活动开展渗透式融合，并与大型活动有机整合，形成“4+1”融合路径。

4. 戏剧与家庭融合。 发挥家庭主阵地价值，从物化家庭戏剧游戏材料、开设家长戏剧讲堂、组建家长戏剧团、丰富平台家庭戏剧资源四方面，让戏剧在家庭中深度融合。

在探索过程中，对课程实施经验进行梳理，出版《当孩子遇见主题剧》《童艺创想》《民间游戏新编》等书籍。

（三）模式优化与辐射推广（2017年9月~2022年10月）

随着对幼儿园戏剧与课程融合模式地不断探索，幼儿园以《“生活·实践”教育理念下幼儿园戏剧课程资源的可视化开发》课题为抓手，积累了大量有效支持“四融合”模式落地实施的资源，并对不同来源、不同层次、不同内容的资源进行识别和优选，系统分析已有资源的条理性、系统性和价值性，提炼出线上线下两种维度的“四支持”系统（教师支持、环境支持、家园支持、平台支持），使资源系统模块更清晰。

依托“四支持”系统，优化了戏剧与课程融合模式，经过多园多轮应用，开展教研指导、专题讲座、成果展示和经验交流，在湖北、广东、四川、重庆、湖南、贵州6省83所幼儿园进行了示范与辐射。（图2）

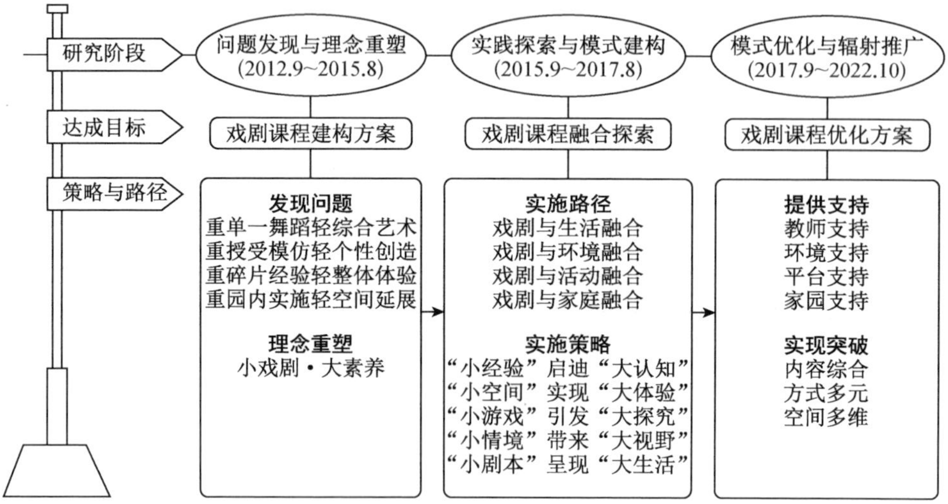

图2　幼儿园戏剧与课程融合探索阶段

四、 主要内容及基本经验

（一） 形成幼儿戏剧课程理念

本园基于戏剧“综合艺术”的本质特性，以幼儿发展为中心，经过10余年探索，形成“小戏剧·大素养”幼儿戏剧课程理念。

“小戏剧”是指以幼儿日常生活经验为根基，创设丰富的戏剧环境和鲜活的情境，运用多种戏剧游戏策略，将日常生活中的经历、体验与感受，通过艺术化的方式表现出来。

“大素养”是指幼儿终身学习和社会适应的必备品质和关键能力，是幼儿在情感、态度、能力、知识和技能等多方面的综合表现。

“小戏剧·大素养”是指在儿童戏剧的基础上，激发幼儿表达自我、学会思考、学会探索、学会分享和认识世界的能力，为儿童终身发展奠基、为儿童诗意成长助力。

（二）提炼课程实施“五策略”

围绕幼儿发展的五项核心素养，以儿童为中心，以戏剧为载体，选择贴近生活的内容，帮助幼儿在“演戏”中思考人与人、人与社会、人与自然的各种关系和问题，形成课程实施“五策略”。（图 3）

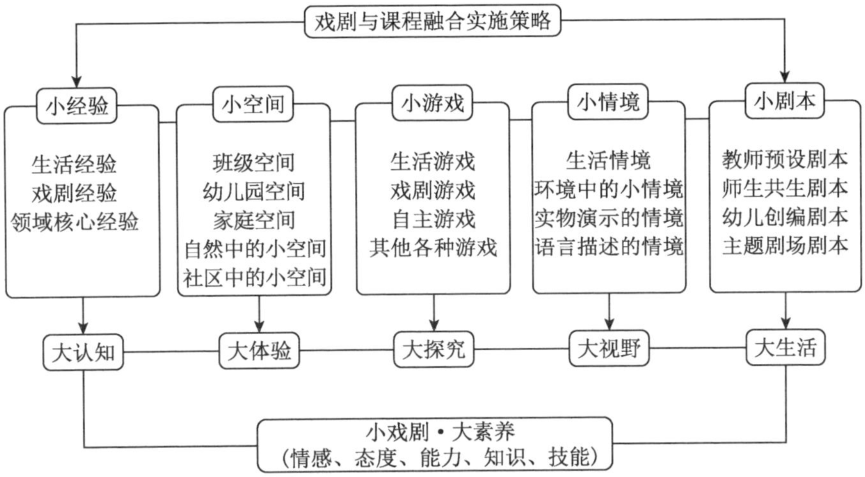

图 3　幼儿园戏剧与课程融合的实施策略

1. **“小经验”启迪“大认知”。**“知识的来源是个体主动建立的过程。”幼儿从生活中获取经验，在不同戏剧情景中反应思考，运用想象与表达能力呈现出来。在主动参与的过程中，他们会加工、整合已有的生活经验，重新建构新经验，从而获得对一些抽象概念及生活情境更深刻的认识。如在对种子的探究过程中，幼儿观察种子的生长，再用身体表现小种子发芽、长出叶子、长成大树、开花、结果的过程，对种子整个生长历程会有更清晰的画像和认知。他们会调动已有的生活经验，创造性地表达小种子旅行的过程，在不断思考、重组经验的过程中，获取新经验。戏剧所带来的体验感，为幼儿提供了独立思考的机会，在主动建构经验的过程中获得认知能力的发展和提高。

2. **“小空间”实现“大体验”。** 环境是戏剧活动实施的重要资源，通过创设开放性、包容性、动态性的空间环境，提供多样化、低结构、多层次的戏剧材料，带幼儿走进大自然、大社会感受体验，打破空间场域限制。即使没有故事中的场景和道具，幼儿也可以通过戏剧进行“假装游戏”，他们把桌椅变成石洞，天花板变成天空，门窗变成树木藤蔓，自己变成了怪兽，小小的教室眨眼间变成了野兽岛，树林变成了冒险岛，花园变成了藏宝基地……许多现实世界的人、地、事、物都能通过戏剧的效果，神奇地变为剧中的角色、场景、道具及剧情。经由戏剧创作，幼儿可以发挥无限的想象力和创造力，在多样化的戏剧场景中，获得丰富的情感体验。

3. “小游戏”引发“大探究”。 戏剧游戏创造了一种积极的、愉悦的、富有想象的氛围，将游戏者置于活动与探究的中心，唤起儿童内在兴趣。当他们进入戏剧扮演某种角色时，会被赋予一定的“责任感”，从而成为知识的发起者，而不是接受者。他们会自然而然地被吸引，围绕游戏的发展不断观察与思考、扮演与体验、提问与解答，思考更多的可能，如在“美食顶呱呱”主题中，孩子们用快慢动作的默剧模仿厨师的工作时，产生了“厨师还有哪些工作”的问题，进而延伸出关于“不同工种的厨师、世界各地不同厨师”的议题，通过查找资料、采访厨师、观察厨师的工作、体验当厨师等多种方式，来感受、体验厨师工作的不同，获得新的生活经验与技能。戏剧游戏内容丰富、形式多样、趣味性强，无论是幼儿自发、还是经由教师精心设计的游戏，都能让幼儿沉浸其中，不由自主去尝试、操作、思考、验证，推动活动的深入开展，从而获得各项能力的提升。

4. “小情境”带来“大视野”。 戏剧能将幼儿带入鲜活的情景，使其身临其境地进入角色，从而唤起、激发其深刻的内心情感体验，能站在不同角度看事情，进而做出正确的认知、理解、判断和决策。如《老鼠嫁女》中，幼儿在扮演太阳、乌云、风、墙、老鼠等不同角色后，教师启发幼儿思考“谁是世界上最强壮的人?”引导幼儿感受每个角色都有强大的一面，同时也有自己的弱点，从而引发其思考自己和他人身上的优点与缺点，学会欣赏自己、赞美别人，获得正确的价值观。

5. “小剧本”呈现“大生活”。 教育的根本目标之一就是培养幼儿最基本的生活能力，通过实践操作获得各种技能，经由剧本统整，经过戏剧创造，用艺术方式呈现出来。他们真实的生活经历、真实的情景体验、真实的情感感受都是戏剧创作的素材。在对中国传统文化的探究中，幼儿一起磨豆子做豆浆、腌冬笋藏腊肉、体验传统的扎染技艺……将这些真实的生活经验串联起来形成剧本，通过和教师的讨论进行艺术化的加工、创编、统整、优化，创作出二十四节气《传承中国智慧》的戏剧剧本，完整地再现幼儿的生活，同时也展现他们对各项生活技能的灵活运用、创造性的表现，验证了艺术源于生活，而高于生活。

“五策略”为课程的落地实施提供了可遵循、易操作、具体可行、科学有效的思路和方法，通过深入挖掘戏剧教育的价值，实现了儿童五大核心素养的目标，使戏剧与课程的融合呈现出全新的样态。

（三）构建戏剧与课程“四融合”模式

“四融合”之间相互渗透，不可分割，通过戏剧与四个模块的渗透式融合、四种模式并列式融合和线上线下一体的网络式融合，实现了融合模式的整体性、系统性。

1. **戏剧与生活融合。**“生活即教育”，生活是宝贵的教育资源，是幼儿获取经验的来源。从幼儿生活中的人、事、物入手，选择其感兴趣又兼具教育价值的问题，深入挖掘戏剧内容，通过戏剧与主题的连接，提炼出 1 套完整的课程体系。课程中的 18 个主题，都是幼儿在生活中看得见、摸得着、能体验的，既是幼儿探究的内容，同时也是进行戏剧创作的来源。生活化的课程内容，为深入探索戏剧与课程的融合模式提供了载体，为幼儿进行直接感知、亲身体验、实际操作创造了机会，丰富了儿童戏剧创作的经验。

2. **戏剧与环境融合。**《纲要》指出：“环境是重要的课程资源”。为将戏剧要素融入幼儿生活环境，一是让戏剧与幼儿园环境连接；二是让戏剧与自然环境连接；三是让戏剧与社会连接。“三连接”拓宽了幼儿学习戏剧的场域，实现教育空间的无边界。在没有天花板和围墙的世界里，幼儿拥有充分自由，思维是开放的，他们既是戏剧的参与者，也是戏剧的创作者，更是戏剧的表演者，其表现力、创造力、合作力、表达力、审美力等得到全面发展。

3. 戏剧与活动融合。 幼儿园一日活动是指幼儿从入园到离园，在幼儿园室内外各空间里所发生的全部经历。包括生活、学习、游戏和体育活动四方面，各环节、各活动都蕴含着教育的价值。一是在生活活动中融入戏剧游戏，帮助幼儿理解常规要求，养成良好的行为习惯；二是在游戏时创设小情境，给幼儿创造自由表达的机会与条件；三是在学习活动中，利用多种戏剧策略调动幼儿已有经验和兴趣，通过探究、合作、创编、创造等方式提升综合能力与素养；四是在体能活动中贯穿多样的戏剧表现形式，激发幼儿的主动性和积极性。同时，通过各类大型活动为幼儿搭建展示自我的舞台，从而积累综合性的戏剧经验。通过“4+1”融合，实现让孩子演自己的戏剧。

4. 戏剧与家庭融合。“家庭是儿童成长的主阵地”“家长是教师的合作伙伴”，为拓展戏剧活动实施场域，幼儿园采取多种途径与家庭融合。一是物化家庭戏剧游戏材料，研发《小小艺术家》系列戏剧游戏盒子；二是开设家长戏剧讲堂，通过“三明治”式家长戏剧工作坊，从理念到实操提升家长戏剧教育素养；三是组建家长戏剧团，家长当导演、做演员，自编自导，在各类大型活动中与孩子同台，成为幼儿成长路上最好的陪伴者。四是丰富平台家庭戏剧资源，将戏剧理念、家庭戏剧教育方法、亲子戏剧游戏视频，充实到幼儿园教育平台上，多途径让家长参与戏剧，打通了幼儿教育的“最后一公里”。

“四融合”模式实现了让幼儿在快乐生活中玩戏剧，在多维空间中拓戏剧，在丰富情境中创戏剧，在家校社协同中演戏剧，使教师、幼儿、家长共同参与戏剧，达到思想共通、理念共融、资源共享、师生共长、家园共进。

（四）研发幼儿戏剧课程体系

以自然生活、社会生活、中华优秀传统文化为线索，建构《戏剧融合课程》。从人、自然、社会三维度设置符合小中大班年龄特点、贴近幼儿生活且感兴趣的18个主题，形成1套完整的课程体系，物化为48套课程资源和

72 个课程实施文本，供一线教师参考使用。

课程实施中，以主题为载体，以戏剧为手段，形成主题剧，即：一个主题就是一个原生剧本，经由探究过程，成为孩子的主题剧。主题剧与探究活动的相融合，创新了“自然渗透、重视过程”的学习模式，打破以“教师为本位”的窠臼，体现以“幼儿为本”教育理念。幼儿在戏剧中体验，在体验中创造，在创造中成长。（图 4）

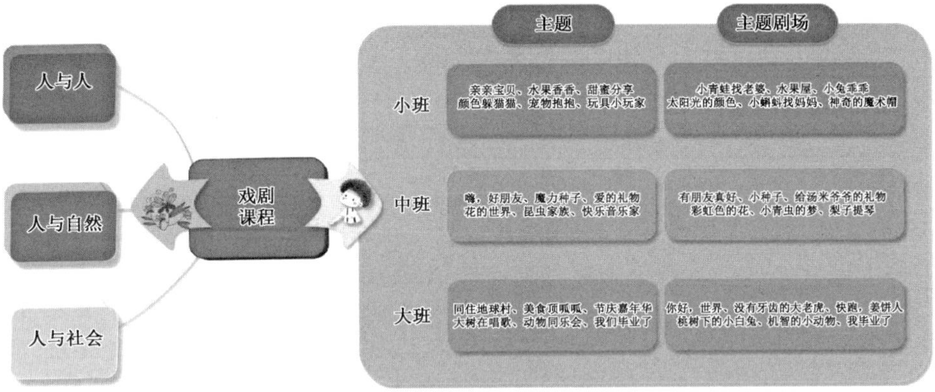

图 4　戏剧融合课程体系

（五）开发了“四支持”系统

整合资源模块，深化融合，创新赋能，推进资源数字化转型和系统升级，建构线上线下一体的“四支持”系统。（图 5）

图 5　戏剧融合课程“四支持”系统

1. 教师支持系统

幼儿园聘请原中国空政文工团副团长、蓝天儿童艺术团团长贾乃正大校，儿童戏剧教育专家陈仁富教授等专家驻园指导，组织内、外部百余场戏剧培训，积累了丰富的戏剧培训资源，提炼 32 个戏剧教学策略、形成了三级(初中高)教师戏剧培训系统，梳理了戏剧活动实施案例、文本等。让教师走进戏剧、了解戏剧、研究戏剧，从而能够创造性地使用各种戏剧游戏和策略(表 1)，灵活多样地开展戏剧活动。通过对戏剧的深入研究与探索，培养了 1000 余名戏剧方面的专业教师(表 2)。

表 1　幼儿园戏剧教学常用策略一览表

策略名称	使用方法	示例	相关建议
辩论	幼儿分成不同的组，争论与自己相反的意见	在主题“美食顶呱呱”中，幼儿分成三组进行辩论，说出自己的想法和意见	一轮辩论结束后，有必要让幼儿交换角色，引导幼儿站在不同的角度思考问题
边说边演	老师讲述故事，幼儿根据老师的讲述进行表演	在主题“水果香香”中，老师讲述故事《挑嘴的蜗牛》，幼儿根据故事配合语言、动作、表情进行情景表演	老师要给予幼儿足够的表达空间，前期不必要求幼儿严格按照故事进行表演
木头人	根据老师的口令，幼儿的动作由运动变为静止，展示各种形态的动作或场景	在主题“节庆嘉年华”中。幼儿在舞台上展示节目，根据老师的口令由动态的节目变为静止的肢体动作，呈现出每个人在节目中不同的姿态	教师在暂停时要给幼儿充足的表现时间
木偶	一名幼儿作为“木偶师”，通过摆弄其他人的身体，把其摆弄成不同的造型	在主题“节庆嘉年华”中，幼儿扮演“木偶师”。将其同伴摆弄成不同形态的冰雕造型	“木偶”既能单独进行，也可以以群组的方式进行，老师要鼓励幼儿大胆表现自己心中的想法

（续表）

策略名称	使用方法	示例	相关建议
访问	幼儿两人或几个人一组，一人扮演访问者，其他人扮演被访问者，进行问与答	在主题“节庆嘉年华”中幼儿一人扮演小记者，一人扮演被访问者，访问节庆活动的相关知识，帮助幼儿熟悉和了解相关的节庆活动习俗	在适当的时候，可以引导幼儿互相交换访问与被访问的角色，让幼儿有机会体验不同的角色
圆桌派	由老师组织召开圆桌会议，幼儿以角色的身份参加会议，集体讨论、商讨解决问题的策略	在主题“节庆嘉年华”中，教师组织幼儿召开会议，幼儿共同商讨举办节庆嘉年华活动需要做的准备工作	会议的目的在于通过集体协商的方式解决问题，教师要鼓励幼儿大胆表达自己的想法
角色扮演	幼儿通过想象进入不同于自己的角色世界，体验不同的情境	在主题“水果香香”中，幼儿扮演故事中的不同角色，如蜗牛、小羊、水果大军等，表演故事中的情景	角色扮演是最常用到的戏剧策略，教师要给幼儿提供参与多种角色表演的机会
段落式戏剧	幼儿分成几组，一部分扮演故事中几个不同的重要片段，个别或一组幼儿到各个小组面前，跟小朋友一起互动，将故事分段演完	在主题“节庆嘉年华”中幼儿分段表演不同国家的节日习俗	要选择段落式的剧本，每段故事的情节结构一样
即兴创作	在一定的引导下或互动下，进行即兴的表演或创作	在主题“水果香香”中，老师讲述水果籽儿进入肚子里之后的情景，幼儿根据老师的引导进行即兴表演	教师在引导时要有一定的策略，带领幼儿进入到相应的情景中，让幼儿与情景产生共鸣，自然而然地进行表达和创作

（续表）

策略名称	使用方法	示例	相关建议
静像画面	幼儿以静止的肢体做出适当的动作，表现特定的场景	在主题“魔力种子”中，幼儿扮演勤劳的小猪，用快慢交替的动作给小种子浇水、除草施肥、捉虫	教师在引导时要注意快慢动作的交替，对幼儿的动作进行约束，幼儿的动作很容易越做越快，导致场面混乱
外来角色	由另一位教师、家长或幼儿作为外来角色等，进入戏剧情境，扮演一个经过事先预备的情节	在主题“动物同乐会”中，请另一位教师扮演狗熊，让幼儿进一步了解狗熊的想法	协助外来人员角色扮演。引导幼儿与这一角色交流
空物想象	通过想象，借助肢体动作或语言，来表现一定的角色行为或情景	在主题“美食顶呱呱”中，幼儿借助肢体造型，表现各种特征的食物	教师要鼓励幼儿大胆想象，表现出角色或行为的特征
你说我演	教师在旁边讲述故事，一边讲述一边请幼儿以默剧的方式进行演出	在主题“魔力种子”中，教师讲述小种子的奇幻之旅，请幼儿根据老师的讲述扮演故事中的人或物，表现故事情景	“你说我演”适合进行动作表现，因此教师在讲述的时候可以对故事进行改编，加入一些动作以增加趣味性
遥控器	模拟运用遥控器的功能，用快进、后退暂停、慢进、慢退等方式来控制幼儿的动作	在主题“美食顶呱呱”中，幼儿扮演小厨师，教师运用“遥控器”控制厨师制作食物的动作，完成食物的制作过程	运用遥控器能增加活动的趣味性，教师在运用时要注意选择动作较多的活动
声效	运用人体与物品发出不同的声音，为故事中可以发出声音的部分制造声效	在主题“魔力种子”中，幼儿运用自己的身体发出不同的声音，表现故事中小种子的遭遇	声音有无限种表达的方式，教师要鼓励幼儿发挥想象，大胆表现不同的声音效果

（续表）

策略名称	使用方法	示例	相关建议
质询	扮演者以特定的角色或身份接收质询或采访，阐述所扮演角色的立场和观点	在主题“美食顶呱呱”中幼儿扮演胖胖熊的角色，站在胖胖熊的角度接收大家的质问，阐述胖胖熊长胖的原因	质询者及被质询者必须站在角色的角度，探索所扮演角色的思想，动机和观点，激发旁观者思考解决冲突的办法
集体图像	集体图像是指由一组幼儿扮演同样的角色来进行即兴表演。老师点到哪组的时候，由静止的图像变为动态的图像	在主题“魔力种子”中，幼儿根据老师的指令，点到哪组幼儿，哪组幼儿就慢慢地从一颗小种子变成参天大树	集体图像可以以单人。双人或团体的方式进行，如果能以不同情景，内容表现效果更佳
寻访专员	幼儿以专业人物的身份进入角色，通过专业人士的知识、技能来解决问题	在主题“节庆嘉年华”中，幼儿扮演专业的设计师，设计节庆嘉年华活动的门票	寻访专员适合在混龄的团体中进行，专员的角色可以由年龄稍大的幼儿扮演，能够加深幼儿对不同职业的认识

表 2　幼儿园教师戏剧培训体系

初级培训：54 课 培训目标：1. 以戏剧课程案例为核心的基础性戏剧培训　2. 学习 32 个戏剧策略　3. 不同主题的班级戏剧区域设置建议　4. 走位图的设计与实践　5. 剧本的生成与实践			
主题	第一课时	第二课时	第三课时
1. 小班《亲亲宝贝》	《幼儿园，不一样哦》戏剧活动	戏剧策略 + 区域建议	《好地方》剧本、走位图
2. 小班《水果香香》	《有趣的香香王国》戏剧活动	戏剧策略 + 区域建议	《最香甜的梦》剧本、走位图
3. 小班《甜蜜分享》	《一根绳子和一颗球》戏剧活动	戏剧策略 + 区域建议	《到快乐国去玩喽》剧本、走位图

（续表）

主题	第一课时	第二课时	第三课时
4. 小班《颜色躲猫猫》	《嘿嘿，我在哪儿》戏剧活动	戏剧策略+区域建议	《彩虹妹妹》剧本、走位图
5. 小班《宠物抱抱》	《你是最特别的》戏剧活动	戏剧策略+区域建议	《神秘的客人》剧本、走位图
6. 小班《玩具小玩家》	《一点儿也不无聊了》戏剧活动	戏剧策略+区域建议	《玩具派对》剧本、走位图
7. 中班《嗨，好朋友》	《好朋友的好朋友》戏剧活动	戏剧策略+区域建议	《熊和狐狸》剧本、走位图
8. 中班《魔力种子》	《我们一起来动手》戏剧活动	戏剧策略+区域建议	《小猪的种子》剧本、走位图
9. 中班《爱的礼物》	《最棒的生日礼物》戏剧活动	戏剧策略+区域建议	《欢乐 Party》剧本、走位图
10. 中班《花的世界》	《选我，选我》戏剧活动	戏剧策略+区域建议	《透明花》剧本、走位图
11. 中班《昆虫家族》	《最棒的游乐场》戏剧活动	戏剧策略+区域建议	《舞林大会》剧本、走位图
12. 中班《快乐音乐会》	《欢迎我们的好朋友》戏剧活动	戏剧策略+区域建议	《快乐的生日会》剧本、走位图
13. 大班《同住地球村》	《长大后，我想环游世界》戏剧活动	戏剧策略+区域建议	《环游世界》剧本、走位图
14. 大班《美食顶呱呱》	《永恒的回忆》戏剧活动	戏剧策略+区域建议	《Uncle 怀念的家乡味》剧本、走位图
15. 大班《节庆嘉年华》	《奇异的旅程》戏剧活动	戏剧策略+区域建议	《跟我们狂欢吧》剧本、走位图
16. 大班《大树在唱歌》	《做树爷爷喜欢的事》戏剧活动	戏剧策略+区域建议	《枯树开花》剧本、走位图
17. 大班《动物同乐会》	《跑的、飞的、游的，集合咯》戏剧活动	戏剧策略+区域建议	《不可能的任务》剧本、走位图
18. 大班《我要毕业了》	《再看一眼，说一声“谢谢”》戏剧活动	戏剧策略+区域建议	《毕业礼物》剧本、走位图

（续表）

中、高级培训：38 课时 培训目标：1. 提升教师艺术素养和专业能力　2. 培养研究型，有创新能力的骨干教师			
主题	第一课时	第二课时	第三课时
1. 戏剧教育介绍	儿童戏剧教育的常见形式	常见儿童戏剧教育形式的实施分享	
2. 戏剧策略和游戏	戏剧游戏的组织与实施（实操）	戏剧策略的组织与实施（实操）	戏剧策略在绘本中的应用（实操）
3. 读者剧场	读者剧场——语言学习的好帮手	读者剧场——声音的化妆	读者剧场实操与呈现
4. 说故事剧场	认识说故事剧场	说故事剧场的应用发展程序	说故事剧场实操与呈现
5. 绘本戏剧课程	绘本戏剧课程设计理念解析	绘本戏剧课程设计案例与框架	绘本戏剧课程设计实操与呈现
6. 故事戏剧课程	如何带领幼儿参与创造性戏剧——以故事戏剧为例	故事戏剧课程设计实操与呈现	
7. 舞台走位	戏剧舞台划分与走位	经典故事舞台走位实操与呈现	
8. 区域戏剧活动	区域小剧场的种类	幼儿园区域小剧场的打造	
1. 戏剧对幼儿的发展	儿童戏剧的教育功能	主题剧对幼儿的发展作用	戏剧扮演——亲子互动学习的好帮手
2. 戏剧教学研究	戏剧教学中的提问	戏剧教学中的教师角色定位	戏剧教学活动的评量
3. 主题戏剧活动实施	儿童戏剧教育与主题课程关系探析		
	戏剧游戏在幼儿语言教学中的运用		

（续表）

主题	第一课时	第二课时	第三课时
	主题戏剧在一日生活中的实施		
	戏剧策略在幼儿园生活活动中的运用		
	幼儿园戏剧策略的实施与运用		
	幼儿园主题戏剧活动中的契约		
	幼儿园戏剧活动实施经验分享		
4. 戏剧活动展示	海报发表介绍与要求	海报发表案例展示与实操	

2. 环境支持系统

通过对幼儿园戏剧环境创设经验的梳理，形成戏剧环境创设标准、十大戏剧剧场（表 3）、戏剧材料清单、戏剧场馆建设标准。建构多样化的戏剧环境，教室里随处可见各种戏剧小剧场及丰富的戏剧材料。戏剧场馆为幼儿进行综合性的戏剧表演提供了空间，幼儿随时随地都可以自主地进行戏剧游戏、活动、表演，生活中的人、事、物都是戏剧活动的素材，处处可见幼儿戏剧活动的身影。

表 3　幼儿园十大戏剧剧场

棒偶剧场	制作： 1. 在卡纸上绘制需要的角色形象，并上色； 2. 沿轮廓剪下角色形象并过塑； 3. 将吸管或小棒粘贴在人物背面，棒偶就制作完成了； 4. 搭配场景即可进行故事表演	光影剧场	制作： 1. 将纸盒的盖子中间挖出一大块方形的区域； 2. 将硫酸纸粘贴在箱子内部； 3. 用黑色卡纸和吸管制作角色棒偶； 4. 打开手电筒，即可进行游戏

（续表）

头饰剧场	制作： 1. 在卡纸上绘制需要的角色形象，并上色； 2. 沿轮廓剪下角色形象并过塑； 3. 用硬卡纸或橡皮筋制作头箍，并固定在角色背面，头饰就制作完成了； 4. 搭配场景即可进行故事表演	沙盘剧场	制作： 1. 在纸盒底部铺层细沙； 2. 准备故事需要的场景、角色，如大树、房子、人偶等，可使用现成的材料，也可进行手工制作； 3. 搭配场景和角色即可进行故事表演
手偶剧场	制作： 1. 根据角色需要购买手偶； 2. 搭配场景即可进行故事表演	指偶剧场	制作： 1. 根据角色需要购买指偶； 2. 搭配场景即可进行故事表演
盒子剧场	制作： 1. 选择大小合适的废旧纸盒； 2. 根据需要用卡纸制作立体的小树、房子等作为背景，也可打印故事背景粘贴在盒盖上； 3. 指偶、棒偶、立体的小动物玩偶、人偶都可以配合情境在盒子中进行表演	围裙剧场	制作： 1. 在卡纸上绘制需要的角色形象，并上色； 2. 沿轮廓剪下角色形象并过塑； 3. 在角色背面粘贴魔术贴； 4. 准备一条围裙，即可进行表演
木偶剧场	制作： 1. 根据角色需要购买提线木偶； 2. 准备故事需要的场景，如大树、房子等，可布置在戏剧台上，也可利用盒子布置故事情境； 3. 搭配场景和角色即可进行故事表演	信封偶剧场	制作： 1. 在卡纸上绘制需要的角色形象，剪下来粘贴在信封上； 2. 根据角色特征对信封偶进行装饰，完成信封偶的制作； 3. 搭配场景和角色即可进行故事表演

3. 家园支持系统

通过实践研究，积累了社区戏剧活动案例、家长戏剧开放活动方案、家长戏剧团管理制度等，研发了生活实践操作单、亲子戏剧材料盒，形成了家、园、社区支持系统。让幼儿走出园所，走进社区开展戏剧活动，让家长通过多种形式和途径参与到戏剧课程中，将生活、儿童、戏剧教育有机地结合，实现戏剧教育回归生活、回归儿童、回归实践。

4. 平台支持系统

2020 年，结合线上课程实践经验，打破原有戏剧实施场域的限制，从园所、教师、家长三方主体，搭建了支持“课程实施”和“家园共育”的数字化平台，涵盖“教学、研训、课程、管理、沟通、评价”等多个模块，建立了纵向到底、横向到边的资源体系。教师可通过线上平台获取戏剧教学资源、培训资源；幼儿可通过线上戏剧课程玩戏剧、演戏剧；家长可通过平台了解园所的课程实施动态，实现关键要素和内容的全覆盖。

五、 重要成效及实验推广

（一） 重要成效

1. 形成了“小戏剧 · 大素养”的幼儿戏剧课程理念

围绕《纲要》中所提出的“情感、态度、能力、知识、技能”五项核心素养，探索出“小经验 · 大认知、小空间 · 大体验、小游戏 · 大探究、小情境 · 大视野、小剧本 · 大生活”课程实施策略，达成“我能发现、我能表达、我能创造、我能接受、我能做到”的幼儿发展目标。

2. 建构了“三路径 · 四内容”的戏剧课程实施模式

通过渗透式、并列式和网络式融合三种路径，形成戏剧与生活、环境、活动、家庭的“四融合”模式，实现从单一艺术向综合性艺术的突破、从传授性学习向探究性学习的突破、从有形的教室向泛在化场域的突破，让戏剧助力儿童的诗意成长。

3. 开发了“二维度 · 四支持”的戏剧课程支持系统

通过对支持戏剧课程实施模式的资源进行系统梳理，基于线上线下两种维度，形成教师支持（32 项戏剧策略、三级培训系统）、环境支持（班级戏剧区、园内戏剧馆、十大戏剧剧场）、家园支持（亲子戏剧盒子、家长戏剧团）、平台支持（研训资源、戏剧课程资源、家园互动资源、儿童戏剧游戏资源）的“四支持”系统。经历疫情大考，该系统惠及师生百万余人次。

（二）实验推广

1. 教学成果丰硕

幼儿园立足生活实践、秉持儿童立场，实现幼儿艺术教育“三突破”，形成幼儿园戏剧与课程“四融合”模式，出版《当孩子遇见主题剧》《民间游戏新编》等著作；配套《教师课程实施指引》，集结《幼儿园戏剧活动案例100个》，系列小剧场游戏材料；研发家园共育的《亲子戏剧盒子》；原创童话剧《红公鸡》等12部、主题剧《神奇的大自然—中华瑰宝》等18部、绘本剧《甜蜜的吻》等18个、家长戏剧《猜猜我有多爱你》等50个、儿童舞蹈《爸爸妈妈去抗震》等302个，举办主题戏剧及艺术展示108场；生成主题文本72个；获国家、省级课题56项，为同行或同类研究提供借鉴，在学前艺术教育课程改革中取得重大突破，获湖北省基础教育教学成果“一等奖”和武汉市“特等奖”。

2. 成果辐射面广

幼儿园戏剧与课程融合模式具有普适性，易推广，目前已有83所幼儿园复制并应用，30万余名师生受益。该模式已辐射至湖北、广东、四川、重庆、湖南、贵州等6省，被美国加州两所幼儿园引用。受中国陶行知研究会“生活·实践”教育专业委员会、中国教育报刊社及多类培训组委会邀请，为全国各地园长、骨干教师分享典型经验，提供戏剧课程教学的现场展示，共计203场次，参培教师万余名。

3. 社会影响广泛

本成果立足儿童发展，助力儿童的诗意成长，受到家长和社会的高度赞誉。人民日报（海外版）、CCTV《超越》栏目、“学习强国”平台、新华网、中国市场经济报、长江日报、南方都市报、深圳电视台、南方教育时报等二十余家媒体对戏剧教育给予百余次报道，《国粹飘香》《梨园小戏娃》《京苑雏燕》连续三年登上中国少儿戏曲小梅花大舞台，受邀参加人民大会堂举行的中国少儿艺术节颁奖晚会表演，获“特别奖”，《狮戏》《赛马》等连续数年参加国家级赛事，获“中国少年儿童艺术大赛金奖”“中国少儿舞蹈大赛突出贡献奖”。

小学数学结构化学习的实践探索

成果完成者：吴玉国

其他成果持有者：毛文波　孙　谦　万兆荣　朱俊华　朱　岩

所在单位：南京市五老村小学

获奖情况：　2021 年江苏省基础教育教学成果二等奖

一、 问题的提出

（一）整体思维缺乏，数学学习碎片分离

分课时的教学，存在碎片、孤立、分离的学习现象，知识结构的断层与不完整，情境的虚拟、活动的单调、评价的单一等诸多要素使学习目标、内容、过程缺乏连贯性和系统性，知识建构缺乏生长性与发展性，学生学习不能触及数学的本质，不能体验整体关联结构性思维所带来的创造与创新的乐趣，数学教育的育人价值得不到有效保证。

（二）方式方法单一，数学学习简单模仿

由于教师专业化水平不足，不能整体把握学习内容，对核心任务与关键问题的教学过程中不能通过专业创造、情境支持学生数学学习，缺少丰富的方式方法。核心元素不能在数学概念、大单元的学习中有效关联，不能突破知识边界、融会贯通形成结构。学生不能经历数学学习的完整过程，深度学习没有发生。简单机械模仿、单一重复演练的学习现象较为普遍。

（三）情意动力不足，数学学习被动接受

数学学习源于好奇，由好奇引发兴趣，由兴趣产生动机，由兴趣动机生

发态度习惯。兴趣、动机、态度、习惯等构成了数学学习的情意，数学情意结构进阶，才能建构数学学习的动力系统。过分关注学生的学业成绩，导致数学学习特别重视知识的结论，缺失兴趣、动机及情感因素，学生主动学习远远不够，被动接受学习习以为常。

基于以上问题，我们提出了小学数学结构化学习的研究主题，历经 14 年的实践研究，科学探索了小学数学学科核心素养和关键能力落地的有效路径。

二、 核心理念

小学数学结构化学习是基于教师对数学内容的整体把握，引导小学生对数学本质的深度理解和核心元素的动态关联，经历个性化、立体式的认知转化过程，形成新的认知结构，促进核心素养综合发展的学习方式。

创新性提出小学数学结构化学习整体关联的理念。率先提出“结构化地教，整体性地学”这一主张，创生出结构化学习的自然样态：带得走的能级目标思维结构化，看得见的学习内容知识结构化，摸得着的核心问题任务结构化，做得出的学习活动组织结构化，说得明的表现发展评价结构化。

建构了小学数学结构化学习的实操体系。不同年段进阶整体设计，创新了面向全体学生的结构化学习实践体系和由教向学的工具技术支持体系。认知情感双元驱动，激发思维高峰体验。

探索出“连续—关联—循环”的数学学习范式。在“整体—部分—整体”中，经历“具象—表象—抽象”的思维过程，建构富有自我意义的认知系统，形成了“单元主题、项目引领、综合实践”等结构化学习方式。

搭建了小学数学结构化学习“五学融通”的整体框架。以“学理、学情、学程、学材和学评”为抓手，解决了碎片、浅表、被动学习等问题。

三、 实施过程

2007 年至 2023 年，小学数学结构化学习经历了四个实践研究阶段(图 1)。

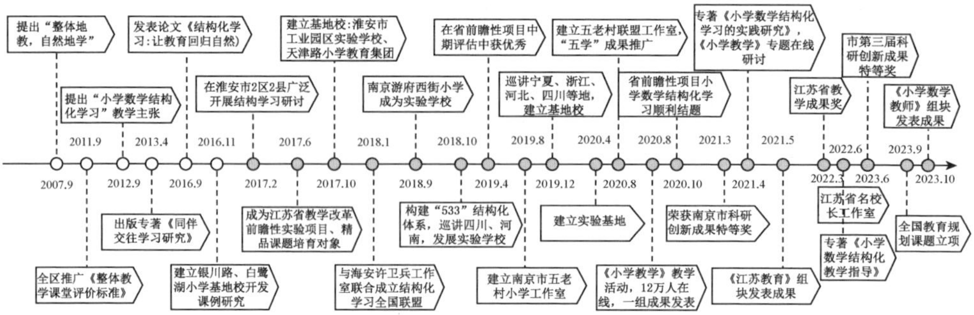

图 1　小学数学结构化学习研究历程

第一阶段(2007 年~2011 年)：萌发了小学数学结构化教学探索

针对被动学习问题，前期通过观察、问卷、访谈，研究学情，诊断课堂，2007 年萌发“整体地教，自然地学”的想法，进行“整体综合、有序分层、关系联结”的课堂教学实践，激发学习动机，采用“同伴交往”的方式，改变了单一模仿与被动学习的现状；通过对教材系统研究、不同版本教材的对比分析，使课时教学与单元、全册内容整体关联，形成了“单元知识结构分析，领域内知识结构分析和领域间知识结构分析”课程统整策略(如“图形与几何”知识结构分析见图 2)。研究成果在全区推广。

第二阶段(2011 年~2014 年)：建构了小学数学结构化教学模式

针对学习方式单一问题，基于系列课例研究，优化重构学习内容，将知识的学科形态转化成学习形态。围绕“学为中心”进行教改实验，依托省规划课题《小学数学结构化学习实践研究》，团队成员分解研究子课题，开展理论研究与实践探索，逐步明晰主题内涵及研究框架。优化了小学数学结构化学习策略，探索学理分析、学情调研、学程设计、学材开发、学评监控的研究结构与内容要素，通过由特级教师、正高级教师、市学科带头人组成的核心团队现场研讨、

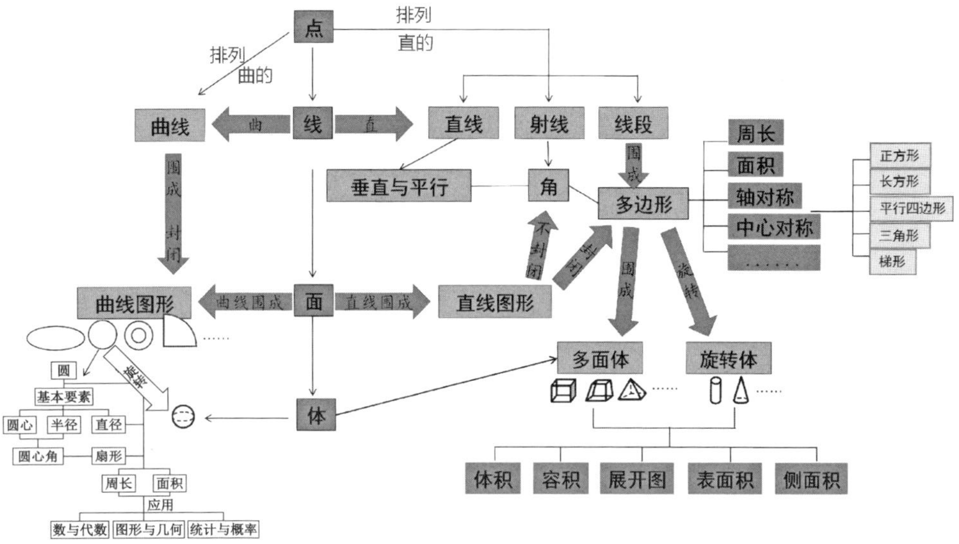

图 2　图形与几何知识结构

展示分享等教学实践，初步总结出小学数学结构化学习“五学融通”的整体框架(图 3)。学习过程中，学生直观感知核心元素、多元表征数学理解、循环上升应用创新，在“整体—部分—整体”中经历“具象—表象—抽象”的思维过程，理解数学本质，建构起富有自我意义的知识系统。工作室获得市“优秀特级教师工作室”及省“优秀乡村骨干教师培育站”称号。

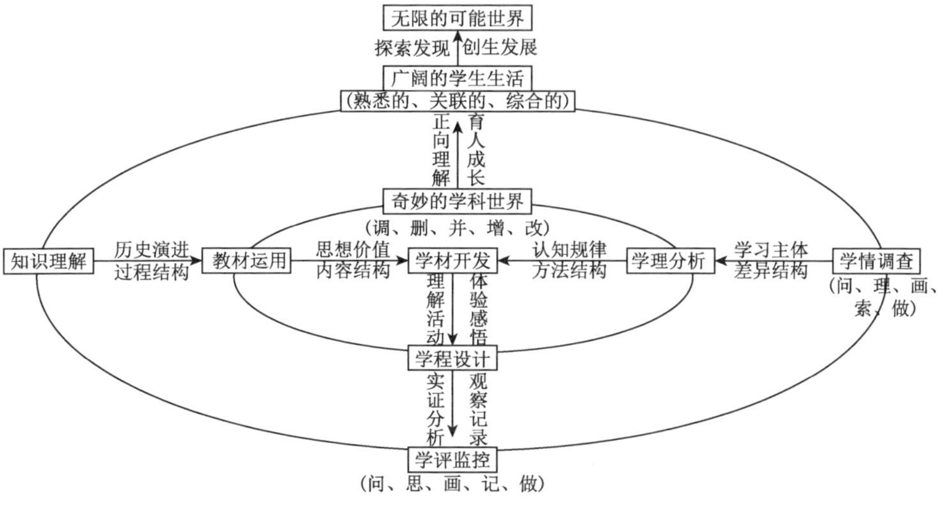

图 3　小学数学结构化学习“五学融通”教学整体框架

第三阶段(2014年~2017年)：创新小学数学结构化学习范式及实践理论

依托省基础教育前瞻性教学改革实验项目，深入开展实践研究，在“同课异构”“同构异课”等形式的系列典型课例深入研究中，提炼出小学数学结构化学习“连续—关联—循环”的课堂学习范式，研究出分年段结构化教学整体设计，建构了面向全体学生的结构化学习实践体系。由知识结构化到方法结构化、认知结构化、思维结构化，实现学生结构性思维发展。由教向学转化，引导学生参与工具技术开发，建立个性化、立体式学习支架。建构了认知与情感双元驱动的动力系统，创新了结构化学习实践理论。整体理解知识内容，在大概念、核心元素统整下，破解碎片化学习难题，学习更具个性化。学会多元表征数学学习，体验数学学习的多样性与层级性，优化思维方式和思维品质；参与学材开发，凸显学习主体地位，连接真实的数学生活，经历数学“再创造”学习的整个过程；在思维结构化过程中，结构的知识具有发展的力量，认知结构与情意结构促进核心素养的达成。重组学习内容、创新学材开发、设计生本学程，展开了核心知识的学习实践研究，由整体关联的“一课研究”进入了“一类课”的研究(如“数的认识”系列研究等)，形成了知识关联单元学习、思想方法主题学习、大问题引领项目学习、跨领域跨学科综合实践活动等“大结构”的学习方式。研发了“3×3”结构化学习活动设计、“备课轴”等，创新了结构化学习活动设计及课堂学习表现性评价。在省内外多所联盟学校开展结构化学习教学实验，应用中优化了小学数学结构化学习“五学融通”的整体框架。

第四阶段(2017年~2023年)：结构化学习的整体优化与示范辐射

整体优化了结构化学习的各个环节，使知识、认知、情意、思维等统一于学习过程中，更具结构性。探索出“研、备、教、学、省”联盟共同体研修模式(图4)。联盟学校两位老师一起线上备课、现场教学、同课同构，一场沙龙研讨和一个微型报告，使联盟学校老师共同经历“五学融通”的应用过程，准确把握结构化学习的内涵与核心，发展了教师“一课通，百课通”的专业素养，促进了学生“课课不同，课课融通”的育人目标达成。

通过研讨交流、展示分享、学术推送等，小学数学结构化学习的示范影响不断扩大，基地校遍布全国20个省，数量达百余所。

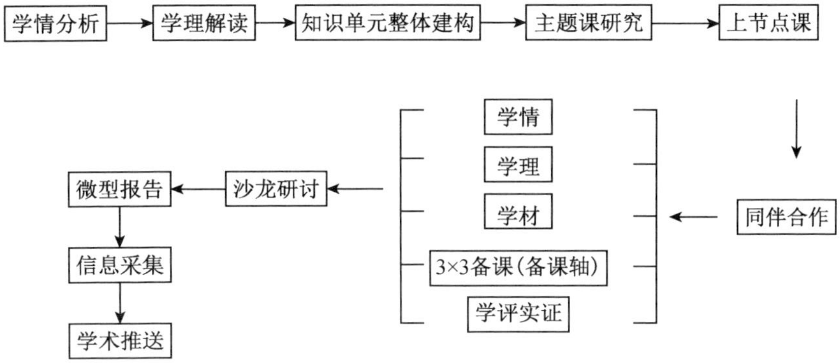

图4　结构化学习共同体研修模式

四、 主要内容

（一） 率先提出了小学数学结构化学习整体关联的教学理念

2000年，项目领衔人在《学科教育》上发表《创立自主学习条件，发挥学生能动作用》，总结了“优化课堂教学结构”教学探索；2001年在《学科教育》上发表《浅析小学生同伴交往学习的教育价值》，提出了“改善学生学习结构”的观点。此后的实践，逐步明晰了小学数学结构化学习的理念。

结构是元素及其关系的关联系统。结构化即系统化，是结构的建构过程，是作用于主体并促进对事物的元素及关系的整体关联而形成自主认知建构的过程。小学数学结构化学习是基于教师对数学内容的整体把握，引导小学生对数学本质的深度理解和核心元素的动态关联，经历个性化、立体式的认知转化过程，形成新的认知结构，促进核心素养综合发展的数学学习方式。系统整体、关联结构、心智转换是小学数学结构化学习实践的显著特征。

结构化学习理念，是着力于建构一个学习系统，促进学生走向整体关联的深度意义建构、灵活迁移应用和系统框架思维。小学数学结构化学习，是基于数学学科的整体系统性、结构关联性本质特征，展示学生数学学习的自然样态。表现在五个方面：一是带得走的能级目标思维结构化，二是看得见的学习内容知识结构化，三是摸得着的核心问题任务结构化，四是做得出的学习活动组织结构化，五是说得明的表现发展评价结构化。例如“分数的意义”这课的学习(图5)。

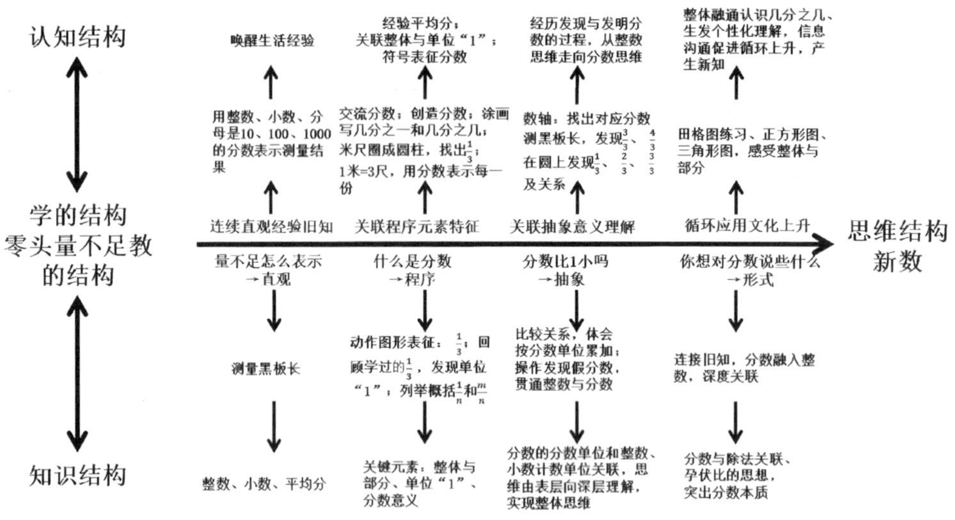

图5 “分数意义”整体关联结构化学习图

（二）创建了小学数学结构化学习“五学融通”的整体框架

1. “五学融通”的整体实施框架

建构了由国家课程到教学实施的结构化学习“五学融通”整体实施框架(图6)。执行国家课程，厘清课程与标准的联系，梳理小学数学知识体系，将知识的单元结构与学生的经验结合起来，发现核心问题、找到核心任务、创新学习材料、设计主体活动、突出素养评价，真正建立基于学生素养发展的大概念单元学习结构，实现基于学生学情，有效促其发展的创新实践。国家课程是学科学习促进学生成长的“精神种子”，结构化学习实践校本创新成为学科教育促进学生全面健康快乐成长的一面镜子。

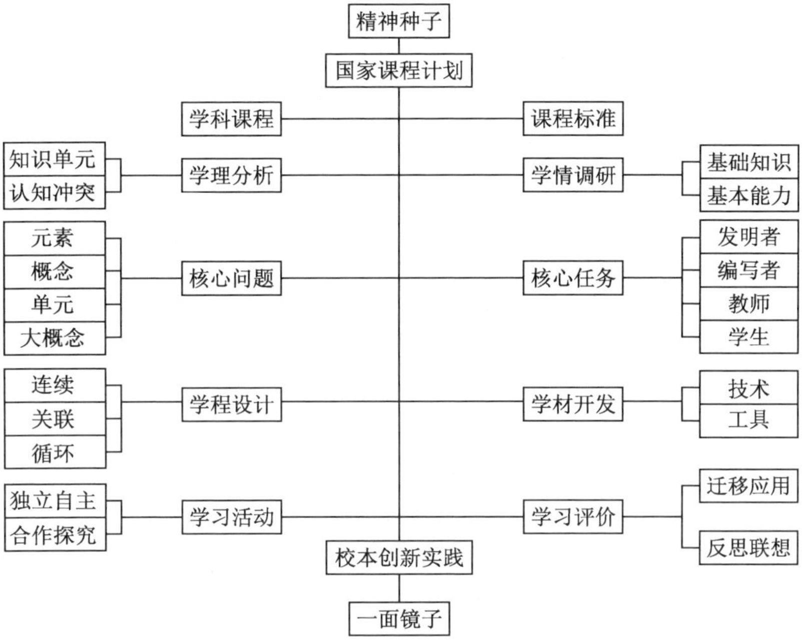

图 6　小学数学结构化学习整体实施框架图

2. 结构化学习机制原理

实践探索出“数学课程理解”到“小学数学结构化学习”的机制原理（图 7）。包括三个层级结构性地理解：一是直观的经验连续，教师发现知识本质、找到核心元素、清晰动态结构，清楚教学内容与目标，调查学情，创设真实情境，对接认知“经验”，连续学生数学学习的意义起点；二是实际的意义关联，学生运用创造性的学习材料，突破数学学习认知困难，促进经验碰撞、内化与积累，以“再创造”的方式来实现意义关联学习；三是心智的发展循环，在运用新知识模型解决新的问题情境中，完善自我认知图式，提高元认知水平，从而促进心智开放与发展，提升学生成长的关键能力。

3. “五学融通”结构化教学模式

《小学数学结构化学习的实践研究》项目是以结构主义理论、建构主义理论为支撑、儿童认知心理等为依据，将知识、认知、思维、情意、素养结构作为学习的一个有机整体，系统建构元素关联，循环进阶。以学理、学

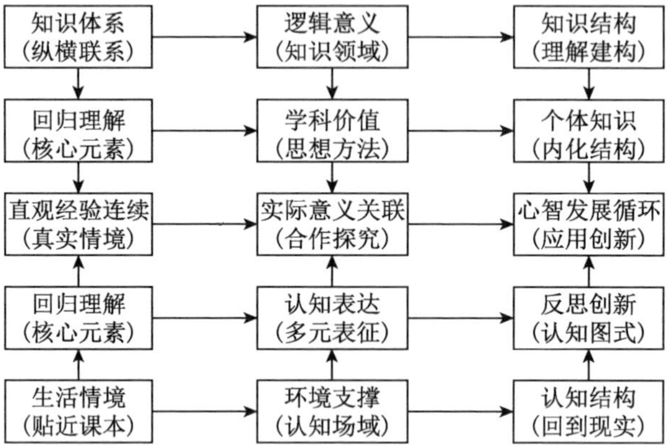

图7　小学数学结构化学习的机制原理

情、学材、学程、学评的“五学融通”结构化教学模式（图3）为实施路径，重塑“教材、学生、教师”的关系，融通“研、教、学、评、省”的一体化，“结构化的教，整体融合地学”，教学合一。以教师专业成长为支撑，促进学生结构性思维、创造性思维的发展，发挥数学学科育人价值，架起人文与科学教育的桥梁。

学理分析，理解把握教材知识结构、认知规律和方法思想结构；学情调查，明晰学生认知结构和认知冲突；学程设计，制定引导学习进程方案，活动理解、体验感悟数学思想；学材开发，贴近学生，突出数学思想价值，重构内容结构，建构深度学习的“说明书”；学评监控，进行观察、实证分析循环应用升华意义学习。在奇妙的数学学科世界学习中，凸显学生现实学习的广阔背景，从课堂走向应用，培养学生的数学之口、数学之脑、数学之眼。

（三）探索出“连续—关联—循环”小学数学结构化学习实践体系

1. 结构化学习实践体系

构建数学学习内容、学生与教师三者紧密联系的结构化学习实践体系（表1），包括建构了面向全体的学习整体内容体系、分年段结构化学习进

表 1　苏教版《认识小数》结构化学习实践体系

学段	课程标准	教材内容	核心概念	优化重组	学材资源	能级要求
第一学段	1. 能结合具体情境初步认识小数，能读、写小数。 2. 能结合具体情境比较两个一位小数的大小。 3. 能运用小数表示日常生活中的一些事物，并能进行交流	1. 一年级 10 以内的数、 20 ~ 100 的数、1000 以内的数。 2. 二年级万以内的数。 3. 三年级分数、小数的初步认识	1. 十进制计数法。 2. 位值，分数与小数的关系。 3. 数学扩展，特殊的小数即十进分数。 4. 十进整数与十进分数的统一	1. 将三年级教材中“长度”情境调整为以“人民币认识”情境，结合学生经验和小数的应用，并通过“小数在哪里?”“小数是什么样的?”“小数有什么用”等大问题展开学习	1. 人民币元角分。 2. 没有刻度的米尺。 3. 10 方格线图， 100 方形图， 1000 小方体的使用。 4. 可以拆装组合的计数器	1. 多元表征理解小数。 2. 过程学习应用小数。 3. 结构化学习小数。 4. 核心概念价值运用。 5. 创造性理解整合资源
第二学段	4. 结合具体情境，理解小数的意义。 5. 会进行小数、分数和百分数的转化。 6. 能比较小数的大小和分数的大小	4. 四年级多位数的认识。 5. 五年级小数的意义、分数的意义、负数的认识。 6. 六年级百分数		2. 将五年级小数的意义和性质统整，以“长度”情境贯穿始终，再以“人民币”作为练习。 3. 把例 1、例 2 整合为一个例题，把原有的 2 课时整合为 1 课时，把整个单元 6 课时调整为 5 课时		

阶整体设计和工具技术支持系统，创生了“3×3”结构化学习整体活动设计，实现由教向学的转变，实现了学习目标、内容、评价、过程的整体建构，知识、认知、情感、思维的有效链接，促进知识与经验关联以及认知与情感互动，实现综合育人。

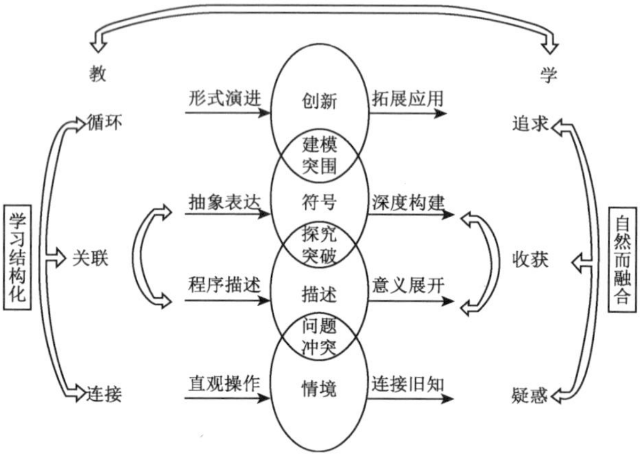

图 8　小学数学结构化学习课堂实践范式

2. 结构化学习范式

在小学数学学习层面上，结构化学习具体体现在学习探究活动的关联性设计上，构建了“小学数学结构化学习课堂实践范式”（图 8），在连续中着力核心知识元素的“直观”过程，在关联中凸显多元表征形式的“概括”过程，在循环中突出项目综合应用的“回问”过程。在典型课例的研究中，探索出结构化学习方式样态，变革了学习方式。学生在真实问题学习情境中，直观感知核心元素、多元表征数学理解、主动调用经验化解认知冲突，经历程序、抽象、形式思维进阶，循环上升应用创新，在“整体—部分—整体”中经历“具象—表象—抽象”的思维过程，理解数学本质，建构起富有自我意义的知识系统，“连续—关联—循环”的学习经历，支撑起学生“疑惑—收获—追求”的学习，使学习自然而有意义地发生。

3. 开发了由教向学的工具技术支持体系

引导学生参与开发创造验证性、联结性、活动性等多元化的“冲突性”工具技术，建立个性化、立体式学习支架，以揭示事物的矛盾或引起学生内心的冲突，打破学生已有的认知平衡状态，唤起思维，激发内驱力。开发了“小巧型组合式计数器”，获得了国家知识产权局“实用新型专利证书”（专利号：ZL 2020 2 0532741. 5），适用于整数的认识和小数的认识学习，解决了长期以来学生对数位和计数单位分不清的学习问题。此成果在 2021 年 7 月第 14 届国际数学教育大会作题为《如何让学生真正理解十进位值制计数法》的交流，引发了各国代表的广泛关注。

4. “3×3”结构化学习活动设计

开发“3×3”结构化学习活动设计（表 2），将学生认知序列、情境认知、活动体验、评价反馈有机融合，为打破“课时学习”的传统方式提供了系统的解决方案。

表 2　小学数学结构化“3×3”学习活动设计

	情境	活动	评价
连续	设计经验情境，连续学生已有知识经验和生活经验，直观动作感知新知	经历系列感知活动，经验感知，形成认知冲突，学习定向，激发学生积极学习心向	是否体现教师主导作用，是否让新知的感知、思维和情意与已有知识经验结构、思维结构和情意结构产生连续，是否学习真实发生
关联	设计互动情境，经历“具象—表象—抽象”表征过程，程序抽象新知概念和模型结构	经历系列体验活动，体验理解、分析描述、表象建构，互动交流，启发学生思维方法	是否体现师生互动作用，是否让师生紧紧围绕核心元素进行积极互动，融通数学知识内在关联。是否达到“教结构—学结构—用结构”的自然融通
循环	设计实践情境，经历问题解决过程，迁移应用完善新知模型结构	经历系列实践活动，迁移应用，循环上升，完善学生心智模式	是否体现学生主体作用，放手让学生自主探究、合作交流、实践应用、开放创新，实现知识结构、方法结构和思想结构的迁移应用、循环上升

5. 结构化学习学材开发

结构化学习学材开发是以核心素养为导向，以核心知识为起点，致力于“知识内容、学习资源和学情认知”三者“整体、关联、发展”相关要素的有机融合，基于“情境、工具、活动”三个维度，从整体到细节对学习内容进行“本土化、个性化、有特色”地挖掘与重组，师生共同开发以适合于开放学习系统的模型、方法和工具等学习资源。（图 9）

结构化学材开发特别强调真实情境与儿童经验生活的融入度，突出实践活动和工具技术支撑的融合度，关注意义建构活动和知识过程的融通度，探索创生性的学习技术支持系统，推进层级性数学问题解决学习活动深入展开，促进学习过程由内而外结构化理解，连接着数学的点、线、面、体知识的整体认知学习，以构建起立体式学习支架，破解了碎片化学习的难题，实现最优化的教学结构，促进师生的可持续性的全面发展。

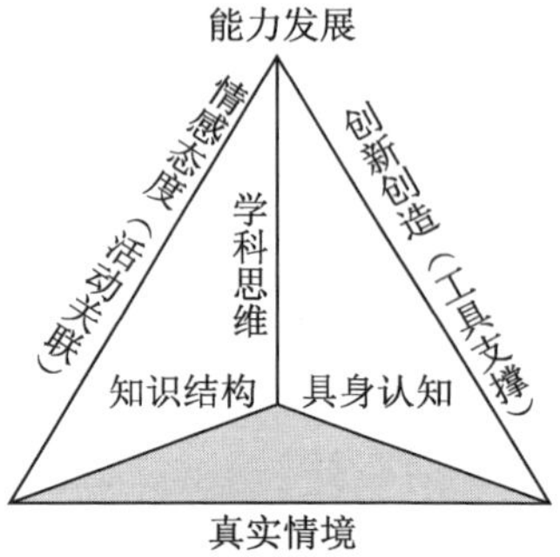

图 9　小学数学结构化学习能力生长图

6. 结构化学习发展性评价体系

建构小学数学结构化学习发展性评价体系，包括评价内容、原则、主体、方法，研发结构化学习评价标准，开发评价工具(表 3)，从三个维度建构了表现性学习评价框架，定性定量结合。结构化学评监控具有评价目标具体化、评价过程全覆盖、评价内容结构化和评价引领新创造特点，关注学习的全过程，有力推动小学数学课程建设及学习方式的变革。

表 3　小学数学结构化学习表现性学习评价

评价维度	评价内容	学习表现		
		A(优秀)	B(良好)	C(合格)
知识结构	数学概念、知识的记忆、理解、概括、运用等	1. 能用各种表征解释数学概念。 2. 能迁移、应用数学概念解决复杂的实际问题	1. 能根据知识的前后关联理解概念内涵。 2. 能举一反三解决实际问题	1. 能认识简单的数学概念。 2. 能做简单的数学运算
认知结构	认知发展水平和数学认知结构	1. 能根据原有经验开展数学活动，实现知识的同化和顺应。 2. 能关联各种元素，实现认知的迁移和学习价值的循环	1. 能自觉运用各种表征理解数学概念。 2. 能激活已有认知基础，探索数学问题，开展数学学习活动	1. 能根据教师的教授领会知识的意义。 2. 能记忆相关概念，并机械运用

（续表）

评价维度	评价内容	学习表现		
		A（优秀）	B（良好）	C（合格）
思维结构	思维水平和学科核心素养	1. 能从抽象思维上升到形式思维，能解释和表达数学概念。 2. 能开展创造性数学活动，展开创造性思维	1. 能从直观思维上升到抽象思维和程序思维，体现思维的整体性。 2. 能把单元整体知识进行系统思考，整体关联地解决相关问题	1. 有独立思考能力，能解决一些简单的数学问题。 2. 能借助直观表象展开思维，掌握相关数学知识

（四）形成了“研、备、教、学、省”结构化学习共同体研训模式

在辐射指导中构建了结构化学习研究共同体研修模式（图4），“研、备、教、学、省”一体化，联盟学校两位老师一起线上备课、现场教学、同课同构，一场沙龙研讨和一个微型报告，共同经历“五学融通”的应用过程，使种子校和基地校的教师成为专业成长的共同体。此研修模式深受老师们青睐，解决学校教学中的实际问题。在多次深入学校义务巡讲、到对口援助学校支教、组织学校联盟活动，与基地学校教师积极探索并优化“结构化”的研修方式，培育好种子教师与种子学校。目前，研训学校共同体的规模扩大到百余所。

五、基本经验

结构化学习，是一种整体视野下的学习方式重构，让教育者和被教育者都能站在更高处，既远眺全景，又身处其中，从而让学习的过程更加全面和深刻。

（一）生活—学习—实践，促进个体成长的完整性

小学数学结构化学习遵循数学学科的整体系统性、结构关联性的本质特征，通过教师学理分析、学情调研、学材开发、学程设计和学评调节，聚焦知识经验的结构内容、思维方式的结构过程、思想方法的结构目标，引领学生经历完整、深刻而又有意义的学习过程，帮助学生走向整体关联的深度意义建构，促进个体思维结构的发展。具体来说，首先，教师要从学生的角度、生活的角度去理解数学，还要了解相关的数学史，弄懂知识的来龙去脉，清晰同一数学知识的不同表现形态。其次，教师还要对学生的学习情况进行调查和研究，从教材编者的角度分析教材的内在认知逻辑，二者融合基础上创设真实有趣的问题情境、设计版块化的教学环节、开发学习需要的材料。再次，师生共同利用学习材料进行实践，帮助学生理解材料背后承载知识的基本结构、本质规律、价值意义、思想方法、情感态度等，生动地理解知识，形成结构。最后，合理进行迁移运用，引领学生由学科世界走向广阔的生活世界，解决现实世界中存在的真实问题，不断建立起与外部世界的丰富联系，促进他们必备品格的发展与关键能力的提升。通过结构化学习方式，将课堂学习向生活打开，让学生边学习边实践，激发实践智慧，改善思维方式，提升思维品质，促进个体的完整成长。

（二）连续—关联—循环，促进认知过程的科学性

小学数学结构化学习是从结构化视角理解和实践的学习方式，通过对数学知识结构（内含方法结构和思想结构）的解构、建构和用构，与学生原有认知经验基础进行意义连续、同化顺应、系统关联、迁移应用和循环融通，不断完善学生认知结构（内含知识结构、思维结构和情意结构等），提升学生结构化的数学眼光、思维方式和多元表征能力，从而达到培育学生数学学科核心素养，实现立德树人的育人目标。通过科学、有序的“连续—关联—循环”层级进阶的结构化学习过程，让学生深度体验新知的发生、发展过程，突破知识建构的关键节点，拓展知识、认知和思维结构；教师与学

生一起“搭梯子、找钥匙、开窗户”，结构化地教学设计与组织实施，有效改善教师自身的教学思维方式，逐步实现由“用知识来教”向“为学生而教”转变，整合优化教学资源，灵活组织教学活动，实现素养导向的数学学习。具体来说，“搭梯子”，就是促进学生已有经验与认知基础的自然连续，充分认识到学生生活的、数学的、学习的经验，把数学知识从教材中“请”到学生的身边，为他们搭建一个具有助学意义的“梯子”，激发学生的兴趣和自信心;“找钥匙”，就是促进独立思考与合作探究的持续关联，通过“做中学”和与他人的互动，清晰认识，主动反思，从而获得对认知的对象形成更全面、深刻的认识，发展元认知能力；“开窗户”，就是促进实践应用与自我认知的价值循环，学生经过新知识理解与意义建构，形成个体性的知识内化结构，并积极迁移运用到新的情境中去，解决真实问题，完善自我认知图式，从而促进心智开放与发展。

（三）迁移—融合—融通，促进素养发展的综合性

结构化学习是以学为中心的学习方式，它的学习目标是获得结构化的知识，逐步发展和形成结构性思维，提升学生的综合素养，为未来的学习和解决真实问题奠定基础。基于这样的素养目标导向，学习的内容和过程也和常规学习有所不同。结构化学习是以知识为学习内容，这样的知识包括书本上静态的数学事实性知识，但这些知识不是碎片化、散点式的一个个知识点，而是线、面、网、块状的结构化系统知识；还包括动态认识过程中的方法性知识，也就是将知识如何进行结构化的方法、路径等方面的知识，发展学生的认知结构。

学生个体是千差万别的，根据不同学生的能力水平，有步骤地推动学生结构化水平的发展：首先形成知识结构，并不断反思学习过程，发展元认知，清晰自我的认知结构，在知识与认知的融通融合发展中，最终达到提升素养结构的目的。层级结构化水平表现为不同的应用能力，数学知识的结构一旦形成，学生就能够在学科内进行迁移和运用，面对新的问题自然连接和

激活结构性知识，继续还原到结构中的元素，顺利解决新问题的同时也继续将新问题产生的新知识纳入，拓展和发展原有的知识结构。知识的迁移运用过程一定伴随着思维的卷入，迁移运用过程中的元认知反思，也促进了认知结构的发展。认知结构具有更强的迁移力，思路、思维和思想，可以突破学科的界限，实现跨学科迁移和运用，促进不同学科知识之间的融合。反之，通过多学科融合的迁移活动，其认知结构水平也会相应提升。知识与认知的结构融合发展，最终促进了整体素养结构的发展，这样的结构就可以与学习、生活的现实和谐融通，能够在现实生活中，主动发现问题，运用结构性思维，设计和实施科学解决问题的步骤，反思过程，修正完善，成为解决问题的小能手和美好生活的创造者。

六、 重要成效及实验推广

（一） 重要成效

本成果依托江苏省基础教育前瞻性教学改革实验项目、人民教育家培养工程培养对象研究项目和江苏省教育科学规划重点资助课题《小学数学结构化学习的实践研究》，在认知发展理论指导下，从小学数学结构化学习的“学理分析、学情调研、学材开发、学程设计、学评监控”等方面进行了长达 16 年的理论研究与实践探索。取得了以下实践成果：

1. 创建了小学数学结构化学习“五学融通”的整体框架

小学结构化学习实践，基于国家课程，厘清课程与标准的联系，梳理小学数学知识体系，将知识的单元结构与学生的经验结合起来，发现核心问题、找到核心任务、创新学习材料、设计主体活动、突出素养评价，真正建立基于学生素养发展的大概念单元学习结构。结构化学习实践是国家课程的校本创新，让学科教育真正促进了学生全面健康快乐成长。

2. 建构了“连续—关联—循环”小学数学结构化学习实践体系

结构化学习实践体系实现了由教向学的转变，将学习目标、内容、评价、过程进行整体建构，促进知识与经验关联以及认知与情感互动，实现综合育人。结构化学习实践体系包括：结构化学习范式、由教向学的工具技术支持体系、“3×3”结构化学习活动设计框架和结构化学习发展性评价体系等。

3. 指向全面发展的结构化教学模式

结构化教学创设真实情境，大问题引领学生开展板块化的研究活动，将生活中的真实问题引入到数学中来。学习以共同体的方式展开，在完整的活动中获得不同程度的发展。小学数学结构化学习的目标也不仅限于知识和能力的发展，而是通过结构化的学习方式，实现从知识结构到认知结构，再到素养结构全面发展的目的。

（二）实验推广

本成果具有较强的实用性和可操作性，经过了近 8 年的实践检验与应用推广，辐射了全国 20 多个省份百余所小学、千余名教师和几十万学生。示范性、指导性和推广价值得到较高认同，在省内外产生了积极广泛的影响。目前，“小学数学结构化学习”已逐渐成为我国当下教学改革的趋势与方向。

1. 建设的结构化学习各层级平台，推广应用辐射覆盖面广

以南京市五老村小学教育集团为实验研究指导中心，建立了分布在南京市、苏州市、淮安市、四川省德阳市、河南省驻马店市、江西省吉水县等地结构化学习 20 所基地校为辐射点，以“南京市名师工作室”、省“乡村教师培育站”和“结构化学习全国联盟”为推广平台，省内外小学的千余名骨干教师，参与结构化学习研究。目前“结构化学习全国联盟”已举办 3 届全国“结构化学习”年会；2020 年 9 月 26 日和 2021 年 4 月 23 日，受《小学教学》杂志社邀请，两次组织小学数学结构化学习专题活动，有 15 余万教师在线直播观看教学与研讨活动。

每学期都举办“小学数学结构化学习”项目研讨推广活动，省内多名专家领导给予了高度评价。开设了 100 余节公开课，提升教师“课课融通”的专业化水平，促进了众多数学教师的发展，带动区域学校教育教学质量的提高。应邀到全国各地传播结构化学习研究成果。据不完全统计，项目组成员到西藏、广东、山东、河南、江西、四川、安徽等地执教公开课、做讲座200余次，受到了许多专家学者的肯定，得到了广大一线老师的积极回应，推动教师教学观念的转变与实践应用，反响强烈，本成果具有示范性和指导推广作用，已取得了较高认同度。

2. 构建的结构化学习模型、评价标准和应用方法，变革学习方式效果突出

“五学融通”结构化教学模型的实施，破解了小学数学教学中碎片化的问题，促进学生在数学学习中触及数学学科的本质，引导学生建构个性化的、结构化的知识系统，形成“带得走”的学习方法和能力，在课堂上学生常常表现出积极互动、主动探索、积极交流、发散思维、不舍下课等。在模型的实施中创新以下举措:“3×3”学程活动设计和“备课轴”，使教与学的过程清晰可见，“相关元素进行结构化，使理论看得见，认知循得着，核心素养培养能落地”。同时还构建了学理分析框架、学情调研框架、学材开发体系、学评监控框架与测评量表，成果均在核心期刊发表。

3. 探索的结构化学习共同体研修模式，有力促进教师专业素养的提高

在辐射指导中建构的结构化学习共同体研修模式，即一名团队核心成员与一名基地校老师两人同课同构，再举行一场沙龙研讨和一个微型报告，达到真正校本化研修。“五学”操作性强，入手快，达到“一课通，百课通”的教师专业素养发展目标。此研修模式深受老师们青睐，解决学校教学中的实际问题。在多次深入学校义务巡讲、到对口援助学校支教、组织学校联盟活动，与基地学校教师积极探索“结构化”的研究方式，引导对象学校老师全员参与进来，让种子发芽，培育好种子教师与种子学校。团队50多位教师专业成长迅速，核心成员都成长为省、市级教学骨干，人人都在核心期刊发表过研究论文多篇，多位教师被评为省特级教师或正高级教师。

4. 形成的物化成果指导性强，得到同行广泛认可

研究成果形成了专著多本：2021年1月，《小学数学结构化学习的实践研究》由江苏凤凰教育出版社出版发行；2023 年 5 月，《小学数学结构化学习教学指导》由南京出版社出版发行；2013 年 12 月，小学数学结构化学习教学指导丛书《小数的意义》由南京出版社出版发行。研究成果《小学数学结构化学习的实践探索》获评“江苏省教科研成果（基础教育类）二等奖”；《小学数学结构化学习的实践研究》《小学数学结构化学习的教学指导课程资源建设》分别获得南京市第二、三届“教育科研成果创新奖”特等奖。人大复印报刊资料《小学数学教与学》2018 年第 11 期专门介绍了小学数学结构化教学，转载本团队 3 篇论文；《小学数学教师》2013 年 10 月刊发了专题“实践结构化，赋能学习力”，4 篇文章发表；“‘五学’：开展数学结构化教学的有力抓手”等一组 4 篇文章发表在《江苏教育》2021 年第 5 期上；《小学教学》2021 年 7-8 合刊开设“结构化教学研究专辑”，刊发 3 万字的结构化学习教学研究过程及成果，大学、科研部门及全国联盟代表学校参与了研讨。中国教育学会小学数学教学专业委员会理事长吴正宪老师高度评价了该项研究；著名特级教师邱学华老师在 2018 年综述全国小学数学教学改革时重点指出“结构化学习是教学研究与改革的重要内容”。目前研究团队已发表百余篇论文，核心期刊 60 余篇。“小学数学结构化”“单元整体设计”“大概念”“关键元素”“整体关联”等小学数学结构化学习的核心概念已高频次地出现在基础教育专业期刊上。

2021 年 7 月在上海举行的第 14 届国际数学教育大会“中国特色主题活动”上，项目领衔人应邀分享了结构化学习的典型案例——“如何让学生真正理解十进位值制计数法”。2023 年 8 月，项目领衔人申报的《小学教师结构化教学能力的生成机制与培育策略研究》成功立项教育部重点课题。2023 年 5 月，在南京市教育科学研究所携手《中国教育报》联合举办的南京教育科研周活动中，项目领衔人介绍了如何通过结构化教学培养学生会思考、能反思、敢质疑等思维能力，有效改善学生的思维品质，为课堂教学赋能增效，受到专家同行们的一致好评。这从另一侧面反映了本成果得到了社会和学界的高度认可。

美润童心

——“五美”育人体系的实践与创新

成果完成者：王玉萍

其他成果持有者：彭茳水　王碧珍　李美玲　林幼嫩　白　昀

所在单位：泉州市丰泽区实验小学

获奖情况：2020年福建省教学成果二等奖

2020年泉州市基础教育教学成果特等奖

一、问题的提出

学校创办于1932年，是福建省一所历史悠久、师资雄厚、治学严谨的陶行知实验学校。学校高度重视德育工作，确立“为学生的终身发展和幸福人生奠基”的办学目标，将美德教育融入学校文化血脉中。2014年1月，学校秉承原有办学理念，在传承中创新，提出“美润童心”的育人构想，通过立足一个核心(美润童心)，锻造“五美”工程(文明美、读书美、运动美、艺术美、创新美)，构建三大系统(校园文化系统、课程系统、评价系统)，形成“153”“五美”育人体系，落实立德树人的核心价值观。2016年，时任全国妇联副主席焦扬一行莅临学校调研“两纲”工作，对学校开展“五美”育人特色工程给予高度评价，德国、美国、韩国的教育代表团以及全国各地20多所学校同行给予充分肯定，家长、社会给予高度认可，这更坚定了学校实践与创新的信念。实小人的蜕变，是一段寻美、塑美、创美的美丽之旅……

（一） 学校德育工作的需要

2010 年《国家中长期教育改革和发展规划纲要（2010—2020 年）》提出：德育为先、能力为重、全面发展的战略主题。2012 年党的十八大，明确提出把立德树人作为教育的根本任务。当前，我国基础教育中依然存在“重教书轻育人、重智育轻德育”等问题。要全面落实党的教育方针，就必须把德育放在人才培养的首要地位，发挥学校主导作用。如何落实立德树人的根本任务，如何构建生活化、常态化、系统化的育人体系，教育肩负的新使命，光荣而又艰巨。

（二） 德育与美育融合教育的需要

党的十八届三中全会《中共中央关于全面深化改革若干重大问题的决定》明确提出“坚持立德树人”“改进美育教学，提高学生审美和人文素养”的要求，特别强调美育在育人方面的重要意义和独特作用，促进德、智、体、美、劳有机融合，提高学生综合素质。学校学生独生子女居多，自我为中心思想严重，道德观念淡薄。延续传统单一、不生动的教育方式，将脱离学生实际，无法触及学生丰富而又敏感的内心世界，实效性不高。学校德育与美育的融合教育，有利于改变传统的德育模式，有助于增强德育工作的针对性，能把道德教育寓于一种令人有兴趣的感性形式之中，让学生在趣味享受中逐步走向真、善、美统一的心灵世界。

基于上述思考，我们致力于探索新的育人体系，提出“美润童心”的核心理念，规划“锻造‘五美’育人工程、构建三大系统”的美好蓝图。

二、 核心理念

学校确立“美润童心”的核心理念。“美润童心”是指利用一切有利于儿童健康发展的美的因素，润泽、濡染、陶冶儿童的心灵，以美启智，以美导善，以美化情，培养“体美、言美、行美、心美、德美”的“五美”少年。把“美润童心”融入学校教育的全过程，从根本上促进了学校可持续发展，加速学生综合素养的提高，促进学生个性化成长和道德成长。

学校以课题为依托，立足“美润童心”的核心理念，锻造“文明美、读书美、运动美、艺术美、创新美”“五美”工程，构建校园文化、课程、评价三大系统，形成“153”“五美”育人体系，落实立德树人核心价值观（图1）。

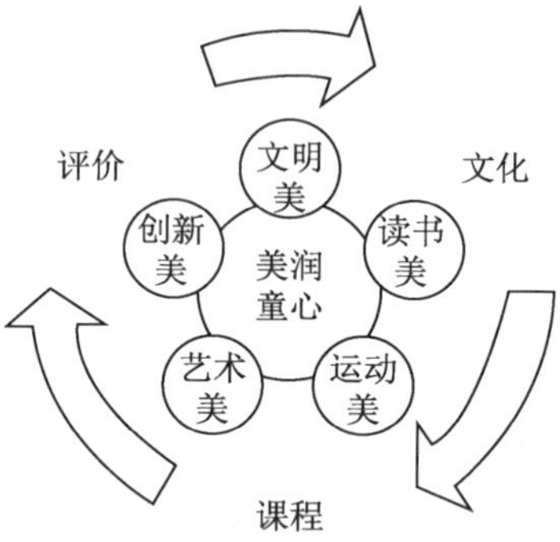

图1　“153”“五美”育人体系

三、实施过程

构建“153”“五美”育人体系，探索“美润童心”教育模式的实践与创新，具体要解决的问题：一是探索“立德树人”与“五美”育人相融合的途径；二是构建具有普遍推广价值的“153”“五美”育人体系；三是形成生活化、常态化、系统化的多元评价方式，培养全面发展的人。

（一）酝酿构建（2014年1月~2014年12月）

以学校的核心理念“美润童心”为指导，开发“文明美、读书美、运动美、艺术美、创新美”的“五美”工程，将德、智、体、美、劳结合起来，推进全学科育人，让学生学会与人、社会、自然和谐相处，锻炼自身的理性、意志和情感，提高审美能力和创造力，初步形成正确的人生观、价值观、世界观。

（二）实践探索（2015 年 1 月 ~2017 年 7 月）

以《“美润童心”——儿童健康成长的实践与研究》《以美养德——以“五美”育人的实践研究》省级课题为抓手，构建“五美”育人校园文化系统，锻造“五美”育人工程，构建“五美”育人课程系统，建立“五美”少年评价机制。

（三）完善提高（2017 年 8 月 ~2018 年 8 月）

以《核心素养下构建“五美”课堂的实践研究》省级课题为载体，完善理论与实践模式。创新儿童美育与德育的融合点，建构“三三五”“五美”课堂模式，完善《“五美”少年成长手册》评价系统，形成具有普遍推广价值的“153”“五美”育人体系。

（四）验证推广（2018 年 9 月 ~2020 年 7 月）

在《以美养德——以“五美”育人的实践研究》被评为省中小学德育建设“百优”示范项目的基础上，不断完善“五美”育人体系，建立“五美”育人共同体学校，全国应用推广。“学习强国”、中国文明网、中国网等网络平台均对学校“五美”育人成效进行报道推广。

四、 主要内容

（一）锻造“五美”育人工程

学校以“美润童心”的理念为指导，锻造吻合时代脉搏的“五美”育人工程，让美育、德育与智育、体育、劳动教育相融合，渗透在学校教育的各个环节，使学生语言、行为、心灵有一个逐步美化的过程，知行合一，美美与共(图 2)。

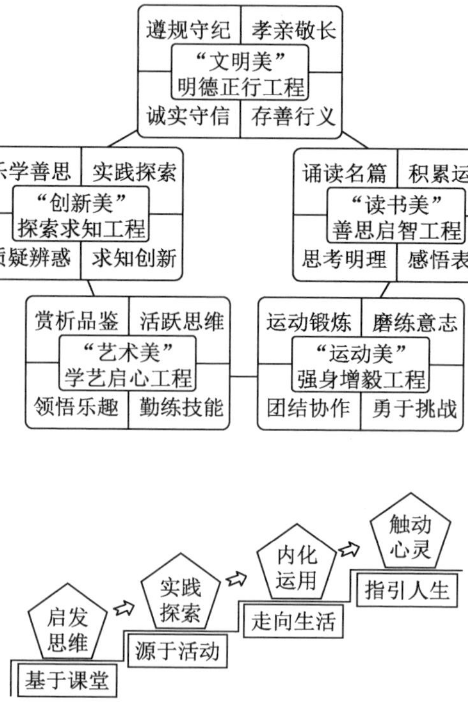

图 2　“五美”育人工程

1. **文明美——明德正行工程。** 该工程打破学校界域，联结家庭、社会，丰富文明美内涵，以独具特色的三字经——“孝父母、知礼仪、敬师长、守法纪、常微笑、存善义、乐奉献、重信誉”引导、规范学生。通过两会(晨会、班会)、两则(小学生守则、五美少年评价细则)、一导(“五美”日常礼仪督促导员)，依托各种传统节日、社区实践、社会活动等教育契机，开展丰富的道德实践活动，让孩子习礼修身，明德正行。近六年，学生走进福利院、敬老院，开展慰问活动 100 余次，贫困帮扶捐款、捐物达数十万，并与宁夏积石山地区小学结成长期帮扶关系。6 年来，共有 150 多人被评为省、市、区美德少年、三好生等荣誉称号。

2. **读书美——善思启智工程。** 该工程以书启智、以智明理，用朗朗上口的三字经——“登书山、入宝库、诵经典、重感悟、善思考、明事理、乐表达、勤动笔”引领、导航，培养的不仅是阅读者，更是思考者、表达者。每年开展校园读书节活动，每周设立“班级读书日”，每日实行“三读”（晨诵读校本《吟古诵今》；午读经典文章；晚间亲子阅读）。邀请商晓娜、曹文轩、《课堂内外》知名主编等作家到校开设专题讲座，掀起校园读书热潮。近几年，学生在 CN 刊物上发表的文章有 800 多篇，区级以上获奖 142 人次。其中，姜雨含等 15 名同学获国家级征文比赛一等奖，李思鹏、叶一衡分获第二届“泉州市少年诗词状元大赛”一、二等奖……

3. 运动美——强身增毅工程。 该工程牢固树立“每天锻炼一小时、幸福生活一辈子”的健康理念，人人参与，融健体、健心于一体，着力培养学生终身锻炼的观念、习惯以及自信勇敢、拼搏进取、团结协作等品质，促进学生身体、心理健康和谐发展。学校坚持开展“阳光体育运动”，确保学生每天上一堂体育课或体育活动课，确保学生每天参加半小时的“大课间活动”，人人参加冬季长跑锻炼。学校开发篮球、啦啦操、五祖拳、花样跳绳等 10 几项体育校本课程，每个学生毕业时都能掌握一到两项运动技能，学校是省篮球传统项目校，“绿茵场、健身体、舒筋骨、防疾病、贵坚持、增毅力、强素质、勇竞技”是孩子们的追求。6 年来，共有 159 人次获区级以上奖励，其中，陈康豪等 5 名同学获省围棋比赛二等奖。

4. 艺术美——学艺启心工程。 该工程通过美术、音乐、舞蹈、书法、朗诵等 20 多项艺术项目，培养学生的艺术特长，提升学生审美情操。“爱生活、勤学艺、观书画、悟情理、赏琴棋、明诗意、有特长、添乐趣”这独具匠心的三字经，深受学生喜爱。每年开展校园文化艺术节，每周开展少年宫活动，为学生提供巴乌、合唱、绘画、剪纸等“菜单式特长发展项目”的校本课程，满足学生成长的多样性需要，实现“人人会乐器，个个有才艺”的目标。6 年来，共有 185 人次获得区级以上奖励，其中，海丝合唱团获国家级银奖，其他艺术类比赛获省级一等奖 25 人，二等奖 11 人，三等奖 13 人。

5. 创新美——探索求知工程。 该工程的目标是——“乐探究、善发现、集众思、有主见、爱科学、求真理、勇创新、敢实践”，以科技创作和劳动实践为载体，在探索中不断求知、创新。投资近百万创建学校科技馆，每年举办科技节活动，开展“机器人制作、航模、电子百拼、快乐体验”等科技创新系列活动。科技创新共有119人次获区级以上奖励，其中黄坤龙等4名同学获2019 RoboCup机器人世界杯中国赛二等奖(国家级)，省科艺机器人创意锦标赛3D打印创意赛男、女团体一等奖，15人获省级各类比赛一等奖。学校创建生态基地，让原本单一的校园劳动教育方式变得更多元。以义卖方式进行劳动成果的展示，将义卖资金用于爱心捐赠、班级图书角的充实等，真正达到劳以养德，德以促智。学校劳动教育的创新得到家长、社会的广泛赞誉，得到“学习强国”平台的推广报道。(图3)

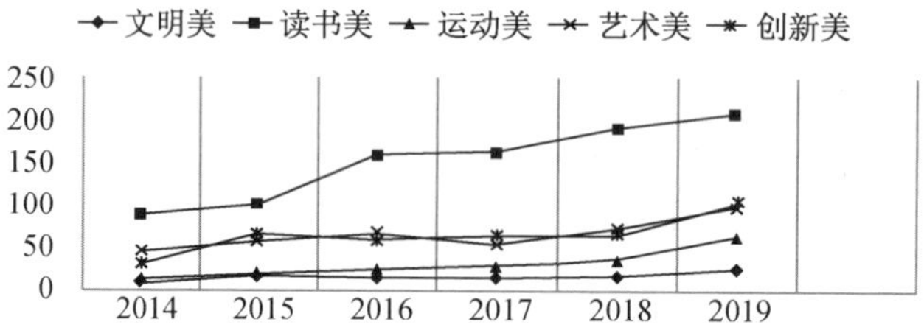

图3 “五美”学子区级以上获奖数据统计表（2014~2019）

（二）构建“五美”育人的校园文化、课程、评价三大系统

1. 建立“五美”育人的校园文化系统

学校以培育和践行社会主义核心价值观为目标，利用一切有利于儿童健康发展的美的因素，构建“五美”育人校园文化系统，用“美的文化”统领。(图4)

(1) 学校理念系统

把“求真，崇善，扬美”作为校训，形成“与人为善、美自心生”的“善美”校风；“治学谦和，美以育人”的“尚美”教风；“务实求真，美

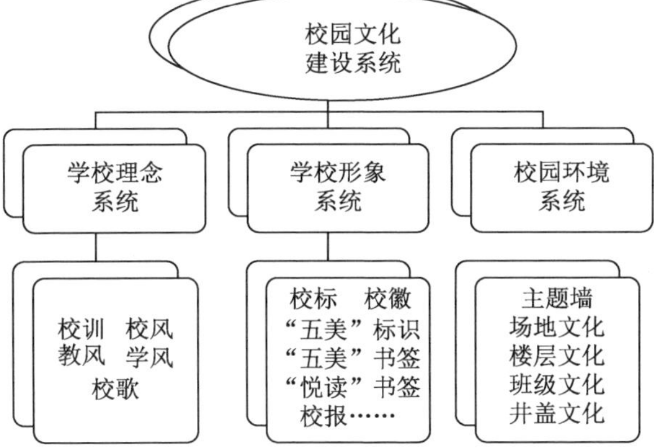

图4 “五美”校园文化建设系统

伴一生”的“真美”学风。原创校歌《沐浴和谐的阳光》，集中体现了学校的历史传统与办学宗旨，是对学校优良的校风、教风、学风的一种高度概括。

（2）学校形象系统

学校设计了校标、校徽、“五美”标识等标志，完善学校形象系统。“五美”标识，图标形象鲜明，寓意深刻，色彩丰富，激起学生对美的追求。将“五美”工程的目标创编成三字经，并做成书签，让学生能够时时、处处受到美的熏陶，引导学生向美明德。校报《杏坛激浪》进一步提升学校“五美”文化形象。

（3）校园环境系统

美丽的校园里设有一园（行知园）、两馆（图书馆、科技馆）、三场（运动场、篮球场、足球场）、四室（艺术室、录播教室、多功能室、法制宣教室），这一系列先进的教学设施，构建成多维立体的育人场所。校园里还有“五美”浮雕文化主题墙和“五美”寄语专栏；主体建筑的楼梯、楼层上，用“五美”活动照片和名言警句，创设“五美”楼层文化；每个班级结合自身特点进行创意布置，创设“五美”区域角、活动角等，做到一班一特色；师生共同创作灵动有趣的“井盖文化”……这些环境布置，让校园成为一幅“主体的画”，一首“无声的诗”，达到“润物无声”的教育目的。

2. 建立“五美”育人的课程系统

（1）完善“五美”育人课程内容

课程目标是以儿童为本位，培养全面发展的人。以“思政教育”为统领，依托课题研究，结合传统课程，挖掘学科特色，融合“五美”理念，开发“五美”校本课程，构建分类、综合、特色的课程结构。先后编写7套校本教材:“文明美”课程:《好习惯好人生》《习惯养成》《我们的节日》，“读书美”课程:《吟古诵今》，运动美课程:《快乐运动》，“艺术美”课程:《五美·童画》，“创新美”课程：人工智能基础校本教材《AI乐园》。在“五美”课程中，学生“爱学、会学、巧学、乐学”，从而学会感受美、欣赏美、创造美。(图5)

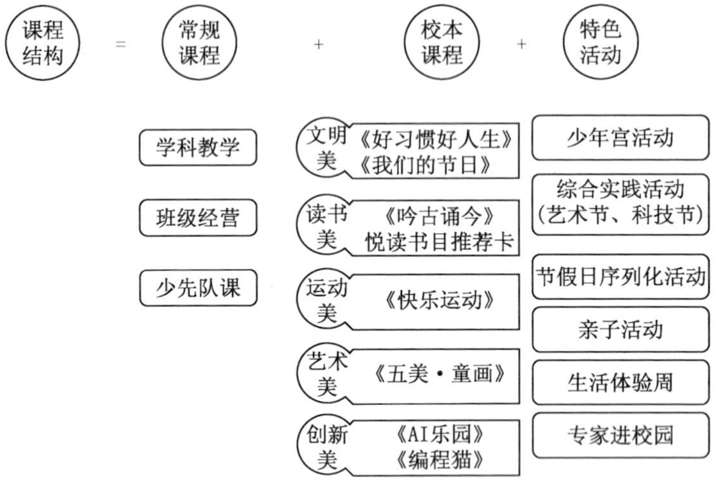

图5　“五美”育人课程内容+途径

（2）构建“三三五”育人课堂教学模式

在课程实施中，构建“三三五”课堂教学模式，全面实现“美的教育、美的课堂、美的学生、美的品质”的目标。确立“五美”课堂教学“三理念”：在美的课堂中，追求师生关系的和谐之美，教与学的灵动之美，交流与评价的生动之美。落实课堂教学“三环节”：创设情境，激发兴趣(美的引入)—自主探究，合作交流(美的发现)—巩固运用，拓展提升(美的升华)。“美”在课堂教学三环节中贯穿体现为：感受美—欣赏美—创造美。实施“五还”教学策略：即把课堂的时间和空间、提问和评价的权利，学习、认知和习得的过程还给学生。在美的课堂中实施“五还”策略，是对“以学生为主体”教学原则的具体解读和细化，是“以生为本”的课堂理念的真正体现。

（3）创新“五美”育人课堂评价方式

制定“五美”课堂教学评价标准。学校创新“五美”育人课堂评价方式，制定“课堂评价标准表”“课堂有效提问观察记录表”“课堂有效回答观察记录表”的相关课堂评价细则，建构起学校“美的课堂”立体评价体系。在听课、评课、研课、磨课时，通过翔实的数据及课堂记录分析促进教师对教学行为的思考和改进，让课堂成为师生与“美”相遇的地方。

3. 建立“五美”育人的评价系统

学校依据不同年龄层儿童的身心发展特点，建立一套“五美”育人评价系统(图6)，包括《“五美”少年成长手册》、成长档案等，分低、中、高三个学段，采取学生自评、互评、教师家长评价的立体评价模式，采用月评、季评、年评的晋级制，通过自荐、小组推荐、班级推荐，学校审核，层层把关，最终确定，并给予表彰，将教育效果持续引向深入。

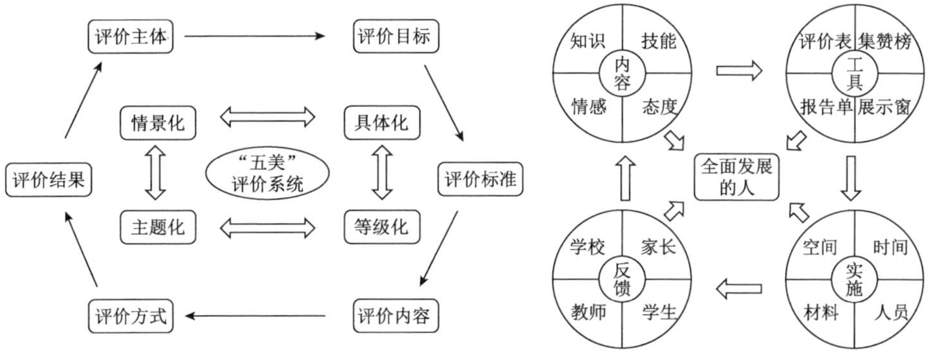

图6　“五美”育人评价系统

五、 重要成效及实验推广

历经六年的教育教学实践，学校形成了一套行之有效的实践范式，丰富并创新了以儿童为中心、发展素质教育的小学育人模式，对学生学习成长、教师专业发展、学校教育改革、优质课程资源共享以及学科课程与教学理论研究等方面成效显著。

（一）百花齐放育美生

“五美”工程的打造，让学生有了精神追求，有了行动准则，通过争、推、比、学，孩子们成为向真、向善、向美的阳光少年。六年来，实小校园里，百花齐放，硕果累累。专题征文集《创美迎雅之歌——学生篇》充分体现了孩子本真的世界。面对新冠肺炎疫情，“五美”少年通过朗诵、写作、创意手工、居家运动等形式助力抗疫，将“五美”育人的成效延伸到生活的点点滴滴中。其中，吕芊墨获省校园“微拍”大赛三等奖，谢睿航获泉州市“云上传书·写给战疫者”书信比赛一等奖……

（二）胸藏文墨塑美师

通过主抓“两条线路”(“五美”校本课程为主线，德育、美育教育与日常教学相融合的理念渗透为复线)、开展“三项培训”（自我培训、专家辅导培训、外地培训）、培养“四种人才”（实用型、学科科研型、教学实践型和训练专家型），塑造一支具有形象吸引力、情感吸引力、学识吸引力、品德吸引力的“绽放着人格魅力”的队伍。师德征文集《扬高尚师德　做最美教师》展现了实小老师最美的情怀与坚守。六年来，老师们撰写的教育教学论文发表于 CN 刊物 400 多篇，在各级各类教学技能大赛获奖 300 多次，其中白昀等四位老师获“一师一优课”部级优课，陈怡舟老师在全国“葛兰诵读文化季”朗诵大赛获一等奖，成立 3 个名师工作室，40 多名老师参加名师工作室，省、市、区名校长、名师、学科带头人、骨干教师共有 91 人，占全校教师总数一半以上。

（三）特色彰显创美校

历经六年的精心打磨，“五美”工程成为学校的名片，“153”育人体系已成为办学特色，在全国范围内起到一定的引领作用。时任全国妇联副主席焦扬一行莅临学校调研两纲工作，对学校开展“五美”特色活动给予高度评价。学校特色绽放光芒，先后荣获“全国青少年普法教育零犯罪学校”“全国国防教育示范校”“福建省首届文明校园”“福建省德育工作先进校”“福建省义务教育教改示范性建设学校”等 70 多项区级以上荣誉称号。《以美养德》入选省德育建设百优示范项目；两个相关课题获省级优秀等级。

（四）辐射推广向美行

1. **形成办学共同体模式。** 学校不断优化“五美”育人体系，把美的创新成果更广泛地应用到不同地区，作为不同学校、不同学生共同学习的范本。与宁夏的灵武市大泉小学、兰州市安宁区阳光小学等 15 所学校结为“办学共同体”。通过教师支教、主题讲座、公开课、送培送教、远程直播等互动教研形式，实现输血转变为造血的辐射价值。

2. **互学互访促提升。** 六年来，德国、美国、韩国教育代表团到学校参观交流 11 次；2016 年 10 月，宁夏、江西中小学校长来学校跟岗实践，把学校“五美”育人文化带回学校推广，并辐射到宁夏其他学校；庄丽凉老师带上“五美”育人成果到新疆昌吉市第五小学支教，受到盛赞；多次到漳州、三明等 10 多所学校推广学校“五美”育人文化，辐射面广。

3. **多渠道增强辐射力。** 一是承办活动。2014 年以来，先后承办全国综合实践研讨活动研讨会、泉州市“新时代好少年”颁奖仪式等省、市、区活动近 50 项。二是送培送教。学校成长为同行公认的优质学校，并为基层学校送培送教 100 多次。三是编写专著。《学礼喻德》对外推广反响较大。

四是讲座报告。项目成果在省、市、区交流或讲座达35次。如王玉萍在省教育学会2015学术年会上作《五美润心　育人无痕》的报告，在江苏无锡举办的中小学校长高级研修活动中作《伴美成长，与美同行》的报告……

4. 媒体推广提升知名度。 一是书刊推广。学校“以美养德”项目由省教育厅选送汇编于《立德树人的福建探索》，《丰泽教育》专刊多次刊发学校“五美”教育成效专版，全区辐射推广。二是报刊推广。《泉州晚报》《东南早报》《海峡都市报》等分别对学校“五美”育人的办学特色进行专题报道。如：泉州晚报专题报道《“最美教师”王玉萍——呕心沥血办名校，春风化雨润童心》，《泉州市少先队周刊》报道“美是这所学校的代名词”，再次彰显学校“五美”特色成效。三是电视电台推广。福建省电视台、泉州电视台、泉州广播电台先后对学校“五美”育人特色专题访谈8次。如：福建电视台报道了《让素质教育美润童心》，泉州电视台《黄樱正在听》栏目专访“五美润童心”系列报道5次。四是网络推广。学习强国、中国文明网、中国网、今日头条等网络平台，均对学校“五美”育人特色及成效进行专题报道。如：学习强国报道“劳动最光荣”特色活动；中国文明网报道《诚信教育让孩子赢得未来》《有孝心的孩子最美》。五是微信、微博推广。学校微信公众号得到全国各地5000多个用户关注，微博阅读量已超12万之多。

学校构建的“153”“五美”育人体系，为学校培育德、智、体、美、劳全面发展的人注入强大的动力，为贯彻落实《新时代公民道德建设实施纲要》和《新时代爱国主义教育实施纲要》提供了有效抓手，具有普遍的应用价值。该项目发挥了示范带头作用，起到了带动辐射作用，在几所共同体学校，发挥较大影响。今后，学校将继续深化“五美”育人体系建设，进一步推动新时代道德教育引导和道德实践养成，让“五美”之花开遍全国。

附录：成果申报表

2022 年基础教育国家级教学成果奖申报书

（此为样表，以全国教师管理信息系统生成表格为准）

成　果　名　称　大情怀育人：扎根乡村40年的行知教育实验

成 果 申 报 人
（或申报单位）　杨瑞清

推荐单位名称及盖章 ______________________

编　　　　　号 ______________________

中 华 人 民 共 和 国 教 育 部 制

成果持有者承诺书

在申报成果奖过程中，本人自愿做出如下承诺：

1. 对填写的各项内容负责，成果申报材料真实、可靠，不存在知识产权争议，未弄虚作假、未剽窃他人成果。

2. 申报成果如被纳入教育部基础教育国家级优秀教学成果推广应用计划，将积极主动配合做好成果推广应用工作。

3. 成果获奖后，不以盈利为目的开展宣传、培训、推广等相关活动，未经教育部或省级教育行政部门批准不得设置任何实验区、实验校等。

成果持有者（或主持人）签字：________________

所在单位主要负责人签字（签章）：________________

2022 年 10 月 18 日

一、 成果类别

（一）在下列所属基础教育阶段、领域中打“√”（限选一项）

□1—学前教育

□2—小学教育

□3—初中教育

□4—普通高中教育

□5—特殊教育

☑6—其他，如成果内容涉及上述两个及以上阶段或领域，或涉及基础教育与其他教育的衔接等

（二）在下列所属学科或具体的实践探索领域中打“√”（限选一项）

□01—幼儿学习与发展的研究和支持

□02—以幼儿为本的一日生活

□03—幼儿园游戏

□04—师幼互动

□05—幼小科学衔接

□06—幼儿园、家庭、社区协同共育

□07—幼儿园教师专业发展

□08—幼儿园保教质量自评

□09—寓品德教育于幼儿生活和游戏

□10—心理健康教育

□11—学校德育（含“一校一案”实施中小学德育工作、开展德育主题教育活动等）

□12—大思政课体系与教学（含中小学课程思政、大中小思政课一体化等）

□13—中小学思政课课程与教学（含义务教育阶段道德与法治、普通高

中思想政治等)

□14—综合实践活动(含考察探究、社会服务、设计制作、职业体验等)

□15—语文教育

□16—数学教育

□17—外语教育

□18—历史教育(含历史与社会教育)

□19—地理教育

□20—生物教育

□21—物理教育

□22—化学教育

□23—科学教育

□24—技术教育

□25—艺术教育(含音乐、美术)

□26—体育与健康教育

□27—劳动教育

□28—地方课程开发与实施

□29—普通高中科技教育和工程教育

□30—学校课程开发与实施

□31—学校课后服务

□32—中小学教学方式、教学组织形式

□33—中小学教育技术(含中小学数字教育资源建设与应用、线上教学组织与实施、线上线下融合教学等)

□34—中小学教育教学装备应用

□35—中小学实验教学

□36—中小学教育教学评价

□37—中小学生综合素质评价和学生发展指导

□38—普通高中选课走班

□39—中小学教学研究

☑40—中小学综合改革(课程、教学、评价与管理等方面综合改革)

□41—家校社协同育人

□42—特殊教育学校课程开发与实施

□43—特殊教育学校教学和特殊学生随班就读教学

□44—特殊教育课程资源建设与应用

□45—特殊教育与医学康复结合

□46—特殊教育与信息技术融合

□47—特殊教育教学辅具应用与无障碍教育环境建设

□48—特殊儿童发展与教育评价

□49—教师专业发展

□50—其它

(三)在下列成果申报者类别中打“√”(限选一项)

☑1—以个人名义申报

□2—以单位名义申报

(四)是否曾经获得过基础教育国家级教学成果奖(打“√”)

☑1—否

□2—是

□2. 1—成果内容曾经获得过基础教育国家级教学成果奖

□2. 2—成果持有者(或持有者中)曾经获得过基础教育国家级教学成果奖

□2. 3—成果持有单位(或持有单位中)曾经获得过基础教育国家级教学成果奖

(若勾“否”,无需填写第六部分;若勾“是”,需填写第六部分。)

二、成果简介

成果名称	大情怀育人：扎根乡村 40年的行知教育实验	研究起止 时间	起始：1981年08月 完成：2021年12月
关键词(3—5个)：大情怀育人；行知教育实验；扎根乡村40年			

1. 成果概要（500字以内）

几代教师扎根乡村40年，坚守“走在行知路上，培育乡村新人”初心，以陶行知教育思想的当代实践解决乡村学校育人实际问题，走出一条乡村教育现代化之路。

（1）构建了“爱满天下”的大情怀育人体系。热爱乡村、奉献乡村、振兴乡村，以爱为核心，构建爱生命、有担当、重实践、可共享的育人体系，培养大志、大气、大爱的乡村新人，让学校文化旗帜在绿色乡间高高飘扬。

（2）开辟了“生活即教育”的行知教育实验道路。累计开办104个行知班，进行22项实验探索，改造学校生活，优化机制，转变师生价值观念和行动方式。

（3）形成了“教学做合一”的课程与教学范式。突出实践育人，有效利用乡村社会自然与文化资源，高水平实施国家课程，探索手脑并用、促进生长、充满生机的课程与教学，推动育人方式变革。

（4）搭建了“社会即学校”的协同育人平台。推进村校一体、城乡联合、国际交流、文化共享，实施村级大教育，建设研学实践基地、文化交流中心，形成人人办教育、人人受教育的育人格局。

本成果推动了一流乡村学校建设，培育了5千多乡村儿童，接待了50余万城市学生和1.2万境外师生研学，成为全国研学营地、国际文化交流基地，带动国内外一批学校开展行知教育实验。

（续表）

2. 解决的主要问题、解决问题的过程与方法（800字以内） （1）解决的主要问题 围绕乡村学校不同发展阶段的育人难题，如何创造性运用陶行知教育思想，传承优秀乡村文化，推动育人方式变革，重点解决以下三个问题： 一是办学条件差，师生流失严重，解决乡村学校的生存问题。 二是封闭办学，城乡教育差距大，解决乡村教育的公平问题。 三是城乡一体化背景下，解决乡村儿童享受高质量教育的问题。 （2）解决问题的过程与方法 本成果以培育乡村新人、创办一流乡村学校为目标，以大情怀育人为主线，以行知教育实验为抓手，经历了四个发展阶段： 第一阶段：村校一体，生活育人(1981年~1993年) 开办行知班，创办行知小学。开展小幼衔接、劳动教育、家长学习班、不留级、良师成长、村级大教育6项实验。推动村校协同，整合乡土课程资源，将乡村生活融入教育教学，成为孩子喜爱、农民满意的家门口好学校，解决了生存问题。 第二阶段：城乡联合，实践育人(1994年~2006年) 创立行知基地。开展三农体验、赏识教育、三小课堂、教师发展学校、小学小班化、中华文化浸濡6项实验。推动城乡协同，率先开展综合实践，形成城市带动乡村、乡村反哺城市的良性互动局面，促进了教育公平。成为省实验小学、文明单位、全国青少年校外活动示范基地。 第三阶段：国际交流，融合育人(2007年~2014年) 设立行知苑对外交流中心。开展世界学校共建、马来西亚行知教育携手行动、五好陶娃评价、中学小班化、青奥学校创建、孔子课堂6项实验。推动中外协同，充分利用友好交流活动，开发文化融合课程，提高了育人质量。成为市现代化示范学校、国家汉语国际推广基地。 第四阶段：文化共享，生态育人(2015年~2021年) 组建教育集团。开展教学做合一、以美育人、研学课程、云播课程4项实验。深入学习习近平总书记关于教育的重要论述，梳理并总结大情怀育人体系，优化育人生态，带动国内外更多学校开展行知教育实验，推动了行知文化品牌共享。成为全国中小学生研学实践教育营地，获省教学成果特等奖。

（续表）

3. 成果创新点（500 字以内） （1）大情怀育人的本土教育主张。源于“爱满天下”的行知精神，融合“童心母爱”“情感教育”“关怀伦理”等教育思想，扎根乡土，构建了以关怀生命、关注生长、关切生机、关心生态为基本主张的儿童观、教育观、学校观、课程教学观，形成了“真心良师”“精彩陶子”“花苞心态”“学会赏识”“还能更精彩”等具有行知味和乡土味的话语方式。 （2）全面传承陶行知教育思想的当代实践形态。作为全国最早开办的行知班和省内第一所行知小学，是我国开展行知教育实验行动最自觉、持续时间最长、辐射影响最广泛的乡村学校，编写《行知教育实验手册》《行知教育实验丛书》等，带动国内外众多学校学陶师陶。 （3）开放、协同、实践、综合的育人方式。扎实推进学校与村社一体、乡村与城市联合、传统文化与现代文明共享；长期坚持劳动教育，强化实践育人，突出体育、美育和革命传统教育，以国内一流实践营地为载体，促进五育融合。 （4）立足乡村学校，面向世界讲好中国故事、传播好中国声音。小学校建设大文化，作为第一批国家汉语国际推广基地，持续实施高质量对外文化交流项目，出版中华文化学习指南，推动行知文化海外传播，努力为展现可信、可爱、可敬的中国形象贡献力量。

三、 成果应用及效果(800字以内)

在本单位实践检验时间	1981年8月开始至2021年12月结束
1. 培养了大批"做真人、爱生活、善学习、有担当"的精彩陶子。 对行知小学1986~2021届81个毕业班2735名毕业生和1000多名在校生的抽样调查显示，校友记忆中的学校生活体验达92.6分，在校习得最为突出的品质是"家国情怀"和"劳动意识"。在校生在区域内音乐、美术、劳动、综合实践等绿色质量调研中表现均为优秀，省学业水平测试各项指标超省均3%~5%。 **2. 造就了一批"扎根乡村、乐于奉献、勇于创新"的真心良师。** 调查显示，校友在各项评价指标中对母校老师的师德评分最高，达93.9分。以陶为师，树立了中国乡村教师良好的群体形象：有全国优秀教师、中国好人，有全国"银杏奖"获得者，有全国教书育人楷模、师德标兵、"两基"工作先进个人、中国当代教育名家。教师代表入选教育部师德报告团，还应邀到7个国家分享经验。 **3. 建成了一所"爱满天下、知行合一、面向未来"的一流乡村学校。** 曾经落后的村小发展成现代化教育集团，成为省模范小学、实验小学、文明单位、全国校园足球特色学校、全国青少年校外活动示范基地、全国中小学生研学实践教育营地、中国华侨国际文化交流基地。 **4. 发挥了行知教育在国内外的示范影响力。** 人民日报、中央电视台、中国教育报、新加坡联合早报等媒体跟踪报道；专著《走在行知路上》列入"中国当代教育家丛书"并在马来西亚再版发行，出版行知教育实验丛书7本；带动内蒙古、新疆、云南等地50多所学校开展行知教育实验；成为马来西亚130余所"爱心学校"的"母亲校"，与200多所海外学校联合举办了17次"一带一路"华文学校行知教育论坛。 朱小蔓教授评价本校"为中国的教育现代化在农村如何突破，做了一个有意义的、实验性的探索"。顾明远先生评价本校"扎根农村四十年，创造性地继承和发扬了陶行知教育思想，把一所简陋的农村小学办成具有先进教育理念、优秀教师队伍、优异教育质量的全国知名现代化学校，经验值得总结，成果值得推广"。	